거울 속에 있는 듯

다이진화가 말하는 중국 문화연구의 현주소 — 여성·영화·문학

猫在鏡中 : 戴錦華訪談錄
Copyright ⓒ 1999 by Dai Jinhua
Korean edition ⓒ 2009 by GreenBee Publishing Co.
This edition is translation authorized by Dai Jinhua

거울 속에 있는 듯 : 다이진화가 말하는 중국 문화연구의 현주소—여성·영화·문학

초판 1쇄 인쇄 _ 2009년 4월 5일
초판 1쇄 발행 _ 2009년 4월 15일

지은이 · 다이진화 | 옮긴이 · 주재희, 김순진, 임대근, 박정원

펴낸이 · 유재건 | 주간 · 김현경
편집팀 · 박순기, 박재은, 주승일, 강혜진, 김혜미, 임유진, 진승우, 박광수
마케팅팀 · 이경훈, 이은정, 정승연, 서현아 | 디자인팀 · 이해림, 신성남
영업관리 · 노수준, 조동규, 양수연

펴낸곳 · 도서출판 그린비 | 등록번호 · 제10-425호
주소 · 서울시 마포구 동교동 201-18 달리빌딩 2층 | 전화 · 702-2717 | 팩스 · 703-0272

ISBN 978-89-7682-514-8 04900
      978-89-7682-506-3 (세트)

이 도서의 국립중앙도서관 출판시도서목록(CIP)은 e-CIP홈페이지(http://www.nl.go.kr/ecip)에서
이용하실 수 있습니다.(CIP제어번호: 2009001026)

이 책의 한국어판 저작권은 지은이 다이진화(戴錦華)와 독점계약한 도서출판 그린비에 있습니다.
저작권법에 의해 한국 내에서 보호를 받는 저작물이므로 무단 전재와 무단 복제를 금합니다.
책값은 뒤표지에 있습니다. 잘못 만들어진 책은 서점에서 바꿔 드립니다.

그린비 출판사 **나를 바꾸는 책, 세상을 바꾸는 책**
홈페이지 · www.greenbee.co.kr | 전자우편 · editor@greenbee.co.kr

거울 속에 있는 듯

다이진화(戴錦華) 지음
주재희 · 김순진 · 임대근 · 박정원 옮김

그린비

| 일러두기 |

1 이 책은 다이진화(戴錦華)의 『猶在鏡中 : 戴錦華訪談錄』(知識出版社, 1999)을 완역한 것이다.

2 각주는 원주와 옮긴이 주로 나뉘며, 옮긴이 주의 경우 각주 끝에 '―옮긴이'라고 표기했다. 그리고 옮긴이가 본문에 첨가한 말은 대괄호([ ]) 안에 두어 구분했다.

3 외국의 인명이나 지명, 그리고 작품명은 〈국립국어원〉에서 2002년에 펴낸 '외래어 표기법'에 근거해 표기했다.

4 단행본·전집·정기간행물·장편소설 등에는 겹낫표(『 』)를, 논문·단편소설·영화·방송프로그램 제목 등에는 낫표(「 」)를 사용했다.

한국의 독자들에게

다시 새 봄입니다. 다시 한국어 역서 한 권이 한국의 독자들을 만나게 됩니다. 한국의 동료들과 출판사, 그리고 독자들의 두터운 사랑에 기쁨과 설렘을 감출 수 없습니다. 멀리 있지는 않지만 한 번도 만난 적 없는 독자들에게 편지를 쓰는 지금, 저는 한동안 무슨 말로 시작해야 할지 모르고 있습니다.

『거울 속에 있는 듯』은 제 학술서 가운데 꽤 특이한 책입니다. 특이하다는 말은 이 책이 대담록이기 때문만은 아닙니다. 사실, 당시 여러 청년 학자들과 대화를 나눈 뒤, 그들이 글로 정리한 내용을 거의 제가 새로 쓰다시피 했습니다. 그들의 기록과 정리가 거칠었기 때문이 아니라, 그 문자를 통해 전달하고자 했던 저의 생각이 미묘하고 복잡했기 때문입니다. 이 책은 그렇게 대담 형식으로 완성됐습니다. 또 특이하다는 말은 다른 책들에 비하여 『거울 속에 있는 듯』이 어떤 개인적 특징을 갖고 있기 때문입니다. 그것은 언설이자 전략이고, 비판이자 자기 성찰입니다. 저는 학술이라는 갑옷이나 객관이라는 투구를 걸치지 않은 채 속 시원히 제 자신의 이야기를 했습니다. 아마도 대담이라는 형식 때문이겠지요. 대담의 기록들은 중국에서 이미 학술 간행물 혹은 일반 잡지에 발표된 바 있습니다. 그 중 일부는 영어와 독일어, 이탈리아어, 아랍어 등으로 번역되어 세계 여러 곳에서 선보이기도 했습니다. 이 책은 이래저래 저와 관련이 있으면서도 전통적인 학문 분과이기도 한 세 연구 분야, 즉 문화연구, 영화연구, 젠더연구를 모두 아우르고 있는 저의 첫번째 저서입니다.

사실, 『거울 속에 있는 듯』이 출판되던 때는 이미 지나가 버린, 세기의 전환기였습니다. 그때, 저는 불혹(不惑)의 나이에 다시 '대혹'(大惑)으로 빠져드는 격변의 중국과 세계를 마주하고 있었습니다. 새로운 사고와 학술적 패러다임의 전환이 작동되기 시작했습니다. 그러니 이 책은 어떤 끝맺음이자 또 새로운 서론이기도 했습니다. 10년이 지나고 그 학술의 여정이 이제 한국에 도착해 새로운, 일찍이 만난 적 없던 친구들에게로 다가가려 합니다. 저는 이 책(어쩌면 일부 장절과 단락뿐일 수도 있지만)이 한국 친구들의 사유, 그리고 현실과 만나고 부딪치게 되기를 바랍니다. 번역이라는 특수한 학술 여행은 마치 민들레 꽃씨가 바람에 날리는 일과도 비슷할 것입니다. 많은 씨앗들은 생명이라곤 찾아볼 수 없는 철근과 시멘트의 세상 속에서 사라져 가겠지만, 어떤 씨앗은, 어쩌면 한 톨일지라도 저 멀리 진흙 위에 떨어져 타향의 새로운 물과 흙 속에서 또 다른 모습의 생명으로 자라날 것입니다. 백만 개 중 단 한 톨의 씨앗이 그렇다 해도 저자와 역자에게는 모두 대단한 행운일 테지요.

한국외국어대학교의 친구들에게 감사합니다. 그들의 힘든 노동으로 이 책의 한국어판이 세상에 나오게 되었습니다. 이 책은 원래 한국에서 번역된 저의 첫번째 저서이지만, 출판된 순서로는 세번째임을 특별히 덧붙이고 싶습니다. 여러 신화와 전설, 민담에서 '3'은 언제나 신기한 숫자입니다. 이번에도 '3'이 다시 한번 그 신기함을 보여 줄 수 있기를 바랍니다.

    문자가, 다시 희망의 공간을 열어젖혀 주기를, 바랍니다.

2009년 2월 11일
베이징에서
다이진화

책머리에

진작부터 행갈이를 하는 글에는 흥미를 붙이지 못했지만, 재미 유학생 하나가 인터넷 잡지 『화하문적』에 쓴 짧은 시 한 수를 읽게 됐다. 제목은 「여덟번째는 동상: 어느 세대 사람에게 부쳐」.* 읽고는 빨려 들어갔다. 결코 '좋은' 시는 아니었다. 문장부호를 덧붙이고 행갈이를 하지 않으면 마치 짧은 수필 같기도 했다. 읽고 나니 진실했고 공감이 됐다. 시는 숱한 대서사의 틈바구니 속으로 근심스레 떨어진 '한 세대 사람'을 노래했다.

어린 시절 이야기만 나오면 우리는 알바니아가 생각났다. 홍(紅)도, 흑(黑)도 없었고,** 안나 카레리나도 없었다. 우리의 고전은 「여덟번

---

* 「여덟번째는 동상: 어느 세대 사람에게 부쳐」(第八個是銅像: 寫給一代人)의 지은이는 류칭(劉擎). 중국 뉴스 인터넷(CND)이 주관하는 중국어 인터넷 간행물 『화하문적』(華夏文摘) 제188기(1994. 11. 4)에 실렸다. 내가 문장부호를 덧붙였고, 분량 때문에 연속으로 배열했다.
** 중국 문화대혁명 시기 기존의 문학예술을 '흑선'(黑線)이라며 전면 부정하고, 새로운 '홍선'(紅線)을 창조하자는 주장에서 따온 말.—옮긴이

째는 동상」*이었다.
그때는 굿뜨모닝이나 하우아유를 말하는 이도 없었다. 그때는 내가 "파시스트를 타도하자"고 말하면 너는 "자유는 인민의 것"**이라 말했다. 그 암호는 우리의 만남을 신성하고 친밀하게 해주었다. 우리는 알바니아 영화 속에서 자랐다.
「여덟번째는 동상」에 관한 이러저런 화제들 속에서 우리는 스승 없이도 진작에 아방가르드에 통달했다. 구조주의를 즐겼고 의식의 흐름을 즐겼다. 그 봄 비록 우리는 가난하고 외로웠지만. 심지어는 엄마가 우리를 낳는 그 장엄한 순간, 아빠는 도대체 뭘 하고 있었는지조차 몰랐다.

여러 목소리의 세대론이 왁자한 1980년대와 시끌벅적한 1990년대를 만들고, 한 세대 또 한 세대 그렇게 자신들의 역사를 써내면서 그들의 '역사적 지위'를 주조하고자 했지만, 나는 한 번도 어느 '세대'에 속한 사람인지 생각해 보질 못했다. 1950년대와 1960년대가 맞물려 지나는 때에 태어난 것은 곤혹스런 일이었다. 다행히도 어려서 굶주린 기억은 없다. 외할머니댁 뜨락의 무성한 라일락, 한여름 낮이면 적막한 분노처럼 일어났던 해바라기, 맑은 잿푸른 하늘 겨울날 처마 밑 고드름. 꿈속으로 떨어지듯 대학에 입학했다. 자기소개란에 '만기 졸업'이라 쓰고 "본인은 할 이야기 없음"이라고 선포했다. 단지 문혁의 기억, 하늘에서 떨어진 액운만이 남아 있었다. 이웃집 발목이 잘려 나간

---

* 알바니아에서 반(反)파시즘 투쟁을 이끈 영웅에 관한 영화로 1973년 중국에서 상영됐다.—옮긴이
** 당시 알바니아 영화의 대사들이다.—옮긴이

옛 도자기 파편들. 무작정 얻어맞고 죽은 이의, 성급하게 부어올라 악취를 풍기던 거무튀튀한 시체, 공공변소의 '붉은 비로도 큰 손' 전설.*** 어느 학술대회에서 한 '원로'가 내 호언장담에 웃으며 말했다.

"문혁이라고요? 문혁을 알아요? 홍위병들 앞에서 놀라 부들부들 떨기나 하지 않았습니까?"

그랬다. "붉은 팔월이 날뛰던"**** 그 해, 나는 일곱 살이었다. 나는 날마다 찾아오던 "어두운 네 골목을 피로 씻겨 내던" 홍위 대장들 근처에서 벌벌 떨었다. 겨우 일곱 살 때 죽음의 두려움을 알았고 삶을 탐했다. 홍위병들에게 소리 높여 '16조'*****를 외치시던 어머니도 정말이지 신뢰할 수 없었다. 일곱 살짜리의 직감으로도 쓸데없는 일이란 걸 알았다. 그렇지 않으면 머리가 자루만큼이나 컸던 여자 시체도 없었을 테고, 좁은 골목 시체를 태우던 짙은 연기의 흩날림도 없었을 것이다. 문혁 중 그 어느 '세대'도 아니었기에 토론하거나 서술할 수 있는 '권력'은 없었다. 하지만 그 시절, 일곱부터 열일곱까지는 모진 '플

*** 문화대혁명 당시 하방(下放)당한 지식인들이 팔에 붉은 천으로 된 완장을 차고 공공화장실을 청소했었다.—옮긴이
**** '붉은 팔월'(紅八月)은 문화대혁명 당시 홍위병(紅衛兵)의 위세가 가장 등등했던 시절을 가리킨다.—옮긴이
***** 문화대혁명의 본격 시작을 알린 「무산계급 문화대혁명에 관한 결정」(關于無産階級文化大革命的決定)이 16개 조로 이뤄진 데서 붙여진 별칭. 원래는 마오쩌둥의 지도에 따라 천보다(陳伯達), 왕리(王力) 등이 기초하여 20여 개 조로 만들어졌으나 마오의 수정으로 「무산계급 문화대혁명의 형세와 당의 약간의 방침에 관한 문제」(無産階級文化大革命的形勢和黨的若干方針問題)라는 이름의 23개 조로 작성됐다가 1966년 7월 29일 중국 공산당 제8기 11중전회에서 위의 명칭으로 통과됐다. "사회주의 혁명의 새로운 단계", "군중은 운동 속에서 스스로가 스스로를 교육해야 한다", "인민 내부의 모순을 정확히 처리한다", "마오쩌둥 사상은 무산계급 문화대혁명의 행동지침이다" 등의 내용을 담고 있다.—옮긴이

롯'이었다. 지금껏 치유되지 않는 병 — 그 증상은 다음 세대에 의해 진단됐다 — 을 앓았다. 1987년 가을과 겨울, 온천 결핵원에서 말 그대로 구사일생으로 살아났다. 나보다 네 살이나 일곱 살이 어린 아이들과 함께 있었다. 나이를 먹었으면서도 소년 같은 열정을 냈다. 헤어질 무렵 어찌나 아쉽던지 사내아이가 말했다.

"함께 있으면서 가장 큰 수확이 뭔지 아세요?"

나는 좋은 선생님이란 말을 기대하면서 몇 마디 겸사를 준비하고 있었다. 아이는 뜻밖의 말을 이었다.

"우린 정말로 문혁을 지낸 거 같아요."

청천벽력 같았다. 여자아이 하나가 거들었다.

"아세요? 늘 문혁 얘기를 하셨어요."

사람을 만나기만 하면 푸른 장막 속에서 항일 전투를 벌이던 이야기를 들려주던 노신사. 술만 먹고 나면 압록강을 목 놓던 아저씨. 문득 그들이 노쇠해 보였다. 하지만 원로의 담소와 당시 대학생의 감탄 사이에서 나는 내 '세대'의 귀속을 찾을 수 없었다. 역사에는 분명 많은 틈이 있고, 그 틈 속에는 이름 없는 삶들이 있으리라.

해가 가고 날이 지나면서 흰머리도 생기고 훨씬 철도 들게 되는 듯하다. 기억은 어느 시간 속에 고착돼 있다. 깊은 사랑과 절실한 한

(어쩌면 두려움)뿐 아니라 그 시간들, 그 사건들, 그 경험들은 역사의 합법성을 부여받았다. 그리하여 서술의 합법성도 갖추게 됐다. 거듭된 서술의 팽창은 점차 다른 것들, 심지어 모든 것을 덮어 가려 버렸다. 승리로 마지막을 장식하는 전쟁의 영광과 거지에게 달려든 성난 개가 물어뜯은 상처와도 같던 어제. 문혁의 피비린내와 공포와 고난 위에 서 있던 1980년대 중국. 창업자의 지난 발자취처럼 오늘 위에 서 있다. 영화로 밥그릇을 삼은 지 벌써 14년이 됐지만, 나는 「여덟번째는 동상」을 잊고 있었다. 어린 시절 그 숱한 외로움과 황폐함, 가난, 아무도 가르쳐 주지 않았던 깨달음과 극도의 무지를 잊고 있었다. 어쩌면 누군가 이름을 얻지 못했던 '우리'를 깨닫고 '한 세대 사람'이라 부를 수도 있었을 것이다. 시를 쓴 류칭처럼, 그것은 이국(시어는 "어떤 자본주의 국가")의 어느 모임, 어두운 밤에 용솟음치는 기억, 그리하여 "오늘 밤 / 우리의 어린 시절은 / 흑백영화 한 편이다".

그러나 이것은 여전히 전체와는 거리가 멀다. 또 다른 사람들에게는 "햇빛 쏟아지던 날들"*이었다──성별 때문에, 혹은 계급 때문에 그것은 어쩌면 진실이기도 했다. 문혁이 끝나고 십수 년이 지난 뒤 가질 수 있는 합법적 재현이었다. 그리고 햇빛 쏟아지던 서술의 성취였다. 두터운 핏빛 유채를 벗겨 버리는 것은, 세월이 아닌, 아니 단지 세월뿐이 아닌 영원한 권력 기제의 필요 절차였다. 그리하여 같은 세대 사람, 동성(同性) 작가들의 붓끝 거대 서사의 화면 위에는 "묵묵히 바라던" 이들의 "텅 빈 세월"이 조금 드러났다. 나중에 도착한 이들의 조롱 속

---

* 장원(姜文)이 1994년 만든 영화 제목에서 따온 말로, 이 영화가 당시 소년의 입장에서 자유와 해방을 만끽할 수 있었던 시절로 문화대혁명을 회상하고 있음에 빗댄 표현이다.─옮긴이

에서 그것은 "노래와도 같은 참뜻"이라 쓰여졌다. 그리하여 일곱 살의 공포는 "오늘 밤 폭풍설"보다 더욱 매혹적이고 진실하고 합법적이다.

정말 "운이 좋게도" 스스로 합법과 불법의 기억을 갖게 된 뒤 내 삶이 '역사' 속에 있음을 깊이 알게 됐다. 열 살에 "모든 해충을 박멸한다던 무적"의 대(大)시대를 만나 "불타는 시대에 붉은 사람이" 되었다. 스물에는 신시기가 시작되어 "나라의 부강을 위해 책임지자, 갖가지 병폐를 드러내자"고 외쳤다. 서른, "우리는 이미 황금시대의 문 앞에" 도착해 있었다. "세기의 문과 충돌하거나" 그렇지 않으면 "중국은 장차 지구에서 제명당할 것"이었다. 아직 오지 않은 마흔, 이제 세기의 교차와 천년의 시작이 다가올 것이다. 그리하여 일찍이 마땅히도 줄곧 미래에 대한 무궁한 동경과 상상 속에 빠져 있었다. 미래는 행복이 확장된 시간의 사슬을 보여 주었고, 과거와 미래 사이에서 역사의 이야기가 이어지고 있었다. 이제 불혹이 되면 미래식 역사 서술과 과거식 역사 서술은 서로를 마주 대하면서 끊임없이 냉혹하지 않으면서도 고통스러운 비웃음이 될 것이다. 하나하나 아름다운 '미래'가 결코 그다지 찬란하지 않으며 쓸쓸한 평범한 세월이 되리라는 걸 몸소 겪고 목도하게 되리라. 그리하여 알록달록한 점박이 역사의 유산을 이어받게 되리라. 그것을 독창적이라거나 독특하다고 말할 수는 없으리라. "20세기 모든 예언은 혁명에 관한 예언이었고, 20세기의 모든 기억은 혁명의 실패에 관한 기억이기" 때문이다.

실패를 심판하는 일은 인류의 폐단 아니면 역사의 관례다. "하느님에게 감사하자. 나는 권력의 바퀴가 아니다. 나는 바퀴 밑에 깔려 살아가는 사람 중 하나일 뿐이다." 타고르의 명언은 여전히 환각과 거울에 비친 상, 구조, 자기 충족, 개인의 필요를 일러 준다. 역사는 그 중단

된 곳에서 뻗어 나간다. 헤겔의 역사든 후쿠야마*의 역사든 중국은 아직 끝나지 않았다. 하지만 여전히 뻗어 나가고 있는 것은 세월의 면면함이라기보다는, 세월 이후 서로 어긋나는 역사의 서술이다.

다행스럽게도 내가 역사 속에 처해 있음을 깨닫게 됐다. 이 깨달음은 높은 노래로 돌진하던 진보의 기록이 아니라 거울 속의 세월로부터 왔다. 빛나고 맑은 거울과 깨어진 거울 앞에서의 광희(狂喜)와 혼돈으로부터 왔다. 역사의 어떤 진술을 돈독히 믿어 왔다. 그때마다 나는 "가슴엔 진리를, 손에는 깃발을"이라고 생각했다. 위대한 진군이 격파한 것은 단지 거울뿐이었음을 알지 못했다. 새로운 거울 앞에 비춰진 자신의 모습이 더 이상 추레하거나 흐리멍덩하지 않았다는 게 성과라면 성과였다. 그래서 이런 수사를 좋아한다. "거울 도시", "거울 속에 있는 듯", "거울 나라의 앨리스".

그렇다. 구조주의와 후기 구조주의의 스승인 라캉과 알튀세르라는 "창백한 서양 아버지"의 그림자가 있다. 그러나 동시에(혹은 훨씬 많이) 절실한 체험이었다. 분명하다. 너무 늦게 태어난 이들에게 그 영원한 슬픔은 자신의 경험과 표현 사이에서 줄곧 누런 피부색 혹은 흰 피부색의 옛 스승들을 가로놓는다. 우리는 반드시 그들의 눈을 빌리거나 그들이 구성해 놓은 거울의 상을 응시해야만 한다. 우리의 초심이 깨어진 거울 밖으로 나올지라도. 더욱이 중국이 다시 전지구 일체화의 과정 속으로 빠져들 때, 그로 인해 단지 '정체'된 '역사'의 시간에 처해

---

* 프랜시스 후쿠야마(Francis Fukuyama). 일본계 3세 재미 학자. 1992년 『역사의 종언』(The End of History)을 통해 현실 사회주의의 붕괴 이후 이데올로기로서 역사의 진보는 "끝났다"고 선언하며, 자유주의의 궁극적 승리를 주장했다. 그의 관점은 신보수주의자(네오콘)들에게 사상적 기초를 제공했으나, 2006년 『기로에 선 미국』(America at the crossroads)에서는 이들이 이라크전에서 과도한 군사적 수단으로 목적을 이루고자 했다며 비판한 바 있다.—옮긴이

있는 오늘, 나는 특히 제3세계 지식인이면서도 유달리 곤혹스럽고 모호한 여성 신분이다. 그래서 이 절실한 체험은 너무 많은 "전도되고 전도당한 역사"와 너무 많은 "누명 벗기기"와 "역사 바로 세우기"를 겪었다. 어제의 금기는 문득 오늘의 유행이 됐다. 그때의 주변은 지금의 중심이 됐다. 그런 혼돈은 결코 '69년 중학생' 혼자만의 것은 아니다. 마치 시종 거울의 성지(城池) 혹은 거울의 회랑 속에 처한 듯하다. 잡다하게 진술되고 위치되는 역사 담론과 이데올로기 담론 속에서 일어나는 피차의 충돌과 협조, 상호 부정과 인증(印證)은 마치 서로를 향해 서 있는 거울처럼, 끝을 알 수 없도록 서로를 비추는 그 사이에 중첩된 영상과 흔들리는 환영, 참과 거짓을 분별할 수 없는 깊은 동굴의 형성과도 같다. 거울 속 기이한 만남은 자신을 돌보지 않고 몸을 던지던 미친 듯한 사랑의 목표가 멀리 사라진 것이며, 절망 속에서 도피하던 중 공포의 대상과 정면으로 맞닥뜨린 것이다. 운이 좋아 신기한 힘이 우리를 위해 글자의 얼룩들과 덧칠된 '양피지'를 한 장 한 장 열어젖혀 주지는 않을 것이다. 회오리바람이 거울의 성을 감아올리기는 더더욱 불가능하리라. '백 년 동안의 고독'은 분명 단지 마술적 글쓰기였을 뿐이다.

우원광(吳文光)의 다큐멘터리 「1966 : 나의 홍위병 시대」(1966 : 我的紅衛兵時代)에서 본 한 장면. 여성 로큰롤 그룹 '코브라'가 '나의 1966'이란 공연을 연습하고 있었다. 그 중 한 구절. "아, 1966! 나의 1966! 붉은 열차가 행복한 양들을 가득 싣고 간다." 보컬이 거기서 말을 잇는다. "여기서 잠깐 쉬어야 해요. 그런 느낌으로 불러요! 그 시대 사람 같은! 조금 …… 느낌이 조금 부족해요." 크게 웃었지만, 슬펐다. 종속되지 않았거나 종속을 거부당한 윗세대 사람들 때문이 아니었다. 늦게 도착한 이들의 기민함과 무정함이 윗세대의 헌신의 목표가 단지 허구의 거울상이자 황당한 거울 사랑이었음을 꿰뚫어 보고 있기 때문이었다. 그러나 '코브라'와 로큰롤 그룹 사이에서, 거리낌 없는 공연과 당당하고 발랄한 소녀들 사이에서, 주변 문화 및 반역의 포즈와 자유분방 사이에서 끌어안고 전시한 것이 언제 합법적 거울상이 아니었던 적 있는가. 어느 세대건 거울의 성을 뚫고 나오거나 그 속으로 떨어지거나 한다. 슬픔은 기억과 망각에 있지 않고 진실과 거짓에 있지 않다. 매번 꿰뚫음 뒤에는 늘 거울성(城)의 세월을 갖게 된다.

역사와 서사. 역사는 영원히 서사다. 권위자의 서사. 우리는 단지 '글쓰기'를 통해 역사를 명료하게 할 수 있을 뿐이다. 일종의 특별 사면 혹은 은혜를 입은 '기록'과 글쓰기일 뿐이다. 역사는 영원히 '역사' 바깥에 있다. 후기 구조주의 스승들의 깨우침이나 가르침도 필요 없이 중국의 세월을 겪었다면 곧 우리가 갖고 있는 전체 '역사'가 단지 '승리자의 명세서'일 뿐이라는 사실을 깨달을 수 있다. 「여덟번째는 동상」의 날들 속에서 일찍이 주장(主將)과 기수(旗手)가 한 명씩만 있던 근대 문학사를 읽었다. 대학에서 4년을 공부하고 배운 바는 근·현대 중국사와 근·현대 중국 문학사의 몇 차례 증보와 수정이 단지 재평가와 새로운 부상일 뿐 아니라 '원화(原畵)의 복원' 혹은 '역사의 바다를 탐구'하는 일이었다. 다시 쓰기, 그것이 이룩한 것은 깨어진 거울이었고 얻어 낸 것은 오히려 일정치 않은 진리였다.

6월, 사계절이 늘 봄 같던, 번잡하던 로스앤젤레스에서 옛 친구 멍웨(孟悅)를 다시 만나, 그녀가 흥미진진하게 풀어놓던 청말민초(淸末民初)의 문화사를 들었다. 단순한 배경 설명 한 구절. "증국번(曾國藩)은 당시 두 큰 적수와 맞서고 있었다. 양인들과 태평천국……." 가슴이 뛰었고, 아연 실소했다. 역사·문화의 성찰 운동을 겪고 났는데도, 그 많던 다시 쓰기와 고쳐 쓰기, 성찰과 전복을 겪고 났는데도, 유행을 좇아 베스트셀러『증국번』,『홍정 상인』*을 읽었는데도, '정말로' 증국번의 시각에서 그 역사를 사색하지는 못했다. 읽고 외우고 시험 보았던 역사책에서 이 모두는 태평천국의 시점에서 재현됐다. 근대 문학부터 현대 문학까지 나는 '천국'의 세월을 잘 알고 있었다. 충왕(忠王) 이수성(李秀成), 익왕(翼王) 석달개(石達開), 영왕(英王) 진옥성(陳玉成)을 집안 보물이나 되듯 속속들이 꿰고 있었다. 그 해 '아침놀 총간'(朝霞叢刊)에서 아직 영화화되지 않은 시나리오 속에서 진옥성은 내 열여섯 살의 꿈속 연인이 되어 주었다. 나는 돌아올 수 없는 길을 걸었다고 생각한 뒤, 일찍이 내재화에 성공한 전부를 정말로 '삭제' 하지 않은 채 아수라장이 되어 버린 개인을 한데 모아 '저장' 해 두었다.

또 다른 반대 사례도 내게는 같은 놀라움이었다. 그것은 우연한 독해였다. 헌책을 할인하는 가게에서 오래도록 찾지 못했던 작은 책을 발견했다. 경릉자(竟陵子)라는 서명(署名)의『역사의 바다 탐구』였다. 부제는 '우한의 나체 대시위' 였다.** 매우 상업적인 제목이었으나 너무나 비상업적 의미로 매대에 펼쳐 놓은 듯했다. 친구의 친절한 설명을 들었는데 우연히 거기서 만나게 됐다. 더럽고 해졌지만, 사서 읽었다. 상업적 가치는 분명 없었다. 대혁명의 역사 중 한 단락과 미래의 여성사 가운데 한 절이 누락돼 있었다. 책 한 권 때문에 이렇게 피가 솟아오르거나 눈물이 쏟아진 적은 없었다. 굳게 참았다. 나 개인에 대해 역사의 손이 진행한 글쓰기 중 하나는 여자이지만 "아무 때나 눈물

---

* 홍정상인(紅頂商人)은 상인 출신으로 관직을 맡고 있는 사람을 가리키는 말. 청말의 대표적인 인물로 호설암(胡雪岩)이 있다.—옮긴이
** 竟陵子,『史海鉤玄 : 武漢裸體大遊行』, 崑崙出版社, 1989. 9.

을 흘리지 말아야 한다"는 말을 존중해야 한다는 것이었다——마찬가지로 내 마음을 움직인 왕샤오보(王小波)의 작품 속에서 그것은 대체로 당시의 가학·피학 문화가 성공한 사례로 나타났다. 경릉자의 '탐구'는 그녀가 수많은 인터뷰, 상세한 사료, 소박하지만 매력 있는 문체로 대혁명 시대를 재현하고, 다행히 살아난 사람들과 직접 그 일을 겪은 사람들이 풀어놓은 그 처절하고 원통한 이야기로 충격이었다. 거기에 더해 나는 그 정신적 관습에 놀랐고 그 부지불식간의 망각과 다시 쓰기에 놀랐다. 비록 단순하고 가벼운 '혁명과의 이별'을 굳센 이성으로 거부하고 있지만, 나는 현대사의 그 특별한 해들을 효과적으로 잊고 있었다. 그 참혹한 피비린내를 잊고 있었다. 그 시절 진짜 여인, 진짜 영웅을 잊고 있었다. 아마도 다 유달리 창백한 '관변 해석' 때문이었으리라. 거울 속의 미혹과 유혹의 소환을 부단히 의식하고 각성했다. 하지만 여전히 거울 속에 있는 듯하다. 폭력을 거부하고 거기에 저항하는 것은 아직 선명한 핏자국으로 이미 거무튀튀해져 버린 옛 흔적을 용서하겠다는 뜻이 아니다. 입장의 선택과 차이, 대립의 해소와 화해는 또 다른 거울성으로의 심취를 의미할 뿐이다.

그렇다. 지금 몸소 겪고 있는 오늘날이든 이미 사라져 버려 고증할 수 없는 아득한 먼 옛날이든 역사의 글쓰기는 어쩔 수 없이 이리저리 해지고 이가 빠질 수밖에 없다. 역사를 쓰는 이는 그보다 앞서 역사에 의해 쓰여진다. 그걸 알면서도 유희의 여유를 얻지 못했다. 가족과 국가 안에서의 일상들을 여자로서 아내로서, 때로는 파렴치한 사욕에 끌려 다니기도 했다. 더 이상은 아니다. 거울 속에 있는 듯. 그러나 환상임을 잘 안다. 거울을 깨고 나오려고 애쓴다.

'거울 속에 있는 듯'
CONTENTS

한국의 독자들에게 5
책머리에 9

1_ 분명한 입장 25
학술 자전 25 | 문화연구의 서술과 입장 30 | 문학비평의 이모저모 35 |
미셸 푸코, 권력, '유희' 38 | 페미니즘과 문화연구 44 |
사르트르와 지식인의 역할 48 | 문학과 철학에 대한 의견 51

2_ 영화사의 문화와 정신에 대한 반성 57
학술적 전향과 문화적 사고 57 | 1980년대에 대한 성찰 62 |
역사의 단절과 원화의 복원 65 | 학계의 '근대 현상' 및 기타 70 |
영화이론과 문화연구 75 | '근대성' 논의와 영화사 78 | 이론적 자원과 성찰 82 |
페미니즘과 영화사 쓰기 85 | 영화와 문학, 개인의 습관 89

3_ 도시문학과 문학비평 그리고 지식인의 역할 99
도시와 도시문화 그리고 '혁명' 99 | 역사와 현실 103 |
'도시'에 대한 담론 107 | 1990년대 문화와 문학 111 |
'세대' 문화와 문학 118 | 문학 체제와 문화 구조 131 |
지식인이라는 신분 134 | 서양 지식인과 중국 문화의 현실 140

4_ 혁명, 이데올로기 비평, 문화연구 : 1968년 5월과 영화 151
'5월혁명'과 현대 세계 151 | 이데올로기 비평과 중국의 비평 공간 169 |
'항아리 속의 뇌'에 직면한 현대 악몽 189

5_ 여성주의 : 문화적 입장, 젠더 경험, 그리고 학술적 선택 203
중국의 여성학과 여성주의, 어제와 오늘 203 | 여성문학? 229 |
린바이의 『한 여자의 전쟁』과 '딸' 241 | 문학비평과 문화연구 244 |
여성 글쓰기 253 | 젠더연구와 그 어려움 257 |
젠더의 차이와 본질주의 261 | 개인의 경험과 여성주의적 입장 265

6_ 여성문학과 개인적 글쓰기 279
여성 글쓰기의 맥락과 남성의 시각 279 | 반문 284 | 개인화 글쓰기와 '응시되는'
여성 287 | 반문에 대한 반문 293 | 여성 공간 논쟁 299

7_ 도전에 직면한 문화비평 : 텔레비전 드라마 자세히 읽기 309
문화비평과 이론적 입장 311 | 「갈망」 다시 읽기 332 |
'개인'과 사회의 패러다임 변화 340

8_ 문화연구에서의 근대성 문제 353
'근대성'에 대한 논의 353 | 광고연구와 문화 컨텍스트 358 |
'세속화'에 관한 질의 363 | 광고와 사회 기제 368 |
다국적 자본과 광고의 표상 375 | 명명과 단절 383 |
근대성 담론과 이원대립 389 | '타인'과 '자기'의 이야기 395 |
1980년대 문화에 대한 검토 407

옮긴이의 말_ 다이진화 읽기 혹은 '벗어나기' 417
찾아보기 426

거울 속에 있는 듯

1_ 분명한 입장*

학술 자전

천안잉·저우리안(이하 천·저우) 먼저 선생님의 연구 경력과 개인 이력에 대해 소개해 주시겠습니까?

다이진화 경력이란 게 뭐 있나요. 단순합니다. 1978년 베이징대학에 입학해서 1982년에 졸업했습니다. 졸업 후 베이징영화대학에서 교수로 지내면서 강의와 동시에 영화를 공부했습니다. 1985년 전후부터 영화를 가르치기 시작했습니다. 1990년부터는 베이징대학 교수를 겸직했고 1993년에 베이징대학에 부임했습니다. 우리 세대 많은 사람들처럼 우연한 운명에 의해 베이징영화대학에 배치됐습니다. 제가 영화예술과 접촉할 수 있었던 기회였죠. 여러분도 알다시피 중국에서 영화를

---

*이 대담은 1997년 5월 28일 베이징대학 사오위안(勺園)에서 진행됐으며, 질문자는 베이징대학 철학과의 천안잉(陳岸英)과 저우리안(周濂)이다.

감상하는 것은 특권입니다. 영화를 좋아했고, 영화비평과 이론이 제 연구영역이 됐습니다. 1990년대 들어서, 저는 영화나 영화예술 영역만으로는 영화 현상을 충분히 해석해 낼 수 없다고 느꼈습니다. 이 때문에 근·현대 문화 영역까지 확장시켜 연구를 시도했으며, 자연히 문화연구로 방향을 바꿨습니다. 더불어 저는 여성문학을 연구했습니다. 그 부분은 잉여의 취미라 생각합니다.

천·저우 작년[1996년] 미국 강연이 현지에서 큰 반향을 일으켰다고 들었습니다. 간단하게 미국에서의 일정을 소개해 주시겠습니까?

다이진화 사람들이 그 일을 과장해서 말하는 경향이 있습니다. 사실 제가 미국에 가서 접촉한 사람들은 대부분 미국에 있는 중국 학자들이었습니다. 미국 인문과학의 주요 학자들은 중국에 대해 진정한 관심이 없습니다. 저는 중국의 정치와 경제적 위상이 높아지면 그런 관심도 높아질 거라 생각합니다. 주로 중국학 영역 중 문학, 영화, 철학, 인류학, 사회과학 분야의 학자들을 만났고, 11개 대학에서 강연을 했습니다. 강연은 중국 대중문화, 여성문화, 영화가 중심이었습니다.

    강연에 대한 호평도 있었습니다. 어떤 글은 영어로 번역되기도 했고, 미국 학술잡지에 게재되기도 했습니다. 냉전 후, 전 세계 좌익 학자들은 같은 어려움에 직면하고 있습니다. 해외 중국학자들 역시 같은 문제에 직면해 있습니다. 저는 서로의 공간적 거리가 좁혀지고 있다고 느낍니다. 과거, 우리는 서구 문화와 이론·담론에 대해 자세히 알지 못했습니다. 그들 또한 중국 사회의 현실과 거리를 두고 있었습니다. 지금 그들은 중국 사회와 학술계의 소식을 신속히 파악하고 있습니다.

우리 또한 서구 이론을 익숙하게 적용하고 있을 뿐 아니라, 그에 대해 비판을 가하고 있습니다. 모든 사람들이 진행하는 연구가 서로 근접해지고 있으며, 같은 문제에 대해 함께 토론하고 있습니다.

천·저우 영화예술 평론에서 대중문화 연구로 방향을 전환하신 데 대해 구체적으로 말씀해 주십시오.

다이진화 1980년대 전반에 걸쳐 저는 영화이론과 평론을 연구했습니다. 일정한 성과도 있었습니다. 그 시기 영화연구에 대한 제 기본 입장은 몇 가지 요소로 구성됐습니다. 첫째, 저는 엘리트화된 예술 성향을 갖고 유럽 예술영화 전통을 추종했습니다. 4세대와 5세대 영화에 관심을 갖고 있기도 했죠. 어떤 의미에서, 그들 중 대부분은 심지어 보편적인 중국영화 관객조차 알지 못하는 것이었습니다. 당시 인기를 끌었던 영화에 대해서는 관심이 없었습니다. 둘째, 당시 저는 열정적으로 번역과 소개를 했습니다. 깊이 생각하지 않고 서구 영화·문화이론을 운용했지요. 1980년대 중·후반에는 구조주의와 후기 구조주의 이론으로 중국영화 텍스트를 해석했습니다. 셋째, 점차 명확한 페미니즘의 입장을 갖기 시작했습니다.

천·저우 그러면 1980년대에 구조주의를 접하기 시작하셨습니까?

다이진화 그렇습니다. 대략 1983년 전후에 구조주의란 용어를 들었습니다. 당시에는 구조주의와 기호학이 어떤 차이가 있고 어떤 관계인지 확실히 알지 못했습니다. 그 시기, 중국 인문학계는 새로운 학술적 자원을 맹목적으로 찾고 있었습니다. 여러 이론들이 부단히 소개되고 유입됐습니다. 저와 제 동료들의 경우,『구조주의: 모스크바, 프라하, 파리』(Jan Broekman, *Structuralism : Moscow, Prague, Paris*)라는 소책자가 아주 중요했습니다. 1984년쯤에 도서관에서 우연히 크리스티앙 메츠(Christian Metz)의 영문본 『영화 언어』(*Film Language*)라는 책을 발견했습니다. 당시는 그 책이 영화이론의 기념비작이라는 사실을 몰랐습니다. 당시 저는 영어 실력이 변변치 못했고 게다가 이론적 배경 또한 무지에 가까웠습니다. 초보적인 독해를 했을 뿐이죠. 번역을 시작하면서 많은 것을 배웠습니다. 영화이론뿐 아니라 처음으로 20세기 인문·사회과학의 '언어학 패러다임'을 접촉했습니다. 그런 연구 방법과 우리들에게 익숙한 19세기 서양의 연구 방법론은 차이가 매우 컸습니다. 그것들은 제게 큰 충격을 주었고 저는 오늘날 서구 이론에 대해 관심을 갖기 시작했습니다. 우연히도 운 좋은 경험이었습니다. 1980년대, 중국 학계는 새로운 이론과 학술 담론을 모색하고 있었고, 이전 시대의 준사회학적인 사상 방법론과 담론 구조에서 벗어나고자 했습니다. 당시 문학비평은 활발한 움직임을 보이고 있던 영역이었죠. 마치 이론의 실험장처럼 많은 이론들이 문학과 결합하여 적용됐습니다.

개인적으로는 또 한 가지 우연한 계기가 있었습니다. 영화이론이 1970년대에 학문 분야로 성장했다는 것이었죠. 당시 서양, 특히 미국의 영화계는 좌파 교수들의 근거지였습니다. 그들은 기본적으로 구조주의와 후기 구조주의, 서구 마르크스주의의 훈련을 받았습니다. 1980년대 중국 영화계와 미국 대학의 영화학계는 교류가 빈번했습니다. 체계적이든 비체계적이든 그들이 행한 강연은 제가 이론들을 파악하는 데 실마리를 제공해 주었습니다. 1986년쯤, 저는 베이징영화대학에서 중국 최초로 영화이론 전공을 개설하고, 1987년에는 학부생을 받았습니다. 3년 뒤, 그 학생들의 현대 이론 부분을 주로 제가 지도했습니다. 4년 동안 저는 학생들보다 더 많이 배웠다는 사실을 체험했습니다. (웃음) 시작할 때는 모호한 지식으로 남을 가르쳤지만, 4년 뒤에는 '언어학 패러다임의 전환' 이후에 문화와 영화이론을 기본적으로 파악했고, 꽤 자연스럽게 적용할 수 있었습니다.

1990년대에는 시종 막연한 상태였습니다. 그런 막연함은 1992년과 1993년 사이에 극에 달했습니다. 주된 까닭은 상업화 물결이 밀려왔기 때문입니다. 개인적으로는 진정한 상실을 경험했습니다. 우선 1980년대에 제가 속해 있던 학술 단체가 해산했습니다. 어떤 사람은 하룻밤 사이에 학문을 포기했습니다. 고독감보다도 심각한 자아 주체에 대한 회의가 더 컸습니다. 자신의 선택과 가치에 대한 회의였습니다. 또 지식의 파산에 대한 경험은 무엇보다 중요했습니다. 과거에 익숙하게 운용했던 대부분의 이론과 방법이 새로운 현실 앞에서 무력해졌습니다. 계속 인문학을 연구한다면 이런 현실에 어떻게 맞서고 어떻게 해석해야 하는가? 마치 모든 길이 끊어진 것 같았습니다. 물론 마지막 선택은 학문을 계속하는 것이었습니다. 제가 할 수 있는 유일한 일이 공부였기 때문입니다. (웃음)

어떤 사람은 1986년에서 1987년 사이에 구조주의가 중국에 상륙했다고 말합니다. 그 세대 학자들이 말하는 일종의 시험이었죠. 제가 보기에 1993년, 전환기의 시련은 아주 컸습니다. 다방면에 걸쳐 다시 선택하고 새롭게 시작해야 했기 때문이죠. 그 시기에는 새로운 책은 거의 읽지 않으면서 새로운 사유를 해나갔습니다. 가장 중요한 것은 반성이었습니다. 우선 서양 이론에 대한 반성이었습니다. 깊게 사유하지 않고 맹목적으로 그들을 운용한 태도에 대한 반성이었죠. 탈식민주의 시각에서 저의 이론과 입장을 새롭게 사유했습니다. 둘째는 엘리트 문화에 대한 제 자신의 입장을 반성했습니다. 물론 그 입장을 완전히 바꾸거나 버린 것은 아니었습니다. 엘리트 문화에 대한 취미는 지금까지도 저를 꼬리표처럼 따라다니고 있습니다. 뿌리를 자르기가 어렵습니다. (웃음) 가령 무엇이 정말 좋은 작품입니까? 어떤 작품이 사람을 망설임 없이 몰입하게 만듭니까? 제 경우에는, 할리우드 영화도 아니고 텔레비전 연속극도 아닙니다. 저는 엘리트 혹은 고상한 문화 텍스트를 좋아합니다. 그러나 제가 여전히 중국 문화에 대해 관심이 있다면 대중문화를 무시할 수 없습니다. 1990년대 이래 대중문화는 의심할 여지없이 엘리트 문화보다 강력하게 중국 사회를 구성하고 있기 때문입니다. 단순한 거부나 부정은 곧 중국 사회 내부 문화적 현실의 중요한 영역을 포기하는 것을 의미합니다. 구체적으로 영화, 가령 4세대와 5세대 영화는 각각 다르게 상업화를 경험했습니다. 다국적 자본의 개입과 영향이 두드러집니다. 영화 자신으로부터가 아니라 영화이론을 빌려 논의를 하다 보면 분명해집니다. 또한, 닫힌 텍스트 내부에서 해석해 낼 수 있는 게 아니라 반드시 구체적인 역사 상황과 정치·경제·문화적 맥락에서만 해석해 낼 수 있습니다. 때문에 각고의 반성과 새로운 사유를 한 뒤에 대중문화 연구로 주의를 돌릴 수 있었습니다.

문화연구의 서술과 입장

천·저우 줄곧 문화연구와 문학비평을 강조하셨는데요, 문화연구가 대체로 중성적이고 입장 없는 서술을 취한다고 여기시는 것 같습니다⋯.

다이진화 아닙니다. 절대 그렇지 않습니다. 문화연구는 아주 큰 영역입니다. 다양한 입장들이 있고, 서로 다른 목적으로 연구를 수행합니다. 그러나 제가 보기에 문화연구는 마침 계급, 성별, 종족과 같은 사회적인 입장을 드러내고 있습니다. 연구자들도 충분히 자신의 입장을 드러내는 것이 필요하다고 생각합니다.

천·저우 하지만 1995년 『종산』(鐘山) 제1기에서 "나는 단지 서술할 수 있는 권리와 가능성만을 가지고 있다"고 말씀하신 적이 있으신데요.

다이진화 네. 하지만 제가 말한 서술은 단순화를 피하자는 뜻입니다. 기존의 이론적 입장과 가설 때문에 제 입장을 덮어 버리고 싶진 않습니다. 또 맹목적으로 결론을 내리거나 성급하게 어떤 가치 판단으로 문화 현상을 규정하고 싶지도 않습니다. 그러나 서술은 입장을 요구합니다.

천·저우 선생님의 입장을 문화연구의 과정에 관철시켜 가실 건가요?

다이진화 제 입장은 좀 복잡합니다. 하지만 간단히 말씀드릴 수는 있습니다. 사회 비판 입장과 각종 권력에 대한 비타협적 입장을 취할 겁니다. 구체적으로는 현대 사회에 대한 비판적 입장입니다. 거기에는 마르크스 이론의 운용이 반드시 포함됩니다. 마르크스는 비판의 날카로운 무기이자 무기고입니다. 마르크스 이론을 거부하면서 사회 비판적인 입장을 고수할 수는 없습니다. 많은 사람들이 마르크스주의를 거부함과 동시에 현대 사회에 대한 비판도 거부했습니다. 저는 이런 사실이 아주 위험하다고 생각합니다. 마르크스주의의 문화 자원을 빌려 사회를 비판하겠다는 말은 다국적 자본과 소비주의에 대한 경계, 아울러 현대적인 담론에 대한 성찰을 뜻합니다. 즉 제3세계 근대화 과정에 대한 성찰과 비판적인 사유를 말합니다. 아울러 중국 사회의 현실과 복잡한 권력 구조에 대한 분명한 인식을 유지하려고 합니다. 제 말은 근대성을 성찰하고 중국의 근대적 담론의 확장 과정을 검토하고 근대화 과정을 감시하자는 뜻입니다. 결코 단순하게 근대화를 거부하자는 것이 아닙니다. 역사의 후퇴를 요구하는 것도 아닙니다. 그런다고 될 수 있는 것도 아니고 옳은 일도 아닙니다. 사실 근대적인 담론을 비판하는 중요한 명제는 지식 고고학과 미시 정치학의 관점에서 보면 직선적 발전이라는 역사관으로 은폐된 중국 사회의 복잡한 현실을 드러내는 것입니다. 문화연구의 영역에서 계급, 성별, 종족을 말하려면 반드시 먼저 자신의 입장을 선택해야 합니다. 어느 계급에 서 있으며, 어떤 젠더적 관념을 가지고 있고, 자신의 종족 정체성이 있습니다. 이 때문에 문화연구의 핵심은 정체성(identity)입니다. 즉 신분과 정체에 대한 문제죠. 오늘날 사회의 문제를 논의하기 전에 먼저 자신의 신분을 표명해야 합니다. 나는 누구인가? 나는 왜 어느 곳에 서 있으며 무슨 말을 하는가?

제 경우, 미국 여행의 가장 큰 수확이 바로 거기에 있습니다. 주디스 버틀러(Judith Butler)는 프로이트의 생각을 빌려 와 자아의 경계를 곧 신체의 경계라고 했습니다. 신체의 외부적 인연이 자아의 존재를 규정합니다. 자신의 신체가 외부 세계와 접촉하거나 상처를 받을 때에야 자아의 관념을 인식하게 됩니다. 미국에 도착해서 저는 처음으로 꽤 긴 시간 동안 이방인으로서 타인의 세계에 들어갔습니다. 학술적인 일이든 그렇지 않은 일이든 벌어지는 일마다 보잘것없는 이력을 지닌 저에게 자신의 신분을 직시하게 했습니다. 당신은 사회주의 중국에서

왔으니 중국과 중국인에 관한 모든 문제를 대표하고 답변해야 한다는 겁니다. 어떤 때는 아시아의 여성이고, 어떤 때는 베이징대학의 학자입니다. 중국, 사회주의, 베이징, 베이징대학, 아시아, 여성 등은 숨길 수도 회피할 수도 없는 저의 종족·정치·젠더 정체성을 구성했습니다.

천·저우 강의실에서 문화 지형도의 의미에 대해서 말씀하신 적이 있는데, 저는 여전히 그것이 객관적이라 생각됩니다. 절대적인 의미에서 중성이나 입장 없음에 도착할 수는 없다고 해도 말이죠.

다이진화 그게 중성이나 객관적 개념은 아니라고 생각합니다. 현실의 복잡성을 강조해야 명확한 인식을 유지할 수 있습니다. 명확한 입장을 가지고 있다 하더라도 또 주의를 기울여야 합니다. 누구나 자신의 입장이 허락하는 사물만을 보며, 자신의 관점이 선호하는 현상만을 포착합니다. 경계해야 할 일입니다. 현실, 특히 오늘날 중국 사회 현실의 복잡성에 대해 인식한다는 것은 각 사물이 안고 있는 여러 측면의 문제를 인식한다는 뜻입니다. 그들 중 자신의 입장과 모순된 사실을 포괄하려면, 직접 부딪히고 나서 대답해야 합니다.

천·저우 포스트모더니즘 이론에는 어떤 폐단이 있다고 생각합니다. 그러나 또 장점도 있다고 생각합니다. 사실이 우리의 상상력보다 복잡할 수 있다는 사실을 인식하는 것입니다.

다이진화 어떤 사람은 절대적인 사실은 없다고 합니다. 우리는 사실의 존재에 대한 회의를 시작하면서 동시에 다양한 사실이 존재한다는 점을 인식해야 합니다. 제가 말한 서술은 다양한 사실 자체를 보여 주는 것입니다.

천·저우 어떻게 상대주의를 극복하고 계신지요? 혹은 그 자체가 문제는 아니라고 여기지는 않으시는지요?

다이진화 아닙니다. 저는 상대주의는 중요한 문제라고 생각합니다. 그리고 실제로 관용적인 태도로 다양한 현실을 서술할 때 상대주의라는 함정에 빠질 수 있습니다. 상대주의와 주류화된 다문화주의는 오랜 시간 동안 다시 중심의 합법성을 공고히 하는 논술이 됐습니다.

천·저우 어떻게 그 경계를 구분할 수 있습니까?

다이진화 사회에 대한 자신의 비판적인 입장에 의지해야 한다고 생각합니다. 그러나 사회에 대한 비판적 입장이 물론 상대주의를 경계하게 해주긴 합니다만 그렇다고 해서 완전히 극복할 수는 없습니다. 저는 모든 주류문화에 대한 비판을 시도하며 동질성과 차별성에 대한 부단한 분석을 통해 상대주의를 극복합니다. 복잡한 사회 현실에는 서로가 충돌하는 다양한 정치·권력 구조가 뒤얽혀 있습니다. 제가 상대주의의 함정을 극복하는 방법은 바로 다양한 권력에 대한 거부와 비판적인 태도를 유지하는 것입니다. 예를 들어 문화 전제주의를 거부하고 권력의 매개를 비판할 수 있습니다. 자신의 성숙함과 분명한 저항의 목소리를 매개로 환호할 수 있습니다. 물론, 동시에 대중매체의 독점이라는 특징을 경계해야 합니다. 또 표면상 적대적인 정치세력 간에도 복잡한 공범 관계가 존재하고 있습니다. 저는 상대주의적 관용과 공평을 거부합니다. 쌍방에 대해 같은 비판적인 태도를 취합니다. 물론 이런 태도는 저를 난처한 입장에 처하게 합니다. 그러나 저는 여전히 그런 입장을 고수할 겁니다. 막다른 길에 다다라야 후회를 하게 될까요?

저는 늘 문화 상대주의뿐 아니라 보편적인 이원대립적 사유방식이라는 어려움에 직면하곤 합니다. "적이 반대하면 우리는 지지한다"는 말은 오늘날 중국에서 의심할 여지없이 위험합니다. 냉전이 끝나자 기존의 좌익과 우익, 적과 아의 구분이 모호하고 복잡해졌습니다. 중국의 경우에는 오히려 의외로 명료하기도 합니다. 더 생각할 것도 없이 냉전적 사유를 적용하여 중국 현실에 극단적으로 잘못된 결론을 이끌어 낼 수도 있습니다. 복잡한 공모 관계, 다중적인 이익의 추구, 분열된 주류 이데올로기의 운용은 극단적으로 무질서한 사회와 문화를 만듭니다. 저는 사회 비판적 입장과 끊임없는 성찰로 이원대립적 사유와 상대주의라는 함정을 탈피하려고 합니다. 단순한 이원대립적 사유는 우리를 오류로 끌고 갈 수 있습니다. 상대주의에 비판을 가하지 않으면 모종의 문화 냉소주의로 이끌려 갈 수도 있습니다. 존재하는 모든 것이 합리적으로 보인다는 입장을 저는 수용할 수 없습니다. 실제로 비합리적인 존재들은 너무 많습니다.

문학비평의 이모저모

천·저우 저희 철학과 학생들은 문학비평에 대해선 잘 모릅니다. 많이 읽어 보진 못했지만, 선생님은 글에서 1990년대 문학비평의 실어증을 말씀하셨습니다. 작가와 비평가들이 자기의 말만 하고 있다고 말이죠.

다이진화 어떤 측면에서는 맞는 말입니다.

천·저우 문학비평에 대해 어떤 관점을 가지고 계신지요? 문학비평에 대한 선생님의 비판을 말씀해 주십시오.

다이진화 (웃음) 감당할 수 없겠는데요. 저는 문학계의 아마추어입니다. 아마추어가 전문가를 비판해서는 안 됩니다. 자신의 생각만을 이야기해야죠. 문학비평과 창작의 분리에 대해서는 결코 걱정하지 않습니다. 창작을 위해 봉사하지 않는 비평의 등장은 건강하고 정상적인 현상이라 생각합니다. 문학비평 자신은 독립적인 실천이 될 수 있습니다.

천·저우 그러면 양자가 어떤 거리를 유지해야 한다고 생각하시는지요? 한계는 없을까요?

다이진화 문제를 그렇게 제기하면 안 된다고 생각합니다. 지금 문제는 비평의 질과 다양성입니다. 예컨대 출판물에 관심을 가지고 중요한 작품에 신속한 반응을 나타내는, 독자와 건전한 시장의 메커니즘을 연결시켜 주는 비평가가 부족합니다. 그건 자신의 것이지 매수되거나 고용된 게 아닙니다. 당연히 그는 도서 시장에 의해 고용되는 것이지 출판업자나 작가에게 고용된 게 아닙니다. 그의 평론은 문화 칼럼이 되며, 당연히 시장 메커니즘의 중요한 일환이 됩니다. 그렇게 자신의 원만하고 양호한 스타일로 비평의 신뢰를 만들어 갑니다. 독자가 그 평론을 읽는 것은 비평가의 판단을 신뢰하기 때문입니다. 그들이 추천한 작품을 선택하고 부정한 책을 거부하게 되죠. 당연히 비평가의 존재는 환영을 받습니다. 비평가는 작가의 친구입니다. 창작 과정을 충분히 이해하고 작가들의 개성과 고통을 이해합니다. 비평가의 평론은 독자에게 작가와 작품을 소개하기 위한 것입니다. 우리에게는 지금 1980년대 우량(吳亮) 같은 문단의 '킬러'가 부족합니다.* 명료하고 예리하게 작품의 결점을 분명히 지적해야 합니다. 1980년대 그는 작가들의 심판관이었습니다. 물론 다른 비평도 수용해야 합니다. 즉 학교에 몸담고 있는 비평가들입니다. 그들은 문학작품을 자신의 해석 대상으로 간주합니다. 그들은 작가의 사망을 선고하고, 작품에 대한 해석의 권리를 소유하려 합니다. 그러니 '거리'와 '척도'는 오늘날 중국 문단의 주요한 문제가 아닙니다.

천·저우 그러면 주요한 문제는 무엇입니까?

다이진화 문제는 의심할 바 없이 상업화 전략과 권력의 매개, 매개 권력 간의 악성적 결합입니다. 거기에 비평가 자신의 혼란도 섞여 있습니다. 현재 문학비평에 종사하는 많은 사람들이 이론과 문화를 연구합니다. 그러나 그들 대부분은 고전적인 문학비평을 혼동하고 있습니다. 가령 어떤 비평가가 어느 작가와 작품이 중요하다고 생각한다면, 그는 그 작가와 작품이 시장과 대중문화, 그리고 현대 중국 문화, 심지어 현대 정치 영역에서까지 중요한 의의가 있음을 강조하는 것입니다. 그러

---

* 우량(1955~). 중국의 유명한 문학평론가. 1980년대 재기 넘치면서도 예리하고 민감한 문학비평으로 이른바 '선봉 작가'인 마위안(馬原), 쑨간루(孫甘露) 등에게 큰 영향을 미쳤다. 평론집으로 『우량담론』(吳亮話語), 『화실 속의 화가』(畫室中的畫家), 『사상의 계절』(思想的季節), 『낯선 사람과의 동거』(與陌生人同在) 등이 있다. 본문에서 그를 '킬러'라 일컬은 것은 직설적인 비평 문체를 비유한 것으로 보인다.―옮긴이

나 그런 결론은 포장되어 문학적 가치 판단으로 여겨지게 됩니다. 그래서 독자는 이런 좋은 작가와 작품이 등장했구나 하고 오해하게 됩니다. 개인 담론 권력의 이익 도모는 차치하고라도 이와 함께 수반되는 다른 조잡한 상황은 비평가의 유일한 관심이 문학을 이용하여 자신의 이론 영역을 어떻게 채울 것인가에 집중되어 있다는 사실입니다. 그건 잘잘못의 문제가 아닙니다. 문학의 가치 판단과 취미 판단은 원래부터 문화 구조의 결과이기 때문입니다. 하지만 그런 비평은 문학작품 자체에 대한 깨달음을 무시하게 됩니다. 더욱 중요한 점은 중국 사회 현실의 역사적 과정을 무시하고 사회에 대한 지식인의 비판적 입장을 포기한다는 것입니다. 그런 비평이 문학평론의 모습으로 나타나면 더욱 위험합니다. 그것이 제가 말한 '섬망성(譫妄性) 실어증', '텅 빈 명명'입니다.

미셸 푸코, 권력, '유희'

천·저우 선생님의 글을 읽다 보면 푸코에게서 받은 영향이 크다는 점을 발견하게 됩니다.

다이진화 그렇습니다. 푸코는 확실히 제게 영향을 가장 많이 준 사상가입니다. 저는 중국의 많은 지식인들이 푸코를 좋아하리라고 생각합니다. (웃음) 사회 권력 구조에 대한 그의 통찰과 미시 정치학은 우리의 사회적·역사적 경험과 어떤 합일점이 있기 때문입니다. 푸코를 읽으면 제 스스로의 경험을 효과적으로 해석할 수 있습니다. 또 푸코에게서 역사와 현실을 효과적으로 해석해 낼 수 있는 무기도 얻게 됩니다.

제게 있어서 푸코의 후기 구조주의 이론은 이전에 은폐되어 있던 사물을 발견하게 해주었습니다. 이를테면 그는 사회 억압 기제를 드러냈는데, 그렇게 드러난 억압 기제 요소, 가령 성 행위에 대한 중세 유럽 교회의 통제와 억압은 또한 문화의 구성 과정이기도 하지요. 이른바 억압은 동시에 산포입니다. 금기와 강압에 의한 참회는 성 담론을 발전시키고 재생산하는 과정을 만들어 냈습니다. 성은 전대미문의 중요한 일이 됐습니다. 그는 나치 시대 권력 관계를 서술한 바 있습니다. 그에 따르면 나치 시대에는 단순한 독재 권력만 있었던 게 아니라 일반인들도 급속히 팽창하고 있는 권력의 파편을 누렸습니다. 나치 시대는 문혁 시대와 아주 비슷합니다. 사람들은 하룻밤 사이에 자신이 타인에 대하여 전에 없던 권력을 갖게 됐다는 사실을 발견합니다. 염증을 느끼던 이웃, 구애에 실패한 여성 혹은 남성, 높은 지위에 있던 지도자와 교수, 힘 있고 돈 있는 사람들에게 권력을 행사할 수 있게 됐습니다.

제가 더욱 흥미롭게 느끼는 점은 그들이 억압/저항의 도식을 해체한다는 것입니다. 이전에 억압/저항에 대한 이해는 시비가 명확한 대립 관계였습니다. 그러나 이제 그것은 통치와 권력 게임이 필요로 하는 유희의 쌍방을 구성합니다. 억압은 저항을 일으키며, 저항이 있을 때 비로소 권력과 권력 기제가 승인될 수 있습니다. 푸코에게 있어서 저항의 필요는 피억압자보다 억압자에게 더 의미가 있습니다. 우리는 문학작품을 통해 비슷한 점을 깨달을 수 있습니다. 커트 보네커트의 『고양이 요람』(*Cat's Cradle*)을 예로 들 수 있습니다. 저는 그래서 왕샤오보(王小波)의 작품을 좋아합니다(물론 제가 보기에 그는 우수하고 독창성이 풍부한 작가입니다). 문혁에 대해 그가 쓴 작품 속 성 묘사 중, 가해자와 피해자는 가학과 피학이라는 쌍방을 구성합니다. 우리는 그런 성 유희 중에서 사디스트와 마조히스트가 동시에 쾌락을 얻고 있음을 압니다. 그래서 그것은 조화로운 유희로 변하게 됩니다. 저는 문혁을 경험한 가장 젊은 세대입니다. 그 시대를 경험한 사람들은 모두 정치 참여와 저항에 대한 열정을 갖고 있습니다. '정치 피해의 망상'이라고들 합니다. 사디스트가 통제하는 시대는 마조히스트를 만들어 냅니다. 한 사회의 변화는 기쁨과 걱정을 동시에 만들어 냅니다. 정치적 박해가 수시로 가해지면 저항이냐 굴복이냐를 선택하게 됩니다. 곧 상상 속에서 순교자가 되거나 현실 속에서 비겁자가 되는 것이지요. 푸코의 의미에서, 저항은 곧 통치의 유희 속으로 들어가는 것입니다. 1980년대 지식인의 주체성을 말할 때 저항은 그 주체성을 드러내는 잠재적 어휘였습니다. 개인적으로는 푸코로부터 유희를 거부하는 법을 배웠습니다. 거부는 통치(억압/저항의 유희)로 편입되며, 그런 행위는 통치라는 유희를 해체시키게 됩니다. 사회와 유기적인 관계를 가지고 있는 지식인으로서의 의미가 손상되는 것이지요. 그것은 곤경이자 딜레마입니다. 그 딜레마 속에서 저는 여전히 유희의 거부를 선택합니다.

천·저우 그것은 비폭력적인 비협조를 의미합니까?

다이진화 순간적으로 답할 순 없지만, 그렇지는 않다고 생각합니다.

천·저우 단순히 유희를 거부하는 건 소극적이지 않을까요?

다이진화 단순히 유희를 거부하는 게 아닙니다. 제가 말하는 거부는 타인의 방식으로 유희에 편입되는 것을 거부한다는 뜻입니다. 혹은 타인의 유희를 거부한다는 뜻입니다. 저는 제 자신의 유희와 유희의 법칙이 있습니다. 저는 인문학을 하는 지식인이며 자신만의 사유와 행위 방식을 갖고 있습니다. 저는 제 글을 쓰고 발표하며, 강의를 하고 강연도 합니다. 그것이 제 행위 방식입니다. 저는 제가 속한 사회에 대해 비판적 입장을 고수합니다. 솔직히 말하면, 저의 행위와 사유 방식 속에는 전복적인 힘이 포함되어 있습니다. 단순한 정치적 반역자나 항의자가 아니라 권력 유희의 비밀과 억압 기제를 폭로하고 해부하는 것입니다.

천·저우 롤랑 바르트가 말한 것처럼 언어의 전복…….

다이진화 언어 질서의 전복입니다. 의심할 바 없이 문화와 언어 질서는 모두 통치 질서의 기반이 됩니다. 제 경우에 있어, 만약 질서와 권력의 유희 법칙을 폭로할 수 있다면, 최소한 인문학을 하는 지식인으로서 임무를 완성했다고 할 수 있을 것입니다. 저는 그것이 묘당(廟堂)과 광장 사이를 드나드는 것보다 훨씬 좋다고 생각합니다.

　　오래된 억압/저항의 이야기는 영원히 끊임없이 반역자를 창조해야 합니다. 그리하여 영웅과 성도도 창조해야 합니다. 제가 영웅이나 성도가 아니라는 점은 분명히 알고 있습니다. 저는 평범한 지식인일 뿐입니다. 물론 오늘 제 역할을 말하면서 고의적으로 필수적인 전제를 은폐시킨 듯합니다. 중국 사회 현실 속에서 저는 유희를 거부할 수 있는 가능성과 공간을 확실하게 갖고 있지요. 저 자신이나 우리 세대는 전세대 지식인들보다 뛰어나지 않습니다. 이전, 예를 들면 1950~60년대에는 유희를 거부하는 공간도 없었습니다. 주체적이고 자주적인 어떠한 공간도 없었습니다. 굴복하든 저항하든 침묵하든 팬옵티콘식 권력 공간에서 인지하고 해석하는 것이 할 수 있는 일의 전부였습니다. 오늘날 우리는 그 시대와 선배들에게 너무 쉽게 가혹한 요구를 합니다. 그러나 저는 그러면 안 된다고 생각합니다. 의미도 없습니다. 문제는 오늘 우리가 유희를 거부하는 공간을 갖고 있으면서도 여전히 많은 사람들은 억압과 저항만이 유일하고도 꼭 참가해야 하는 유희라 생각하는 것입니다. 제가 보기에는 바로 그 점이 문제입니다.

천·저우 유희를 거부하는 그런 공간은 어떻게 얻어졌습니까?

다이진화 물론 1970~80년대 전환기 중국 사회의 과도적 형태로부터 얻어진 것입니다. 사상해방운동과 개혁 과정 중에서도 가능했지요. 동심원적 사회 구조는 해체되기 시작했고 다원화 과정에서 틈이 생기기 시작했던 겁니다.

천·저우 바로 그런 저항자로서 유희 속에 편입된 사람들이 유희를 거부하는 공간을 만들 수 있습니까?

다이진화 직접적인 인과관계가 있다고 생각하지는 않습니다. 제 생각에 중국 사회의 변천은 결코 정치적인 저항의 결과가 아니라 억압 전략의 전이와 전환을 통해 완성된 것입니다. 기존의 동심원적 사회 구조는 자기 완결적 요소를 갖고 있기 때문이죠. 다시 말해 역사를 구성하는 힘이 우리를 오늘날까지 인도해 온 겁니다.

천·저우 유희를 초월하는 방식을 말씀해 주시겠습니까?

다이진화 앞서 말한 사회 비판적 입장 이외에도 우리는 다양한 어려움과 문제에 직면해 있습니다. 근대성 문제에 대한 재검토를 예로 들 수 있습니다. 그 중에는 어떻게 계몽과 진보 관념, 근대화 과정을 다뤄야 하는가, 어떻게 다국적 자본의 유입과 중국의 소비주의를 봐야 하는가 하는 문제들도 들어 있습니다. 우리들은 또한 구체적으로 어떻게 주류 담론을 거절해야 하는가와 동시에 서구 담론의 패권에 대항하는 문제에 직면해 있습니다. 저는 하나의 방법을 시험하고 있습니다. 단순히 이론을 거절하거나 기존의 이론으로 돌아가는 것이 아니라 어떤 의미에서는 자신의 이론의 가능성을 시험하고 있습니다. 제가 근거로 내세우는 것 중 하나가 '중국 경험'입니다. 서양의 내로라하는 이론가들의 이론은 늘 통찰력을 갖고 있지만, 우리의 '중국 경험'과는 거리가 있기 때문입니다. 물론 중국의 특수성만을 강조하는 것은 위험합니다. 중국도 세계화 과정에 편입된 지 이미 한 세기나 지났기 때문입니다. 하지만 중국의 근대화 과정에는 다양한 이질적인 요소들이 나타났습니다. 저는 우리의 중국 경험을 돌파구로 삼아서, 서양 이론의 패권이 우리에게 행하는 무소부재한 통제를 해체하고자 합니다.

다른 하나는 여성으로서 겪은 고통스러운 경험입니다. 그것은 제 자신의 정신적 자원 중 하나입니다. 여성의 역할과 경험에 대한 성찰은 다중적 권력 기제 앞에서 자신의 주변적 입장을 고수할 수 있게 도와줍니다. 태어나 여성이 된 것은 제 학술연구에 있어서 행운입니다. 그 밖에도 저 자신의 언어와 글쓰기 언어에 대해 관심을 갖고 반성하기 시작했습니다. 1980년대 제가 쓴 글을 보면 등에서 식은땀이 납니다. 곳곳에 서양 이론을 끌어들였습니다. 번역된 이론적 용어로 눈앞이 어지러울 정도입니다. (웃음) 당시에는 통속적인 사회학과 혁명 비판적 주류 담론에서 벗어나기 위해 또 다른 주류 담론의 전략 속으로 들어간 것이었습니다. 물론 1980년대는 그 시대의 역사적 사명을 완수했습니다. 그러나 지금 저는 새롭고 효율적인 언어 방식을 찾고 있습니다. 또, 개인적인 구체적 어려움을 말씀드리자면 가능한 한 더 많은 사람들이 제 글을 읽고 이해할 수 있도록 만들고 싶다는 것입니다.

페미니즘과 문화연구

천·저우 학계에서 페미니즘에 대한 선생님의 입장은 아주 명확합니다. 대중문화 연구에서 어떻게 자신의 페미니즘 입장을 관철시키는지 구체적으로 말씀해 주시겠습니까?

다이진화 십여 년 전부터 분명하게 페미니즘 입장을 선택했습니다. 그 전에는 기회도 없었고 큰소리로 제 스스로 페미니스트라는 신분을 천명할 필요도 없었습니다. 역사의 우연이라 말할 수 있겠는데요, 세계 여성대회가 개최되어 여성들이 여성을 이야기할 필요가 생겼습니다. 이 우연한 기회에 저의 신분이 상당히 확대됐습니다. 결과적으로 그 후 많은 사람들이 저를 페미니즘 문학을 연구하는 연구자로, 페미니스트가 마치 유일한 신분인 것처럼, 페미니즘이 제가 채택하는 유일한 이론적 입장인 것처럼 제한적으로 이해했습니다. 사실 페미니즘은 저의 이론적 입장 중 하나일 뿐입니다. 이미 십여 년 연구 속에서 페미니즘은 제 이론 속에 관철되고 체현돼 왔습니다.

저의 연구에 대해 어떤 사람은 긍정적으로, 어떤 사람은 부정적으로 말합니다. 또 어떤 사람은 제가 서양 이론을 중국 텍스트에 시험적으로 적용시키는 데 의문을 제기하기도 합니다. 그러나 페미니즘 자체에 대해 의문을 제기한 사람은 소수였습니다. 저의 이론적 입장이 언론에 노출되고 확산된 뒤 제가 접했던 가장 많은 질문은 저의 이론과 연구가 아주 편협하지 않은가 하는 것이었습니다. 또 제가 단지 여성을 대표할 뿐 '인간'을 대표하지는 못하지 않느냐는 반문이었습니다. 젠더적 입장에서 그에 대해 대답한다면, 물론 저는 여성의 입장에서 여성 연구자로서 발언합니다. 어떤 측면에서도 '인간'을 대표할 수 있는 사람은 없습니다. '인간'의 대변인이 대표할 수 있는 것은 그를 가장한 남성이나 여성일 뿐입니다. '여성'이 편협하다면 인류의 절반이 편협한 것입니다. 남성이 곧 '인간'이라는 논리가 타당하다면 단지 인간의 절반에 대해서만 타당한 것입니다. 더군다나 페미니즘은 제 이론적 입장의 전부가 아닙니다. 여성이라는 정체성 이외에 저는 제3세계이자 사회주의 중국의 지식인이이라는 정체성과 권력의 유희를 거부하고 독특한 사회 비판적 입장을 지닌 지식인이라는 정체성도 갖고 있습니다.

물론 저의 페미니즘적 입장은 무엇보다 제 자신이 여성으로서 겪은 경험과 여성들만이 체험할 수 있는 절실한 고통에서 나온 것입니다. 이 점 역시 제가 지금까지 페미니즘 입장을 유지해 온 주된 원인 중 하나입니다. 오늘날 더욱 구조화되고 있는 세계의 학술 시장에서 페미니즘은 가장 많은 활력과 개인의 체험을 지켜 내고 있는 영역 중 하나입니다. 그것은 동시에 제 자신의 영역 즉 영화연구와도 관련이 있습니다. 영화예술의 서사 기제 속에는 젠더 역할과 남성 욕망의 구조가 긴밀히 혼재돼 있습니다. 영화연구에 있어서 상대적으로 페미니즘에 대한 분명한 입장이 없다면, 많은 문제를 깊이 있게 사유할 수 없습니다. 이런 측면에서 영화, 텔레비전, 대중매체의 연속극, MTV, 광고 등 영상 기제는 모두 같은 역할을 합니다. 때문에 저의 페미니즘 입장과 방법은 더욱 자연스럽게 대중문화 연구 영역까지 확대됐습니다.

구체적인 원인은, 역사적으로 1980년대 이후 중국 사회가 젠더를 새롭게 구성했기 때문입니다. 이는 새롭게 여성의 지위를 정하는 과정이었다고도 말할 수 있습니다. 제가 좋아하는 표현으로 하자면 '남성문화의 역습'도 있었습니다. 중국의 대중문화, 대중매체와 문화 시장은 바로 같은 과정 속에서 점차 형성돼 왔습니다. 대중매체 속에서 여성 형상은 의미 주체와 욕망 주체인 남성 주체의 대상이 됐을 뿐 아니라 역사적인 위치도 새롭게 설정됐습니다. 대중문화, 소비문화 속에 여성 형상을 이용하고 이상적인 여성을 새롭게 규범화하는 문제뿐 아니라 사회 질서를 새롭게 구성하는 과정도 존재합니다. 가령 많은 텔레비전 상품 광고(특히 다국적 기업의 광고)는 이상적인 핵가족 이미지를 이용하는데, 그 속에서 행복한 여성은 성공한 남편과 건강한 자녀를 내조하는 가정주부의 이미지로 등장합니다. 여기에서 여성은 단지 현모양처의 의미로서 새롭게 구조화되고 규범화됩니다. 이런 광고들은 아름다운 생활의 모델을 보여 주는데, 그것은 곧 중산층 생활의 양식과 취향이라 할 수 있습니다. 다른 측면에서 계급, 젠더, 종족은 문화연구의 3대 기본 명제입니다. 제 경우 페미니즘은 저의 젠더 입장일 뿐 아니라 저의 반본질주의 입장의 중요한 구성 부분이기도 합니다.

천·저우 '여권'이 아닌 '여성'이라고만 표현하시는 데는 특별한 고려가 있으신지요?

다이진화 표현적 고려가 있느냐고 물으신다면 제 대답은 '그렇다'입니다. 그러나 전략적 고려는 없습니다. 페미니즘(Feminism)을 중국어로 '여권주의'(女權主義)라 번역하는 것은 어떤 의미에서 오역이라 할 수 있습니다. 학자들의 연구에 따르면, 이 단어는 처음에 일본어로 번역된 것입니다. 일본에서는 '여자패권주의'라 번역됐습니다. 그 말 속에는 적의와 폄하의 의미가 분명히 들어 있습니다. 20세기 초에는 그런 번역이 일리가 있었습니다. 그것은 당시 페미니즘이란 단어가 주로 여성 권익을 쟁취하는 사회운동의 의미를 내포하고 있었기 때문입니다. 그러나 백여 년간의 변화를 거치면서 이 단어의 함의는 아주 복잡하게 변했습니다. 그것은 여성연구, 젠더연구가 중첩되는 아주 큰 연구 영역을 포함하며, '학파'의 의미도 약간 지니고 있습니다. 동시에 여성 권익을 쟁취하고 보호하는 사회운동과 사회조직도 포함하고 있습니다. 협의의 여권주의는 그 중 한 줄기에 불과합니다. 때문에 '여성주의'라고 부르는 게 더 적확하다고 생각합니다. 다른 측면에서 저는 스스로 여권주의자가 아닌 '여성주의자'라 생각합니다.

여기에는 두 가지 이유가 있습니다. 첫째, 저는 대학에 발담고 있는 지식인이지 현장 노동자나 사회운동가가 아니기 때문입니다. 저는 스스로 현장 노동을 하거나 사회운동을 잘 못한다는 사실을 알고 있습니다. 하찮게 여기는 것이 아니라 확실히 잘 못하는 것입니다. 둘째, 저는 지금까지 중국 여성은 그래도 세계에서 많은 권리를 지니고 있다고 생각하기 때문입니다. 이제 중요한 문제는 여성의 젠더 의식을 고양시키고 본질주의를 반대하는 과정 속에서 가부장적인 남성문화를 철저하게 해체하고 전복시켜야 하는 것입니다. 스스로를 여성주의자라 부른 이유는 비교적 합당한 지칭입니다. 더 부드러운 명칭으로 후퇴하고자 하는 것은 결코 아닙니다. 사실상, 반성을 거부하는 '남성주의자'들에게 있어 여성주의나 여권주의는 똑같이 가증스럽고 나대는 모습으로 비춰집니다.

사르트르와 지식인의 역할

천·저우 사르트르와 푸코는 다릅니다. 사르트르가 볼 때, 푸코 같은 지식인은 '책상물림'일지도 모릅니다. 이런 구분을 어떻게 생각하시는지요? 역사에 대한 지식인의 참여에 대해서는 어떻게 생각하시는지요?

다이진화 앞서 말한 '권력의 유희를 거부하는' 것과 같은 문제라 생각합니다. 다시 말씀드릴 수 있는 것은 거기에 바로 지식인의 어려움이 존재하고 있다는 점입니다. 사회적 역할의 의미에서 저는 사르트르를 좋아하지 않습니다. 물론 그는 사람들이 존경할 만한 면을 지니고 있습니다. 위대한 학자이자 예술가이고, 평생 동안 늘 혁명의 전위에 서서 여러 세대 청년의 정신적 지주 역할도 했습니다. 저는 인문학을 전공하는 대부분의 지식인들이 그런 위치와 성과를 흠모한다고 생각합니다. 그러나 또 다른 측면에서 사르트르를 보면, 에둘러 말하면 끊임없이 자아를 바꾸어 왔다고 할 수 있습니다. 직설적으로 말하면 너무 쉽게 자신의 모습과 기치를 바꾸어 왔고 그런 탈바꿈을 통해서 역사가 제기한 문제와 역사가 선택한 과오를 회피했다고 할 수 있습니다. 그런 의미에서 저는 그렇게 언제나 시대에 부합하기만 하는 인물은 좋아하지 않습니다. 대체로 저는 그것이 대학에 있는 지식인과 현실 참여 지식인 사이에 존재하는 역할의 현실적인 어려움이란 점을 인정합니다. 적어도 사회에 대한 책임감이 있으면서도 권력의 유희에 참여하기를 거부하는 지식인에게는 난처함과 어려움이 있습니다.

아주 사적으로, 또 교묘하게 그 질문에 답변할 수도 있습니다. 사람은 대체로 평생 한 가지 배역만을 연기할 수 있습니다. 최소한 저는 그렇습니다. 저는 중국에서 생활하고 있습니다. 우리들의 문제는 역사로부터 멀리 떨어진 게 아니라 아주 쉽게 역사 속으로 말려들어 가고 있습니다. 어떤 때는 약간의 생각 차이와 우연으로 인해 역사의 비극으로 개입되기도 합니다. 개입의 방식은 늘 악역으로 지목되거나 보잘것없는 존재로 증명되는 것입니다. 유희를 거부하는 지식인이 되기를 선택한다면 최소한 깨어 있을 수 있고 하찮은 존재라 여겨지는 운명을 최대한 벗어날 수 있습니다.

학생들에게 감동적인 말을 한마디 한 적이 있습니다. "머리를 부딪쳐서 담장을 무너뜨릴 수 없다"는 사실을 각 세대마다 자신의 머리를 써서 직접 증명할 필요는 없습니다. (웃음) 비겁하다고 할 수도 있고, 깨어 있다고 할 수도 있고, 저의 개인적인 선택이라고 할 수도 있습니다. 제가 그런 태도를 취하는 것은 끝마치고 싶은 일을 완성할 수 있기 때문입니다. 사실 중국의 역사는 우리들에게 사르트르가 될 가능성을 결코 허락하지 않았습니다. 오히려 악역과 보잘것없는 단역의 기회만 끊임없이 제공해 주었습니다. 더구나 특정한 역사적 조건 하에서 무엇을 선택하더라도 역사 속으로 말려들어 갔을 것입니다. 저는 유희에 적극적으로 참가하는 일을 거부하는 선택을 했지만, 역사가 저의 선택을 꼭 존중한 것은 아닙니다. 저는 제 스스로가 역사를 창조하는 사람이라 생각하지 않습니다. 단지 증인과 사유하는 사람이 되고자 합니다.

천·저우 선생님께서 대중문화를 연구할 때 사실은 유희를 거부하고 있는 게 아니라 오히려 유희의 큰 조류에 참여하고 계시다고 생각됩니다. 대중문화는 지금 우리들의 유희 중 가장 큰 유희이기 때문입니다.

다이진화 유희를 어떻게 정의하는지 살펴봐야겠군요. 대중문화의 생산, 재생산, 판매, 소비가 지금 주류이자 큰 추세의 유희가 됐다는 점에는 전적으로 동의합니다. 지금 우리는 권력의 매체뿐 아니라 매체의 권력에도 직면하고 있습니다.

　대중문화, 대중매체의 전제적 특징은 점점 분명하게 폭로되고 있습니다. 저는 그런 새로운 권력의 유희와 권력 기제를 폭로하고 유효한 비평을 시도하고 있습니다. 대중문화가 유효하게 작동되는 유희의 법칙을 참조하는 게 아니라 제 자신이 만들어 낸 유희 법칙을 따르려고 합니다. 만일 비판과 분석이 유희에 개입하는 방법 중 하나라는 말씀이라면 저는 동의합니다. 그러나 대중문화 자체의 유희의 법칙에서는, 저는 교란자이자 그들이 내쫓기를 바라는 배역을 맡은 사람일 것입니다. 넓은 의미에서 푸코와 같은 학자도 마찬가지로 큰 유희의 굴레 속에 있습니다. 어떤 학자나 지식인도 글을 쓰고 출판하고 강연을 하는 이상 이미 유희에 개입되고 그 속에 있는 것입니다. 관건은 유희 그 자체가 아니라 자신과 주류 사회, 그리고 그 권력 기제의 관계입니다. 제가 보기에 사르트르의 언설의 문제는 우리에게 단지 '노'(No)라는 표현만이 가능하다고 말하는 겁니다. 그것은 철저하게 스스로를 내몰아 황무지로 들어가서 영원히 침묵을 지킨다는 뜻입니다. 동시에 자신이 철저하게 자신의 생존 흔적을 지우겠다는 뜻입니다. 제가 말한 유희의 거부는 온갖 권력의 유희를 거부한다는 의미입니다. 그것은 정치권력일 수도, 자본(시장)권력일 수도, 문화권력일 수도 있습니다. 거부하려면 최소한 분명히 깨어 있어야 합니다.

문학과 철학에 대한 의견

천·저우 베이징대학은 물론 전체 중국 학계에서도 철학과 문학은 마치 서로 관련이 없는 분야인 것처럼 여겨집니다. 문학계는 철학계보다 더 오랫동안 활발하게 활동했다고 하지만 항상 철학 용어와 철학 이론을 차용했습니다. 그러나 대부분의 상황에서는 서로를 인정하지 않았습니다.

다이진화 학문 분야가 봉쇄되어 있고, 문인들이 서로를 경시하는 면도 물론 있습니다.

천·저우 철학계에 대해 어떻게 생각하시는지요?

다이진화 사실 아는 바도 별로 없고 함부로 애기할 수도 없습니다. 단편적인 이해에 따르면 철학과 문학 사이에는 많은 공통된 사유가 존재합니다. 가령 1990년대 이래 많은 사람들은 언어학 패러다임 전환에 대한 의의를 인식했고, 20세기 사상가와 현대 문화 간의 밀접한 관계도 인식했습니다. 더불어 새롭게 '중국 문제'를 보기 시작했습니다. 제가 알기로는 문학계와 철학계 모두 서로 다른 측면에서 언어학 패러다임의 전환 이래 새로운 사상에 대해 관심을 가졌으며, 그런 이론에 따라 새롭게 자신을 확립하는 문제를 인식하고자 했습니다. (천·저우: "그렇습니다.") 쌍방 모두 서로 다른 학문적 시각에서 20세기 이후 중국 지식계가 직면한 문제를 조명했습니다. 그 과정을 할 수 있는 한 새롭게 해석했지만, 문제 자체는 열어두려는 듯했습니다.

그렇다면 서로 간의 단절이 심각한 것은 아닙니다. 서로 소통이 부족하긴 하지만 사유의 측면에서는 호응하고 있지 않나요? 중요한 문제는 소통이 아니라 두 분야에서 자각적으로 이런 사유에 참여하려는 사람이 많지 않다는 사실입니다. 1980년대를 거치면서 현대 중국이 경험한 문제를 일방적인 시각으로는 해결하거나 해석할 수 없다는 사실을 깨달았어야 한다고 생각합니다. 19세기 철학이나 이론 담론이 제공한 사상은 현실에서 이미 효과를 상실했습니다. 새로운 사상과 이론을 확보해야 합니다. 기왕 같은 입장에서 세계와 대화를 할 바에야 제3세계 학자로서 서양 이론에 대해 반성과 비판을 가해야 합니다. 학문의 분과는 갈수록 세밀해지며, 학문 분야 간의 소통도 어려워지고 있습니다. 이는 중국 학술계의 문제일 뿐만 아니라 전 세계적 문제입니다. 구조주의와 후기 구조주의를 변화시키고 극복하려는 시도가 그런 현실입니다. 때문에 라캉, 푸코, 부르디외 같은 이론가들이 배출됐습니다. 그들은 철학, 역사, 인류학, 심리학, 사회학, 문학 등 특정 학문 분야에 속한다고 말하기 어렵습니다. 그러나 그들은 모두 이 학문 분야들에 많은 영향을 끼쳤습니다. 사실 문화연구도 학제간 연구입니다. 물론 학문 분야의 경계를 넘어서려는 노력은 새로운 어려움에 직면하게 됩니다. 어느 미국 학자는 구조주의와 후기 구조주의의 학자들을 가리켜 입회 자격이 아주 어려운 '미신 집단'이라 조롱했습니다. 마르크스, 소쉬르, 프로이트에서부터 시작하지 않으면 푸코나 부르디외를 이해할 수 없다는 뜻입니다. 모종의 과학화된 '지식 귀족'이 기존의

'정신 귀족'을 대체했다는 것이지요. 어떤 의미에서는, 전문화로 인해 생긴 학문 간의 분리를 더욱 곤혹스럽게 하는 것일 수도 있습니다.

구체적으로 중국 문학계와 철학계의 경우, 상호 이해와 소통, 그리고 존중하는 데 관심을 두는 게 아니라 어떻게 자신의 영역 속에 많은 사람을 흡수하여 의미 있고 효과적인 문제를 제기하고 논의할 것인가 하는 데 관심이 있습니다. 철학계는 잘 모릅니다만 문학계에 대해서는 늘 분명한 감각을 갖고 있습니다. 그것은 우리가 줄곧 끊을 수 없는 '19세기'(혹은 18세기)와 직면하고 있다는 점입니다. 구체적으로 말하면 헤겔의 유령(물론 칸트도 있습니다)이 흩어지지 않고 도처에 남아 있다는 사실입니다. 많은 사람들이 입만 열면 현상과 본질을 말하고, 또 "존재하는 것은 합리적이다"라든가 "역사의 교묘한 전략"을 말합니다. 거기에는 물론 역사적인 원인이 있습니다. 제가 자랐던 시대를 돌이켜 보면 마르크스, 엥겔스, 레닌, 스탈린, 마오쩌둥을 제외하고 유일하게 합법적으로 책꽂이에 꽂혀 있던 철학서가 헤겔이었습니다. 그래서 고등학생 때 알지도 못하고 기계적으로 『미학』이나 『논리학』을 읽었습니다. 이들은 우리와 우리 전 세대에게 중요한 정신적 토대였습니다. 의심할 여지없는 진리였지요. 이제 우리는 그런 사상에 대해 각성하고, 효과적인 학문과 사고를 해나갈 수 있는 길을 찾아야 한다고 생각합니다. 그것은 아마 전체 인문학이 공통으로 당면한 문제이겠지요. 우리는 언어학 패러다임이 전환되기 이전 서양 철학과 사상사가 남겨 준 거대한 체계와 사유 방식에 직면해 있습니다. 또한 20세기 비판적인 지식인들의 해체 사상에도 직면해 있습니다. 더 큰 문제는 세계화 과정 속에 있는 중국 사회와 현실이 그것들과 어떠한 관계를 맺고 있는가 하는 점입니다. 또한 우리가 그런 자원을 어떻게 효과적으로 차용하고 반성할 수 있을까 하는 점입니다.

문학계에서는 근·현대 문학을 연구하던 많은 사람들이 역사, 사상사, 문화사로 방향을 바꾸고 있습니다. 흥미로운 일이지요. 저 자신도 그런 전환을 하고 있습니다. 초기 중국 영화로 돌아가 연구를 진행하고 있는 중입니다. 백 년 동안 중국 지식인들이 이미 혹은 아직도 직면하고 있는 문제를 새롭게 조명해 보자는 데 그 취지가 있습니다. 최소한 학술사에 있어서 우리 자신의 '문제사'(問題史)를 세우려는 것입니다. 소위 문제사는 서학동점(西學東漸)의 과정과 관계가 있습니다 (프로메테우스가 불을 훔쳐 인간에게 준 것을 두고 이론 여행이라 할지 문화 침략이라고 할지는 자신의 시각이나 입장에 따라 달라집니다). 그래서 그런 작업은 어느 정도 서양 사상사에 대한 재인식을 담고 있습니다. 그것은 거대한 명제이자 거대한 문화 작업입니다. 몇 사람이 완성할 수 있는 게 아닙니다. 많은 사람들이 각고의 노력을 해야 할 것입니다. 때문에 저는 늘 사람이 부족하다고 생각합니다. 많은 사람들이 여전히 그 사실을 인식하지 못하고 있습니다. 그리고 여전히 많은 사람들이 헤겔을 그런 방식으로 다루고 있습니다. 마치 그것이 특정 역사 시기에 생산된 서양 철학이 아니라 불변의 진리인 것처럼 말입니다. 자신이 헤겔을 이용하고 있다는 사실조차 인식하지 못할 만큼 자연스럽게 운용하고 있습니다. 그 밖에 우리가 논의한 현대 중국의 문제는 상당 부분 세계·서양의 문제와 중첩되어 있습니다. 그러나 어떤 문제의 경우 가상이기도 하고 기표의 중첩이기도 합니다. 그렇기 때문에 그런 문제를 토론할 때 생기는 또 다른 혼란은 서양 철학이나 문학을 연구하면서도 정작 서양의 문제는 대충 얼버무리기 때문에 비현실적으로 들린다는 점입니다. 그리고 나서 중국의 문화 현상을 서양에서 발생한 문화 현실에 대입합니다. 예를 들어 누군가 포스트모더니즘을 비판한 다면, 그 비판은 중국 혹은 중국과 관련된 포스트모더니티에 관한 논의나 명제일 것입니다. 그러나 그런 비판의 전제로서 서양에 왜 포스트모던 문화가 나타났고 도대체 포스트모더니즘은 무엇인가 하는 문제는 전적으로 무시되거나 부정당합니다.

우리는 문제가 복잡하다는 점을 충분히 고려해야 합니다. 우리가 직면한 문제 하나하나의 역사화, 맥락화, 문제화를 생각해야 합니다. 예를 들어 '계몽', '근대성', '인성'(人性), '인도'(人道)는 자연적인 것이고 순수한 것입니까? 그들이 언제 어떠한 통로로 중국에 들어왔습니까? 이를 테면 유학에서 "인이란 다른 사람을 사랑하는 것"(仁者愛人)이라 말할 때 '사람'은 '보편적 인간'을 가리킵니까? 따져 봐야 할 많은 문제들이 있습니다. 또 다른 예를 들면 '휴머니즘'(Humanism)은 중국에 들어올 때 '인도주의', '인문주의', '인본주의'라는 세 가지 번역 기표를 갖게 됐습니다. 이후 그들은 중국의 역사적 맥락 속에서 각가 자신들만의 기의를 얻어냈습니다. 그렇다면, 1980년대 초 중국의 인도주의 논쟁*과 마르크스의 『경제학-철학 수고』에 대한 논쟁,** 혹

---

* 인도주의 논쟁. 1980년대 초부터 중엽까지 중국 사상계의 중심 화두가 된 논쟁. 개인의 자유와 인권 및 공동체의 유지 등에 초점을 맞추며 인도주의가 세계관의 측면에서 마르크스주의에 부합하는지에 관해 집중적인 논쟁이 펼쳐졌다. 인도주의의 보편성을 주장하는 이들은 개인의 권리와 민주주의의 실현을 요구했으며, 윤리적인 측면에서 인도주의의 수용을 주장하는 이들은 환경과 시대에 따라 서로 다른 양상이 나타난다고 주장했다.─옮긴이
** 『경제학-철학 수고』 논쟁. 1844년 마르크스에 의해 초고 형태로 쓰여졌다가 1932년에 출간된 소책자로 중국에서는 1980년대 초 휴머니즘 및 소외에 대한 문제와 연결되었다. 대표적으로 왕뤄수이(王若水)는 "사람이 마르크스주의의 출발점이다"라며 마르크스주의의 틀 안에서 휴머니즘 담론의 이념적 정당성을 주장했으며, 저우양(周揚)은 "사람이 사회주의 물질문명과 정신문명 건설의 목적"이며 "마르크스주의는 휴머니즘을 포함하고 있고 그것이 곧 마르크스주의 휴머니즘이다"라는 주장을 펼쳤다.─옮긴이

은 1990년대 중국의 인문정신 토론*은 서양의 계몽철학이나 인도주의와 관계가 있습니까, 없습니까? 있다면 어떠한 관계가 있습니까? 이런 문제들을 반드시 정리해야 합니다. 이런 문제들은 어찌 보면 철학 연구자들이 해내야 합니다. 그 분들이 더 잘할 수 있을 겁니다. 솔직히 말하면, 저는 기호학이나 서사학처럼 텍스트를 꼼꼼히 읽는 훈련은 받았지만, 순수한 이론적 사유를 하도록 훈련받지는 못했습니다.

천·저우 그러니까 연구에 임하면서 명징한 정신이 필요하다는 말씀이지요?

다이진화 그렇습니다. 깨어 있는 정신과 사회 비판적 입장을 유지해야 합니다. 또 문제의 복잡성을 충분히 인식하고 더불어 우리가 나아가야 할 길을 찾아야 합니다.

---

* 1990년대 인문정신 토론. 1994~5년 사이에 벌어진 논쟁으로 각종 간행물에 문학의 상업화, 대중화, 인문학 및 인문정신의 위기에 대한 비판과 토론이 게재되면서 촉발되었다. 1990년대 대중문화에 대한 비판, 지식인의 사회적 역할 및 자기 반성, 보편적인 사회 규범의 확립, 개인의 자유와 집단 이익의 충돌, 후기 산업시대의 대중문화와 엘리트 문화, 시장경제와 사회 민주화 등의 구체적인 토론을 포함하여 사회문화 전반으로 확대되었다.—옮긴이

2_ 영화사의 문화와 정신에 대한 반성*

학술적 전향과 문화적 사고

저우야친 제가 보기에 최근 몇 해 동안 선생님께서는 대체로 중국 근·현대 여성문학 연구와 1980~90년대 이후 대중문화 연구, 그리고 1949년 이후, 그 중에서도 신시기 중국 영화 연구에 몰두하고 계신 듯합니다. 물론 그 성과도 풍성합니다. 최근에는 중국 영화문화사 연구로 전환하셔서 1949년 이전 중국 영화문화 발전의 역사로 시선을 옮기셨습니다. 이러한 전향은 선생님 개인의 어떤 사상 또는 학술적 사고에서 비롯된 것인가요?

다이진화 제 경우, 그것은 아마도 학술적 전향의 문제가 아니라 학술 영역의 확대일 것입니다. 사실 제가 하고 있는 여성문학 연구와 대중문

---

* 이 대담은 1997년 9월 29일 베이징대학 비교문학 및 비교문화연구소에서 이뤄졌으며, 질문자는 저우야친(周亞琴, 베이징대학 중문과 박사과정)이다.

화 연구는 영화연구의 확장된 분야라고 할 수 있습니다. 여성연구는 제 '과외 취미'입니다. 비록 연구를 계속하게 되면서 과외 취미가 아닌 듯 되어 버렸긴 하지만요. 제 연구 분야는 크게 중국 영화, 여성문학, 대중문화라는 세 부분으로 나누어 볼 수 있습니다. 제 자신에게 있어 이 세 분야는 상호보완적인 관계입니다. 저는 영화이론과 영화평론 분야에서 학술 활동을 시작했습니다. 1980년대에는 중국 영화 연구, 그 중에서도 현대 영화, 특히 신시기 중국 영화에 몰두했습니다. 서양 이론의 적용과 반성을 통해 중국의 복잡한 영화 현상들에 도전하겠다는 이론적 '야심'과 역사적 시야를 갖고 현대 중국 영화를 자리매김하려는 바람이 어떤 교차점을 끌어냈습니다. 그 교차점이 바로 중국 영화사입니다.

1990년대에 들어선 뒤에는 또 다른 문제를 더욱 절감하기 시작했습니다. 그것은 어떠한 영화도 영화 자신에 의존해서만은 충분한 해석을 일궈낼 수 없다는 점입니다. 영화는 19세기 말에 태어난 이래로 늘 변화하는 현대 사회의 길목에 서 있었습니다. 영화는 젊은 예술이자 과학기술의 새로운 발명입니다. 그리하여 사회 체계로 편입되면서 급속하게 산업적이고 상업적인 체계를 형성하였고, 특수한 상품의 형태로 존재하게 됐습니다. 영화가 20세기의 가장 위대한 예술 가운데 하나라는 점은 더 이상 논란의 여지가 없는 사실이라고 생각합니다. 그러나 영화 역시 20세기의 종식과 더불어 쇠락하기 시작했습니다. 영화는 문화 시장에서 특수한 매력적인 상품이 되면서 사회정치, 이데올로기, 유행과 소비, 인문현상, 예술사조, 대중문화, 도시문화 등과 연계됐습니다. 1980년대에 저는 '위대함'에 대한 신념을 품고 있었고, 영화는 인류가 만들어 낸 가장 위대한 예술 가운데 하나라고 믿고 있었습니다. 영화는 예술이며 기존의 그 어떤 예술만큼이나 순수한 예술이라고 믿고 있었습니다. 이러한 관점을 저는 아직 포기하지 않고 있습니다. 그러나 문제는, 제가 어떤 유일한 잣대, 다시 말해 미학적이거나 예술적인 잣대를 발견해서 영화를 연구한다면, 중국 영화의 경우에는 더욱이 영향력 있는 해석의 둘레가 제한되어 버릴 것입니다.

그런 생각으로 인해 저는 문화연구로 영역을 확대하기 시작했습니다. 문화연구는 영화연구가 반드시 도움을 받아야만 하는 방법이라고 생각합니다. 돌이켜 보면 과거의 제 연구도 순수한 영화연구만은 아니었습니다. 저 또한 역사적이고 문화적인 관점을 수용하는 시도를 해왔습니다. 문화연구와 영화문화사 연구를 통해 제 자신의 영화연구가 더욱 넓은 지평을 개척하기를 바라고 있습니다.

여성문학 연구는 일찍부터 개인적인 취미였습니다. 저는 문학을 좋아하고 영화를 좋아합니다. 처음에는 제 자신의 젠더 때문에 대단히 소박하고도 직관적으로 여성 작가의 작품에 관심을 갖게 됐지만, 흥미로운 독서를 거듭할수록 자신의 정체성을 인정할 것인가 거부할 것인가 하는 데 대한 표현, 다시 말하면 여성문학 창작의 복잡성을 직면하기 시작했습니다. 이러한 과정 속에서 저의 여성적 입장과 이론이 자리를 잡게 됐습니다. 그것은 여성으로서 제 자신의 젠더적 체험에서 우러난 사고였으며, 다른 한편으로는 영화이론 연구와 교육을 통해 생겨났습니다.

현대 서양 영화이론은 1960~70년대 교체기, 즉 유럽에서의 20세기 마지막 혁명이 고조기를 맞이했다가 쇠락하기 시작한 시기에 시작됐습니다. 영화이론은 생래적으로 비판적 성격을 갖고 있었고 좌파적 '혁명' 이론의 범주에 속해 있었습니다. 적어도 1970~80년대 미국과 유럽의 일부 대학에서는 그러했습니다. 저의 기본 이론 훈련은 영화이론을 연구하는 과정에서 쌓인 것입니다. 영화라는 이 특수한 산업과 문화상업 체제는 젠더와 젠더적 질서의 요소들을 내재적으로 포함하고 있습니다. 영화연구 과정에서 페미니즘 이론이라는 제 자신의 입장이 분명해지기 시작했습니다. 물론 저는 영화이론뿐 아니라 문학과 사회학 등을 포함하는 상당수의 페미니즘 이론도 읽었습니다. 그것이 자연스럽게 여성 작가와 작품을 연구하는 제 '과외 취미'와 연계되면서 여성 창작이 제 연구 영역으로 편입됐던 것입니다. 제가 여성문학 창작을 좀 많이 다루게 된 까닭은 세계여성대회와의 복잡한 계기와도 관련이 있습니다. 어떤 연구도 전심전력을 다해야 하겠지만 문학연구는 아무래도 '과외 취미'인 데 반해 영화연구야말로 제가 전심전력을 기울여야 할 영역이라고 생각하고 있습니다.

저우야친 구체적으로 중국 영화사의 연구 상황 자체를 말씀드려 보겠습니다. 그런 연구가 역사적·문화적·학술적으로 어떠한 측면에서 선생님을 계발시켜 주셨다고 보시는지요?

다이진화 중국 영화의 탄생과 성장, 그리고 변화는 연구자에게 도전적이고 풍부한 문화적 징후를 갖춘 대상을 제공합니다. 영화계에서 나타난 많은 현상들은 매우 특수합니다. 어떤 의미에서는 영화 현상이 중국 문화 발전의 측면에서 대표성을 갖고 있다고 말할 수도 있습니다. 저는 영화가 중국 문화 연구를 충분히 이끌어 줄 수 있는 영역이라고 생각합니다. 예를 들어 영화 분야에서 신시기에 들어 매우 보편적인 상황을 발견할 수 있습니다. 저는 그것을 시대와 단절하는 방식 또는 역산(逆算)의 방식이라 부릅니다. 1980년대는 목소리를 높이고 앞으로 돌진하던 시대였습니다. 풍자적으로 말하면 '위대한 진군'으로 충만했던 시대였습니다. 저도 그 중 하나였습니다. "목소리를 드높이고 돌진"했었지요. 변화와 변혁, 획기(劃期)라는 화두로 충만했던 시대에 사람들에게는 '시대와의 단절'에 대한 열정이 가득했고 끊임없이 새로운 유파의 탄생과 새로운 현상의 등장, 새로운 시대의 도래, 새로운 세대의 등장을 선언했습니다. 이러한 현상은 아마도 1980년대에 가장 흔하게 볼 수 있었던 주장일 것입니다. 어떤 의미에서 그것은 분명 1980년대 문학예술계와 인문학계의 특수한 현상이기도 합니다. 문화혁명이 끝나고 세 세대나 되는 지식인들이 동시에 등장했습니다. 모든 것은 다시 시작됐고 분분한 의견들이 쏟아져 나왔습니다. 그러나 1990년대에 이르러 돌이켜 보니 그러한 '역사 단절의 방식'은 매우 특수하고 의미 있는 문화 현상이 되어 있었습니다.

    영화계만 보더라도 그것은 순차적인 역사 서사가 아닌 '역산의 방식'이었습니다. 1983년, 우리에게도 친숙한 천카이거(陳凱歌)나 장이머우(張藝謀) 등 베이징영화대학을 막 졸업한 젊은 감독들이 등장하자 '갑자기' 5세대라는 표현이 나타났습니다. 5세대의 등장으로 인해 1979년을 전후해 나타난 감독들——사실 5세대에 편입시키기에는 꼭 5년이 부족했던 '청년 감독'들——은 바로 그 역산법에 의해 4세대가 됐습니다. 따라서 셰진(謝晋) 감독과 같이 1949년 이후 사회주의 중국 영화 창작의 주력들은 역산에 의해 3세대로 불리게 됐습니다. 오랜 시간이 지나도록 중국 영화의 1세대와 2세대는 누구인지 의문을 갖는 이들은 없는 듯 보였습니다. 그렇다면, 그러한 구분은 결국 영화사를 시기 구분한 것입니까, 그렇지 않으면 정치문화사 혹은 또 다른 특수한 시기 구분입니까? 그러한 문제에 대해서는 제기하고 싶어 하는 이들도 없는 듯하고 제기할 필요도 없는 것처럼 보입니다. 물론 동일한 맥락 속에서도 다른 공유와 깨달음을 가질 수도 있습니다만.

이어서 저는 우리가 언제나 새로운 시작을 선언한 뒤에는 한 시대의 종식을 선포한다는 사실을 발견했습니다. 우리는 늘 새로운 탄생으로 죽음을 에둘러 보여 주려고 합니다. 그렇게 1980년대를 통틀어, 점잖지 못한 표현으로 말하자면 싸구려 낙관주의 정신이 나타나게 됐습니다. 또는 격정과 성숙지 못한 낙관적인 담론이 인문학 연구에 가득 찼습니다. 그런데도 그 위해성을 토론하려 하지 않는 자세는 역사 자신이 우리에게 보여 준 풍부한 측면을 무시하거나 은폐해 버리려는 것이었음을 쉽게 알 수 있습니다. 우리는 '내일'을 향한 무한한 도전 속에서 면면한 역사의 흐름을 방기했던 것입니다.

1980년대에 대한 성찰

저우야친 1980년대는 분명 매우 중요한 시대였습니다. 왜냐하면 우리 대다수가 정도의 차이는 있지만 그 내면의 격정과 서사에 참여했거나 이를 체험했기 때문입니다. 선생님 세대의 학자들에게 있어 사상과 학술의 정신적 성찰이 자신과 절합되면서 1980년대의 문화적 기억과 사상적 자원에 대해 독특한 인식과 견해를 가지게 되셨을 것이라 생각합니다. 그 측면에 대한 생각을 말씀해 주시겠습니까?

다이진화 1980년대를 통틀어 드러나거나 감춰진 많은 주제들이 있었습니다. 저는 그 가운데 중요한 주제가 '역사'라고 생각합니다. 모두들 알고 있는 바와 같이 역사 문화에 대한 반성 운동, 문학사 다시 쓰기 등의 문화 운동이나 문화 사조와 같은 일들은 분명히 드러나 있었습니다. 그러나 1980년대 전체 인문 사조 가운데 역사는 사실상 이 같은 현상이나 사조, 운동에 비해 은폐되어 있던 더욱 거대한 글자였습니다. 제 기억에는 모든 사람들이 모종의 의미에서 역사에 대해 발언했고 혹은 역사의 이름으로 발언했습니다. 좀 단순화해서 말하면 전체 1980년대 문화는 역사 다시 쓰기라는 임무를 완성하려고 시도했습니다. 혹은 '역사'가 새로운 구성 과정을 경험했습니다.

제가 보기에는 이러한 재구성은 두 가지 측면을 포함하고 있습니다. 저는 그 하나를 '역사 낚아 올리기' 또는 '역사 깁기'라고 부릅니다. 즉 특수한 정치적 금기에 의해 은폐됐던 역사적 사실을 새롭게 드러냄으로써 재평가하자는 것이지요. 또 다른 하나, 특히 구체적으로는 예술문화사에서 기존 정전의 서열을 뒤바꿈으로써 새롭게 정전을 사고하고 명명하자는 것입니다. 우리는 역사의 서술 자체가 매우 전형적인 권력 담론에 의해 움직인다는 사실을 알고 있습니다. 벤야민(Walter Benjamin)이 말했던 바와 같이 "역사는 승자의 기록"입니다. 따라서 이른바 '역사 깁기'는 정말로 역사의 비워진 곳을 메우는 일이 결코 아닙니다. 매우 특수한 상황을 제외하고 역사 서술은 '탁 터놓고 이야기 하'지 못했습니다. 따라서 '낚아 올리기'나 '깁기'는 기존 역사의 화면을 메우는 일이 아니라 이전에는 잊혀졌거나 금지된 기억의 요소를 드러냄으로써 전체 화면을 바꾸는 작업입니다. 그것은 정전을 새롭게 명명하는 일입니다. 선충원(沈從文)과 장아이링(張愛玲) 등을 새롭게 부각시키고, 더욱 극단적으로는 마오둔(茅盾) 대신 진용(金庸)을 내세우는 일입니다. 1980년대에는 그런 명명 행위가 주로 문화나 예술의 탈

이데올로기화를 통해 표현됐습니다. 즉 선험적인 심미 가치 판단을 참조하여 정전의 명서들을 다시 배열했습니다.

구체적으로, 제가 지금 관심을 갖고 있는 중국 영화사라는 분야는 1980년대의 실천과 서로 연관되어 있습니다. 저는 이에 대해 두 가지 측면에서 생각하고 있습니다. 하나는 인문학의 다른 영역과 비교하여 1980년대 영화계도 숱한 변화를 겪었고 신인들이 쏟아져 나왔으며 좋은 작품들이 많이 나왔는데도 영화계에는 '영화사 다시 쓰기'가 아예 논의되지 않았다는 점입니다. 물론 '영희'(影戱) 이론에 관한 중요한 논문들이 나왔고 페이무(費穆)나 「신녀」(神女)에 관한 재발견이 있었습니다. 1905년에 태어난 중국 영화는 신문학사보다 나이가 많은데도 1980년대에 충분한 반성과 검토의 대상이 되지 못했다는 사실은 흥미롭습니다. 그래서 저는 이를 보완하는 작업을 하고 있습니다. 그러나 또 다른 측면에서 저는 결코 1980년대에 이루어졌던 문학사 다시 쓰기라는 방식으로 영화사를 "다시 쓰고" 싶지는 않습니다.

왜냐하면 문학과 영화가 사용하는 매체가 다르고 근대 중국에서 이들이 담당해 온 문화적 역할이 다르기 때문입니다. 문학의 경우 미학적 예술 판단 또는 문학비평이 중요한 실천이었다고 할 수 있지만 적어도 중국 영화사의 맥락에서는 그러한 단서가 성립되기 어렵습니다. 앞서 말한 바와 같이 영화는 근대 산업문명 시대의 예술이기 때문에 '불순'한 것들을 모두 제거해 버린다면 그 이후 남겨진 일부 순수 예술은 아마도 지극히 미미하거나 심지어 '역사'라는 이름으로 꿰어낼 수도 없을 것입니다. 더욱 중요한 점은 '보충'하는 사람은 반드시 성찰과 깨달음을 갖고 있어야 합니다. 저는 1980년대에 제기된 이른바 '문학사 다시 쓰기', '20세기 중국' 세우기 등과 같은 개념이 일관성과 초월성을 포함하고 있다고 생각합니다. 그래서 우리는 새로운 해석과 간략한 서술을 통해 20세기 중국사 내부의 단절과 차이를 제거할 수 있었던 겁니다. 그것은 역사의 '잊혀진 동굴' 속으로 던져진 수많은 사실과 진상을 드러내 보여 줌과 동시에 또한 새로운 은폐를 만들었습니다. 오늘날 우리는 사후 약방문이라는 말처럼 역사는 영화 필름이 아니며 몽타주 방식으로 자유롭게 편집할 수 없다는 사실을 쉽게 발견합니다. 또한, 저 스스로도 1980년대부터 1990년대까지 꽤 많은 고통스러운 변화를 겪고 난 뒤에야 자신의 문화적 입장을 다시 분명히 하게 됐습니다.

저는 다시는 이른바 초월적이고 객관적인 방식으로 영화사를 연구하지는 않겠다고 결심했습니다. 이미 상투화되긴 했지만, "모든 역사는 현대사다"라는 표현을 저는 믿습니다. 역사를 쓰는 사람이 역사 속으로 되돌아가기 위해 역사를 쓰지는 않을 것입니다. 또 사람들이 상상하는 것처럼 이미 소멸해 버려 더 이상 탐구할 수 없는 역사의 진상을 분명히 밝히기 위해서 역사를 쓰지도 않을 것입니다. 사람들은 저마다 자신이 생존하고 있는 오늘을 위해 역사를 쓴다는 사실을 긍정할 것입니다. 그렇게 역사를 쓰는 그 사람이 가상하는 독자도 영원히 오늘의 독자이며, 그가 역사를 쓰는 일도 영원히 오늘을 향해 발언하는 것입니다.

역사의 단절과 원화의 복원

저우야친 1990년대 이래로 일찍이, 혹은 아직까지도 사람들이 이야기하는 화제 가운데 하나가 문화 패러다임의 변화입니다. 1990년대는

1980년대와 많이 다른 듯합니다. 선생님께서는 1990년대의 경험과 인식을 어떻게 '역사 다시 쓰기'라는 사고로 연결시키려 하시는지요?

다이진화 1990년대 이래 저는 매우 강렬한 경험을 했습니다. 그것을 저는 '원화(原畵)의 복원' 현상이라 부릅니다. 1990년대에 한 차례 더 문화적 전환을 겪었습니다만 그것은 실제로 1980년대의 격정과 낙관이 다른 방식으로 드러난 것이었습니다. 즉, 사람들은 끊임없이 시대를 구분하고 이름을 지어 부르며 새 것, 새 것, 새 것에만 환호했습니다. 마치 새로운 문화적 상황, 문화 현상, 그리고 완전히 새로운 삶의 태도와 생존 방식 등이 나타났다고 생각하는 듯했습니다. 사실 어느 정도의 역사적 상식만 있더라도 우리는 그런 상황들이 새롭지 않으며 일찍이 근대에서 현대에 이르는 중국 문화의 역사 속에서 대부분 발생했었고 존재했었음을 알 수 있습니다. 역사가 사람을 놀라게 하는 방식으로 '재공연'을 시작할 때 그 시대를 관찰하거나 목격하려고 시도하는 사람은 반드시 충분한 경계심을 갖고 있어야 합니다. 이른바 '새로움'이 '낡음'으로 환원되고 지칭될 것이라는 점은 다만 사고의 출발점일 뿐입니다. 놀라운 역사의 상상력을 경험할 때 우리는 늘 함정에 빠지곤 합니다. 역사는 영원히 진정한 의미에서 재공연을 하지 않기 때문입니다. 다시 등장하는 현상은 영원히 특정한, 지나간 역사와 현실의 맥락과 연관되어 있습니다.

그래서 '원화의 복원' 현상은 저를 20세기 초 중국 영화가 태어나던 시점으로 이끕니다. 제가 보기에는 20세기 말이라는 이 시점에 근대 중국에서 현대 중국으로의 변화와 현대 중국의 역사를 새롭게 검토하는 일은 대단히 현재성을 갖춘 명제입니다. 저는 학술에 대한 제 자신의 관심이 오늘날 중국과 제가 살아 있는 동안의 문화 현실에 대한 관심을 영원히 넘어설 수 없다고 생각합니다. 저의 모든 학술연구는 반드시 오늘날의 중국과 중국인, 그리고 오늘날 중국의 지식인들에 대한 관심을 둘러싸고 펼쳐집니다. 그러한 입장은 아마도 제게 있어 지식인으로서는 장점이지만, 동시에 학자로서는 치명적인 약점일지도 모릅니다. 1980~90년대 중국 사회문화의 전환은 저를 과제 선택에 있어 과거로 돌아가도록 했습니다. 주지하다시피, 그것은 제 개인의 선택이 아닙니다. 또한, 1990년대 이후에는 제 스스로에게 1980년대 검토라는 명제를 규정했습니다. 물론 그것은 '혁명 대 비판'식 검토가 아니라 오히려 모종의 내면적 성찰입니다. 제 경우 그것은 어렵고 고통스러운 과정이었습니다. 그것은 사실상 자신을 검토하는 일이며 넓게 보면 심지어 자신을 부정하는 일이기도 합니다. 제가 어디까지 걸어왔는지 모르겠습니다. 그러나 여전히 걸어가고 있습니다.

　　1980년대 우리의 발언은 사실 문화혁명과 그것을 잉태하고 길러낸 시대의 역사와 대면한 것이었음을 발견했습니다. 그때 우리의 시야는 정치사의 분기점 위에 가로막혀 있었습니다. 1980년대 흥미로웠던 서술은 근대 중국부터 1979년 중국까지 이어온 역사의 특수성과 차이성을 은폐하고, 근대 중국에서 1979년 사이의 근대화 과정이 어떻게 고통스럽고도 독특한 방식으로 전개되어 왔는지에 대해서 전혀 사고하지 않았다는 점입니다. 그 시기 역사 속에서 근대 담론은 어떻게 다양한 방식으로 중국 역사의 과정에 드러났습니까? 예컨대 1980년대에는 모두들 역사에 관한 공통된 인식을 갖고 있었습니다. 즉 문혁은 봉건 파시스트 독재로 중국 역사에 존재하는 초안정 구조였다고 생각했습니다. 봉건 독재의 역사가 그 본질을 완전히 뒤바꿀 수 없는 듯한 상황에서 1979년까지 지속됐습니다. 그래서 1979년은 창세기의 시대로 묘사됐습니다. 마치 그 해가 돼서야 우리가 비로소 근대화 과정을 시작했던 것처럼 말입니다. 그리하여 1980년대 내내 그 담론은 이른바 계몽주의 담론이 됐습니다. 따라서 우리는 몽매하고 봉건적이며 초안정적이며 만고불변하여 깨부수기 참으로 어려운 '철 방'을 향해 발언해야 했습니다. 우리는 그것을 깨뜨려야만 했고 새로운 근대화 과정을 시작해야 했습니다──그런 담론은 당시 문화가 생존해야 할 합리성을 갖고 있었고 그 자체는 효과적인 탈이데올로기화라는 이데올로기 전략이었습니다. 처음에 그 전략은 저항 담론이었지만 점차 지식인의 주류 담론이 됐습니다. 오늘날에는 그런 담론의 거대한 은폐성을 드러내야만 합니다. 우리는 근대 중국에서 현대 중국으로의 변화 과정을 다시 살펴봐야만 합니다. 또 오늘날 중국의 역사와 의의를 다시 살펴봐야 합니다. 의심할 여지없이 사회주의 중국은 현대 중국의 역사를 이루는 한 부분이며 그 역사는 필연적으로 이어질 것입니다. 그 역사가 단절되지는 않습니다. 다만 비자본주의적 방식으로 중국의 현대화 과정을 추진했다는 사실만이 다를 뿐입니다.

저우야친 역사적 시기구분법은 지속되는 역사를 선형적이고 부단히 초월적이고 전진하며 면밀한 시간의 유동 과정으로 파악합니다. 그런 견해는 여전히 보편적입니다. 선생님께서는 반드시 단절과 분리의 시각으로 역사 발전을 이해해야 한다고 생각하시나요?

다이진화 1980년대 학술 발전과 관련지어 보면 시대구분법과 함께 거론해야 할 것이 단절론입니다. 단절론은 마치 중국의 역사가 일련의 단절에 의해 분리되고, 그 단절이 질적으로 완전히 다른 역사적 단계를 형성해 왔다고 생각하는 듯합니다. 역사적 단계마다 어떠한 일관성이나 연관성도 없는 듯 간주하는 것이지요. 이질화의 노력은 역사를 완전히 조각난 단락으로 나누고 그 연속성을 고려하지 않습니다. 중국의 구성 과정에서의 근대성 담론이나 중국 발전 과정에서의 근대화 담론은 더욱 고려되지 않았습니다. 이것이 한 측면입니다. 또 다른 측면에서는 역사를 초월하고 관통하려는 노력이 존재해 왔습니다. 역사에는 동질적인 요소가 존재하기 때문에 영화감독처럼 가위를 들고 역사를 몽타주할 수 있다는 생각입니다. 쉽게 버릴 수도 있고 뛰어넘을 수도 있다는 것이지요. 그러나 그렇게 역사를 쓰는 방식은 역사를 다시 쓰고자 하는 이들 자신이 반대하는 서술의 폭력성을 갖고 있습니다. 제 생각에 역사의 선형론과 순환론은 모두 특정한 담론 구조일 뿐, 진리는 아닙니다.

 역사 서술의 문제를 새롭게 사고하고 이해하면서 저는 두 가지 방식을 거부하고 싶습니다. 하나는 역사를 초월하는 전제에서 역사를 관통함으로써 이른바 순수하고 객관적인 역사를 쓰자는 방식입니다. 또 하나는 저 역시 역사 단절론을 반성하고자 합니다. 역사의 단절은 근·현대 중국에서 분명 빈번히 일어났습니다. 그러나 그런 단절은 종종 칼로 물 베기와 같은 것이었습니다. 단절은 늘 또 다른 방식으로 역사의 계승을 보여 줍니다. 단절된 지점마다 시비가 분명한 갈림길이 나타나지만 동시에 역사의 단층도 나타납니다. 단절점에는 많은 은폐된 역사의 퇴적층이 나타납니다. 그래서 단절이 등장하는 시점에도 늘 '원화의 복원'과 역사 '유령'의 출몰이 수반되곤 합니다.

학계의 '근대 현상' 및 기타

저우아친 분명하게도, 1990년대 이래 문화 현실에 대한 관심은 학자들이 패러다임 변화 연구에 관심을 갖게 됐던 중요한 출발점이었습니다. 1990년대와 그 이전 역사 사이의 관계에 대한 견해는 서로 다른 역사관을 보여 줍니다. 최근 문화적 패러다임의 변화에 대한 연구가 대단히 유행하고 있는 듯합니다. 이 화제에 대한 검토는 더욱 복잡한 원인을 고려해야만 할 것 같은데요?

다이진화 역사적 시기마다 모두 그때 그 장소의 '당대'적 필요로 인해 독특한 역사적 단절과 계승의 서술이 구성됩니다. 그것은 제 자신의 학술연구에 대해 도전을 구성하기도 합니다. 물론 저는 오늘날 근대 중국에서 현대 중국으로의 패러다임 변화에 대한 전향은 유행을 좇는 혐의가 있음을 알고 있습니다. 왜냐하면 1990년대를 통틀어 1980~90년대에 대한 패러다임 변화를 고찰하면서 해외 중국 학계와 중국 내 훌륭한 학자들 사이에 제가 '근대 현상'과 '상하이 현상'이라고 부르는 학술적 열기가 점화되기 시작했기 때문입니다.

　　미국의 중국 학계는 그러한 학술 현상에 대해 두 가지 원인을 제공했습니다. 하나는 미국 학계 자체의 작동 논리입니다. 그 자체의 갱신과 전복이 특정한 이론적 논제를 만들어 냈습니다. 예컨대 탈식민이론이나 오리엔탈리즘, 문화연구, 문화이론이라는 논제들, 서구중심주의에 대한 반성과 비판, 그리고 근대성이라는 논제에 대한 검토 등이 그러합니다. 그러한 이론의 열기에 마주서서 사람들은 근·현대 중국이 매우 풍부한 가능성을 제공한다는 사실을 깨달았습니다. 풍요했지만 폐쇄적이었던 동양의 대제국이 어떻게 전지구적 자본주의화 과정에 편입됐는가를 고찰하도록 유혹했던 것입니다. 그런 변화 과정은 어떻게 이루어졌는가, 그 사이에서 역사의 풍부성, 다양성, 우연성, 다원성은 어떻게 발현됐는가 하는 점이었습니다.

또 다른 원인은 역시 이른바 '당대성'이라는 논제입니다. 1980년대에서 1990년대에 이르는 중국 사회의 변화, 그리고 세계와 전방위적으로 새롭게 만나는 과정은 사람들에게 현실적인 동력을 제공했고, 당대를 회고하게 했습니다. 구체적으로 중국 학계는 1980년대가 끝나면서 뛰어난 학자들이 다시 서재로 돌아오기 시작했고 그와 더불어 학술 규범에 대한 주장이 일기 시작했습니다. 그것은 동시에 학술 규범에 대한 반성을 포함하고 있었습니다. 그러한 토론은 필연적으로 중국의 근대적 학문 분야의 수립과 더불어 시작될 수밖에 없었습니다. 또는 학술사의 정리나 반성과 함께 등장할 수밖에 없었다고도 할 수 있습니다. 또는 아마 모든 학자들의 선택은 자신만의 독특한 방향과 자신의 문화저·하술저 원인이 있을 것입니다.

제 자신의 동기에 대해서는 이미 말씀드렸습니다. 어떤 연구자가 제게 토론의 여지가 있는 질문을 던진 적이 있습니다. 이론과 과제에 대한 선택을 포함해서, 제가 지금 하고 있는 연구는 중국 내에서 일어나고 있는 학술적 명제나 화두와 궤를 같이하지 못하는 것 아니냐고 말입니다. 저는 그 질문 자체에 숨은 뜻이 있다는 사실을 압니다. "지금 유행을 따르는 것 아닙니까? 그렇지 않으면 서양인들의 학술적 열기에 호응하는 것 아닙니까?" 하고 말이죠. 한편으로 저는 그의 말이 일리가 있다고 생각합니다. 지금 저의 이론적 배경이나 연구 과제를 선택하는 시각이 어떤 의미에서는 중국 학계에서 연구되는 어떤 부분과 궤를 같이하지 못하고 있다는 점은 분명합니다. 오히려 서양과 더욱 가까울 수도 있습니다. 그러나 저는 그에게 그런 명제들은 중국의 현실과 궤를 같이하고 있다고 생각한다고 대답했습니다. 그 점에 대해 저는 매우 솔직하게 말할 수 있습니다. 제가 '역사'로 전향한 중요한 원인은 오늘날 사회의 문화적 과제와 현대 중국이 제기한 문제에 대답하기 위해서였습니다. 그것은 개인적 삶의 의미에서 도전이었으며 개인적 학문에 있어서도 전면적인 의미에서 도전이라고 생각합니다. 그것은 결코 제가 오늘날을 방기한다는 의미는 아닙니다. 단지 서로 다른 선상에서 지속적으로 이어 가겠다는 것뿐입니다.

저우야친 선생님께서 말씀하시는 '중국 영화문화사'에서 '문화'라는 두 글자의 함의는 무엇입니까?

다이진화 아시는 바와 같이 중국 영화사와 관련된 저작은 많지 않습니다. 1960년대 청지화(程季華) 선생 등이 엮은 『중국 영화발전사』(中國電影發展史)는 1950년대 초기까지의 중국 영화 창작을 다루었습니다. 아직도 가장 권위 있는 중국 영화사이지요. 신시기 이후에도 중국 영화사가 몇 권 출판됐습니다. 그러나 사료나 시각이라는 의미에서 보면 아직도 1963년에 출판된 '관변' 중국 영화사를 뛰어넘지는 못했다고 생각합니다. 최근에는 1980년대 이후에 희귀 자료와 충실한 서술이 돋보이는 영화사인 『중국 무성영화사』(中國無聲電影史)가 출판됐습니다. 그러나 이 저작도 1930년대까지만 다루고 있습니다.

저는 제가 개설했던 과목과 앞으로 출판할 책 제목을 '중국 영화문화사'라고 부르고 있습니다. 그것은 두 가지 생각 때문입니다. 하나는 사료의 측면에서, 특히 1905년부터 1949년까지는 청지화 선생을 뛰어넘지 못하리라고 생각합니다. 또 하나는 제가 쓰고 싶은 영화사의 관심은 영화 자체에만 머무르지 않습니다. 영화작품과 영화예술가라는 줄기 속에서만 영화사를 분석하고 서술하면 영화사는 영화 현상 자체를 충분히 해석할 수도 없고 제가 염두에 두고 있는 중국 영화사의 전모를 그려 낼 수도 없습니다. 또 영화사 자체가 우리에게 제시한 현상과 문제를 충분히 해석할 수도 없습니다.

우습게도 이 과목은 제가 베이징영화대학에서 유학생들을 위해 개설했던 수업이었습니다. 그 이후에는 미국 오하이오대학에서 미국 대학의 젊은 교수들과 박사과정 학생들을 위해 여름방학 집중강좌 형태로 개설하기도 했습니다. 이번에 저는 처음으로 중국 학생들을 위해 중국 영화사 과정을 개설했습니다. 저는 문화연구라는 방법을 갖고 중국 영화사를 연구하고자 합니다. 물론 제가 받아온 전문적인 영화 훈련의 장점을 발휘할 수는 있습니다. 그러나 저는 영화예술가나 작품, 영화사 현상이 우리에게 제시하는 풍부한 문화적 함의에 더욱 치중하고자 합니다. 대중문화이자 상업문화, 통속문화, 엘리트 문화로서의 영화가 복잡하게 얽히고설킨 상황 속에서 어떻게 우리에게 간단치 않은 문화적 의의를 제시하는가를 보여 주고 싶습니다. 저는 영화의 생산과 배급, 상영이라는 순환 과정을 연구해 보고 싶습니다. 또 영화를 둘러싼 현상들, 예컨대 다양한 각도에서 다른 대중문화의 생산과 수용과 연관지어 영화를 고찰해 보고도 싶습니다. 또 영화사를 통해 근·현대 문화라는 지형도의 한 측면을 그려 보고도 싶습니다. 이것이 제가 말하는 영화문화사의 함의입니다. 솔직히 말해서 저의 학문적 역량이 이 목표를 실현할 수 있을지 의심스럽기는 합니다만.

저우야친 『중국 영화발전사』와 『중국 무성영화사』를 간단히 비교해 주실 수 있겠습니까?

다이진화 둘 다 오늘날 독자들에게 여전히 가치 있는 저서입니다. 중국 영화사의 기본적인 흐름을 파악할 수 있기 때문이죠.『중국 영화발전사』의 문제는 영화를 예술의 발전이라는 관점에서 평가한 측면이 부족하다는 점입니다. 영화의 정치적 의의와 사회적 기능에 관심을 가졌기 때문입니다. 흥미로운 사실은 그렇다고 상반되거나 서로 다른 시각이 반드시 다른 결론을 도출하지는 않는다는 점입니다. 비록 매우 순수하지는 못했지만 1930년대 중국 좌익영화운동은 사실 어떤 의미에서는 중국의 '예술영화운동'이었습니다. 그러나 우매한 방식으로 역사를 순수하게, 또 자신의 의식에만 부합하는 서술로 편집하지 않는다면, 또 1930년대 많은 영화를 볼 수 있다면 사람들은 당시 대부분 상업영화나 '연성영화'〔軟性電影〕*가 넓은 의미에서 좌익영화가 이룩한 예술 수준에는 확실히 못 미친다는 사실을 알 수 있을 것입니다.『중국 무성영화사』는 충실한 사료가 돋보입니다. 그러나 이 두 저서에는 주요한 차이가 있습니다.『중국 영화발전사』가 권위적인 어조와 권위적인 시각에서 쓰여졌다면『중국 무성영화사』는 학술적이고 탐구적인 방식으로, 또 역사를 정리하려는 방식으로 쓰여졌습니다. 두 저서의 무성영화 시기를 비교하면서 읽어 보면 아주 재미있는 독서 경험을 하게 될 것입니다.

---

* 1930년대 상하이 영화계에서 현실을 비판하고 고발하는 이른바 '좌익영화'에 대한 상대적 개념으로서 영화의 오락성과 예술성을 강조했던 경향이 있는 영화.—옮긴이

영화이론과 문화연구

저우야친 서양의 영화이론은 1960~70년대에 나타났다고 말씀하셨습니다만, 중국 영화이론의 발생과 발전 상황은 어떻습니까?

다이진화 말하기 부끄럽습니다만 저는 엄격한 의미에서 중국에는 아직 영화이론이 없다고 생각합니다. 전 세계적 상황과 마찬가지로 영화이론은 영화를 좋아하는 사람들의 체계적이지도 못하고 학문 분야라고도 할 수 없는 단편적인 글들로부터 시작됐습니다. 영화평론이나 간단한 영화 교재, 창작담 등의 형태로 나타났죠. 이러한 글들은 모두 오늘날 우리가 말하는 학문적 의미에서의 이론은 아닙니다. 구조화되지 않았기 때문에 어떤 의미에서는 학문적 의미에서의 이론보다 '순수하다'고 할 수 있습니다. 당시 사람들이 썼던 글들은 대부분 영화에 대한 애정을 지지할 뿐 학위를 따거나 이름을 얻으려는 것은 아니었습니다. 오늘날까지 중국의 영화이론은 여전히 창작이론과 응용이론의 층위에 머물러 있습니다. 1980년대 중엽에 일찍이 노력을 한 적은 있습니다. 그러나 오늘날 되돌아보면 단지 체계화된 서양 이론을 중국에 소개하고 이러한 이론으로 중국의 영화 현상과 영화작품을 독해하려는 시도만이 있었을 뿐입니다. 그러니 당연히 우리 자신의 영화이론이라고 할 수는 없습니다.

저우야친 영화연구는 문화연구에서 도움을 받아야 한다고 말씀하셨는데요. 영화사 연구에서 '영희'라는 개념을 다루실 때 영국의 문화학자인 레이먼드 윌리엄스(Raymond Williams)가 말한 '핵심어' 정리라는 방식을 택하셨습니다. 저는 선생님의 그러한 개념사(概念史) 정리를 통한 수확이 적지 않았습니다. 문화연구는 지금 선생님의 영화사 연구에 있어서 어떤 방법이나 입장을 의미합니까? 그렇지 않으면 또 다른 무엇입니까?

다이진화 문화연구는 방법론이라고 하기보다는 일련의 학제간 이론적 입장과 관점, 그리고 시야의 변화라고 하는 편이 나을 것입니다. 문화연구는 현재 정식 학문 분야는 아니지만 적어도 미국 학계에서는 대단한 인기를 모으고 있습니다.

제가 문화연구를 하는 입장에서는 우선 저의 문화적 입장에서의 비판성과 정치성, 이데올로기를 은폐하지 않습니다. 이는 저의 전제입니다. 혹은 제게 있어서 문화연구라는 입장은 마르크스주의로 다시 돌아가자는 매우 분명한 사실을 의미합니다. 단지 서양 마르크스주의만이 아니라 고전적 마르크스주의를 포함합니다. 다시 전가의 보도를 휘두르겠다는 뜻은 아닙니다. 그것은 단지 무기고일 뿐입니다. 한 가지 분명한 사실은 비판의 무기를 사용하더라도 무기에 대한 비판을 방기하지는 않을 것입니다. 저의 전제는 어떤 초월적인 심미적 가치 판단은 아닙니다. 물론 그것이 제가 철저하게 심미적 가치 판단을 포기하겠다는 뜻은 아닙니다.

저는 한편으로는 늘 문화적 판단을 합니다. 심지어 이데올로기적인 판단도 합니다. 그러나 '예술영화'라는 명제를 어떻게 다룰 것인가, 심미적 가치 판단을 통해 영화예술이라는 위상을 발견하고 그 관심을 유지할 수 있는가 하는 점이 제가 직면할 수밖에 없는 딜레마입니다. 또 다른 면에서 문화연구는 시각과 시야의 전환이라는 함의를 포함하고 있습니다. 우리는 물론 꼬리표와도 같은 단순한 정치적 판단을 버릴 것입니다. 그것은 단순히 또 다른 전능한 예술적 판단을 끌어들인다는 뜻은 아닙니다. 자세하게 읽는 것이 제 장점이기는 합니다만, 제 경우에 문화연구라는 관점을 채택한다는 것은 텍스트를 재차 깨부수거나 더욱 많은 대상을 텍스트화해야 한다는 의미입니다. 텍스트의 맥락화 혹은 맥락의 텍스트화이지요.

어떤 특정한 시기의 영화 현상과 그것을 일으키는 사회적 맥락에 대해서 또한 저는 텍스트를 자세히 읽어야 한다고 생각합니다. 예컨대 영화의 생산 방식과 그 전환, 영화 기구의 수립과 조직 방식, 영화의 자금 운영, 영화의 관객수와 그 수입 상황, 심지어 어떤 층위에서는 극장의 역사, 즉 영화의 상영 장소와 상영 방식, 관람 방식, 그리고 영화의 관객이 초기 영화에서는 계층 분화가 이루어졌는가, 분화됐다면 어떤 방식으로 분화됐는가 하는 문제들입니다. 중국 영화를 연구하는 일이 국산영화만을 제 유일한 관심의 대상으로 삼는다는 뜻은 결코 아닙니다. 어떤 시기에 중국 영화시장을 국산영화가 점유했는지 그렇지 않으면 미국이나 프랑스 영화 등이 점유했는지, 아울러 그 비율이 어떠했는지를 살펴야 합니다.

저는 이러한 점들을 연구 범위에 반드시 편입시킬 것입니다. 문화연구는 물론 방법론의 변화를 의미하기도 합니다. 예컨대 방금 말씀하신 '핵심어' 정리라는 방법론을 예로 든다면 영화사의 발전 속에서 일관된 의식을 보여 줄 수 있는가, 아울러 이러한 일관된 의식이 도대체 변화하지 않았는가, 그렇지 않으면 줄곧 변화했는가, 만약 변화했다면 그것은 어떠한 맥락에서 결정됐는가도 볼 수 있을 것입니다. 마찬가지로 저는 후기 구조주의 이론의 영향을 받았기에 영화사 서술이 그 시기의 진실을 복원할 수 있다고 생각하지는 않습니다. 물론 저는 더욱 많은 사료를 발굴하기 원하고 해진 곳을 기워 내는 일을 할 수 있을 것입니다. 그러나 저의 관심은 문화의 다층위와 다원성, 그리고 담론의 다원성을 보여 주는 데 있습니다. 그러므로 문화연구로의 편입은 고정된 사고 방식이나 방법으로의 편입이 아닙니다. 오히려 역사의 복잡성에 직면하고 그 도전을 받아들여서 자신의 연구가 그것을 포용하도록 시도하는 것입니다. 그것은 아마도 이뤄 낼 수 없는 일인지도 모릅니다. 그러나 저는 해보고 싶습니다.

'근대성' 논의와 영화사

저우야진 근대성 또한 선생님께서 최근에 관심을 갖고 연구하고 계신 문제 가운데 하나입니다. 선생님의 중국 영화사 연구는 근대성 연구와 어떤 관계가 있습니까? 영화사의 시각에서 근대성 문제에 관한 견해를 말씀해 주시겠습니까?

다이진화 근대성 문제에 대한 관심은 저의 영화연구를 진전시키도록 하는 가장 중요한 요소입니다. 중국의 근대성 담론 구조와 확장 과정이라는 주제를 두고 대답한다면, 저는 영화사보다 더욱 좋은 연구 대상은 없다고 생각합니다. 물론 그것은 아마도 연구 분야에 대한 제 '편애' 때문일 테지요. 제국주의의 군함과 대포에 의해 문호를 개방당한 중국은 제국주의의 군사적·정치적 억압과 경제적 침탈을 겪은 뒤에 근대화 과정을 시작했습니다. 그런 측면에서라면 근대성은 결코 단순한 문제가 아닙니다. 사실 어느 국가나 어떠한 역사적 시기에서도 근대성은 단순한 문제가 아닙니다. 중국의 경우도 또한 인문학 영역의 어느 단일한 학문 분야에서 분명하게 정리할 수 있는 주제가 아닙니다. 적어도 학제간 연구를 통해서만 대답이 가능할 것입니다. 그런 의미에서 영화는 연구 대상으로서 태생적인 우위를 점하고 있습니다. 왜냐하면 영화는 상업적·산업적 체계일 뿐 아니라 대중문화이기도 하면서 동시에 지속적으로 엘리트 문화와 규범 문화에 의해서 삼투되고 감화되고 있는 문화 영역입니다. 아울러 영화는 현대 문화에 있어서 매우 분명하고 격렬한 정치적 투쟁의 무대이기도 합니다. 영화라는 연구 대상 앞에서 근대성 담론은 매우 회의적일 수 있습니다. 하지만 어떤 의미에서는 분명히 정리되고 해명될 수 있으리라 생각합니다.

물론 근대성 문제에 대한 저의 관심은 소리 높여 전진하자고 외쳤던 1980년대와 상업적 물결이 몰려 왔던 1990년대가 가져다준 사고와 연관되어 있습니다. 솔직히 말하면, 저는 오늘날 사람들이 근대화에 대해 갖고 있는 거대한 낙관과 열정을 회의하고 있습니다. 그것이 오늘날 중국에 있어서는 여전히 병폐보다는 이로움이 크다고 말할 수 있을지 몰라도 적어도 내일의 중국에 있어서는 여러 위험한 요소들을 포함하고 있다고 생각합니다. 비록 오늘날에 있어서 ─ 이 격변과 새로운 건설의 과정 속에서 ─ 우리가 만약 근대화 과정과 근대성의 확장이라는 문제를 명확하게 파악하지 못한다면 이미 위험은 상당히 가까이 와 있는 것입니다. 물론 과격한 말로 남들을 놀라게 하려는 혐의를 받을 수도 있습니다.

근대성이라는 화두는 이제 더욱 많은 사람들에 의해 주목받고 있습니다. 그러나 전체적으로 그것이 새롭거나 낯선 화두는 아닙니다. 제게 있어서도 마찬가지입니다. 서구 학계에서는 이 문제가 '유행'이

지나 버린 화두이거나 혹은 중요하긴 하지만 이미 그 무게중심이 바뀌기 시작한 논제입니다. 근대성은 서구 사상사와 학계에 있어서 관건이 됐던 문제였기 때문에 보편적인 관심을 불러일으켰습니다. 그러나 사람들은 곧바로 근대성 자체에 대한 논의가 그 어떤 문제도 해결해 줄 수 없음을 깨닫게 됐습니다. 왜냐하면 근대성에 포함되지 않는 명제가 거의 없었기 때문입니다. 능동적으로든 피동적으로든 근대화 과정에 진입한 모든 국가가 직면한 문화적 현실입니다. 이 이름 자체가 사실은 대단히 많고도 많은 서로 다른 현실을 포함하고 있다는 사실을 알고 계실 것입니다. 근대화에 있어 어떠한 후발 국가나 민족도 근대성 담론의 구성과 확장 과정이 모두 다 같지는 않습니다. 때로는 매우 다릅니다. 이른바 '전반서화'(全般西化)는 처음부터 끝까지 신화일 뿐입니다. 그것은 일찍이 어떠한 나라나 지역에서도 현실화된 적이 없습니다. 그러나 근대화 과정은 또한 분명히 서구화, 혹은 전지구화 과정이며 서구를 모방하고 뒤따르도록 강요된 과정입니다. 이 과정 속에서 각 나라가 저마다 어떻게 서구의 모델을 '변통' 했는지, 어떻게 전지구화라는 풍경 속에서 자신의 전통문화와 민족적 생존을 다루었는지 살펴보는 일이야말로 더욱 의미 있는 과제입니다.

물론 서구의 사상사 혹은 학술사적 의의에서 근대화 담론의 탄생과 발전 과정을 다루는 일은 지식 고고학이라는 의미에서는 불가피한 부분입니다. 그러나 그것은 결코 제 학문적 수준에서는 해낼 수 없는 일입니다. 할 수 있는 한 하겠지만, 저의 관심은 중국의 근대성 담론을 확립하고 고쳐 쓰는 일에 더욱 집중되어 있습니다. 중국 영화사가 시작된 지점에서 우리는 사람들이 어떻게 '박래' 된 양식, 즉 산업적이고 기술적이며 과학적이고 근대적인 예술 양식을 빌려 중국인의 삶의 경험, 전근대 사회 사람들의 경험과 표현을 그 속에 담아 보여 주었는가를 볼 수 있습니다.

중국에서 최초로 상업적으로 성공했던 장편 극영화인 「할아버지를 구한 고아이야기」(孤兒救祖記)는 전형적인 예입니다. 전근대적 서사 모델과 가치 판단이 어떻게 근대적 서술로 삽입되는가, 그것을 근대적인 경험으로 재구성하는 일은 유효한 부분이자, 그러한 영화들이 갖는 기능과 의미 가운데 하나입니다. 「할아버지를 구한 고아이야기」는 한 여인이 억울하게 누명을 쓰고 갖은 고생을 다하다가 마침내 누명을 벗는다는 진향련·조오랑류의 이야기*와 다를 바 없습니다. 이야기의 대단원은 근대식 학교라는 대단히 상징적인 근대적 공간에서 이루어집니다. 헤어졌던 할아버지와 손자가 이 공간에서 다시 만나면서 결말을 맺습니다. 진상을 알게 된 며느리는 자신의 재산 절반을 기부하여 의숙(義塾)을 세웁니다. 교육이 그녀의 집안을 구했다는 사실을 인정한 것이지요. 그런 내용이 교육은 전체 중국과 한 개인을 구제할 수 있다는 대단히 전형적인 계몽 담론을 갖고 있음은 분명한 사실입니다. 동시에 이 영화는 유산 제도와 근대적 복지 사업 등에 관한 문제도 다루고 있습니다. 그러므로 영화는 우리에게 근대성의 다양한 사고에 대해 합당한 대상을 제공해 줍니다.

---

* 진향련(秦香蓮)과 조오랑(趙五娘). 진향련은 다양한 극종으로 공연되어 온 중국 연극 서사이자 그 주인공 이름이고, 조오랑은 연극 「비파기」(琵琶記)의 여주인공 이름. 둘 모두 고향을 떠나 상경한 남편이 장원 급제한 뒤 어려워진 가정 형편 탓에 남편을 찾으러 가지만, 진향련의 남편 진세미(陳世美)는 다시 부마가 되고, 조오랑의 남편 채백개(蔡伯喈)는 승상의 사위가 된다. 진향련은 남편에게 내쫓기고 심지어 자객에게 피살될 뻔한 위험에 처하기도 하지만, 결국 죄를 물어 오히려 진세미를 처벌한다. 조오랑의 남편은 온갖 어려움을 겪고 자신을 찾아온 옛 아내를 불쌍히 여겨 함께 고향으로 돌아간다.―옮긴이

이론적 자원과 성찰

저우야친 선생님께서 연구 과정을 통해 형성하신 이론적 사유는 1980~90년대 이래 중국에 유입된 후기 구조주의, 탈식민주의, 서구 마르크스주의 등의 사상적 자원과 어떤 관계가 있습니까? 서구 혹은 외래 이론의 영향을 수용함에 있어 무언가 터득하신 바가 있으신지요?

다이진화 그 문제를 이야기하기에는 부끄러워 진땀이 나는군요. 1980년대는 저의 기본적인 지식 구조와 이론 틀, 연구의 사유가 형성됐던 시기입니다. 저의 주요한 사상적 자원은 서구 영화이론과 이를 기반으로 하여 확대된 후기 구조주의 이론이었습니다. 제게 있어서 가장 중요한 이론을 꼽으라면 후기 구조주의와 서구 마르크스주의일 것입니다. 마르크스주의의 영향과 제가 그 이론을 중시하는 정도, 그리고 그 이론이 제 연구 과정에서 차지하는 비중은 1990년대에 들어서 더욱 확실해졌습니다. 그러나 1980년대에는 후기 구조주의를 더욱 중시했었죠.

　1980년대에 저는 두 가지 일에 집중했습니다. 하나는 서구의 이론을 배우고 원용하는 것이었고 또 다른 하나는 서구 영화이론을 번역하고 소개하는 일이었습니다. 지금까지도 저는 그 작업의 혜택을 누리고 있습니다. 그 기간에 제 자신의 이론적 훈련은 매우 혼란스러웠지만 한편으로는 매우 효과적이었습니다. 저는 이론에 대한 체계적 교육이나 학문적 훈련을 받지 못했기에 이론에 대한 선택 또한 대단히 실용적인 차원이었습니다. 판단 기준은 그것이 상상력을 불러일으키는 이론인가, 나에게 있어 유용한가 하는 주관적인 기준이었습니다. 따라서 그 과정 속에 많은 오독이 있었습니다. 우선 맥락을 제대로 파악하지 못했습니다. 서구의 어떤 맥락 속에서 그런 이론들이 탄생했는지, 또 서구의 어떤 학문이나 이데올로기를 위한 목적이었는지에 대해 완전히 무지했고 무관심했습니다. 저는 또 단장취의하는 우를 범하기도 했습니다.

    1980~90년대의 변화 속에서 저는 서구 이론과 영화이론을 새롭게 사고하고 비판적으로 반성하기 시작했습니다. 물론 제가 거듭 말한 바 있지만, 이론에 대한 반성이 '전(前) 이론'이나 '비(非) 이론'으로의 회귀를 뜻하지는 않습니다. 그런 '회귀'에 대해서는 반대하고 또 거부합니다. 지금까지는 구조주의나 후기 구조주의가 제게 있어 여전히 중요한 사상적 자원이었습니다. 사실 서구의 문화연구는 이론을 반성하는 과정 속에서 탄생했습니다. 1990년대 이래로 저는 매우 깊이 있는 문제 하나를 깨닫게 됐는데 바로 오늘날 중국의 학계에 연속과 계승이 부족하다는 점입니다. 각 세대는 자신이 새롭게 천지를 창조하고 싶어 할 뿐, 앞서 간 사람들이 무엇을 했는지에 대해서는 관심이 없습니다. 1990년대 초반에 뛰어난 학자들이 제기했던 학술적 규범 또한 그리운 느낌을 갖게 합니다. 한편으로는 학술사 자체를 정리하고 문제의식을 수립했으며, 다른 한편으로는 동일한 지평에서 국내외 학자들이 이미 이루어 놓은 작업들에 대한 관심, 즉 그들의 작업이 우리의 경우와 만나는 지점이 있는지, 교류의 가능성이 있는지 하는 데 대한 관심을 갖고 있었습니다.

    저는 근대화 과정이 가속화되면서 교류의 방식이 더욱 다양화되고 공간적 거리 또한 부단히 단축되고 있다고 생각합니다. 자원으로서의 정보에 있어서도 이제 우리는 결코 열세에 처해 있지 않습니다. 우리는 세계 각국과 동행하는 과정을 통해 그들과 교류 혹은 도전의 관계를 수립할 수 있습니다. 그렇게 되면 우리는 적어도 한 가지 일을 피해 갈 수 있습니다. 즉 현대 수학 앞에서 "미적분을 발명"하는 일, 다시 말하면 다른 사람이 이미 이루어 놓은 단순하고도 기초적인 작업을 다시 반복할 필요가 없게 됩니다.

1990년대 초에는 탈식민주의 이론의 영향을 많이 받았습니다. 그 까닭은 1990년대 다국적 자본의 진입과 전지구화, 중국 문화의 시장화 과정 속에서 제3세계로서 중국의 문화적 입장이 더욱 분명해졌기 때문입니다. 예민한 중국 지식인들은 모두 그 현상에 관심을 기울였습니다. 당시에는 수박 겉핥기 같은 탈식민주의 이론이 더더욱 저에게 새로운 관점과 공간을 제공해 주었습니다. 당시 몇 년 동안 탈식민주의 이론에 대한 더욱 많은 이해와 제 자신의 사고를 통해 저는 우리가 그 이론을 단순하게 적용해서는 안 된다는 사실을 깨달았습니다. 하나는 중국에는 엄격한 의미에서 식민의 역사가 없었기 때문입니다. 탈식민주의 문화가 중국에 나타났다면 그것이 어떻게 형성됐고 어떠한 특징과 의의가 있는가에 대해서 분명하게 개념을 규정하고 사고할 필요가 있었습니다. 동시에 탈식민주의 이론은 엄격한 의미에서는 미국 학계 내부에서 태어난 좌익적 저항이론이었습니다. 서구 이론을 수용하면서 그것이 태어난 맥락을 벗어나서는 안 됩니다. 그 맥락을 이해하고, 어떠한 지점에서 어떠한 대상을 향해 발언했는가 하는 점을 이해해야만 합니다. 맥락을 벗어나면 그 이론은 절대화, 단순화, 진리화되기 쉽습니다. 탈식민주의 이론에 대해서 아직도 관심을 갖고 있습니다만 조심스러운 태도를 취하고 있습니다. 오리엔탈리즘도 넓은 의미에서는 탈식민주의 이론과 동일한 범주에 속해 있으니까요.

페미니즘과 영화사 쓰기

저우야친 중국 영화문화사 연구 속에서 선생님의 페미니즘적 입장과 사유, 그리고 여성 의식이 드러났습니까?

다이진화 물론입니다. 우선 학문적 의의에서 말하면 저는 페미니즘 이론과 페미니즘적 입장이 영화연구에서 기본적인 것이자 충분히 필요하다고 생각합니다. 페미니즘적 입장을 전적으로 거부하는 학자들에 관심을 기울여 보면 어떤 분들은 뛰어난 학자들인데도 그(그녀)들이 영화를 분석할 때 늘 중요한 맹점을 갖고 있습니다. 페미니즘도 문화연구의 필연적인 구성 요소입니다. 여성연구는 엄격히 말하자면 젠더연구(gender studies)와 문화연구가 많은 지점을 공유하는 공간입니다. 젠더연구는 예컨대 여성 감독이나 여성 영화인, 또는 영화 속에 나타나는 여성 형상에 대한 연구와 같은 협의의 여성연구가 아닙니다. 그러한 대상들이 제 연구 과정에서 매우 중요한 부분은 아닙니다.

더욱 중요한 것은 여성 담론과 여성에 관한 담론에 대한 연구입니다. 즉 담론으로서의 젠더가 어떻게 효과적으로 주류적 혹은 주변적, 저항적 담론 속으로 조직되는가 하는 것이죠. 이러한 담론의 현실과 여성의 삶의 현실 사이에는 관련이 있는가, 있다면 어떠한 관련이 있는가, 이것이 제가 관심을 갖는 과제이자 방법입니다. 방금 말씀드린 「할아버지를 구한 고아이야기」라는 영화 속에서 여주인공인 위웨이루(余蔚如)를 연기한 왕한룬(王漢倫)은 중국 영화사에서 최초로 등장한 중요한 배우이자 최초의 비극형 스타였습니다. 당시에 이른바 "비극 여배우로서는 으뜸"이라고 할 정도였습니다. 왕한룬의 영화 경력은 여성연구의 대상이 될 수 있습니다. 그러나 제가 동시에 관심을 갖는 바는 정정추(鄭正秋) 감독이 이 영화에서 전근대적인 서술 방식과 시간적 경험을 근대화된 영화 속에서 어떻게 그 여성 역할을 이용하고 어떻게 일련의 비극적 타격 — 남편이 죽고 모함을 당하고, 시집에서 쫓겨나고 아버지를 여의고 가난에 처하는 — 을 통해, 아울러 여성을 통해 중국적 운명의 희비극과 중국 영화의 효과적인 서사 갈래인 '비극적 멜로'(苦情戱)를 만들었는가 하는 점입니다.

또 다른 예 가운데서 우리는 초기 영화문화에 대한 계몽주의 문화의 삼투와 영향을 볼 수 있습니다. 많은 영화들의 젠더 관념은 대단히 복잡하고 혼란스럽습니다. 그러나 또한 반(反)봉건적이라고 할 만한 태도를 할 수 있는 한 유지하고 있기도 합니다. 한편으로는 전근대적이고 봉건적인 묘사가 많지만, 또 한편으로는 젠더 형상의 창조에 있어 충분한 자각과 경각심도 찾아볼 수 있습니다. 예컨대 대단히 전통적인 이야기 속에서도 정조관이 배제되기도 했습니다. 무성영화 시대의 「홍협」(紅俠)이라는 무협영화에서 대부분의 이야기는 악인이 어여쁜 아가씨를 차지하려는 내용입니다. 온통 그 여자의 순결을 빼앗을 수 있는가 없는가 하는 데만 정신이 팔려 있습니다. 악인은 뜻을 이루지만 영화의 결말 부분에서는 오히려 여자 협객이 적극적으로 그녀와 '훌륭한 남성'을 결합시켜 줍니다. 마치 여자아이가 순결을 빼앗긴 것은 보잘것없는 실수인 듯 보입니다. 서사 속에서 두 가지 문화적 논리는 상호 모순됩니다. 젠더 표현의 복잡성, 그리고 전체 문화 구조의 다원성과 복잡성은 근대와 전근대적 경험의 서로 다른 표현과 계몽 담론, 그리고 대중 담론의 직조물입니다.

다른 예를 하나 더 들어 봅시다. 「여협 백장미」(女俠白玫瑰)의 시작부분에서 우리는 체육복을 입은 여학생이 여학교 운동장이라는 근대적 공간에서 연기하는 모습을 볼 수 있습니다. 우승을 하고 나서 여교장에게 '여장부'〔巾幗英雄〕라는 글귀가 쓰인 옷 한 벌을 받는 장면에 뒤이어서 그녀는 '여장부' 화목란*과도 같은 형상으로 등장해 활시위를 당깁니다. 이어서 집안에 어려운 문제가 생깁니다. 그런데 그 어려움이 완전히 미국 서부영화식입니다. 집안에서 관리하던 '목장'이 악당에게 빼앗길 위기에 처한 것입니다. 백장미의 오빠는 병에 걸려 있었기 때문에 그녀가 남장을 하고 서부의 카우보이처럼 분장을 하고 집안의 어려움을 해결하러 갑니다. 중국식 보검을 등에 지고(그런데 이 보검의 칼자루는 서양식입니다) 서양식 무술을 발휘합니다. 그녀가 목장에 이르자 목장의 악당이 등장합니다. 그는 중국인이 얼굴을 검게 칠해 인디언으로 분장한 인물입니다. 그들은 미국의 서부영화에서나 볼 수 있는 황야의 결투를 벌입니다. 그런데 다시 여장을 하는 장면에서는 가슴을 드러내고 바닥에 끌리는 긴 서양식 치마를 입고 있습니다. 여성 형상이 여러 담론 체계를 헤쳐 나가면서 여기저기 갈라져 있는 담론 체계를 봉합하는 기호가 됨으로써 근대 중국을 서술하는 담론의 가능성을 수립하고 있음을 알 수 있습니다. 물론 그것이 당시 영화인들의 자각적인 탐구에서 비롯됐다는 뜻은 아닙니다. 어쩌면 거꾸로 그러한 추구가 다만 관객 수입이나 대중적 오락을 위한 것이었을지도 모릅니다. 이러한 상황에 처한 젠더 담론은 매우 흥미롭습니다.

---

*여장부 화목란(花木蘭). 위진남북조(魏晉南北朝) 시대 유명한 서사시 「목란사」(木蘭辭)의 여주인공. 「목란사」는 '오랑캐'의 침략에 맞서 집집마다 소집령이 내려지자, 남자라고는 연로한 아버지밖에 없는 상황에서 화목란이 남장을 하고 대신 전장에 나아가 승리하는 데 공을 세운다는 내용이다. 애니메이션 「뮬란」(Mulan)의 원작이기도 하다.—옮긴이

제가 영화연구를 시작하면서 페미니즘은 저의 기본적인 입장이자 연구 방법 가운데 하나로 자리 잡았습니다. 그러나 당시 사람들은 아마 발견하지 못했던 모양입니다. 제 자신이 페미니스트라고 말하고 나서, 아울러 여성 작가와 여성 감독을 연구하기 시작하고 나서야 비로소 갈채를 보내거나 욕을 해대는 사람들이 생겨났습니다. 그것은 대단히 재미있는 현상입니다. 아마 페미니즘은 깃발을 꽂아야만 변호를 받거나 적대시되는 모양입니다. 사실 제게 있어서 페미니즘은 상당히 중요하지만 부분적인 이론일 뿐만 아니라 또한 개인의 삶의 경험이자 생존의 방식이기도 합니다.

저우야친 선생님의 영화사 연구는 중국 영화예술의 발전이라는 측면에서 예술성의 중요성을 파악하고 계십니까? 영화사를 강의하시면서 과거에는 중요하게 여기지 않았던 작품이나 감독을 발굴하실 계획도 있으신지요?

다이진화 특정한 예술 갈래인 중국 영화 자체의 발전과 변화, 확장은 그 자신의 심미의식과 예술 창작의 발전 과정을 포함하고 있습니다. 지금 제 입장에서는 정전의 권위를 회의합니다. 그렇다고 제 자신이 정전을 새롭게 명명할 수 있는 권력이나 의무를 갖고 있다고는 생각하지 않습니다. 영화사를 새롭게 정리하는 과정에서는 이전에 간과됐던 감독이나 작품에 대해 마땅히 재평가가 이루어져야 합니다만, 저는 아직 충분히 그러한 점들을 장악하지 못하고 있습니다. 그 이유는 영화사를 다루는 데 있어 영상자료 구하기가 매우 어려운 일이기 때문입니다. 얻을 수 있는 가능성이 있다 해도 그것은 돈이나 권력 같은 비학술적·

비문화적 요소들에 의해 결정됩니다. 물론 저는 있는 힘껏 그 일을 해 나갈 것입니다. 새롭게 평가되는 작품이나 감독은 필연적으로 과정일 뿐이지 그 자체가 목적은 아니라고 생각합니다.

영화와 문학, 개인의 습관

저우아친 영화와 문학의 관계는 일찍이 해명하기 쉽지 않은 난제로 손 꼽혀 왔습니다. 중국 영화의 발전 과정 속에서 선생님은 이 문제를 어 떻게 이해하고 계십니까?

다이진화 1949년부터 1979년에 이르는 특수한 시기를 제외하면 영화와 문학은 내내 서로 갈등을 빚기도 하고 영향을 주고받기도 했습니다. 그러나 그러한 갈등과 영향 관계 속에서 영화와 문학은 사람들이 생각 하는 바처럼 그리 밀접하지도, 그렇다고 그리 소원하지도 않았습니다. 이른바 7대 예술 가운데에서는 영화와 문학의 관계가 가장 밀접할 것 입니다. 영화는 동시에 미술이나 음악, 연극, 심지어 어떤 의미에서는 건축과도 밀접한 관계를 맺고 있습니다. 그러나 영화와 문학—제가 말하는 문학은 소설입니다—은 모두 근대적 의미에서 탄생한 서사 양식이자 대중문화의 흔적을 갖고 있는 일찍이 가장 폭넓게 수용되고 읽혀진 양식입니다. 따라서 서로 상당히 직접적인 영향을 주고받았습 니다.

대부분의 사람들은 아마 위대한 명작을 원작으로 하는 전환영화 들을 잘 알고 있을 것입니다. 그러나 이른바 후기 산업사회에서는 더 욱 많은 통속소설들이 영화를 위해 바쳐지고 있고 많은 베스트셀러들은 영화의 배급을 위해 제작되기도 한다는 사실은 잘 모를 것입니다. 예컨대 『호스 위스퍼러』(Horse Whisperer)에 관한 서평에 의하면 그 책이 조만간 할리우드로 진출할 것이라고 하더군요. 10여 위안으로 살 수 있는 어설픈 베스트셀러 소설들이 단돈 몇 위안만 가져도 볼 수 있는 틀에 박힌 영화만 못하다는 것입니다. 미국의 슈퍼마켓에 산더미같이 쌓여 있는 『메디슨 카운티의 다리』 같은 페이퍼백, 즉 지장본(紙裝本) 소설들은 대부분 할리우드를 위해 쓰여진 것들입니다. 그러므로 20세기에 이르러 오히려 영화가 문학에 상당히 영향을 미치는 예술이 됐다고 말할 때, 그 문학이란 통속문학입니다.

제도권 문학 또한 마찬가지입니다. 20세기 초 모더니즘 문학운동은 대단히 많이 영화예술을 참조하거나 그로부터 제압당했습니다. 억압을 받게 된 문학은 자신의 매체로 되돌아오게 됐고 스스로 완성하거나 혹은 영화와 더불어 완성할 수 있는 부분이 있는지 고민하게 됐습니다. 오랫동안 제도권 문학은 언어의 실험을 보여 주었습니다. 그러한 의미에서 근대 소설은 더욱 시에 가까워졌고, 이는 전통적인 의미의 서사 예술은 아니었습니다. 1960년대가 시작되면서 영화에 대한 문학의 일방적인 영향은 끝났습니다. 1970~80년대에 이르러 유럽에서 영화이론은 대단히 선구적이고 전위적인 이론이 됐습니다. 이로 인해 이론의 역류가 나타나기 시작했고, 문학이론은 영화이론의 충격을 받기 시작했습니다. 제가 알고 있는 당대 미국의 훌륭한 학자이자 페미니스트인 테레사 드 로레티스(Teresa de Lauretis)가 쓴 『앨리스는 하지 않는다』(Alice Doesn't)라는 전문 영화이론서를 예로 들어 봅시다. 이 이론서는 영화이론에서 시작하여 거의 모든 구조주의와 후기구조주의의 대가들을 다뤘습니다. 그런 의미에서 이 저서는 전체 인문학적 의미에서 선구적인 저작입니다. 하지만 중국에서는 아직 그다지 관심을 갖고 있지 못한 상황이기는 합니다.

오늘날 중국 영화이론의 전개 과정은 영화의 특정한 사회적 기능을 특별히 강조한다는 점에서 독특한 편입니다. 사회주의 리얼리즘이 말하고 있는 도구론의 요구 때문에 현대 중국의 영화는 문학을 강조하는 기형적 과정을 밟아 왔습니다. 사실 영화의 문학성과 영화에 있어서 시나리오의 지배적 지위, 그리고 1950~60년대 영화에 대한 문학의 '지배적' 역할은 두 측면으로 표현됩니다. 하나는 영화의 문학성이고 다른 하나는 영화의 연극화 모델입니다. 두 측면은 특수한 역사가 우리에게 남겨준 특수한 유산이 됐습니다. 그러나 시나리오가 '지배적'인 지위를 갖고 연극적 영화가 견고한 지위를 누리고 있던 시기에 중국 영화의 문학성은 오히려 가장 결핍되어 있었습니다. 풍부한 서사와 복잡한 인물을 발굴하기에는 역부족이었고, 이른바 연극성 운운하며 연극예술 자신의 개척과 발전도 이루지 못했으며, 아울러 영화와 연극 사이의 교류와 자극도 완전히 상실됐습니다. 이러한 과정에서 영화 자신도 길을 잃어버렸습니다. 영화의 문학론, 연극영화와 시나리오의 지위는 1980~90년대에 이르러 4세대와 5세대의 전방위적인 공격을 받게 되면서 순수 영화와 영화 그 자체를 추구하게 됐습니다. 영화언어의 실험이 중요한 과제가 됐습니다.

근대 이래 중국 역사는 여러 세대 사람들에게 슬픔을 남겨 주었습니다. 역사는 언제나 우리에게 대단히 짧은 순간만을 물려주고, 우리는 언제나 영원한 평화만을 갈망하는 듯합니다. 그 시간 속에서도 우리는 반성하고 사고하고 개척합니다. 그러나 우리의 역사는 끊임없이 큰 사건들로 채워집니다. 중국의 예술영화와 영화언어에 대한 실험, 그리고 영화언어 자신에 대한 자각과 반성의 시기는 매우 짧았고 곧 이어 상업화가 시작됐습니다. 상업화 추세 속에서 영화는 다시 맹목적으로 문학을 뒤쫓기 시작했습니다. 영화가 이야기와 서사성, 가시성(可視性) 등을 지향하기 시작하면서 전환은 다시 새로운 조류가 됐습니다. 아울러 또 다른 분명한 흐름들이 나타났는데 저는 그것을 번역을 위한 글쓰기 문학이라고 부릅니다. '번역'을 위한 영화 창작이라는 말은 아마도 없을 겁니다. 장이머우 모델이 1990년대 초 전체 문단에 영향을 미치는 상황에서 1993년에 이르면 극단적인 현상이 나타납니다. 영화와 텔레비전 드라마가 중국 문단의 작가들을 일망타진하고야 만 것입니다. 제 기억으로는 당시 왕안이(王安憶)와 장청즈(張承志)만 예외일 뿐입니다. 그러나 오래지 않아 장청즈도 「흑준마」(黑駿馬)를 각색하고 왕안이 또한 「풍월」(風月)의 시나리오를 썼습니다. 다시 말하면 단 하나의 예외도 없이 영화에 '사로잡혔던' 것입니다. 이는 영화와 문학 모두에게 좋지 않은 일이었습니다. 그러한 현상은 사실 시장과 제3세계가 처한 억압된 상황에 따른 깊은 비애입니다. 매체의 시대가 도래한 뒤 텔레비전과 멀티플레이어 등 후기 산업사회의 대중매체들은 사람들의 생활 방식을 바꾸어 놓았습니다. 영화 또한 분명히 주변화될 것입니다. 영화의 이상적인 상태는 모든 고전적인 예술 양식이 그러했던 것처럼 예술의 한 갈래로 생존해 가는 것입니다. 권위적이거나 고압적이지 않게 현대인의 일상생활 속에 스며드는 예술 양식이 될 때 영화는 문학과 더욱 가까운 운명 속에서 새로운 교류를 하게 될 것입니다.

저우야친 선생님의 독서 분야와 취미는 연구와 어떤 관계가 있는지 말씀해 주시겠습니까?

다이진화 제가 대학을 졸업하고 인상 깊게 읽었던 쉬츠(徐遲)의 글 한 편이 기억납니다. 그는 전 인민이 책을 읽는 운동을 구상하고 있었습니다. 구호는 "깊은 이해보다 폭넓은 독서"였습니다. 그의 주장은 10년 뒤에 누가 몇 권을 읽었나 보자는 것이었고, 그러한 주장이 매우 효과가 있으리라고 생각했습니다. 저는 그에게 퍽 감동을 받았습니다. 문화혁명 시기에 저는 청소년이었습니다. 읽을 책이 없었기 때문에 책은 무조건 좋은 것이라는 생각을 갖게 됐습니다. 그래서 어떠한 선택도 없이 아주 폭넓고도 혼란스럽게 책을 읽었습니다. 지금 생각해 봐도 정신적인 재산이라고 할 수 있겠죠. 그러나 그러한 경험은 오늘날 규범화된 학자가 될 수 없었던 저의 '취약성'을 만들었는지도 모릅니다. 쉬츠의 인도와 저의 선택은 모두 엘리트주의라는 전제 위에 서 있었습니다. 책이라면 모두 좋은 것이며 책장을 펼치기만 하면 유익하다 믿고 있었지요. 그래서 당시 저는 인문학 분야를 비롯한 다양한 책들을 읽었습니다. 그럴 수 있었던 까닭은 읽을 만한 책들이 손에 꼽혔기 때문입니다. 지는 '책을 잘 먹고' 빨리 보았기 때문에 많이, 닥치는 대로 볼 수 있었습니다.

도서 시장이 형성되고 발전하면서 부지기수로 출판물이 쏟아져 나온 뒤부터는 옥석이 뒤섞였습니다. 그래서 이제는 책을 보기만 해도 유익하다는 말은 더 이상 할 수 없게 됐습니다. 제 기억에 중국은 1980년대 중반 특별한 문화적 변화를 맞이했습니다. 버스를 타고 가는 사람들 손에 진융(金庸)이나 구룽(古龍), 충야오(瓊瑤), 이수(亦舒) 등의 책이 들려 있었습니다. 대중문화로서의 읽을거리와 1980년대 우리들이 상상했던 "책은 유익하다"는 생각은 털끝만큼도 상관이 없습니다. 그것은 유행하는 옷이나 아이스크림을 사는 일과 같은 문화 소비의 한 방식일 뿐이었습니다. 물론 제가 진융이 전혀 의미가 없다고 말하는 것은 결코 아닙니다. 제가 말하고자 하는 바는 그 생산과 수용 방식이 소비라는 측면에서 확인됐다는 점입니다.

또 다른 측면에서는 저 스스로 학문적 입장에서 규범화되도록 강요됐기에 더 이상 그렇게 폭넓은 읽을거리들을 섭렵할 수 없을 것 같기도 합니다. 그러나 책 읽기는 여전히 제 생활 속에서 가장 중요한 요소이자 가장 큰 즐거움입니다. 제게는 일찍이 친구들이 붙여 준 '독서 향락주의자'라는 별명이 있습니다. 그 당시 많이 읽기만 하고 글은 조금만 썼기 때문입니다. 그러나 점점 많이 쓰게 되면서 다양한 책을 읽을 시간이 사라졌습니다. 그러면서 문제가 생겼습니다. 오늘날 인문학자들은 점점 전문화하는 사회와 더욱 세분화하는 학문 분야라는 문제에 직면해 있습니다. 제 생각에 이것은 좋은 일이 아닙니다. 폭넓은 독서는 훌륭한 인문학자의 입장에서도 학문적 규범화와 전문화의 포획에 저항하고 그로부터 벗어날 수 있는 가능한 선택입니다. 인문 지식인들은 모두 자신만의 기호(嗜好)가 있습니다. 물론 부르디외가 말하는 대로 '기호'는 계급과 계층을 보여 주는 표지입니다. 이미 구성된 사상에 대한 도전은 해당 학문 분야에서의 가장 새로운 발전이자 관련 분과 학문에서도 다양한 형태로 일어나고 있는 학술적 현실일 것입니다. 문화연구에 대한 저의 선택 또한 학제적 연구라는 특징에 있습니다. 저는 21세기 인문학의 가능성이 전문화의 심화에 있다고 생각하지는 않습니다. 오늘날 중국은 불충분한 전문화와 학문적 규범화라는 문제에 직면해 있지만 전 세계 인문학과 더불어 앞으로 펼쳐질 중국의 인문학을 염두에 둘 때, 학제적 연구는 분명히 시도될 것이고 우리도 그로부터 출구를 찾아낼 수 있을 것입니다.

저우야친 소설과 영화 텍스트를 연구하시는 선생님의 자세는 늘 치밀하고도 깊이 있다는 인상을 줍니다. 영화 텍스트 한 편을 꼼꼼하게 읽어 내기 위해서 보통 몇 번 정도 그 영화를 보십니까?

다이진화 세 번 정도는 보아야 입을 열 수 있더군요. 관련된 글을 쓰려면 적어도 다섯 번 정도는 봅니다. 영화 한 편을 꼼꼼히 읽어 낸 긴 글을 쓰기 위해서라면, 그러니까 『영화와 세속신화』(電影與世俗神話)에 수록된 글을 예로 들면, 거기에 언급된 영화들은 스무 번 이상을 보았습니다. 저는 늘 살아가면서 누릴 수 있는 소설 읽기와 영화 보기라는 두 가지 오락거리를 잃어버렸다고 농담을 합니다. 그래서 음악 연구는 절대 하지 않으려고 합니다. 그렇지 않으면 또 다른 오락의 즐거움을 잃어버릴 테니까요. 이제는 심심풀이로 영화를 보거나 소설을 읽을 수 없게 됐기 때문입니다. 어떤 영화를 처음 보고, 어느 정도 시간이 지난 뒤에 다시 보게 되면 때때로 꽤 큰 차이가 나는 경험을 하게 됩니다. 어떤 미국인이 영화이론을 일컬어 반(反)영화적인 영화 읽기라고 비판했다고 합니다만 그러한 비판에 저는 전적으로 동의합니다. 보통 관객들에게 있어 '한 번 보고' 난 영화를 다시 보고 싶을 만큼 흡인력이 강하거나 그럴 만한 가치가 있는 경우는 매우 적습니다. 제가 대학을 다닐 때 가장 먼저 접했던 서양의 최신 문학이론은 신비평이었습니다. 베이징영화대학에서 미국 교수들의 강의를 듣던 시절의 가장 큰 수확은 번역과 독서를 통해 텍스트를 꼼꼼하게 읽었던 경험이었습니다.

저우야친 개인적인 질문을 좀 드리겠습니다. 일하시는 습관은 어떠신지요? 밤을 새우시는 편입니까?

다이진화 대답하기 어려운 질문이군요. 원래는 올빼미형이었습니다. 저녁 10시에 일을 시작했지요. 나이가 들고 사회활동이 많아지면서 새벽 5시부터 오후 2시까지 잠을 자고 있을 수는 없었습니다. 그래서 무질서한 생활을 누릴 수 있는 가능성이 사라졌습니다. 하루에 원고지 50~100매를 써야만 목표를 완성할 수 있는 상황에서 스스로 규범을 세워야겠다고 생각하기도 했습니다. 일이 많아지면서 추진력도 이전처럼 충분치 않았기 때문입니다. 시간에 쫓겨 원고를 쓰는 능력도 이미 거의 소진된 듯합니다. 물론 능력의 문제만은 아니고 복잡한 상황 속에서 저도 신중해졌습니다. 왜냐하면 어떤 현상에 부딪히게 될 때 중요한 많은 일들을 소홀히 하지 않기를 바라기 때문입니다. 그래서 스스로도 더욱 냉정하고 신중했으면 합니다. 1980년대 썼던 글의 문체, 즉 화려하고도 임의적이었던 문체도 바꾸고자 합니다. 간략하면서도 소박하게, 명징하게 쓰는 일이 참 어렵다는 사실을 깨닫고 있습니다.

저우야친 언제부터 컴퓨터로 글을 쓰기 시작하셨습니까? 지금은 컴퓨터로만 글을 쓰시는지요?

다이진화 예, 그렇습니다. 1992년에 '가산을 탕진해서' 쓰퉁(四通) 워드프로세서 한 대를 샀습니다. 그런데 얼마 되지 않아 고물이 되어 버렸습니다. 후회를 했지요. 워드프로세서를 사용했던 까닭은 매우 개인적인 이유에서였습니다. 중·고등학교 시절 붓글씨로 행서 연습을 한 적이 있었는데, 다른 행서와는 다른 좀 특별한 행서였습니다. 결과적으로 제 글씨체는 인쇄소 사람들조차 분별하지 못할 정도가 되어 버렸습니다. 나중에 다시 글씨체를 바꾸는 일은 불가능했기 때문에 컴퓨터를 사용하기 시작했습니다. 그리고 컴퓨터에 의존하는 횟수가 급격히 늘어나면서 결과적으로 손으로 글을 쓸 수 없게 되고 말았습니다. 아주 낭패스러운 일이었습니다. '모더니즘의 악몽'이었다고나 할까요.

이러한 경험에도 어떤 상징적인 의미가 있습니다. 우리의 생활은 현대 도시라는 환경 속으로 더더욱 빨려 들어가고 있습니다. 거리낄 것도 없이 우리들—적어도 저 개인—은 여전히 현대 생활이 가져다주는 여러 가지 편리함에 미련을 갖고 또 지향하고 있습니다. 저는 최근 한 학술논문에서 제3세계 지식인으로서 우리가 동시에 삼중의 역할에 직면해 있다고 쓴 적이 있습니다. 중국의 근대화 과정에 참여하여 이를 추진해야 하는 역할, 스스로 근대화의 대상으로서 근대화 과정이 필연적으로 가져오는 고통을 겪어야 하는 역할, 동시에 반드시 중국의 근대화 과정과 '근대화 담론'에 대한 검토와 반성을 시작해야 한다는 역할이 그것입니다.

오늘날 서구 세계뿐 아니라 '민주화' 이후의 타이완, 그리고 1997년에 이르러 나타난 동남아의 금융 위기 등은 적어도 우리에게 근대화의 미래가 또 다른 유토피아가 아니라는 사실을 일깨워 줍니다. 세기의 전환으로 말미암아 가속화된 방식으로 전지구화 과정에 참여하게 된 중국은 더욱 그러합니다. 조금 과장해서 말하면 12억이 넘는 인구를 가진 중국이 이 거대한 전환의 길목에서 더 훌륭한 방식, 더욱 합당한 길을 선택할 수 있을까 여부는 내일의 중국과 관련된 일일 뿐 아니라 미래의 세계와도 관계되어 있는 일입니다. 우리는 세계를 위해 더욱 훌륭하면서도 다른—다시 말하면 구미, 특히 미국의 모델과는 다른—모습의 기회와 희망을 제공할 수도 있거니와 동시에 전 세계에 재난을 안겨 줄 수도 있습니다. 이러한 문제는 물론 "누가 중국을 먹여 살릴 것인가" 하는 문제가 아닙니다. 어쩌면 그보다 훨씬 복잡하고 심각한 문제입니다. 중국이 나아가야 할 미래의 길을 인정하고 지식인으로서 자신의 역할을 확인하기 위해 우리는 반드시 가까운 과거뿐 아니라 근대 이래 중국의 역사적 경험을 참조해야 합니다. 우리에게는 역사의 상처를 어루만져 주고 아름다운 미래를 꿈꾸는 일뿐 아니라 참된 전지구적 시야와 다중적인 참조 체계, 그리고 미래를 전망할 수 있는 관찰력과 사고력이 필요합니다. 오늘날 중국의 근대화 과정에도 물론 참여해야 하겠지만 우리가 내일의 중국을 위해 어떠한 사상적 자원을 제공할 수 있는가 하는 문제도 생각하기 시작해야 합니다. 그 일은 오늘 우리 각자의 작업에 달려 있습니다. 그러한 작업은 분명 구체적이고도 깊이 있는 모습이어야 합니다.

3_도시문학과 문학비평 그리고 지식인의 역할*

도시와 도시문화 그리고 '혁명'

슈바이거 선생님, 제가 이번에 중국에 온 주된 이유는 중국의 도시문학에 관한 자료를 수집하기 위해서입니다. 저는 1990년대에 다시 유행하기 시작한 도시문학에 대해 선생님의 견해를 듣고 싶습니다. 어떤 학자들은 신해혁명의 발발이 중요한 두 가지 갈래를 초래했다고 지적합니다. 그 중 하나는 혁명과 도시문화의 분리입니다. 도시문화를 표현하는 중요한 방식 중 하나는 소설인데 그 당시 소설은 혁명에서 이탈하여 원앙호접파(鴛鴦胡蝶派)를 주류로 하는 도시의 오락물로 자리매김됐습니다. 이후 원앙호접파류의 소설은, 다소 과장된 용어일 수도 있지만 반혁명의 상징물이 됐습니다.

다이진화 무슨 말씀인지 알겠습니다.

---

* 이 대담은 독일 하이델베르크대학 중국학대학원의 이르미 슈바이거(Irmy Schweiger)의 방문으로 1997년 9월 17일 베이징대학 사오위안(勺園)에서 진행됐다.

슈바이거 저는 최근 중국 사회에 도시문화의 열정이 되살아나고 있음을 보고 있습니다. 혁명과 도시문화 사이의 역사적인 갈등이 지금도 존재하고 있을까 하는 문제를 여쭙고 싶습니다.

다이진화 저는 근대 문학을 전문적으로 연구하지는 않았지만 그 말씀에 대체로 동의합니다. 당시 중국에는 '혁명'과 도시문화 사이에 매우 복잡한 관계가 있었습니다. 어떤 의미에서 대립은 여전히 존재합니다. 표면적으로 볼 때 1949년 이후의 문화는 이전의 도시문화를 거부했습니다. 이전의 도시문화는 부패하고 몰락한 자산계급 문화 혹은 식민지 문화를 말하는 것으로 말 그대로 '악의 꽃'이었습니다. 그러나 그렇게만 표현하기에는 혁명과 도시문화의 관계가 매우 복잡 미묘합니다. 제가 보기에 우리가 사용하는 이런 개념 자체는 많은 복잡한 문제와 연관돼 있습니다. 5·4 이후 최소한 서로 관련이 있거나 혹은 상관없기도 한 서너 가지 문화 현상이 존재합니다. 엘리트 문화, 민간문화, 대중문화, 혁명문화 등등이지요. 물론 이런 개념들이 가리키는 문화 현상은 현실 속에서 복잡하게 중첩되어 공모 관계를 이루고 있습니다. 예를 들어 청말의 '혁명' 문학은 초기의 대중문화(간행물에 실린 소설)와 공생 관계를 이루고 있습니다. 제가 보기에 도시문화라는 개념에는 앞에서 언급한 몇 가지 문화 현상과 중첩되거나 충돌되는 지점이 있습니다. 어쩌면 문제를 복잡하게 만드는 것일 수도 있지만요. 제가 말하는 도시문화는 최소한 두 부분을 포함하고 있습니다. 그 중 하나는 근대 도시에서 탄생하여 소비 대상이 되고 오락거리가 된 대중문화입니다(통속문화나 유행문화라고도 할 수 있겠지요?). 다른 하나는 도시의 삶을 묘사하고 도시인의 체험과 느낌을 그려 낸 소위 엘리트 문화 혹은 고급문화라고 불리는 것입니다. 1930년대 아주 짧은 기간 '신감각파' 소설이 있기는 했지만 총체적으로 말해 도시문화는 근·현대 중국 역사에서 충분히 성숙하지 못했다고 생각합니다. 그래서 도시문학은 줄곧 두 가지 문화에 빌붙어 있었습니다. 하나는 대중문화로서 통속문화이고 다른 하나는 혁명문화입니다. 제 생각에 혁명문화가 도시문화와 절대적으로 대립하거나 충돌한 적은 없었습니다. 예를 들어 혁명+연애 소설의 배경은 대부분 도시라는 공간입니다. 그러나 제가 이해하는 바로는 도시문학이 아주 성숙한 표현 형태를 보여 주지는 못했습니다.

슈바이거 어느 때를 말씀하시는지요? 지금인가요?

다이진화 근대 시기를 말씀드리는 겁니다. 즉 근대 문학 속의 도시에 대한 묘사와 근대 대중문화 속의 도시 이미지입니다. 그것은 중국의 근대 도시 형성이라는 역사와 관련이 있을 겁니다. 원앙호접파나 신감각파로 대표되는 도시문화와 대중문화는 1949년 이후에 기본적으로 사라졌습니다. 물론 '신중국' 문학은 「옌안 문예좌담회에서의 연설」(在延安文藝座談會上的講話)에서 시작했습니다. 옌안 연설은 혁명문화와 민간문화 사이의 특수한 관계를 확립했습니다. 동시에 혁명문화 입장에서 민간문화를 강력하게 고쳐 쓴 것이기도 합니다. 혁명문화가 유일한 주류가 되는 순간 도시문화와 대중문화는 무대 뒤로 물러났습니다.

슈바이거 앞에서 혁명문화가 도시문화를 부정적인 것으로 보고 있다고 말씀하셨는데, 저는 이 두 문화가 어떻게 연관되는지 잘 이해하지 못하겠습니다.

다이진화 그런 연관성은 역사 서술, 분명히 말하면 '구중국'의 사회 성격을 확인하는 작업을 통해 분명해집니다. 앞서 말했듯 도시문화를 구성하는 요소인 '문학'에는 최소한 두 가지 형태가 있습니다. 1920~30년대 혁명문학은 한동안 도시와 도시인을 묘사한 문학과 중첩됐습니다. 다른 점은 혁명문학이 도시의 떠돌이들을 새롭게 구원하고 돌아갈 곳을 제공했다는 것입니다. 그곳은 가정이 아니라 바로 혁명과 집단입니다. 전형적인 소비문화는 화본(話本)이나 백화소설(白話小說), 또 평탄(評彈)이나 희곡(戲曲) 등과 같은 전통적인 중국 문화 혹은 민간문화나 준(準)민간문화의 도움을 상대적으로 더욱 많이 받아 원앙호접파, 신무협, 문명희, 초기 영화 등을 만들었습니다. 대중문화로서 이런 도시문화는 그 자체로 매우 흥미롭고 또 복잡합니다. 왜냐하면 그것이 표현하는 대상은 대부분 도시 공간이나 도시의 삶과 직접 연관되어 있지 않고, 단지 수용과 소비의 방식에 있어서만 도시문화의 일부가 됐기 때문입니다. 사람들이 소비하는 대상은 여전히 옛 중국의 생활 모습이었습니다. 이런 문화를 소비하는 무리는 소도시 출신이거나, 막 고향을 떠나왔거나, 고향을 간절히 그리워하는 사람들이었습니다. 1949년 이후 도시 소비문화로서의 대중문화와 대부분의 도시문학은 기본적으로 금지구역이 됐습니다.

그렇지만 현대에 와서는 엘리트 문화가 더욱 심하게 붕괴됐습니다. 5·4 이후 지식인들이 너무나 힘겹게 세운 엘리트 문화의 골격과 전통이 단절되고 혁명의 내용과 민간문화 형식이 결합해 주류 문화가 됐습니다. 그런 주류 문화 속에서 도시문화, 심지어 도시 자체는 존재의 합법성을 상실했습니다. 도시는 특정한 두 도시, 베이징과 상하이를 가리키는 말이 됐습니다. 이렇게 됨으로써 반봉건 반식민지라는

'구중국'의 사회 성격이 분명해졌습니다. 상하이는 부패한 부르주아, 식민지 문화의 상징이 됐고, 베이징 역시 부패한 기생(寄生) 봉건주의 문화의 상징이 됐습니다. 그래서 이런 역사 서술 속에서 도시문화는 '신중국' 문화의 시야 밖으로 쫓겨날 수밖에 없었습니다.

역사와 현실

슈바이거 그럼 선생님께서는 오늘날에도 여전히 경파(京派)와 해파(海派)라는 구분 방법으로 현대 문학을 분석할 수 있다고 생각하시나요? 가끔 1930~40년대까지 거슬러 올라가 상하이의 신시민 소설을 분석하는 일부 비평가들도 있더군요.

다이진화 그런 시각에 별로 동의하지 않습니다. 그런 시각에는 두 가지 문화적 전제가 깔려 있다고 생각합니다. 하나는 지역 경제가 크게 발전하는 시기에 사람들은 지역 문화를 확인하고 자신들의 전통을 서술함으로써 자신들의 신분적 정체성을 마련하기를 강렬히 원합니다. 그래서 사람들은 반드시 역사적 근거를 찾아내서 그 윤곽을 그려 내려고 합니다. 다른 하나는 선생님께서 제기하셨던 문제와 연관돼 있습니다. 즉 경파와 해파를 나누어 역사를 서술하려는 시도에는 1980년대 '혁명과 이별'을 했던 지식인들의 선택이 숨겨져 있습니다. 1980년대 이러한 선택은 당시 주류 문화와의 충돌을 의미했습니다. 그리고 1990년대가 되어서는 바로 그것이 새로운 주류 문화——잠정적으로 소비주의 문화라고 부르겠습니다——를 구성하는 추진력이 됐습니다.

슈바이거 역사를 재조명해 보지 않는다면, 오늘날 '정체성의 위기' 문제를 어떻게 해결하시겠습니까? 제 생각에는 역사와 전통을 보는 것이 효과적인 방법인 듯합니다.

다이진화 맞습니다. 사회의 패러다임이 변화하고 정체성의 위기가 닥쳐올 때 사람들이 종종 취하는 방법이지요. 그래도 저는 구체적으로 오늘날 중국에서 이런 현상은 여전히 특수한 문화적 실천이라는 의미를 지니고 있다고 생각합니다. 우리가 1990년대에 직면한 문화적 단절보다 심각했던 단절이 1940~50년대 교체기 중국 문화에서 발생했습니다. 저는 일찍부터 한 치의 의심도 없이 '20세기 중국 문학'이라는 표현에 동의했지만 지금은 이 표현법을 보류하고 있습니다. 물론 1980년대 그런 사고에 대한 반성은 제 자신에 대한 반성이자 1980년대에 가지고 있던 제 사유에 대한 반성입니다. 현재 중국 인문학의 여러 역사 서술에는 지나치게 단절을 강조하는 경향이 있습니다. 1990년대와 1980년대, 그리고 1980년대와 1970년대를 단절시킵니다. 역사의 연속성을 부정하는 것입니다. 또 다른 경향은 단절을 메우려고 하거나 심지어 단절을 무시하는 것입니다. 그러나 최소한 문학과 영화에 있어서 1949년에 발생한 단절은 어떤 절대성을 지니고 있다고 생각합니다. 공개적인 이데올로기 투쟁과 강력한 수단으로 신중국의 역사를 다시 썼기 때문입니다. 도시문화나 대중문화(베스트셀러, 민간 영화 제작)와 같은 전통은 완전히 중단됐습니다. 예를 들어 우리는 대학 다닐 때 류나어우(劉吶鷗)가 있다는 사실을 몰랐습니다. 장아이링(張愛玲), 쑤칭(蘇靑), 쉬쉬(徐訏)도 몰랐습니다. 우리는 이들 작품을 문화적으로 경험한 적도, 읽은 적도 전혀 없었습니다. 그들은 우리의 역사가 될 수 없었던 것이지요. 선충원(沈從文), 첸중수(錢鍾書)와 같은 여러 근대 작가의 작품들이 1980년대에 와서 고전으로 보충됐습니다. 린위탕(林語堂)처럼 반정치적인 글을 쓴 작가들도 있습니다. 또 신감각파나 '점령구'의 여성 작가들처럼 1980년대와 1990년대에 '새롭게 발견'된 부류도 있습니다. 처음에 이들은 문학계와 사학계의 논쟁거리에 불과했지만 1990년대에 들어서는 도서 시장의 총아가 되기도 했습니다.

슈바이거 아주 재밌는 말씀이시네요. 독일 대학의 중문과에도 10년 전쯤에는 그런 사람들이 아예 존재하지 않았지요.

다이진화 그렇습니다. 그들은 문학사와 중국 문학에 관한 기억 속에서 등장했습니다. 이는 1980년대 '문학사 다시 쓰기'의 결과였으며 '다시 쓰기'를 하기 위해 비로소 '20세기 중국 문학'이라는 중요한 개념이 제기됐습니다. 제가 보기에 '20세기 중국 문학'은 성공한 문화 구조이자 다시 한번 살펴봐야 하는 역사적 사실이기도 합니다. 그것은 역사적 단절을 보충해 주는 서술입니다. 그러나 최소한 1980~90년대 현대문학에서 보면 '20세기 중국 문학'은 역사적으로 유기적 연관성을 지니고 있지 않습니다. 그래서 저는 역사의 연속성에 의지해서 1990년대 도시문학을 해석하려고 하지 않습니다. 물론 1990년대에 현대 문화와 문학 속에서 도시의 모습이 다시 나타나기 시작했습니다. 두 가지 요인이 그것에 영향을 끼쳤습니다. 하나는 도시 소비로서 대중문화입니다. 그것은 꼭 도시와 관련된 문학은 아닙니다. 예를 들어 『소토』(騷土), 『천엽』(天獵) 등이 그렇지요. 그러나 이런 작품의 탄생은 의심할 나위 없이 도시화 과정과 연관돼 있습니다. 다른 한 부분은 도시에 관한 창작입니다.

슈바이거 후자가 가리키는 것은 무엇입니까?

다이진화 주로 '신생대'(新生代), '만생대'(晚生代)라고 불리는 1960년대에 태어난 젊은 작가군의 작품을 가리킵니다. 물론 이는 결코 고립된 문학 현상이 아닙니다. 전위 화가, 실험 예술가, 6세대 영화감독 등이 같이 연관돼 있습니다. 현대 도시 공간, 현대인(소위 '선험적으로 돌아갈 집이 없는 자'들로 이들은 고독한 개인입니다), 그리고 그들이 도시에서 겪은 경험이 그 속에 분명하게 표현되어 있습니다. 그것이 도시를 묘사하는 문학이라는 것은 의심할 바 없지만, 절대적으로 우수한 문학은 아닙니다. 어떤 의미에서 말하면 이런 작품 형태가 나타나게 된 것은 분명 문학이 다시 '혁명'(저는 그것을 '정치 분열'이라고 말하고 싶습니다만)과 함께하게 됐음을 보여 줍니다. 그런 작품은 심지어 근대 중국 문학사에서도 힘 있는 전통을 지니고 있지 않습니다. 근대 중국 문학사에서 가장 힘 있는 전통은 향토문학입니다. 물론 '향토'가 처음으로 근대 문학에서 매력적인 주제가 되기 시작했다는 그 자체가 근대화 과정을 증명하는 것입니다. 왜냐하면 도시화 과정 속에서만 고향은 상상과 그리움의 대상이 될 수 있기 때문입니다. 그러나 결코 이러한 해석이 도시에 대한 체험을 쓴 작품을 대신할 수는 없습니다. 그다지 성숙하지 않은 생각이지만, 저는 근대 문화 속에 시민문화의 전통은 있지만 도시문화의 전통은 부족하다고 생각합니다.

슈바이거 그 두 가지를 어떻게 구분하시나요?

다이진화 근대 중국의 도시는 신구가 교체되는 과도기적인 도시로 묘사되고 있습니다. 예를 들어 베이징은 전근대적인 '토박이'로 가득 차 있는 곳이지 어떤 강력한 도시화 과정에서 생겨난 도시는 아닙니다. 물론 1980년대 이후로 급격하게 팽창하면서 현대 도시로 다시 쓰여지게 됐지만요. 상하이는 분명히 중국 최초의 이민 도시입니다. 그러나 상하이는 근대 중국의 역사적 재난과 변천 속에서 생겨난 것이지 결코 순수한 자본주의 과정의 산물은 아닙니다. 이들은 전통적인 중국, 향토적인 혈연과 끊을 수 없는 연관성을 지니고 있습니다. 뿐만 아니라, 현대 중국의 대중문화와 도시문화는 더욱 직접적으로 명·청 시대에 형성된 시민문화와 연관돼 있습니다. 상대적으로 1990년대 도시문학이 순수한 '현대적 감각'을 드러내고 있습니다. 소설 속에서 도시인들은 고향과 연결될 수 있기는 하지만, 그런 연결은 이미 아주 취약해졌습니다. 사실상 이 젊은 작가들의 개인적인 생활 방식 역시 그와 거의 비슷합니다. 그러나 위다푸(郁達夫)의 소설에서 주인공들은 도쿄에서 떠돌 수도 있었고, 「늦피는 계수나무」(遲桂花)에서처럼 고향으로 돌아가 구식 아내를 맞이하여 전통으로 돌아갈 수도 있었습니다. 그러나 1990년대 도시문학의 주인공들에게는 분명 돌아갈 집이 없습니다. 그것이 아마도 전형적인 현대인과 도시인의 체험일 것입니다.

'도시'에 대한 담론

슈바이거 그 점은 아주 재미있군요. 이제 다른 문제를 하나 여쭙고 싶은데요. 바로 도시에 대한 오늘날 관변 담론의 변화 문제입니다. 1980~90년대 관변 도시 담론이 언제부터, 어떻게, 왜 시작됐는지 알고 싶습니다. 제 생각에는 대략적으로 개혁·개방 때 제기됐지만 당시 담론 속에서 도시는 경제 개혁의 장소에 불과했던 것 같습니다. 훗날 정부가 사용한 이 개념이 점차적으로 대학과 대학원, 출판사에 유입되어 도시는 선택받은 주제가 됐습니다. 저는 중국에 와서 신문·잡지에서 도시문화나 도시문학을 다룬 글이 많다는 사실을 알았습니다. 1980년대 이전에는 이런 논의가 아주 드물었습니다. 신시기 이후 도시화에 대한 관변 담론이 어떻게 시작됐고, 또 어떻게 점차 문화 시스템으로 유입됐는지 설명해 주실 수 있으십니까?

다이진화 제 생각은 완전히 다릅니다. 저는 1980~90년대 도시문화에 대한 논의가 결코 순수한 관변 행위라고 생각하지 않습니다. 물론 그것은 분명 합법성을 지니고 있는 것이기도 합니다. 조금 전에 도시문화가 1949년 이후 쫓겨났다고 말했는데, 그것은 사실입니다. 그러나 동시에 또 다른 사실이 존재합니다. 데리다(Jacques Derrida)의 말을 빌리면, '도시'란 늘 사회주의 문화가 결여한 '생존의 장'이었다고 생각합니다. 구체적인 도시문화는 도시가 위험성을 지니고 있음을 묘사하고 도시라는 표상 자체가 금지 구역이 되어 버렸음을, 적어도 기형적인 존재임을 써내고 있기 때문에 비판받고 있습니다. 그러나 한편으로 도시화는 사회주의 건설의 성과를 나타내는 표지로 공인되기도 했습니다. 예를 들어 아파트, 전등, 전화로 표현된 공산주의 이상은 당시 사람들의 상상에 의하면 바로 도시였으며 도시 생활의 모델이었습니다. 그래서 '도시'는 현대 문화 속에서 두 가지 '사실'로 변화됐습니다. 하나는 '구중국' 속에서 병적이고 추악하게 생존하는 방식이고, 다른 하나는 아름다운 미래와 행복한 생활의 상징이었습니다. 그리고 우리는 지금 과도기에 처해 있습니다. 이런 행복한 미래를 건설하는 것이 임무입니다. 당시 아주 유명했던 시 한 수를 기억합니다.

당은 꽃과 술잔 속에서 취해 몽롱한 적이 없다.
당은 공화국 건설의 발판 위에서 비 오듯 땀을 쏟으며 일을 한다.

그 결과 도시는 문학 속에서 여전히 존재하지만 산업이라는 제재로 대체됐습니다. 사회주의의 성과는 바로 산업화의 성과이고, 산업화는 현대화였습니다. 당시 현대화는 도시화를 의미했으며, 빌딩과 공장의 건설이 모두 사회주의 건설의 성과였음은 말할 필요도 없습니다. 유명한 량쓰청(梁思成)의 이야기를 알고 계시겠죠. 그는 베이징 옛성을 보호하기 위해 따로 새로운 도시를 건설해야 한다고 건의했습니다. 그러나 건의는 받아들여지지 않았습니다. 그를 설득시키기 위해 중앙의 한 지도자가 천안문 누대로 그를 데리고 가서 "이곳에서 공장 굴뚝 연기를 볼 수 있다면 얼마나 아름다울까요"라고 말했다고 합니다. 중국의 미래에 대한 당시 지도자들의 상상이 산업화와 밀접히 연관되어 있었음을 알 수 있습니다.

슈바이거 그렇다면 현대 문화에 대한 서술은 언제나 도시에 관한 서술이겠군요.

다이진화 그렇습니다. 도시에 대한 특수한 언급은 줄곧 있었지요. '문혁'이 종식되기 직전, 당 대회에서 저우언라이(周恩來) 총리가 '4개 현대화'를 다시 제안하자 사람들은 매우 흥분하고 감격했습니다. 그것은

'문학'의 종식이라는 의미 말고도 사람들에게 현대 도시의 청사진을 상상하도록 한 의미도 분명히 지니고 있습니다. 이를 증명할 수 있는 증거는 많이 찾아낼 수 있을 겁니다.

  1980년대 문학 속에 잠재되어 있던 목소리는 바로 도시에 대한 환호였습니다. 여성 비평가 지훙전(季紅眞)은 1980년대 문학의 주제를 '문명과 몽매'의 충돌이라고 개괄한 적이 있습니다. 제가 보기에 이 주제는 '도시와 시골'의 이미지에 대응되기도 합니다. 그렇기 때문에 1980년대 문학은 도시를 소환하고, 도시 공간을 소환했습니다. 도시 공간은 문명화됐기에 더욱 민주적이고 아름다운 장소로 설정됐다고 할 수 있습니다. 그래서 도시에 관한 담론이 줄곧 관변의 합법성을 지니고 있었다고도 말할 수 있는 겁니다.

슈바이거 그러니까 선생님 말씀은 1949년 이후부터 1970년대까지 중국의 농촌화와 현대화는 함께 연관되어 있다. 중국이 현대화된 국가가 된 것은 자본주의 방식이 아니라 농촌화라는 방식을 통해서였다. 그러나 1970년대 이후 이런 방식이 실패하자 비로소 도시로 방향 전환을 했다는 건가요?

다이진화 아닙니다. 꼭 그런 건 아닙니다. 1949년 이후 중국에서 '현대화'는 줄곧 긍정됐지만 자본주의적 방식은 철저하게 부정됐습니다. 그리고 사회주의 방식은 농촌화가 아니라 산업화를 취했습니다. 산업의 신속한 발전이 당시의 기본 정책이었습니다. 무엇보다 먼저 국가의 중공업 기반을 건설하기 위해 심지어는 농촌을 어느 정도 희생시키는 대가를 치를 수도 있었습니다. 저의 짧은 견해이기는 합니다만, 1949년부터 1979년까지는 생활 수준이 보편적으로 낮았고, 어떤 의미에서는 계급 대립이 도농 간 대립으로 바뀌었습니다. 심지어 농촌에 대한 착취에 가까운 도시의 절대적 우세가 현대화의 대가였습니다. 이러한 대립 속에서 도시가 거대하고도 부러운 진실의 공간이 됐음은 의심할 나위가 없습니다. 마치 자본주의 사회 사람들이 부자가 되는 꿈을 꾸는 것처럼 당시 중국인들에게는 도시인이 되어 신분을 지키는 것이 최선의 선택이었습니다.

슈바이거 그게 언제입니까?

다이진화 전면적인 인민 공사* 체제로 조직되기 시작한 때부터였다고 생각합니다.

1990년대 문화와 문학

슈바이거 1990년대 중국 문학계에는 새로운 현상이 나타났습니다. 예를 들어 작가 협회에 속하지 않은 자유 작가가 생기고, 출판사는 시장을 고려하여 작품을 출판했으며, 비평가는 자신의 위치를 확신하지 못하게 됐습니다. 이런 현상에 대해 설명해 주시겠습니까? 아니면 어떤 변화가 발생했는지를 먼저 말씀해 주시겠습니까?

---

* 1958년 8월 중국 농촌의 사회생활 및 행정 조직의 기초 단위이자 지방 정부를 감독하고 경제·사회 활동을 관리하기 위해 마련된 다목적 조직. 마오쩌둥은 기존의 향진(鄕鎭) 정권을 없애고 모두 공사(公社)로 바꾸어 공동 노동과 공동 취사를 의무화했다.─옮긴이

다이진화 자유로운 유랑 문화인은 1980년대 말에 이미 나타났습니다. '위안밍위안(圓明園) 화가촌'은 그런 현상을 대표적으로 보여 줍니다. 사실 그 안에는 화가들만 있었던 것은 아닙니다. 무명작가, 시인, 실험극 연출가, 다큐멘터리를 촬영하면서 영화감독이 되기를 갈망하는 젊은이들도 있었습니다. 그러나 당시 활발한 문화 구조는 완전히 체제 내에서 형성되고 조직 시스템 안에서 발생했기 때문에 유랑 예술가들은 근본적으로 기회를 잡을 수 없었습니다. 당시 문화 구조에서 볼 때 그들은 별 관심거리가 아니었습니다. 그들의 존재와 활동은 잘 갖추어지고 힘 있는 체제 밖에 있었습니다. 아시다시피 1980년대의 꿈은 기존 체제 내에서 체제의 변혁을 완성하는 것이었습니다. 그러다 1990년대가 도래하면서 두 가지 변화가 생겼습니다. 하나는 체제 변혁에 대한 사람들의 열정이 식었다는 것이고 다른 하나는 체제 자체가 느슨해졌다는 것입니다. 그런 사회 공간 속에서 자유 예술가나 자유 기고가가 될 가능성이 있는 사람들이 등장했습니다. 아주 형이하학적인 또 다른 원인도 있었습니다. 1980년대 형성된 문화인 집단들이 1980~90년대 전환기에 뿔뿔이 흩어졌습니다. 이들은 앞 다투어 해외로 나가거나 문화활동을 포기했고, 남아 있는 사람들도 놀라운 체험 속에서 정신을 차릴 수 없었습니다. 그래서 어떤 자유 영화인(서방에서 말하는 '지하 다큐멘터리' 제작자)의 말을 빌리자면, 그는 1990년대 초기 텅 빈 중국 문화의 무대를 발견하고 아주 흥분했다고 합니다. 소위 새로운 세대, 자유 예술가들은 바로 이런 때에 무대에 등장했습니다.

슈바이거 그것은 기존의 문화 체제가 느슨해졌음을 증명하겠지요.

다이진화 그렇습니다. 1990년대 초기, 대부분의 중국 지식인들은 언어를 잃어버렸거나 침묵하는 상태에 처해 있었습니다. 1989년 소련의 변화로 인해 사람들은 복잡하고도 막연한 변화를 느꼈습니다. 1992~93년 이후가 되자 상황은 근본적으로 뒤바뀌었습니다. 그러나 결코 지식인들이 바라던 방식은 아니었습니다. 지식인들은 다시 한번 타격을 받았고 1980년대 문화인들은 진정한 언어 상실을 경험하게 됐습니다. 저는 '언어 상실'이라는 표현법에 그다지 동의하지는 않습니다. 물론 정말로 언어를 상실한 것이 아니라, 효과적으로 장악하고 표현할 수 있는 현실의 언어를 상실한 것이었지요. 이로 인해 1980년대에 상대적으로 주변에 있었던 문화인들이 기회를 얻게 됐습니다. 새로운 사회에서 그들은 더 이상 열세에 처해 있지 않았습니다. 오히려 선구자가 됐습니다. 당연히 그들의 표현이 힘과 효력을 갖게 됐지요.

슈바이거 다른 사람들은요?

다이진화 모색 중이었다고 말할 수 있을 겁니다. 당시 몇 년 동안 사람들은 새로운 언어를 찾고 있었습니다. 특히 인문 지식인들이 그렇지요. 1980년대에 지속적으로 활동하던 작가나 예술가들은 두 가지 상황에 직면했습니다. 하나는 사상적 자원이 고갈됐다는 것이고, 다른 하나는 중국의 현실을 바라보면서 그들의 문화적 입장이 혼란스러웠다는 것입니다. 사실 1980년대에 이미 그러한 상황이 나타났는데, 1990년대에는 더욱 분명해졌습니다. 대부분의 지식인들과 예술가들은 현대화를 전적으로 지지해야만 한다고 여겼습니다. 왜냐하면 그들의 이데올로기적 입장이 바뀌지 않았기 때문입니다. 그들은 현대화만이 "중국을 살릴 수 있다"고 확신했습니다. 그러나 그들이 종종 등한시한 것이 한 가지 있습니다. 그것은 중국의 현대화 과정이 현대 중국의 가장 주류적인 사회 행위였고, 많은 사람들이 이러한 사실에 직면하는 것을 거부하는 것 같으면서도 사실은 현대화에 환호했다는 사실입니다. 그러나 또 다른 측면에서 현대화 과정은 이미 배금주의나 소비주의와 같이 많은 사람들이 예측하지 못했던 요소들을 드러내기도 했습니다. 사람들은 정서적으로 혹은 경험적으로 이런 일들을 받아들이고 인정하기 어려웠습니다. 그래서 많은 지식인들이 둘 사이에서 머뭇거렸습니다. 그것은 문학비평이나 예술비평과도 밀접한 관계를 지니고 있었습니다. 그런 모순된 태도로 인해 기존의 비평가 그룹은 새로운 인물들과 새로운 작품들에 대처할 방법이 없었던 것입니다.

그래서 1990년대 작가나 예술가들과 함께 새로운 비평가들이 나타나게 됐습니다. 새로운 비평가들의 태도는 1990년대 도시화나 소비주의, 대중문화를 거의 무조건적으로 끌어안고 있었습니다. 이를 받아들일 수 없었던 1980년대 인문 지식인들과는 완전히 반대의 입장에 서 있었지요. 왜냐하면 1980년대 지식인들이 생각한 이상적인 문화 형태는 현대화와 민주는 끌어안지만 소비주의와 다국적 자본, 또 대중문화는 제거하자는 입장이었기 때문입니다. 이들이 사실은 피와 살처럼 엉겨 있다는 사실을 인식할 방법이 당시 우리에게는 없었습니다. 추악을 제거하고 아름다움만 끌어안을 수 있다고 여겼지요. 그러나 1990년대 활약한 비평가들은 역시 열정적인 태도로 새로운 현실을 포용했지만 사회를 비판하는 입장은 거부하는 듯했습니다. 그들은 소비주의나 다국적 자본, 그와 더불어 생겨난 대중문화가 오늘날 중국에서 담당하고 있는 주류적 역할과 사회에 미치는 거대한 부정적 영향에는 눈길을 주지 않았습니다.

어떤 의미에서는 즉석에서 대중문화를 거부하는 사람들이나 즉석에서 받아들이는 사람들은 모두 '직선적 역사관'이라는 똑같은 사유 논리를 갖고 있다고도 할 수 있습니다. 그래서 "새로운 것이 좋은 것"이지요. 포스트모더니즘이 모던보다 '포스트'하다면 그것은 반드시 모던보다 우수해야 합니다. 1990년대 문화에서 문화적 질서가 상실됐다는 표징은 바로 단어입니다. 혹은 기의의 혼란이라고 할 수도 있습니다. 예를 들어 대중문화(mass culture)는 중국에서 도대체 무엇을 의미하는 것입니까? 어떤 사람들은 고의적으로 서구 사회에서 말하는 '오합지졸'이라는 의미와 '인민 대중'이라는 개념을 뒤섞어 '매스'(mass)를 사용하고 있습니다. 물론 정확히 알지도 못하는 사람도 있지요. (두 사람 웃음) 저는 늘 다음과 같은 예를 들곤 합니다. 신문에서 '월급 생활자'들이 도시 근교에 큰 집을 사고 자동차를 한 대 사는 것이 좋은지, 아니면 도심에 작은 아파트를 사는 것이 좋은지를 다룬 글을 보았습니다. 도심의 아파트와 도시 근교외 주택은 평방미터당 3천 위안에서 8천 위안까지 가격이 천차만별입니다. 이틀 뒤 저는 아주 지저분한 작은 식당의 바깥 출입문에 쓰인 '월급 생활자의 가장 좋은 장소'라는 말을 보았습니다. 여기서 말하는 '월급 생활자'는 아마도 월수입 2백 위안에서 2만 위안까지의 사람들을 포함할 겁니다. 하지만 그들은 결코 같은 계층에 속해 있지 않습니다. 오늘날 중국에 이미 대중문화(도시문화로서)가 형성된 것은 사실입니다. 어떤 의미에서 그것은 중국의 신흥 부유 계급의 문화이기도 하고, 혹은 중산층 문화라고도 할 수 있습니다. 사람들은 끊임없이 중산층을 선호하지만, 제가 보기에 중산층은 아직 형성되지 않았습니다.

슈바이거 그 점에는 전적으로 동의합니다.

다이진화 1990년대 문학비평과 문화비평의 큰 문제는 사회를 비판하는 깨어 있는 입장이 결여되어 있다는 점입니다. 또 다른 문제는 열정적인 문학비평이 새로운 주류 문화를 형성하는 데 참여하고 있다는 점입니다. 참여 방식의 하나는 중국의 대중문화가 대중――다수인의 문화, 대중이 소비하는 문화――을 위해 존재한다고 가정하는 것입니다. 그리고 이 가정을 사회의 진실이라고 봅니다. 제가 보기에 이 가정의 성격은 너무나 분명합니다. 번역된 미국의 베스트셀러가 한 권에 20위안이 넘는 가격에 팔리고 있습니다. 그런데 베이징의 최저 생계비는 2백 위안에 불과합니다. 그렇다면 도대체 누가 그것을 소비하는 것일까요? 화려하게 인쇄된 잡지에 실린 유명 의상 광고는 도대체 누구를 겨냥한 것입니까? 중국의 '대중'인가요? 이건 아주 큰 문제입니다. 활발하게 활동하는 문학비평가들이 신문을 통해 마치 중국의 중산층이 기정사실화된 듯 '중산층을 위한 글쓰기'를 제창한 적이 있습니다. 중산층의 존재 여부는 논외로 하더라도, 존재한다면 그들은 중국 인구의 몇 퍼센트를 차지하고 있습니까?

　　이는 동시에 비평계를 포함한 중국 지식인 사회가 직면한 문제를 드러내고 있기도 합니다. 그들은 서구에서 건너온 용어와 중국 현실의 차이를 전혀 고려하지 않았습니다. 미국의 중산층은 전 인구의 70~80퍼센트 이상을 차지하고 있습니다. 미국의 지장본(paper back)은 분명 대중(다수인)을 위한 것입니다. 물론 여기에는 종족의 문제가 존재합니다만, 그 문제는 우리가 논의하고자 하는 바가 아닙니다. 중국의 상황은 분명 다릅니다. 오늘날 중국의 한 도시 가정의 문화비는 총수입의 3퍼센트에도 미치지 못합니다. 게다가 각 가정의 수입이 너무나 낮아 한 달간의 문화비로는 전 가족이 영화를 두 번 보기에도 부족합니다. (새로 개봉한 영화, 특히 할리우드 블록버스터는 영화표가 최고 30~50위안에 이릅니다.) 이러한 상황에서 '대중문화'는 도대체 누구의 문화입니까? 도시문학은 도대체 누가 읽고 있습니까?

그래서 방금 말한 두 가지 도시문화——도시 소비로서의 문화와 도시를 묘사하는 문화——가 매우 복잡한 상태에 처해 있고 이를 꼼꼼하게 분석해야 한다고 생각합니다. 소비 대상으로서 도시문화는 사실 매우 다양한 층위를 지니고 있습니다. 거기에는 매우 거칠고 낮은 임금에 적응하는 계층이 있습니다. 그리고 허위적이고 뉴 리치(new rich)한 문화도 있습니다. 그것은 호화롭고 섬세합니다. 이런 문화 상품을 가볍게 구매할 수 있는 사람들은 아예 문화를 소비할 필요가 없거나 문화를 소비할 여유가 없을 겁니다. 그것들은 책장 위에 놓여 문화 장식품의 역할을 할 뿐이지요. 예를 들어 1990년대에 훌륭한 대형 총서가 대량으로 출판됐습니다. 그렇지만 많은 고서적을 작은 활자로 인쇄했고 아무런 주석도 달지 않았습니다. 저는 그것을 호화로운 아파트나 빌라의 응접실이나 '서재'의 벽을 장식하고 있는 '벽지 서적'이라고 부릅니다.

구체적으로 도시를 묘사하는 '신생대' 문학이 1980년대와 비교해 더욱 많아졌다는 것은 문학계 내부의 분명한 사실입니다. 비평가들의 명명(命名) 행위는 그 속에서 중요한 역할을 했습니다. 이들 작가 대부분이 1960년대 심지어 1970년대에 출생했고, 그들 중 많은 사람들이 본래는 시인이었다는 사실이 공통된 특징입니다. 한편으로는 사회 전반에 상업화와 배금주의가 성행하고 있는데, 다른 한편으로는 이렇게 많은 사람들이 점점 적막해져 가는 문학 세계에 투신한다는 것은 아주 흥미로운 모습입니다.

'세대' 문화와 문학

슈바이거 그런 새로운 작가들의 등장이 이전의 문학 개념과 갈등을 일으키지는 않았나요? 중년 작가들의 글쓰기와 이들 새로운 작가들의 작품 사이에 세대 차이가 존재하지는 않았나요? 저는 첫째 그들이 무엇을 썼는가, 둘째 그들이 작가로서의 역할과 신분을 어떻게 보았는가 하는 점에 관심을 갖고 있습니다.

젊은 작가들과 토론을 벌인 적이 있는데요, 그들은 자신들이 기성세대와는 완전히 다르다는 사실을 매우 중요하게 여기고 있었습니다. 문학과 문화 개념이 특히 1980~90년대 이후에 아주 크게 바뀐 것 같습니다. 저에게 문학을 분석하라고 한다면 반드시 사회학적 시각에서 고찰할 것 같습니다. 미학적 방법은 근본적으로 사용할 수 없을 것 같습니다. 이런 변화는 이해하기가 아주 어렵기 때문에 저는 대부분 표면적인 것을 관찰했지 내재적인 것을 관찰하지는 못했습니다. 저는 이 과제를 연구할 때면 1920년대 유럽의 표현주의가 떠오르곤 합니다. 당시 도시화와 현대화는 동시에 발생했고 같은 뿌리를 지니고 있었기 때문에 문학이 어떻게 변천했으며 어떻게 도시를 반영하고 있는가를 살필 수 있었습니다. 하나는 제재 문제이고 다른 하나는 체제 문제이지요. 그러나 전 중국의 상황은 그와는 완전히 다르다는 사실을 발견했습니다.

다이진화 그 견해에 동의합니다. 조금 전에 '신생대'가 문학 내부에 어떠한 변화를 가져왔는지를 물으셨는데, 대답하기 무척 어렵습니다. 대부분의 1990년대 문학 현상을 문학 내부에서 효과적으로 해석할 방법은 없다고도 할 수 있습니다. 거기에 어떤 모순이 있기 때문입니다. 1980년대 문학과 비교해 1990년대 문학이 사회에 거의 영향을 끼치지 못했다는 것은 문학계 내부의 사실입니다. 또 다른 한편으로 그렇다고 1990년대 문학의 문학 자체와의 관계가 사회와의 관계보다 밀접했던 것도 아니었습니다. 1960년대 후반에 태어난 이 '세대'는 50~60세의 중년 작가들과 큰 차이가 있을 뿐만 아니라, 저의 세대와도 심각한 세대 차이가 존재하는 것 같습니다. 때로는 그들이 '어디'에서 생겨났는지, 무엇이 그들을 만들었는지 아주 궁금하기까지 합니다. 왜냐면 중국의 교육 체제에는 근본적으로 아무런 변화가 없었기 때문입니다. 제가 사는 건물 아래에 초등학교가 있는데, 학생들이 하는 일은 저의 학생 때와 전혀 다르지 않습니다. 교과목도 여전히 「주더(朱德)의 멜대」, 「마오 주서의 기름등」과 같은 것입니다. 그러므로 분명 교육 체제가 새로운 세대를 만들어 낸 것은 아닙니다. 그렇다면 무엇이 그들의 기억의 명세서와 지식의 계보를 만들었을까요? 그것은 제가 정확하게 답할 수 없는 문제입니다. 물론 저도 이성적으로는 사회가 격변하고 있음을 압니다. 번역소설과 영문 소설, 형형색색의 해적판 브이시디(VCD), 미국, 홍콩, 타이완, 본토의 텔레비전과 유행 음악 같은 유행 문화와 대중매체, 방송 프로그램, 특히 심야 프로그램, 베스트셀러, 디스코텍, 술집, 카페 문화가 생겼지요. 정확하게 말할 수는 없지만 1980년대에 문화의 수면 아래에 잠재되어 있던 요소들이 그 시기에 수면 위로 올라오지 않았나 생각되기도 합니다.

슈바이거 이데올로기가 선생님 세대를 교육했다면, 지금 젊은 세대를 가르치는 것은 사회라는 말씀이시군요.

다이진화 진정으로 효과적인 교육은 사회 속에서 완성되지 교육 체제 속에서 완성되지는 않는다고 말할 수도 있습니다. 대학 교육은 내부에서 일정한 역할을 할 수도 있습니다. 어떤 의미에서는, 중국의 대학 교육과 초·중등 교육은 완전히 아귀가 맞지 않습니다. 사회 주류 문화의 입장에서 상대적이라 일컬어지는 잠재문화〔隱形文化〕가 더욱 많은 역할을 했습니다.

　1990년대 문학은 아주 복잡한 틀을 갖추고 있습니다. '신생대' 문학도 역시 그렇습니다. 왜냐면 '신생대'란 기본적으로 연령 개념이기 때문입니다. 블로그나 '산군동정'*과 같은 시장성을 염두에 두지 않은 작품이나 새로운 문학의 '주선율'을 포기한 '현실주의 풍격파' 류의 작품은 논외로 하더라도, 1990년대 문학에 재미있는 일들이 발생했습니다. 예를 들어 왕안이(王安憶)의 도시 패러다임 전환이나 왕샤오보(王小波)의 작품 및 그의 S/M적 글쓰기 등입니다. 많은 시인들이 소설로 전향했고, 이로 인해 언어에 특별히 민감한 현상이 나타났습니다. 세계 문학을 바라보는 시야 속에서 '중국어〔漢語〕 문학'에 대한 자각이 시와 소설에서 모두 생겨났습니다. 저 개인적으로는 정전을 다시 쓰는 리펑(李馮) 등의 작품을 좋아합니다. 그러나 여기에는 분명히 민간의 의미에서 주된 흐름이 존재합니다. 즉 작품들 대부분이 도시를 묘사하

---

* 산군동정(陝軍東征)이란 천중스(陳忠實), 자핑와(賈平凹), 가오젠췬(高建群), 징푸(京夫) 등과 같은 산시(陝西) 지역 작가들이 중국 문학에 가한 충격을 일컫는다.—옮긴이

고 있다는 사실이죠. 일시에 유행했다가 재빨리 사라지는 이름을 잠시 빌려서 그것을 '신상태'(新狀態) 문학이라고 합니다. 물론 저는 그 중 한둥,** 주원,*** 비페이위**** 등 뛰어난 작가들의 작품을 좋아합니다.

그러나 주류 글쓰기 속에 들어 있는 그런 대부분의 작품이 낙관적이지는 않습니다. 가치관이 분명 다르다는 것 이외에도 문학 자체의 표현 형태가 어떤 새로움을 제공해 주지 않는 것이 이유 중 하나입니다. 심지어 어떤 의미에서는 정전의 글쓰기 방식으로 회귀하기도 했습니다(저는 '후퇴'라는 용어를 잘 사용하지 않습니다). 흥미롭게도 내용적으로는 그들의 작품이 이전 세대 작가들, 특히 '중년' 작가들과 현저한 차이를 보이지만, 글쓰기 방식은 매우 근접해 있습니다. 리퉈(李陀)는 그것을 '회색 리얼리즘'이라고 불렀습니다. 저는 이 용어에는 그다지 찬성하지 않습니다. 왜냐면 중국에서 '리얼리즘'은 정치나 역사와 매우 복잡하게 얽혀 있는 개념이기 때문입니다. 그래서 도리어 그것이

** 한둥(韓冬, 1961~). 산둥대학 시절 베이다오(北島)가 편집장이던 『오늘』(今天)의 영향을 받아 시를 쓰기 시작했다. 1985년 '그들문학집단'(他們文學社)을 조직해 『그들』(他們)을 발간하며 중국 '3세대 시'의 대표 시인으로 평가받았다. 1990년 이후에는 주로 소설을 창작하고 있다. 중·단편 소설집으로 『서쪽 하늘』(西天上), 『나의 플라톤』(我的柏拉圖) 등이 있고, 장편소설로는 『착근』(扎根), 『나와 너』(我和你) 등이 있으며, 시집으로는 『상서로운 호랑이』(吉祥的老虎), 『하늘에서 나를 보는 아버지』(爸爸在天上看我) 등이 있다. ─ 옮긴이

*** 주원(朱文, 1967~). 시인이자 소설가, 영화감독. 1995년에 쓴 첫 소설집 『나는 달러가 좋아』로 평론가 천샤오밍(陳曉明)에게 '1990년대 가장 훌륭한 소설가'로 평가받았으며, 2000년부터는 영화를 만들어 「해산물」로 제58회 베니스 영화제 심사위원단 특별상을 받은 바 있다. 시집으로 『우리들은 어쩔 수 없이 강둑으로 돌아가야 한다』(我們不得不從河堤上走回去) 등이 있고, 소설집으로 『고독하기 때문에』(因爲孤獨) 등이 있으며 장편소설로는 『무엇이 쓰레기이고, 무엇이 사랑인가』(什麽是垃圾, 什麽是愛) 등이 있다. ─ 옮긴이

**** 비페이위(畢飛宇, 1964~). 1980년대부터 창작을 시작하여 100편 가까운 중·단편 소설을 발표. 「상하이 옛일」(上海往事)과 「수유기의 여자」(哺乳期的女人) 등으로 루쉰문학상을, 「청의」(靑衣)로 백화상을 수상했다. 중국 문단에서 여성의 심리를 가장 잘 표현하는 작가로 평가받는다. ─ 옮긴이

구체적으로 가리키는 바가 분명하지 않습니다. 저는 '재현론'이라는 용어를 사용하는 편입니다. 도시를 묘사하는 작품들 속에서 재현론이 다시 등장했습니다. 즉, 작품 속에서 서술자와 그들이 묘사하는 사회 현실 사이에는 안정된 판타지 관계가 드러나 있습니다. 서술자는 현실 및 자신이 현실을 '표현'하는 문학 매체와 거리를 유지하고 있지도 않고 의문을 던지지도 않습니다. 바꾸어 말하면 서술자는 자신의 신분이나 문화적 정체성에 대해 어떤 회의도 하지 않습니다. 오히려 그 속에는 주인이 된 듯한 득의양양함이 넘치고 있습니다. 그들은 모든 사회가 이처럼 중대한 변화를 겪게 되면 반드시 사회적 정체성의 위기를 겪게 된다는 점을 말하지 않습니다. 중국 사회의 문화는 분명 이러한 위기를 겪고 있습니다.

    이런 글쓰기 방식 자체가 상당히 전통적입니다. 낡은 부대에 새 술을 담는 격이라고나 할까요. 1980년대 문학, 특히 1980년대 말의 '전위소설'과 비교한다면 그런 작품은 분명 회귀이지 결코 새롭지 않습니다. 모더니즘과 포스트모더니즘 문화의 변화 속에서 일어난 세계와 문학 매체에 대한 의문 그리고 자아와 세계 사이의 불확정적인 관계를 고민하지 않습니다. 완전히 그 반대입니다. 이것이 바로 사람들이 1990년대 '주류' 글쓰기에 대해 가장 회의하고 있는 점이라고 생각합니다. 다음으로 재현론이 수반하는 점은 상상력의 결핍이라고 말할 수 있습니다. 슬픔이나 고민도 없고 삶이나 실존의 나약함에 대한 현대인의 느낌이나 표현이 결핍되어 있습니다.

슈바이거 중국의 새로운 문학 흐름은 종종 상흔문학, 지식청년문학, 개혁문학처럼 새로운 작가들의 등장과 연관되어 있습니다. 그렇다면 그 이전에 창작을 시작했던 작가들에게 현대화나 도시화는 어떤 영향을 미쳤을까요? 특수한 역사적 단계와 한 세대 작가들 사이의 연관성을 밝히는 것이 중국식 비평 방식일까요?

다이진화 '세대'로 중국 문학을 논의하는 것이 비평가의 발명품은 아니라고 생각합니다. 그것은 아주 특수한 중국의 문화적 현실입니다. 사실 저는 이런 현실 속에서 당혹감을 느껴 왔습니다. 제가 당혹감을 느끼는 원인은 아주 구체적입니다. 저는 중국 예술가의 예술적 생명이나 인문 지식인들의 가치 있는 학술적 생명이 왜 그처럼 짧은지, 세대와 세대 사이의 경계를 넘기 어려운 까닭이 무엇인지 대답하고 싶었습니다. 그래서 1980년대부터 1990년대 초까지 저는 줄곧 '역사의 자손'이라는 표현을 좋아했습니다. 각 세대 사람들이 모두 특수한 역사에 의해 탄생했으며 그들의 모든 경험은 그 역사가 그들에게 부여한 경험이라고 생각합니다. 그들 개인의 경험과 체험은 완전히 자신들의 역사적 경험과 떼어 놓을 수 없습니다

슈바이거 한 시기의 역사인가요, 아니면 위에서 아래로 이어지는 규칙인가요? 선생님께서는 작가에 대해서만 말씀하시고 문제를 설명하지는 않는 것 같습니다. 개혁·개방 등의 문제가 중국 사회가 겪은 거대한 변화와 큰 관계가 있다는 점을 먼저 말씀하셔야 하지 않을까요?

다이진화 물론 관계 있지요. '세대' 문화라는 게 왜 존재하겠습니까? 우리 세대는 정연하고 획일화된 시대를 경험했습니다. 전 사회가 '통일된 의지'와 '통일된 보조'를 취했습니다. 심지어 주류 문화의 반역자

라고 자처하는 사람들도 반역의 방식으로 주류 문화의 움직임 속에서 증명되고 그 속으로 편입된 사실을 한눈에 봐도 알 수 있습니다. 특정한 역사적 단계에서 태어나고 자란 사람들은 그 역사적 단계와 상당히 밀접한, 다른 선택의 여지가 없는 문화적 자양분에 의해 길러졌습니다. '신중국' 예술가들이 혁명전쟁의 역사와 사회주의 리얼리즘 문화에 의해 만들어졌다면, 이후 몇 세대 사람들은 자신이 성장한 시대에 반역하고 자신을 '길러 준' 문화에 반역하는 과정 속에서 사회의 승인을 받고 서로 간의 정체성을 확인했습니다.

1979년 이후 중국 사회는 끊임없이 거대한 변화를 경험했고 각 시기마다 사회는 커다란 중심 문제에 직면했습니다. 1980년대 내내 문학예술은 가장 중요하고도 다원화된 결정을 하는 문화적 매개체 역할을 했습니다. 사회와 독자들은 문학이 사회와 역사가 제기한 거의 모든 문제에 답해 주기를 요구했습니다. 그래서 작가들과 예술가들이 끊임없이 시대의 요구에 부응하여 나타났습니다. 그러나 그/그녀는 그 시기에만 아주 중요했을 뿐 순식간에 '스쳐간 풍경'이 되어 버렸습니다. 그렇지만 결코 이들 작가들이 창작 활동을 멈춘 것은 아니었고 대부분이 계속 창작을 했습니다. 아마 중국에 전업작가가 있다는 사실을 아실 겁니다. 작가는 일찍이 종신제 직업이었습니다. 그러나 이들은 자신들을 이끌었던 작품이나 시대를 넘어설 방법이 없었습니다. 또한 그들에게 익숙한 역사적 시기가 지나가고, 그들이 품고 있던 이데올로기나 반이데올로기 모델이 효력을 상실하게 되자, 그/그녀의 창작은 아주 창백해지고 말았습니다. 물론 그 자체는 아주 크고 복잡한 문제입니다.

예를 들어 신시기 이래 색다름의 추구가 중국 문화계의 공통된 인식이 됐습니다. 그래서 재미있는 현상이 나타났습니다. 색다른 것을 추구하는 강렬한 염원 자체가 새로운 경향이 됐던 거죠. "세계를 향하여"라는 염원과 그런 구호 사이에 틈이 생긴 현실도 예로 들 수 있습니다. 어떤 때는 문학번역가가 비평가나 이론가보다 더 힘 있고 효과적으로 중국 문학의 현실에 영향을 미치기도 합니다. 대부분의 중국 문학, 심지어 문화계 인사들도 외국어로 된 원서를 읽을 수 없기 때문에 번역 작품에 의지해서 세계 문학의 변화와 발전을 이해할 수밖에 없습니다. 제 자신과 우리 세대 사람들은 모두 번역 소설을 읽으면서 성장했습니다. 그래서 번역가들이 먼저 앞서서 문학과 문화의 기본 텍스트를 선택했습니다. 세계를 이해하고 접해 보고 싶다는 욕망과 문화와 문학에 대한 상대적으로 협소한 시야가 그러한 경향을 만들어 낸 또 다른 원인입니다. 신시기에 가장 사람들의 주목을 끌었던 문학 현상 가운데 하나는 가르시아 마르케스(Gabriel García Márquez), 밀란 쿤데라(Milan Kundera)와 같은 번역 소설이 만들어 낸 충격파였습니다.

슈바이거 예술가에게 자신의 문제, 혹은 자신이 대답하고 싶은 문제가 없었던 것 아닐까요?

다이진화 작가나 예술가들은 모두 자신만이 특별히 가지고 있는 문제에 대답하고 있다고 여겼을 겁니다. 그러나 이런 '자신만의' 문제를 앞서서 규정하는 요소들은 아주 많습니다. 소위 '자신만의' 문제라는 것은 줄곧 주류 문화 양식이 허락하거나 금지한 여러 요소들을 참조합니다.

슈바이거 그래서 개인주의…….

다이진화 '개인주의' 문제는 근대 이후 오늘날까지 중국 문화에서 줄곧 곤혹스러운 문제였습니다. 저에겐 이 문제를 명료하게 규명할 능력이 없습니다. 지식 고고학이나 계보학의 문제를 논외로 한다면 개인주의 문화는 중국에서 뿌리를 내린 적이 없다고 말할 수 있습니다. 어쩌면 중국의 역사는 근대부터 지금까지 줄곧 재난과 격변, 혁명 속에 있었기 때문에 개인이나 개인주의가 성장할 수 있는 공간이 없었고 끊임없이 민족 국가와 계급 담론에 의해 먹혀 들어갔다고 할 수 있습니다. 레이 초우(Rey Chow, 周蕾)가 쓴 두번째 책의 제목은 '글 쓰는 디아스포라'(Writing Diaspora; 한국어본은 『디아스포라의 지식인』)인데 중국어로는 '가족과 국가의 밖에서 쓰다'(寫在家國之外)로 번역됐지요? 그런데 제가 보기에 근·현대 중국 문학은 줄곧 '가족과 국가' 안에서 쓰였습니다. 민족 위기, 사회 위기, '계몽과 구망'이라는 주제, '과학과 민주'의 기치 같은 모든 문화적 주류 담론은 '개인'의 가능성을 부정했습니다. 1980년대 문화를 '가면무도회'에 비유한다면, '개인'이나 '개인주의'는 그 중 중요하면서도 익명의 역할이라고 해야겠죠. 그러나 제가 보기에 이 시기 '개인주의' 문화는 '집체주의', 계급론, '통일된 의지'에 맞서는 저항의 기호로서 역할이 더욱 컸습니다. 제가 즐겨 사용하는 서양의 언어를 빌리자면 '텅 빈 기표'입니다.

그러나 1980~90년대 전환기부터 분명히 개인을 환호하고 개인 공간을 형성하며 개인주의를 숭상하는 문화가 시작됐습니다. 그래서 한동안 1990년대에 더 이상 새로운 '세대 집단' 문화가 등장하지 않을 것이며, 새로운 예술가들은 '개인'으로 나타날 것이라는 낙관주의적 관점을 가졌던 적도 있습니다. 그러나 얼마 되지 않아 저는 아주 놀라운 발견을 했습니다. 그것은 이 신예 작가들의 특징이 기성 작가들과 비슷하지 않으면서도 동시에 서로 닮은 모습을 지니고 있다는 것입니다. 그래서 저는 큰 충격을 받았습니다. 저는 그들이 새로운 '세대'이고 또 다시 '새로운' 세대가 나타나겠지만, 또한 이 새로운 세대는 제가 상상한 것처럼 다원화되어 있지 않다는 사실을 인정하지 않을 수 없었습니다. 그들이 '개인'을 자신들의 '이름'으로 삼은 것은 어쩌면 보이지 않는 기치일지는 모르지만, 그런 '개인'은 서로 닮아 있었습니다. 청소년 문화나 학교 문화에 준하는 대명사처럼 '개인'도 문화가 됐습니다.

일찍이 '신상태'라고 불린 작가와 작품을 이렇게 저렇게 나누기는 무척 어려울 겁니다. 아마 1990년대 가장 인기 있었던 '개인적 글쓰기'라는 화두를 아실 겁니다. 그것은 특별히 여성 글쓰기, 여성 작가들이 사생활을 묘사한 소설과 산문을 가리키는 용어였습니다. 그것은 '개인'이 현대 문학 속에서 여전히 '또 다른' 문화의 대명사이거나 혹은 여전히 상당히 공동화(空洞化)된 상태임을 설명하는 예라고 할 수 있습니다. 그것은 제 개인적으로 난처한 경험이기도 했습니다. 사실 신시기 이후 지속적으로 활동한 작가들은 매우 적습니다. 왕멍(王蒙), 왕안이, 스톄성(史鐵生) 정도가 지속적으로 활동한 작가라고 할 수 있습니다. 물론 많은 작가들이 자신의 '세대 집단'의 한계를 극복하려고 노력하고 있기는 합니다만…….

슈바이거 젊은 작가들 중에는 아주 드문 듯합니다.

다이진화 젊은 작가들은 아직 시간이 있으니 좀더 두고 봐야겠지요. 그러나 어떻든 간에 그러한 노력을 하고 성공한 예는 너무 적습니다. 여성 작가들이 그 속에 포함됩니다. 저는 본래 여성은 '태생'적인 우월성을 갖고 있다고 여겼습니다. 만일 여성이 여성으로서 경험을 쓴다면 역사와 어느 정도의 거리감을 유지해야만 했겠지만, 사실은 결코 그렇지 않았습니다. 그래서 저는 왕안이의 변화를 더욱 중요하게 생각합니다. 그녀에게는 자신의 문제가 있고 또 자신만의 스타일이 있습니다. 동시에 그녀는 줄곧 새로운 문학 형식을 시도함으로써 새로운 시대가 제기한 문제에 대답하고자 했습니다.

슈바이거 그러나 왕안이는 줄곧 자신이 성장한 시대와 관계를 유지하고 있습니다.

다이진화 사실입니다. 하지만 제가 좋아하는 표현을 쓰자면, 왕안이는 줄곧 그 속에서 포위를 뚫고 나오려고 안간힘을 썼습니다. 어떤 사람이 왕안이는 1990년대에 이미 기교가 농익은 생산자처럼 전문적인 글쟁이로 변했다고 하더군요. 저는 그렇게 생각하지 않습니다. 『사실과 허구』(紀實與虛構), 『장한가』(長恨歌), 『홍콩의 정과 사랑』(香港的情與愛)에서 왕안이가 언급하는 문제는 마침 저나 일부 인문 지식인들 역시 힘겹게 고민하던 문제이기도 합니다. 그녀는 더욱 흥미 있는 소설 형태로 표현하고 사고할 뿐만 아니라 아주 중요한 많은 질문과 '논의'를 하고 있기도 합니다. 저는 분명 그녀가 대단한 작가라고 여기고 있습니다. 아마도 20세기의 가장 위대한 중국 작가 중 하나일 것입니다. 어떤 사람은 이것이 여성 작가들에 대한 저의 편애 때문이라고 말하곤 하지만, 사실은 그렇지 않습니다. 저는 또 같은 이유에서 장제(張潔)의 『꿈은 좋은 곳에 이르러 사라지고』(夢到好處成烏有), 츠리(池莉)의 『구름이 부서진 자리』(雲破處)를 중시합니다. 결코 그것이 최고봉에 이른 작품들이기 때문이 아니라, 포위를 뚫으려는 아주 귀중한 시도를 하고 있기 때문입니다. 이런 면에서 저는 또 왕멍에게 탄복합니다. 『청춘만세』(靑春萬歲)에서 『변신 인형』(活動變人形)에 이르기까지 그는 동시대 사람들보다 길고도 먼 길을 걸었습니다. 그 폭은 놀라울 정도입니다. 『격동』(來勁), 『앨리스에게』(致愛麗斯)에서의 언어와 서사 실험 역시 매우 흥미롭습니다.

슈바이거 중년 세대 작가들의 작품은 도시화와 큰 연관이 없는 것 같습니다.

다이진화 그렇습니다. 그 세대 사람들이 사회에 관심을 쏟는 방식은 사실 사회와 문화 체제에 집중되어 있습니다. 어떤 의미에서 그들 중 몇몇은 '제도배물교'(制度拜物敎)에 빠져 있다고 할 수 있습니다. 극단적일 때는 차라리 "사회주의 풀을 원하지 자본주의 새싹을 원치 않는다"는 태도를 취하기도 했습니다. 지금이라면 그런 결론은 비웃음을 사겠지요. 그렇지만 그런 사유의 관성과 공식은 여전히 강력히 지속되고 있습니다. 그들이 오늘날의 복잡한 사회 현실을 파악하는 데 그런 요인들은 많든 적든 간에 영향을 주고 있습니다.

슈바이거 1960~70년대에 출생한 많은 젊은 작가들이 도시문학을 쓰고 있습니다. 저는 그들의 시각에 매우 동의합니다. 선생님께서는 추화둥(邱華棟)이나 천란(陳染), 쉬쿤(徐坤)과 같은 작가들이 계속 창작을 할 수 있다고 보시는지요? 아니면 작가로서 희망이 없다고 보십니까?

다이진화 예언을 하라고요? 저는 항상 예언자 역할을 두려워하고 있습니다. (웃음) 왕안이가 그 예이지요. 비평가들은 1980년대 내내 "그녀는 끝났다", "그녀는 갈 데까지 갔다"고 예언했습니다. 그러나 그녀는 거듭해서 다시 살아났습니다. 또 현대 중국 문학이나 문화의 미래에 많은 영향을 주었습니다. 선생님께서 방금 말씀하신 세 작가는 지속적으로 창작 활동을 하리라고 믿습니다. 그들의 상황은 상당히 다르고 그들이 직면해 있는 문제와 도전도 다릅니다.

추화둥의 작품은 기본적으로 스토리 패턴의 변환에 중점을 두는 통속 소설에 속합니다. 두 가지 요소가 통속 소설가들의 창작 전망을 결정합니다. 첫째 스토리 패턴이 소비자를 끌어들일 수만 있다면 창작을 계속할 수 있습니다. 둘째 새로운 패턴을 성공적으로 만들어 낼 수 있어야 합니다. 쉬쿤과 천란에 대해서는 논문을 쓴 적이 있습니다. 이들은 1990년대 페미니즘 글쓰기라는 틀 속에서 아주 중요한 역할을 하고 있습니다. 쉬쿤의 뛰어남과 민감함, 또 기지는 그녀의 작품 속에서 충분히 증명됐습니다. 작품 속에 나타난 조소와 전복은 메타 내러티브를 겨냥한 게 아닙니다. 그 작품은 서사에 관한 서사가 아니라 유행하는 문화 담론을 겨냥하고 있다고 할 수 있습니다. '지식인'에서부터 '축구'에 이르기까지 그녀는 자신만의 예민함을 유지하고 있습니다. 그래서 쉬쿤은 자신의 '순' 서사 재능에 도전하고 증명해야 합니다. 물론 그런 증명이 꼭 필요한 건 아니지요. 조소하고 풍자할 대상을 끊임없이 발견해야 하고, 동시에 독자들이 쉬쿤의 예리한 문장에 지속적인 관심을 지녀야 한다는 전제가 여전히 필요합니다.

천란의 창작 상황은 아주 흥미롭습니다. 그녀는 처음으로 여성의 개인적 삶의 체험을 글쓰기 대상으로 삼았습니다. 또한 그녀의 작품은 상당히 많은 젊은 독자들을 확보하고 있습니다. 결코 능동적으로 시장을 움직이지는 않았지만 상대적으로 안정된 독자층을 갖고 있습니다. 천란을 비롯한 개인의 삶의 체험을 대상으로 삼은 작가들에게 있어 도전은 자신의 삶의 체험을 떠난다면 창작의 전망이 어떻게 펼쳐질까 하는 질문에서 시작합니다. 진지한 작가라면 되풀이해서 그저 자신을 파먹고 있을 수만은 없습니다. 천란의 장편소설 『개인 생활』(私人生活)은 그녀의 이전 작품 속에서 보이는 주제와 문제의식, 또 원형의 총괄편입니다. 다음에는 새롭게 시작해야겠지요? 그래서 『개인 생활』의 결말 부분은 상징적으로 이해할 수 있습니다. 지나치게 크게 자란 분재를 집 밖으로 옮겨 심어야 하지 않을까요? 그녀는 자신에게 이런 문제를 제기하고 있습니다.

문학 체제와 문화 구조

슈바이거 조금 전, 천란이 지신의 독지를 확보하고 있다고 하셨습니다. 그렇다면 고정된 독자층을 갖고 있지 않은 작가의 창작은 무엇으로 지지되고 있는지 알고 싶습니다.

다이진화 그 문제는 아주 흥미롭습니다. 왕멍은 창작에 대해 언급하면서 창작 행위 자체가 자신의 창작을 지탱해 주는 요소 중 하나라고 말한 적이 있습니다. 그의 말이 아주 정확하다고 생각합니다. 이어지는 문제는 독자는 왜 순수한 개인의 창작 행위에 관심을 갖느냐 하는 점입니다. 사실 적어도 이전이나 지금 이미 유명해진 작가들은 그런 순수한 창작 행위를 지속할 수 있습니다. 그리고 그것을 지탱할 수 있는 것은 약간은 기괴한 현재의 문단 구조 때문입니다.

현재 주로 문화 시장에 의해 문화가 지속적으로 생산되고 있음은 의심할 나위가 없습니다. 여기서 말하는 '문화'에는 물론 문학도 포함됩니다. 그러나 지금까지 시장화의 요소가 여러 경로를 통해 문학의 생산에 영향을 미치기 시작했다 할지라도 시장은 문학 구조를 결정하는 가장 중요한 요소는 아닙니다. 오늘날의 문학 생산과 성숙한 문화 시장은 아직도 상당히 유리된 상태에 있다고 보입니다. 체제적으로 유사한 여성 잡지나 청년 잡지를 비교해 보면 상황은 더욱 분명해집니다. 작가와 문학작품에 영향을 미치는 가장 중요한 요소는 여전히 과거에 중요하게 문화 체제를 구성하고 있던 작가협회 조직이나 이와 관련된 각종 문학 간행물, 문학상, 협회 소속 작가제와 계약 작가제, 그리고 모두가 알고 있는 국가 이데올로기의 통제 등입니다. 아마 전국적으로 수백 종류에 달하는 간행물이 비평가를 포함한 절대 다수의 작가들과 가장 밀접한 관계를 맺고 있을 겁니다. 전국의 문학 간행물이 어느 기관에 속해 있는지, 자금 출처는 어떤지, 구독 부수는 얼마나 되는지, 주관적으로 예상하는 독자는 어떤 사람들인지, 실제 독자 구성은 어떻게 되는지 살펴본 적이 있습니다. 그런 작업은 중국 문화 구조의 구성 방식을 이해하는 데 도움이 됩니다. 동시에 그 자체가 바로 아주 훌륭한 문화연구 대상이기도 합니다. 제가 알고 있는 바에 따르면 시장화의 과정에서 출판된 문학 간행물은 많지 않으며, 시장경제의 원리에 따라 성공적으로 경영되는 간행물도 많지 않습니다. 대부분의 문학 간행물은 여전히 각 부처별 정부기관이나 준관변 문학 기관에 속해 있습니다. 또한 최소한 부분적으로는 정부의 재정 지원에 의지하고 있습니다. 그래서 그것은 시장과 완전히 무관할 수 있으면서 동시에 '문학' 자체와도 무관할 수 있습니다. 1990년대의 흥미 있는 현상은 재정이 상대적으로 양호한 대형 혹은 중형 국영 기업에서 문학잡지를 보조하는 문학잡지 '이사회'가 나타났다는 사실입니다. 문학을 위해 이는 좋은 일입니다.

    그렇다면 대기업이 문학에 도움을 주는 이유는 무엇일까 하는 점이 문제입니다. 그런 문제를 따지다 보면 어떤 패러다임 전환기의 특수한 문화적 현실의 윤곽을 그려 낼 수 있을 겁니다. 만만치 않은 수의 문학 간행물은 존재만으로도 중국의 문학작품 출판을 유지시키고 있습니다. 더욱 직접적으로는 문학잡지가 어마어마한 숫자의 작가와 비평가들을 먹여 살리고 후원한다고도 할 수 있습니다. 물론 오늘날 평론가들도 신문과 다른 대중매체에 상당히 의지하고 있지요. 이것은 아주 특이한 문화적 공급과 수요의 관계입니다.

슈바이거 그렇다면 도대체 누가 그런 잡지들을 보는 건가요?

다이진화 그게 문제입니다. 지명도 있는 문학잡지는 문제가 안 됩니다. 만일 어느 날 관련 기관이 더 이상 자금을 대지 않고 대기업이 더 이상 찬조를 하지 않더라도 『종산』(鍾山)이나 『화성』(花城) 같은 간행물은 분명 계속 존재할 겁니다. 정기구독자를 몇십만은 갖고 있으니까요. 생각해 보면 12억 중국인 중에 몇십만의 문학 애호가가 있다는 사실이 이상한 일은 아닙니다. 그리고 문학의 울타리 안에는 그렇게 유명하지는 않지만 아주 시장화된 잡지들도 있습니다. 예를 들면 광둥(廣東)의 『불산문예』(佛山文藝; 반월간 지방 잡지)는 이십만이 넘는 정기구독자가 있으며 주강(珠江) 삼각주를 덮고 북상하고 있는 중이죠. 그렇지만 그런 상황이 발생한다면 몇천의 정기구독자만을 갖고 있는 대부분의 간행물은 아마 살아남기 어려울 겁니다.

지식인이라는 신분

슈바이거 이번에 중국에 와서 선생님을 알게 되어 아주 기쁩니다. 저는 많은 소설과 평론을 보았고 또 젊은 작가들과 그들이 도시를 묘사한 작품에 대해 토론을 벌이기도 했습니다. 그런데 제가 생각하기에는 대부분 작품이 너무 평범한 듯합니다. 마치 도시가 단지 돈에만 연관되어 있고 그들 자신의 사생활이나 성(性)에만 관련이 있는 듯해서 실망스럽습니다.

다이진화 상상력이 없지요.

슈바이거 오늘날 지식인으로서 선생님께서는 자신의 신분이나 역할에 대해 어떻게 생각하십니까? 너무 큰 문제를 제기했나요?

다이진화 클 뿐만 아니라 사실은 제가 매일 스스로에게 던지는 질문이기도 합니다. 아주 대답하기 어려운 질문입니다.

    1980년대에는 그런 문제를 고민하지 않았습니다. 당시에는 그 문제가 아주 분명하고 말하지 않아도 자명한 사실이라고 생각했습니다. 그때 저는 지식인이 된다는 것은 두 가지를 의미한다고 여겼습니다. 하나는 그 시기에 '문혁'을 연구하고 2차 대전 시기 프랑스 지식인들에 대해 논의하면서 배웠던 '비협력'입니다. 그것은 폭력적인 억압에 타협하거나 굴복하지 않는 것입니다. 다른 하나는 자신의 전문 분야를 잘 하는 것이지요. 당시 저는 아주 과장되게 그것을 '추진(秋瑾)의 길(정치적인 길)과 퀴리부인의 길(자신의 전공에 헌신하는 것)'이라고 개괄했습니다. 그리고 스스로 분명히 후자를 선택했다고 여겼습니다.

1990년대에 들어서자 문제가 그렇게 단순하지 않은 듯했습니다. '비협력'이라면 누구와 협력하지 않는다는 겁니까? 누군가와 협력하지 않을 때 이미 다른 누군가와 협력하는 것 아닙니까? 숨겨진 협력자는 우리가 선택한 것일까요? 1990년대 이래 일상적인 체험은 진퇴양난의 처지에 빠져 앞뒤로 '적'의 공격을 받게 됐습니다. 어떤 문화 현상을 단호하게 반대하는 동시에 그것과 대립되는 현상도 인정하지 않았고 또한 다른 사람과 그런 체험을 나누기도 어렵게 됐습니다. 그것이 문제였습니다. 또 다른 하나는 도대체 무엇이 나의 '전문 분야'냐 하는 점입니다. 특정한 전문 분야가 구조나 시장과 어떤 관계를 맺고 있는가, 내가 속한 구조는 체제와 어떤 관계인가가 문제입니다. 과거나 현재나 저의 전문 분야는 영화라고 분명하게 말할 수 있습니다. 그러나 영화는 심지어 문학과 비교해 봐도 순수한 존재가 아닙니다. 영화는 돈, 정치, 산업, 다국적 자본, 식민과 탈식민의 문제, 여러 가지 정치·경제·문화적 현실과 끈끈히 연관되어 있습니다. 이 점이 저를 아주 고뇌하게 만듭니다. 그러나 분명해지기 시작한 것들도 있습니다. 저는 공허하고 정확하지 않은 '비협력'을 사회 비판의 입장으로 삼아 여러 가지 권력 기제와 타협하기를 거부했습니다. 오늘날 중국의 권력 기제는 분명히 다원적입니다. 예전의 주류 이데올로기, 다국적 자본, 시장문화, 대중문화, 나르시시즘적 엘리트주의 문화 등이 공존합니다.

1990년대에 들어 저는 제가 취했던 엘리트주의 문화의 입장(반성하지 않는 엘리트주의 입장이라고도 할 수 있습니다)을 반성하기 시작했습니다. 그러나 그런 반성과 비판의 과정을 통해 자기 반성적이고 자기 비판적인 엘리트 문화 입장이 제가 지켜 가야 하는 입장의 하나라는 점을 분명히 깨닫기 시작했습니다. 무엇보다도 '1980년대 엘리트주의'는 '엘리트 문화'와 다르다는 것입니다. 1980년대 엘리트주의 문화의 실천 과정 속에서 맹목적인 계몽주의 혹은 비판하고 반성하지 않는 근대성 담론의 체계를 반드시 제거해야 했습니다. 하나는 싸구려 인도주의이고, 다른 하나는 지식인 중심 의식과 나르시시즘이라고 할 수 있습니다. 다음으로 역사적 시각으로 볼 때 엘리트 문화는 바로 현대 중국의 역사에서 새로운 문화적 힘에 부딪혔습니다. 1980년대에 문화적 힘을 충분히 회복하지 못한 상태에서 1990년대에 다시 대중문화와 소비주의에 포위됐습니다. '지식과 담론의 권력'에 대한 푸코의 논의나 부르디외와 포스트모더니스트들의 이론들은 오늘날 중요한 문화적 자원이자 지식인이 자기를 반성하고 문화적 비판을 하는 무기가 됐음은 자명합니다. 그러나 구체적으로 엘리트 문화를 실천하는 데 있어서 중국의 현실은 유럽과 크게 다릅니다. 최소한 오늘날 중국의 현실에 있어서 엘리트 문화는 공교롭게도 제가 지키려고 하는 입장이지 포기하려는 입장은 아닙니다. 물론 동시에 깨어 있는 분석과 판단을 해야겠지요. 요즘 저는 주로 대중문화 연구에 힘을 쏟고 있습니다. 대중문화를 포용하기 위해서가 아니라 그것이 깊이 있고 힘 있는 비판을 필요로 하고 있다고 생각하기 때문입니다.

슈바이거 그것이 중국 상황을 분석할 수 있는 유일한 방법이라 생각합니다. 예를 들어 제가 조금 전에 말씀드린 미학적 분석의 방법은…….

다이진화 무력하고 효과가 없지요.

슈바이거 맞습니다.

다이진화 개인적인 큰 변화는 마르크스주의를 다시 이해하고 깨닫게 됐다는 사실입니다. 제게는 아주 어렵고 고통스러운 과정이었습니다. 1980년대 말 상업화 조류가 중국에 밀려들어 오기 시작할 때 제게는 서구 마르크스주의와 프랑크푸르트 학파에 대한 열정이 생겼습니다. 그 전에 저는 구조주의, 기호학, 해체 이론에 집중하면서 '현실을 괄호 안에 넣기'에 열중했습니다. 중국 역사와 현실에 대한 사고를 통해 저는 알튀세르의 구조주의적 마르크스주의 이론을 좋아하게 됐습니다. 대중문화가 급속히 번창하게 되면서 1990년대에 저는 그람시(Antonio Gramsci)와 버밍엄 학파의 문화평론, 문화연구 이론과 실천을 공부하기 시작했습니다. 그러나 가장 중요한 것은 연구 대상과 학문 분야에 대한 사고 때문이 아니라 1980~90년대 전환기(오늘날의 중국 현실)에 대한 체험과 느낌이 저에게 다시 마르크스주의(고전 마르크스주의를 포함한)를 사고하고 활용할 필요성을 인식하게 했습니다. 우선 저는 전 지구적으로 사회주의 실험이 퇴조하고 있음이 역사적으로 볼 때 결코 즐거운 일이 아니라 슬픈 일이라고 생각했습니다. 구체적으로 중국의 상황을 말하면, 1930년대 중국의 사회 성격에 대한 큰 논쟁을 거친 뒤 많은 중국 지식인들이 '좌'로 경도됐습니다. 1949년 중국에 사회주의 체제가 서게 되자 이미 반복적으로 논의됐던 정치·역사적인 원인 이외에도 단순한 요소가 있음을 의식하게 됐습니다. 바로 자본주의가 전 지구화하는 과정 속에서 해결하기 어렵고 심지어는 해결할 방법이 없는 문제에 중국이 직면하게 됐다는 점입니다. 그렇다고 오늘날 중국이 새롭게 전지구화 과정에 진입하게 됐지만 결코 그것이 문제의 해결을 의미하지도 않습니다. 오히려 문제가 다시 제기됐음을 의미합니다. 전지구화 과정을 직시하고 비판할수록 마르크스주의를 거부할 수 없습니다. 비록 그 선택 자체가 더욱 많은 문제와 어려움을 의미하고 있음을 알고 있기는 합니다만, 제게 그것은 갈수록 분명하고도 확실한 선택이었습니다.

슈바이거 그 선택은 흥미롭군요. 유럽에서도 보편적이지는 않지만 마르크스주의를 운용하여 사회 비평을 하려는 시도가 있습니다.

다이진화 저도 그것이 시류가 아님을 알고 있습니다. 그러나 최소한 오늘날 중국에 대한 제 자신의 인식과 관심에 충실하기 때문에 그렇게 하는 것이지요. 중국에서는 너무 많은 사람들이 광분하면서 전지구화를 외치고 있습니다. 오늘과 내일의 중국, 또 막 사라져 간, 사라져 가고 있는 현대 역사만을 유일한 참고 자료로 삼을 수는 없습니다. 아마도 저는 왕숴(王朔)의 조소처럼 "너무 자신을 남처럼 대하는"지도 모릅니다. 그러나 저는 확실히 내일을 위해 일을 해야 한다고 생각합니다.

슈바이거 지식인은 사회에 관여해야 한다는 말씀 같습니다. 그런가요?

다이진화 그렇습니다. 그러나 전통적인 방식은 아닙니다. 전통적인 지식인의 역할과 방식에서 보면 저는 이방인입니다. 만일 '관여'라고 말한다면 제가 하는 일은 대부분 푸코식 관여입니다. 전통적인 정치·문화의 유희 방식에서 물러남과 동시에 '피해망상'과 공포를 무찌르는 것을 의미합니다. 저는 인문 지식인으로서 잘할 수 있는 일, 즉 새로운 문화 자원을 발굴하고 제공하는 일을 하고 싶을 뿐입니다. 저는 중국의 민주화 과정이 조만간 완성될 것이라고 생각합니다. 그 과정이 완성된 뒤 중국 지식 사회가 앞날을 위해 가치 있는 문화적 자원을 제공할 수 있을까요? 무엇으로 사회 비판적 입장을 유지할 수 있을까요?

슈바이거 그러한 태도를 지니고 있는 문학작품이 있습니까?

다이진화 많지 않습니다.

슈바이거 저도 아직 그런 사례를 발견하지 못했습니다.

다이진화 도시화 과정과 소비주의를 분명하게 거부하고 또렷하게 인식하는 사람들이 너무 적은 듯합니다. 많은 사람들이 그 속에서 길을 잃고 있습니다. 제가 보기에 그것은 아주 염려되는 상황입니다. 그래서 저는 지금부터 두 가지 일을 하려고 합니다. 하나는 중국 대중문화에 대한 비평입니다. 그래서 가능하다면 그 비평을 읽는 사람들이 경각심을 가지고 깨우칠 수 있었으면 합니다. 두번째는 말하자니 조금 우습지만, 새로운 사회 비판 자원을 공부하고 발굴하는 일입니다.

슈바이거 (웃음) 성공하시기를 기원합니다.

다이진화 역시 "할 수 없음을 알지만 그것을 한다"는 유가적인 태도지요.

서양 지식인과 중국 문화의 현실

슈바이거 유럽이나 미국 지식인의 연구는 자신들의 삶과 큰 관계가 없는 유희 같습니다. 어떤 때는 제 자신도 그렇습니다. 그래서 조금 전에 선생님께서 말씀하신 프랑크푸르트 학파나 벤야민(Walter Benjamin) 등에게 특별히 탄복합니다. 왜냐면 그들의 삶은 사유와 밀접한 관계를 맺고 있기 때문입니다. 저는 1960년대에 태어났습니다. 저희의 윗세대는 1968년의 혁명을 겪었지만 저희 세대에게는 아예 그런 역사가 없었습니다.

다이진화 혁명 이후의 세대이니까요.

슈바이거 그렇습니다. 저희들이 무엇을 연구하든지 중국 문학은 특별한 의미 없이 동떨어진 문제인 듯했습니다. 왜냐하면 저희들과 큰 관계가 없었기 때문이지요. 물론 어떤 의미에서는 제가 계속 중국에 대해 연구를 하고 있었으니 중국 문학은 저와 큰 관계가 있기는 합니다. 그렇지만 그런 것은……

다이진화 알고 있습니다. 그러나 그것은 삶과 연관된 문제가 아니지요.

슈바이거 그렇습니다. 저희 대학에서 1968년 운동에 참가했던 교수님들과 그들의 경험에 대해 토론을 벌인 적이 있습니다. 지금 그들이 모두 아주 중요하고도 높은 지위에 올랐다는 것도 상당히 우스운 일입니다.

다이진화 그것이 아마 현대 지식인들의 숙명이겠지요. 저는 최근 쓰고 있는 수필에서 다음과 같은 질문을 했습니다. 1968년 이후 유럽 지식인들은 롤랑 바르트가 "우리가 사회 질서를 전복할 수 없다면 언어 질서를 전복하자"고 말한 것처럼 물러나 서재로 돌아갔습니다. 그렇다면 중국 지식인들에게는 그런 진실한 공간이 있는가 하는 질문입니다. 사회적인 사명감을 포기하고 물러나려고 할 때(사실 저도 그런 강렬한 바람이 있습니다. 그런 공간이 있다면 저도 물러나기를 간절히 희망합니다만), 문제는 그런 공간이 있는가 없는가 하는 점입니다. 저는 그런 공간은 결코 나타나지 않는다고 생각합니다. 제가 어떤 태도를 취하든지 그것은 여전히 사회적인 태도입니다. 물러나 서재로 들어가겠다고 선언을 할 수는 있습니다. 그러나 그것은 더 이상 현실에 관심을 쏟지 않겠다는 선언일 뿐 결코 완전히 현실에 무관심할 수 있다는 사실을 의미하지는 않습니다. 오히려 현실이 그 사람에게 관심을 쏟음으로써 그도 어쩔 수 없이 관심을 갖게 될 것입니다. 왜냐면 매우 형이하학적인 의미에서 현실은 사람들의 기본적인 생존이나 의식주와 연관되어 있기 때문입니다. 예전에 저는 그것을 비극적인 운명이라고 여겼습니다. 그런데 1995년 미국에서 오랜 시간을 보내고 난 후 저는 그것이 행운일지도 모른다고 생각하기 시작했습니다. 미국 지식인들은 너무 똑똑하고 열정적이지만 그들이 하는 일은 대학 체제 밖에서는 관심을 끌지 못하기 때문입니다. 대학 체제 자체도 어떤 의미에서는 시장이고 시스템이었습니다.

슈바이거 상황이 약간 다르기는 하지만 유럽도 점점 그렇게 변해 가고 있습니다. 예를 들어 저 자신만 봐도 기회가 없기도 했지만 그럴 필요도 없었습니다. 다른 사람의 개입이나 관심을 요구하는 사람이 없었습니다.

다이진화 중국의 '문제'는 기회와 요구가 너무 많다는 점입니다. 그래서 저는 종종 '참여'의 유혹을 느끼기도 하고, 어떤 때는 약간 참여를 하기도 했습니다. 그러나 그래도 역시 물러나기와 거절하기를 선택했습니다. 왜냐면 현재 중국의 문화는 아주 복잡한 국면에 처해 있지만 현실 속의 어떤 역할은 상대적으로 단순하고 명확한 역할을 의미하기 때문에 일단 참여하게 되면 반드시 본래 잃기 원치 않았던 많은 것들을 잃을 것이기 때문입니다. 그래서 저는 현실에 대해 발언은 하지만 현실 속에서 역할을 하지 않는 위치를 지키고자 했습니다. 그것은 어쩌면 상상에 불과할지도 모르겠지만요.

슈바이거 질문이 또 하나 있습니다. 중국에 대한 서양인들(유럽과 미국 사람들)의 논의에 있어서 문제가 무엇이라고 생각하시나요?

다이진화 그것 역시 큰 질문이네요. 제가 보기에는 중국의 문제를 언급하는 데 있어서 대학에 있는 지식인과 그렇지 않은 지식인들이 상당히 다른 듯합니다. 중국학을 하는 학자들과 그렇지 않은 학자들도 다르지요. 제가 만났던 서구 지식인들은 대부분 대학에서 중국학을 하는 사람들입니다. 그들 대부분은 상당히 성찰적이고 양지(良知)를 가지고 있습니다. 중국에 대한 진정한 관심도 지니고 있습니다. 저도 중국학이 유럽과 미국에서 다소 주변화된 학문 분야임을 알고 있습니다. 그들은 분명 특별한 이유와 진정한 관심을 지니고 중국학을 선택했을 겁니다. 저는 지금 주로 인문학자를 말씀드리는 겁니다. 제가 만났던, 대학에 있지 않은 지식인들은, 아주 제한적이기는 했지만 순수한 의미의 오리엔탈리즘은 아닐지라도 중국 문제를 논의함에 있어 성찰이 결여되어 있다는 점이 문제라고 생각합니다. 동양이나 중국에 대한 상상, 혁명이나 사회주의에 대한 그들의 상상은 그들 자신과 눈앞에 있는 중국 현실 사이를 갈라놓고 있습니다.

영화연구를 하면서 아주 절실히 느끼지만 수용할 수 없는 것은 두 층위에서의 '이중적 기준'입니다. 하나는 제가 수업시간에 종종 언급하는 것입니다. 저는 소위 탈냉전이라는 식의 언급을 사용하는 데 조심하고 있습니다. 서구 세계 속에서 중국 문화가 처해 있는 상황을 보면 '냉전'은 아직 끝나지 않았기 때문입니다. 자신들의 문화 속에서는 '좌파'이고 자본주의 문화의 비판자인 몇몇 서구 지식인들은 중국 문제를 언급하기만 하면 금세 우파와 다를 바 없는 입장을 취합니다. 그래서 아주 단순화된 이데올로기로 옳고 그름과 우열을 가릅니다. 그것은 두번째 층위의 이중적 기준을 가져옵니다. 그들은 유럽이나 미국의 문학과 예술작품을 평가하는 기준과 중국의 작품을 평가하는 기준이 다릅니다. 예를 들어 유럽의 영화평론가들과 영화제 심사위원들은 중국의 '지하영화'에 대해 무조건 찬사를 보냅니다. 영화학과 학생들 과제물 수준의 영화들도 걸작으로 치켜세웁니다. 그들이 공개적으로 어떤 작품에 대한 자신들의 지지가 '정치적 지지'라고 밝힌다면 저는 할 말이 없습니다. 그러나 그들은 '예술적 평가'를 하고 있습니다. 그렇지만 그런 평가와 유럽 영화를 대하는 그들의 기준은 아무런 관련이 없습니다.

슈바이거 그런 이중적 기준을 반대하시나요?

다이진화 물론입니다. 그렇게 하는 전제와 결과는 소위 중국 문제의 '특수성'을 강조하는 냉전식 사유와 실천입니다. 탈식민이나 신식민 문화의 사례라고도 말할 수 있습니다. 물론 그 문제 자체는 아주 복잡합니다. 저는 유럽이나 미국의 예술 기준이 유일한 기준이라고 여기지 않습니다. 그러나 근·현대 중국 문화, 특히 1990년대 이후의 문학과 문화가 전지구화 과정 속에서 서구 기준을 참조해 세워졌음은 의심할 수 없습니다. 이중 기준을 사용하는 그런 사람들은 서구중심주의에 대한 성찰에서 비롯한 것이 아니라 오히려 자신들의 권위감에 대한 믿음에서 출발했습니다.

슈바이거 선생님께서 그렇게 보신다니 아주 기쁩니다. 그것은 제가 계속 곤혹스러워하던 문제였습니다. 유럽 문학에 대한 저의 이해로는 몇몇 중국 문학작품은 좋아하기 어려웠습니다. 하지만 다른 기준으로 평가해야 할지도 모른다고 늘 생각해 오던 터였습니다.

다이진화 물론입니다. 그 속에 국내외 학계가 공통으로 직면한 문제가 있습니다. 바로 문화연구의 흥미와 문학 및 예술 평가 사이의 모순과 혼동입니다. 저는 어떤 작품의 문학적·예술적 가치 때문이 아니라 그 작품의 문화적 특성 때문에 흥미를 느끼기도 합니다. 어떤 것들은 정반대입니다. 정치적으로 아주 정확하지는 않지만(물론 완전히 잘못된 것은 아니지요) 문학적인 가치를 지니고 있기도 합니다. 어떤 사람들은 부르디외와 포스트모던 이론 이후에 순수한 문학·예술의 평가 기준이 더 이상 존재하지 않는다고 여기고 있습니다. 저는 거기에 맞장구칠 수 없습니다. 어쩌면 그것이 저의 뒤떨어진 점일지도 모릅니다. 하지만 마땅히, 그리고 반드시 양자를 구분해야 한다고 생각합니다.

슈바이거 저는 서구 지식인들이 진정으로 중국 사회 현실을 인식하기는 어렵다고 생각합니다. 어떤 경우에 그들이 하는 일은 중국에 대한 오독을 더 심화시키고 중국 문화가 직면한 어려움을 강화시키고 있습니다. 어떤 방식으로든 그들이 자신의 문제를 이해하도록 할 가능성이 있을까요?

다이진화 제가 보기에 그것은 소위 '제3세계 문화의 숙명' 입니다. 숙명이라고 하는 이유는 그것이 변하기 어려운 현실이기 때문입니다. 그러나 동시에 저는 선생님께서 너무 낙관적이라고 생각합니다. 적당한 길을 찾아 그들에게 '말해' 주고 그들에게 알려 주기를 희망하시니까요.

슈바이거 그것은 아주 단순하게…….

다이진화 단순한 게 아니라 낙관적인 겁니다. 거기에 문화적인 입장이나 선택뿐만 아니라 선생님께서 여러 측면의 사실을 보았느냐 아니냐 하는 점이 작동되고 있기 때문입니다. 그리고 거기서 정말로 작동되는 것은 종종 자본주의적 논리이기 때문입니다.

슈바이거 거기서 작동하는 것이 자본주의적 논리라는 점에는 동의합니다. 물론입니다.

다이진화 아주 단순한 예를 들어 보죠. 여기 시장이 있다면 우리가 왜 안 가겠습니까? 여기 아주 싼 노동력이 있으면 우리가 왜 사용하지 않겠습니까? '인권'이나 '검열 제도'는 '우리' 손에 든 간판에 불과합니다. 선진국과 다국적 기업의 이익이 우선순위입니다. 심지어 '그들'이 아동이나 여성을 노동력으로 사용할 때 우리는 모르는 척해야 합니다. 그들이 민주적입니까? 그러나 그들은 민주적이어야만 합니다. 그들은 아동 노동력을 사용해서도 안 되고 여성 노동력을 착취해서도 안 됩니다. 그렇지만 그들이 더 이상 아동 노동력과 아주 싼값의 여성 노동력을 사용하지 않을 때가 되면 우리는 이미 우리의 가공업을 다른 곳으로 옮길 것입니다. 그것은 제3세계 국가에서 순환적으로 발생하는 사실입니다. 그 후에는 그런 국가들의 경제가 비약하는 '기적'이 발생하겠지요. 그것이 제가 말하는 '숙명'이고 '바뀔 수 없는 일'입니다. 그런 자본주의 논리 앞에서는 문화에서 정치에 이르기까지 모든 것이 '부가적인 유희'이지요.

양지가 있는 서구 좌익 지식인들의 노력이 더 큰 역할을 하기는 어렵습니다. 그래서 저는 그런 부분이 아니라 중국 지식인들에게 더 큰 관심을 기울이고 있습니다. 아직은 이 문제에 대한 사고가 무르익지는 않았지만 5·4부터 지금까지를 탈식민주의적 각도에서 보면(탈식민 이론 자체에 문제가 있기는 합니다만) 중국에 대한 자본주의 문화 혹은 서구중심주의 문화의 침투가 대부분 직접적으로 외국인을 통해 완성되지는 않았다고 생각합니다. 직접 전파한 요소가 있을까요? 분명히 있기는 합니다. 예를 들어 초기 선교사가 있습니다. 그러나 역사적으로 볼 때 직접적인 전파는 크게 성공하지 않았습니다. 그런 점에서 중국의 상황은 다른 제3세계 국가와는 조금 다릅니다. 그것은 역사나 민족의 문화, 언어 등과 관련되어 있을 겁니다. 그런 전파를 정말 성공적으로 실현한 사람들은 중국 지식인들이었습니다. 중국 지식인들은 줄곧 서구 문화나 자본주의 문화의 '번역가', 또는 '중개인'의 역할을 담당해 왔습니다. 예를 들어 5·4 시기가 그랬습니다.

저는 탈식민에 대한 논의 중 일부를 인정합니다. 예를 들어 오늘날 우리 세대 사람들은 중국의 역사와 문화를 외부의 시각에서 벗어나서 바라볼 수 없습니다. 그것은 소위 현대인의 시각일 뿐만 아니라 서구주의적인 시각입니다. 학자가 되기로 마음먹기 시작할 때쯤부터 제게 민족문화에 대한 무의식적 허무주의가 있음을 발견했습니다. 좀더 분명하게 말하면 중국 문화에 대한 극도의 무지라고나 할까요. 그래서 왜 그렇게 됐는지를 질문하기 시작했습니다. 그러고 나서 제 자신이 정말로 루쉰이 말한 바를 실천하는 사람임을 발견했습니다. 루쉰은 중국 책을 읽으면 청년들에게 해가 된다고 말했었지요. 저는 대략 스물한두 살 때까지 아무런 중국 전통 서적도 읽지 않았습니다. 단지 번역된 책, 현대 시적민을 읽었습니다. 그것은 저 개인만이 경험이나 행위는 아니었습니다. 그 당시 저는 개인적인 선택을 할 수 있는 그런 공간을 갖고 있지 않았으니까요. 아마도 그것은 한두 세대 사람들의 공통된 경험일 겁니다. 제가 진정으로 지식인으로서 문화적 실천에 개입하게 됐을 때 무엇보다도 중국 문화가 여전히 나의 문화적 의식과 잠재의식 속에 깊이 내재되어 있음을 발견하기는 어렵지 않았습니다. 그렇지만 그 다음에 저는 그에 대해 너무나 무지했기 때문에 내재화된 문화적 사실을 되돌아보고 반사할 정도에는 이르지 못했습니다. 심지어 그 때문에 스스로를 지식인이라 부르기도 어려웠습니다. 미국 학자가 스페인의 오늘날 문화를 언급한 말을 빌려서, 저는 그것을 문화의 '내재적 유배'라고 부릅니다.

제가 참여했고 두 눈으로 보았던 1980년대를 또 다른 예로 들 수 있습니다. 우리가 조금 전 말했던 맹목적 계몽이나 열정처럼 1980년대의 거의 모든 지식인들은 진보적이고 발전적이었고, 세계를 따르고 세계를 향해 나아가는 일에 열정적으로 환호했습니다. 그러나 그런 문화적 실천은 중국의 역사에 대해, 고대 중국뿐만 아니라 근대에서 현대, 오늘날에 이르는 중국의 역사에 대해서는 상당히 무지한, 적어도 그릇된 전제 하에서 이뤄졌습니다. 최근 저는 거의 매일 그러한 자료들을 발견하면서 아주 놀라고 있습니다. 그러나 1980년대에는 그에 대해 아무런 느낌이 없었습니다. 그것이 진리이고 사실이라고 확신하고 있었기 때문입니다. 아주 간단하게 초급 영어 교과서를 예로 들어 보지요. 제1과는 아시아를 다루고 있습니다. 본문은 아시아가 가장 큰 대륙이라고 말합니다. 그 다음에 아시아는 아주 오래된 문명을 갖고 있지만 우리는 지금 낙후되어 있기 때문에 부단히 앞으로 나가가야 한다, 우리에게는 이미 시간이 많지 않다고 말합니다. 그렇게 잠재된 서구 중심 공식이 표현되지 않은 곳이 없습니다. 몇몇 사회학자들과 만나면 그들은 저에게 가장 기층의 장소, 가장 빈곤한 마을로 가서 기층 간부나 촌장이 하는 말을 들어 보라고 말합니다. 그들은 '서구화'를 주장했던 1980년대 엘리트 지식인의 언어를 사용하고 있었습니다. 그래서 저는 가끔 농담 삼아 "중국에서 생활하면서 후기 구조주의를 공부할 필요가 없어야 바로 후기 구조주의자입니다"라 말합니다. 역사가 어떻게 쓰였는지, 문화를 구성하는 힘이 무엇인지, 문화가 어떻게 다시 쓰이고 현실을 구성하는지를 두 눈으로 볼 수 있기 때문입니다.

근대 이래로 문화를 구성하는 힘은 중국 지식인들 자신에게서, 서구 문화의 도움을 받은 효과적인 실천에서 나왔습니다. 그래서 조금 전 선생님의 문제에 반박하여 제가 중국 지식인들에게 더욱 관심을 기울인다고 말했던 것입니다. 그들이 서구 문화를 받아들이고 서구 언어를 사용하면서 서구 문화와 중국이라는 제3세계 현실 사이에서 어떤 역할을 하는지에 관심을 기울이고 있습니다. 사이드(Edward W. Said)나 스피박(Gayatri Spivak)을 포함한 서구 지식인들은 대학 제도 속에서 힘을 발휘할 수 있을 뿐입니다. 그러나 대학 제도는 사실 자본주의 체제의 흥미로운 구성 요소일 뿐입니다. 대학 내의 문화 비판이 자본주의 현실을 바꿀 수 없음은 이미 1968년 '5월혁명'이 증명했습니다. 그래서 서구 지식인들에게 중국의 사회 현실을 책임지라고 할 필요는 없다고 생각합니다. 바로 전지구화된 자본주의 환경과 중국 지식인 자신이 더욱 책임을 져야겠지요.

슈바이거 맞습니다. 저의 뜻도 물론 어떤 게 가장 좋은 방법이냐를 그들에게 말할 수 있는가는 아니었습니다.

다이진화 알고 있습니다. 당신네 서구인들에게 책임지라고 해서도 안 되고, 서구인들이 책임을 지더라도 아무런 의미가 없다고 생각합니다. 설사 서구인들이 아무리 책임을 다하더라도 말이죠. 왜냐하면 서구의 대학 문화는 중국과 아주 거리가 멀고, 또 어떤 의미에서는 자본주의적 현실과도 매우 요원하기 때문입니다.

4_혁명, 이데올로기 비평, 문화연구 :
1968년 5월과 영화[*]

'5월혁명'과 현대 세계

왕아이 1998년은 1968년 프랑스에서 일어난 5월혁명 30주년이 되는 해입니다. 5월혁명은 거대한 역사적, 문화적 사건이었습니다. 혁명이 유럽 지식계와 전 세계 지식인들에게 준 영향은 부인할 수 없는 사실입니다. 5월혁명은 '20세기 최후의 혁명'이었습니다. 그리고 자본주의의 시대에 최초로 주류 이데올로기에 저항을 시도한, 고독한 군중의 표현이었습니다. 5월혁명이 막을 내린 뒤 『카이에 뒤 시네마』(*Les Cahiers du Cinema*)는 '영화·이데올로기·비평'이라는 새로운 전략을 제안했고, 영화이론계에서도 '이데올로기 비평'으로 전향이 이루어졌습니다. 무엇보다 5월혁명이 프랑스 마르크스주의 영화이론가와 인문학자들에게 뼈저린 고통이었다면, 그 역사적 사실은 선생님과 같

---

[*] 이 대담은 1998년 2월 6일 베이징대학에서 이뤄졌으며, 질문자는 왕아이(王咏; 베이징대학 비교문학·문화대학원)이다.

은 제3세계 지식인과 영화이론에 종사하는 사람들에게는 어떤 의의가 있다고 생각하십니까?

다이진화 5월혁명의 실체는 우리가 반추하는 과정을 통해서만 비로소 이해할 수 있는 역사적 사실이라는 점에 우선 주의해야 합니다. 어떠한 의미에서도 우리 모두는 경험해 보거나 참여하거나 함께 누려 본 적이 없는 역사적 사건입니다. 비록 5월혁명이 일어난 기간에 대륙의 관방 매체에서도 보도를 하기는 했습니다만, 그것은 저와 동시대인 혹은 이전 세대가 인지할 수 있는 문화 경험은 아니었습니다. 당시 사람들이 '홍위병 운동'의 폭풍이 유럽을 휩쓸었다는 시각으로 이 혁명을 이해했거나 중국이 '세계혁명의 중심', '붉은 심장'이라고 상상하며 열광했는지는 모르지만, 중국인들로서는 그 혁명의 의의를 이해할 수 없었습니다.

만약 중국인들이 일찍이 5월혁명의 과정을 함께 경험했다면 어쩌면 홍위병이 "세계를 향해 붉은 기를 꽂겠다"는 따위의 광적인 생각을 하지는 않았을지 모릅니다. 그러나 분명 5월혁명은 당시나 그 이후에도 결코 마르크스주의적 의미에서 이해되거나 동일시되지는 않았습니다. 1980년대에 이르러서야 중국 지식인들은 5월혁명의 표상을 더 많이 접할 수 있게 됐습니다. 아주 오랫동안 그것은 조롱의 대상이었습니다. 대다수 사람들은 5월혁명을 문화대혁명에 대한 서구 사람들의 무의식적 혹은 맹목적인 모방이라고 가볍게 생각해 버렸기 때문입니다. 중국에서 홍위병 운동이라는 그토록 거대하게 '왜곡된 연극'이 연출됐을 때 서구의 일부 멍청한 사람들은 녹색 군복과 붉은 책[마오쩌둥 어록]을 졸렬하게 모방하기도 했습니다. 5월혁명과 관련된 모든 문화 징후와 그것이 퇴조한 뒤 일어난 히피 문화는 치료할 약도 없는 부패하고 몰락한 서구 자산계급 문화의 전형으로 여겨졌습니다. 그것은 적어도 반(反)자본주의 문화가 아닌 자본주의 문화에서 일어난 일이므로 주류 문화 담론 체계에서 실행됐다고 받아들여졌습니다. 중국의 지식인들은 그에 대해 어떠한 판단도 하려 하지 않았습니다. 5월혁명은 중국 지식인들이 느끼고 받아들이는 과정에서 왜곡됐다고 말할 수 있습니다.

우리는 새로운 여과를 통해서야 비로소 비교적 정확하게 5월혁명의 의미를 이해하게 됐습니다. 사르트르와 푸코, 그리고 롤랑 바르트, 특히 후자를 통해 새로운 5월혁명의 판본을 이해하기 시작했습니다. 1980년대 중·후반 이러한 프랑스 사상가들의 사상과 생애가 중국에 번역·소개되면서 전체 유럽 지식계와 유럽 역사 그리고 후기 구조주의 이론에 대한 5월혁명의 의의가 비로소 우리의 시야에 차츰 드러났습니다. 그 후 중국 지식인들은 비로소 동일시하거나 공유하는 방식으로 그 시기의 역사를 받아들이기 시작했습니다. 1980년대가 지난 뒤 오늘날에 이르기까지 5월혁명은 제 자신에게 있어 이미 특수하고 내재화된 역사 경험이 됐습니다. 그것이 단지 제 개인의 경험일 뿐인지, 아니면 저와 동시대인 혹은 특정한 부류들만의 경험이라고 말해야 할지 잘 모르겠습니다. 적어도 저와 저의 동료들은 여전히 상당히 직감적인 방식으로 5월혁명을 인지하고 그 고통을 느낄 수 있습니다.

왕아이 5월혁명에 대한 선생님과 동시대 다른 학자들의 인식은 마치 혁명 일반에 대한 태도를 언급하고 계시는 듯합니다. 그러나 세기말은 '혁명과의 고별'이라는 논조가 성행했던 시기였습니다. 혁명에 대한 공감은 '역사와 인민에 관한 기억'과 관련되는데 선생님께서는 어떤 측면에서 '혁명'을 기억하고 인식하십니까?

다이진화 제가 이해하는 '혁명'은 양식 있는 오늘날 유럽 지식인들에게는 여전히 내재된 기억입니다. 제가 잘 알고 있는 프랑스 지식인들은 지금까지도 여전히 매우 분명하고 지극한 애정으로 파리코뮌을 기억합니다. 그 혁명은 그들의 '기억 명세서' 중 아직까지도 상당히 중요한 항목입니다. 파리에서 프랑스 지식인 친구들에게 교회당을 안내해 달라고 한다면 아마 거부당할 것입니다. 물론 어쩌면 곤란한 나머지 노트르담 성당에 함께 가자고 동의할지도 모릅니다. 하지만 만일 관광객 신분으로 사크르쾨르 사원을 구경하겠다고 하면 아마 반농담으로 절교하겠다고 협박할 것이고, 진지하게는 가지 말라고 권할 것입니다. 왜냐하면 사크르쾨르 사원은 파리코뮌 의용군들이 최후에 도살당한 지점에 건립된 것으로, 지상의 신권과 부르주아의 세속적 권력에 무력으로 저항했던 상징이기 때문입니다.

 이와 비교하면 오늘날 우리 지식인들은 근대 중국의 모든 혁명을 고별의 대상 혹은 비웃음의 대상으로 여기는 듯합니다. 예를 들어 황화강 의거, 5·30참사, 1927년대혁명, 우한대학살, 4·12정변 등의 역사가 완전히 잊혀졌습니다.* 1980년대 이후 다양한 글쓰기에서도 그 자취를 찾아볼 수 없습니다. 저는 "중국인은 정이 많고 잘 잊어버리는 민족"이라는 말을 즐겨합니다. 예를 들어 4·12정변이 잊혀져도 되는 일이라면 다른 시기에 다른 형식으로 일어나는 학살과 폭력도 마찬가지로 용서되고 잊혀질 수 있습니다. 최소한 우리와 동시대의 유럽 지식인들은 여전히 코민테른의 국제 의용군이 스페인공화국을 보위하려

했던 일을 격정적으로 기억하고 있습니다. 그들은 공산주의 실험이라는 몽상을 부정하는 날이 온다고 하더라도 일찍이 국제주의를 실천하고자 했던 노력을 부정할 수는 없다고 말합니다. 오늘날 우리는 몇 사람이나 인류 정신의 기적이라는 의미에서 장정(長征)을 대하고 또 기억하고 있습니까?

왕아이 중국 영화이론계와 문화계에서 어떤 이는 선생님을 '신좌파'(New left)라고 합니다. 5월혁명은 선생님 개인의 학술 활동과 인생사에서 어떠한 지위를 차지하고 있습니까?

다이진화 5월혁명 이후 유럽 지식인들이 갖게 된 '무망'(無望) 혹은 절망에는 두 가지 의미가 내포되어 있습니다. 자본주의 제도를 전복하려는 노력과 시도에 대한 절망, 실패한 혁명으로 인한 절망뿐 아니라 전체 서구 민주 체제에 대한 철저한 절망이 그것입니다. 5월혁명은 유럽

---

* '황화강(黃花岡) 의거'는 1911년 4월 27일 중국혁명동맹회의 황싱(黃興) 등이 광저우에서 군사를 일으켰던 사건으로 그 해 말 신해혁명에 큰 영향을 주었다. '5·30참사'는 상하이의 일본계 방직공장에서 노사 교섭 중 노동자가 총에 맞아 숨지는 사건을 계기로 1925년 5월 30일 이에 항의하기 위해 1만여 명의 학생, 시민 등이 모였으나 영국 경찰의 발포로 13명이 사망하고 수십 명이 부상당한 사건이다. 이 사건은 전국적으로 반제국주의 운동을 일으킨 기폭제가 되었다. '1927년대혁명'의 경우, 제1차 국·공합작(1925) 이후 1926년 국민혁명군이 북벌전쟁에 나선 시기부터 4·12정변 및 국·공합작 결렬에 이르는 일련의 과정을 보통 '대혁명'이라 부른다. 여기서는 '대혁명'이 실패했다고 일컬어지는 해인 1927년을 특정하여 지칭하고 있다. '우한(武漢)대학살'은 우한 정부 주석 왕징웨이(汪精衛)가 1927년 7월 15일 공개적으로 공산당과의 결별을 선언한 뒤 공산당과 노동자, 농민운동 지도자들을 체포하고 탄압한 사건으로, 이때 많은 공산당원이 살해당했다. '4·12정변'은 1927년 4월 12일 새벽 장제스(蔣介石)가 상하이의 폭력단체를 동원하여 노동자 규찰대를 습격한 이래, 20만 명의 항의 시위대를 향해 기관총을 난사하는 등 노동자와 공산당원을 무자비하게 학살한 사건이다. 이는 국·공합작의 결렬을 의미한다.─옮긴이

지식인들에게 어떤 의미에서 마지막으로 시도한 혁명의 실패를 의미합니다. 그들에게 있어서 혁명의 시대, 예언의 시대, 희망이 충만한 '세기'가 바로 그때 끝나 버린 것입니다. 19세기 말은 퇴폐와 초조, 희망이 교차했던 시대로 당시 사람들은 혁명에 모든 희망을 걸었던 기억을 갖고 있습니다.

그 혁명은 매우 직접적인 기의, 즉 자본주의는 인류에게 약속된 천국을 가져다줄 수 없으며, 이상적이거나 이상에 가까운 제도도 아닐 뿐 아니라, 그 폐단이 이미 낱낱이 폭로됐으므로 혁명이 바로 그러한 제도를 종식시키리라는 확신을 갖고 있었습니다. 혁명의 새로운 출로를 모색하고, 진정으로 '자유, 평등, 박애'를 실천하며, "인간의 본성에 부합하는" 사회 형태를 찾으려는 희망을 갖고 있었습니다. 그런 희망의 이름 중 하나가 20세기에 가장 빛났던 공산주의였습니다. 20세기 초부터 1968년 5월까지 서구 세계의 이러한 몽상은 오래되고 소박한 유토피아에 대한 충동으로서 다양한 형식으로 시도되고 실천되어 왔습니다. 제2차 세계대전 이후 서구 자본주의 세계는 전쟁의 참상으로부터 신속하게 다시 일어섰고, 공전의 발전을 시작했습니다. 이는 물론 혁명에의 몽상과 격정을 가진 사람들에게는 잔혹한 타격이었습니다. 현실적인 측면에서 폭력혁명, 즉 레닌주의의 실천 가능성이 사라졌음을 뜻하는 것이었습니다.

프랑크푸르트 학파 이론은 전후 자본주의를 극력 비판했습니다. 그들은 진정한 실천적 이론을 구성하여 나날이 완전해지는 자본주의 표상 아래에서는 치료할 수 없는 고질병이 있다는 점과 자본주의의 '기계적' 운용을 고발했습니다. 동시에 마르쿠제(Herbert Marcuse)와 같은 사람들도 현실혁명의 실현 가능성을 탐구했습니다. 그들이 후기 자본주의 혹은 후기 산업사회라고 말하는 이 시기에 이미 "소비에 있어 계급이 소멸"됐고, "노동조합이 황색화"되고 "블루칼라 노동자가 화이트칼라화"됐다고 여겼습니다. 사회 구조와 사회 조직적 측면에서 마르크스와 엥겔스의 사회혁명 구상은 실패한 것 같았습니다. 그래서 그들은 결국 혁명의 중심을 대학 캠퍼스로 전환하고 혁명의 희망을 대학생과 대학 지식인들에게 걸었습니다.

또 다른 중요한 역사적 측면은 5월혁명 이전 유럽 좌파 지식인들이 사실상 이미 매우 곤혹스러운 문화와 현실 상황에 처해 있었다는 것입니다. 그들은 자신들이 증오하는 미국식 모델의 현대 자본주의와 대면하게 됐습니다. 또 스탈린 시기 소련 사회의 잔혹한 상황이 서구에 폭로되면서 소련식 유토피아라는 몽상이 파괴되어 버렸습니다. 많은 유럽 지식인들이 이로 인해 1960년대에 공산당을 탈당했습니다. 그러나 그들의 탈당이 결코 좌파적 입장을 포기했음을 의미하는 것은 아닙니다. 그들은 계속 마르크스주의를 고수했습니다. 더욱 중요한 사실은 자본주의 제도와 타협하지 않고 오히려 저항하고 비판했다는 것입니다. 그들은 더 나아가 자본주의를 전복할 수 있는 또 다른 방법을 모색하기 시작했습니다.

그러나 5월혁명의 실패는 어쨌든 '최종적' 실패를 뜻하는 것이었고, 그 실패는 두 가지 의미를 담고 있습니다. 하나는 자본주의 체제 내에서 혁명이라는 이름으로 다른 형태의 사회를 건립하려는 이상은 실현하기 어렵다는 점입니다. 또 다른 하나는 5월혁명이 국가기관의 폭력적 진압으로 신속하게 종결됐다는 것입니다. 5월혁명은 하룻밤 사이에 파리에서 프랑스 전역으로, 심지어 전체 유럽으로 혁명의 불꽃을 점화시켰습니다. 학생들은 파리를 점령했고 드골은 탈출했으며, 절대 다수의 지식인들이 학생들의 행렬에 합류하는 상황은 사람들에게 커다란 희망을 가져다주었습니다. 심지어는 광적인 망상에 사로잡히게 하기도 했습니다.

고도로 발달한 자본주의 제도가 지식인들에게 보여 준 진면목은 여전히 파리코뮌을 진압할 당시의 얼굴이었습니다. 국가기구의 폭력 본성은 '자유, 평등, 박애' 라는 깃발을 세운 자본주의 체제에서도 조금도 변화하지 않았습니다. 이런 사실은 유럽 지식인들에게 잔존해 있던 서구 민주주의에 대한 일말의 환상을 완전히 부수어 놓았습니다. 그들에게 미국식 자본주의 혹은 소련식 사회주의도 아닌 제3의 길은 더 이상 존재하지 않았습니다(물론 일부 유럽 지식인들은 이로 인해 희망과 오해가 충만한 눈빛으로 문혁 중의 중국으로 눈을 돌리기도 했습니다).

"20세기 모든 예언은 혁명에 관한 것이었고, 20세기의 모든 기억은 혁명의 실패에 관한 기억이었습니다." 바로 이러한 두 가지 의미에서 지식인인 저는 역사와 유럽 좌파 지식인들의 경험과 더불어 깊이 있는, 어쩌면 오독으로 가득할지도 모르는 인식을 하고 있습니다. 이것은 일종의 문화적 역할에 대한 동질감이라 할 수 있습니다.

왕아이 어떤 논자는 5월혁명의 중요한 대가는 '나르시시즘적 개인주의' 를 조장한 것이라고 주장합니다. 그런 주장은 운동의 조직자나 참여자들의 원래 의도와는 정반대되는 것인데, 이러한 '나르시시즘적 개인주의' 는 1960~70년대 서구의 중요한 문화적 특징으로 여겨지고 있습니다. 나르시스처럼 거울을 끌어안고 자신을 비춰 봄으로써 자아를 오인하고 자신의 상상과 진실한 세계의 관계를 혼돈하게 되는 것이지요. 이러한 오인 모델은 1990년대 중국에서도 마찬가지로 존재했습니다. 5월혁명 실패 후의 '나르시시즘적 개인주의'의 등장과 성행을 어떻게 이해해야 하겠습니까?

다이진화 우선 저는 알튀세르가 5월혁명이 끝난 뒤 1969년에 발표한 논문「이데올로기와 이데올로기적 국가기구」(Ideology and Ideological State Apparatuses)를 매우 중요하게 생각합니다. 이 논문은 어떤 의미에서 절망적인 결론을 내리고 있습니다. "국가권력은 전이할 수 있지만 이데올로기적 국가기구는 영원히 존재한다"는 것입니다. 이러한 이데올로기적 국가기구의 기제에 대해 알튀세르는 명확히 밝혀 놓고 있습니다. 그러나 이런 이유로 영향력의 상실을 의미하는 것은 아닙니다. 우리에게 익숙한 말로 고친다면 이데올로기적 국가기구의 존재는 바로 루쉰이 말하는 '철의 방'과 비슷합니다. 깨어 있는 사람은 절망 속에서 고통스럽게 눈을 뜬 채 질식해 죽어갑니다. 차라리 혼수상태에서 죽어가는 사람들만 못한 것이지요. 5월혁명 이후 서구 세계는 진정으로 "다양함 속에서 평온한" 시기로 진입했습니다. 마르쿠제는 "소외된 사람들이 소외된 사회에서 평안하게 생활하고 있다"고 표현하고 있습니다. 그러므로 이러한 안정된 상황에서 사람들이 유일하게 얻을 수 있는 것, 자신을 유쾌하게 할 수 있는 것은 바로 '나르시시즘적 개인주의'일 뿐입니다. 나르시스가 거울에 비춰진 자신의 모습에 넋을 잃듯이, 나르시시즘의 유희와 허상 속으로 미끄러져 들어가는 것을 의미합니다. 이것이 바로 이데올로기 비평이 제시하고자 시도한 개인과 세계의 상상 관계 중 하나입니다. 프로이트와 라캉이 말한 '자아'는 독립적으로만 존재하는 것이 아니라 인간이 사회에서 차지하는 지위, 더불어 인간과 세계의 다양한 상상적 관계 속에도 존재합니다.

왕아이 마치 형이하학적 시각에서 '나르시시즘적 개인주의'에 대해 형성된 또 다른 이해가 있는 듯합니다. 파솔리니(Pier Paolo Pasolini)가 '너희는 너희 아버지의 총애로 망친 얼굴을 갖고 있다', '너희는 똑같이 사악한 두 눈을 갖고 있다'고 한 명언처럼 말입니다. 그는 5월혁명에 참가한 사람들을 "총애로 망친 아이들"이라고 말했습니다. 그로 대표되는 일부 프티부르주아들은 혁명 실패의 원인이 혁명 참가자들이 원래 갖고 있었던 열등감과 1960년대 문화운동에서 성행했던 '청춘지상주의' 때문이라고 생각했습니다. 그들은 또 혁명 후 상황 역전의 원인을 5월혁명 조직자와 참가자들의 무모한 자신감과 나르시시즘 혹은 모험주의와 비이성의 탓으로 돌립니다.

다이진화 어떤 격정적인 혁명이든 젊은 나르시시즘적 요소는 존재합니다. 청춘기를 지나 성인으로 진입하는, 즉 라캉이 말하는 거울단계에서 걸어 나와 사회 상징 질서로 진입하는 과정에서 항상 모종의 필연적인 요소가 형성되고 그 내부에 존재하게 됩니다. 역사상 실패한 어떠한 '혁명' 혹은 '반혁명'에도 모두 그런 젊은 나르시시즘적 요소를 쉽게 발견할 수 있는 듯합니다. 프랑스대혁명에서 5월혁명에 이르기까지 심지어 '청년 파시스트'에서 '홍위병'에 이르기까지 마찬가집니다. 마치 역사를 해석하는 방식과 관찰하고 성찰하는 시각을 잃지 않고 있는 듯합니다. 그러나 저는 이러한 해석 모델에 거부감을 느낍니다. 그런 식의 해석에는 의심할 바 없이 "성공하면 영웅, 실패하면 역적"이라는 심판 논리와 같은 고리타분한 역사 서술 방식이 포함되어 있기 때문입니다. 5월혁명처럼 격정을 용솟음치게 하다가 반짝하고 사라지는 '혁명' 실패의 원인을 젊은 열광적 나르시시즘의 탓으로 돌리고, 실패한 혁명에서 곧잘 "총애로 망친 아이들"을 지적해 내곤 하는 것이죠.

그러나 만약 그 '혁명'이 성공적으로 역사를 다시 쓰고, 새로운 정권을 창출해 냈다면 우리는 아마 또 다른 '서사 판본'을 가질 수 있었을 겁니다. 로베스피에르(Maximilien Robespierre), 당통(Georges Jacques Danton), 마라(Jean Paul Marat)를 쉽게 충동에 사로잡히는 젊은이로 폄하해 버리는 사람은 거의 없습니다. 이미 그들을 위인이라 치켜세우고, 조금의 의문과 오점도 허용되지 않는 '위대한 역사' 속에 이들 위대한 영웅이 보여 준 용기와 담력을 써넣습니다. 예를 들면, 우리는 고리키의 말을 인용하여 12월 당원*들을 "자신의 머리를 부딪쳐 얼굴이 피로 뒤범벅이 된 광적인 아이들"로 폄하할 수도 있고 혹은 위대한 순교자로 치켜세울 수도 있습니다. 저는 이러한 싸구려 '역사 역산법'을 혐오합니다. 저는 그렇게 잘난 척하면서 가볍게 실패자들을 심판하는 행위를 혐오합니다.

왕아이 1960~70년대 교체기 유럽 문화에서 영화이론과 후기 구조주의 그리고 서구 마르크스주의의 결합은 중요한 요소입니다. 『카이에 뒤 시네마』와 『스크린』 같은 잡지에서 발전한 이데올로기 비평은 영화가 일종의 사회 실천적 의미를 갖고 있느냐를 매우 중시합니다. 5월혁명 이후 철학자 질 들뢰즈(Gilles Deleuze), 움베르토 에코(Umberto Eco)와 같은 비평가들은 영화를 논의하면서 언제나 "행간에 의미를 숨겨

---

* 1825년 12월 26일에 무장봉기를 일으킨 러시아 혁명가를 통틀어 일컫는 말로 데카브리스트(Dekabrist)라고도 한다. 이들은 대부분 상류층 사람들로 구성되어 있었으며, 그들의 혁명은 비록 실패했지만 다음 세대에 깊은 영향을 주었다.─옮긴이

놓고 있는 듯"합니다. 바르트는 근본적으로 영화 텍스트와 제반 오락 활동, 일상용품 등과 같은 텍스트를 통해 나타나는 문화 현상을 동등하게 놓고 봅니다. 그래서 그것을 '오늘날 신화'의 일부분으로서 문화비평과 문화연구의 대상으로 여깁니다. 영화이론 담론과 비평 담론은 더 이상 미학과 취미 비평에 얽매일 수 없게 됐습니다. 그것은 다른 측면, 즉 담론적 측면에서 사회에 '개입'하려 시도합니다. 이러한 개입이 가능한 것인지, 만약 가능하다고 가정한다면 어느 정도까지 실현될 수 있을지가 문제입니다.

다이진화 '5월혁명'은 문화사에 있어 영원히 깊은 흔적을 남길 것입니다. 왜냐하면 그것은 서구 후기 산업사회의 유일한 혁명이었으며, 동시에 혁명문화 이론, 즉 프랑크푸르트 학파의 비판 이론의 진정한 실천이자, 이론의 탐구가 제공한 가능성에 대한 사회적 실천이었기 때문입니다. 그 이전에는 물론 이후에도 좌파 지식인들은 벤야민이 말한 '방랑하는 보헤미안'과 '밀실 중의 모반자'라는 이중 신분으로 자신의 문화적 신분과 역할을 자리매김하고, 마침내 자신들을 후기 산업사회와 대학에서 일어난 혁명에 개입하도록 이끌어 갔습니다.

다른 측면에서 말하면 '5월혁명'은 절대적인 결말을 의미하기도 합니다. 즉 20세기는 체제 내부의 전복 가능성을 상실했으며, 지식인들이 자신의 이론으로 사회적 실천에 직접 참여하거나 그것을 구성할 가능성이 철저히 종결됐음을 뜻합니다. 유럽 지식인들은 깊은 절망 속에서 역사의 무대에서 전면 철수하여 대학으로, 서재로 물러났습니다. '5월혁명' 이전 지식인들은 학원의 담장 안에 모여 학원을 '밀실'로 만들려 애썼습니다. 그들은 '모반자'로 자처하며 혁명을 대학 안에서 밖으로 밀어낸 것입니다. 그러나 '5월혁명' 이후 그들의 후퇴는 완전한 철수가 됐습니다. 학원 담장 안으로의 퇴각은 그곳이 그들이 유일하게 소유하고 있던 사회적 공간이었기 때문입니다. 그리하여 담론의 실천으로 사회혁명에 참여했고, 나아가 진정한 사회적 실천이라는 행위 방식에 투신했으며, 이러한 투신은 다시 담론의 실천, 문화적 실천 혹은 '의지적 실천'의 형태로 전향했습니다. 이런 상황에 대해 중국 인문학자와 영화이론가들에게 잘 알려진 바르트는 "우리가 현실 질서를 전복할 수 없다면 언어의 질서를 전복하자", "텍스트는 함부로 날뛰는 망나니이며, 엉덩이를 집권자에게 까발리고 있다"고 표현하고 있습니다.

'5월혁명' 이후 서구 영화이론은 다양한 이론적 담론을 적극 시험했습니다. 영화문화 이론에서의 적극적 실험과 현실 생활로부터 지식인의 전면 철수는 동일한 역사가 전진하는 과정에서 나타난 두 가지 측면입니다. 학문의 한 분야로서, 문화 기구로서 현대 영화이론은 바로 그 시기에 만들어지기 시작했습니다. 영화이론은 희망과 자각의 산물이며 또한 희망과 열정이 가탁된 학문 분야입니다 그렇게 영화이론은 좌파 지식인들의 격렬한 담론의 실험장이자 대화의 장이 된 것입니다. 이론 자체는 더욱 과격해지고 정치화됐습니다. '5월혁명' 이전에는 문화적 실천과 정치적 실천이 구분될 수 있는 듯했으나 '5월혁명' 이후에는 이론과 문화적 실천 모두 더욱 선명한 정치색을 띠게 됐습니다. 어떤 의미에서 말하면 영화이론 자체는 하나의 "혁명적 학문"이라 할 수 있습니다. 영화이론이 대학에 진입한 것은 '5월혁명'의 연장이었습니다. 영화이론은 '5월혁명'의 아들입니다. 그것은 고도로 학제화되고 정치화된 담론입니다. 그 중 가장 전형적인 것은 물론 이데올로기 비평입니다.

왕아이 그러나 '5월혁명' 이후 대학에 진입한 영화이론은 좌파 지식인들의 언어가 유희를 전복하는 중요한 담론 공간이 됐습니다. 기구화·체제화하는 학원의 학술 체계는 이론과 담론을 점차 소멸시키면서 학교에서 걸어 나와 사회적 실천에 투신할 가능성이 높아지고 있습니다.

다이진화 헤겔이 말한 '역사의 모략' 이 마치 다시금 검증되는 듯합니다. 최소한 롤랑 바르트 등과 같이 '5월혁명' 을 친히 겪은 지식인 세대는 여전히 언어의 전복과 반란을 꿈꾸고 있습니다. 이러한 점은 결국엔 그들이 어쩔 수 없는 이상주의자, 낭만주의자임을 증명하고 있습니다. 후기 구조주의자들은 언어 기제, 문화 기제가 이데올로기적 국가기구와 전체 사회권력 기제 모두의 기초가 된다는 것을 발견했습니다. 그래서 바르트나 데리다 같은 이들은 학교로 물러나 부르주아의 언어 기제를 전복하는 것이 근본적인 전복 전략이 될 수 있다고 생각한 것입니다. 1970년대 이후 신속히 발전한 후기 구조주의의 전복 대상은 로고스 중심주의와 전체 서구 인문학 체계 같은 서구 사회의 주류 이데올로기였습니다. 그러나 바로 자신들이 점차 '학원 체제' 를 건설하고 있다는 사실은 당초 예상치 못했습니다. 자본주의 체계도 매우 힘 있고 효과적으로 '학원 체제' 를 흡수하여 '5월혁명' 이후 '혁명' 은 학원의 특권이 되어 버렸습니다. 지식인들의 이론과 자본주의 문화에 항의하고 전복하려는 노력은 결국 '교환' 으로 변화·발전됐습니다. 즉 그들은 권력에 저항함으로써 또 다른 의미의 권력을 획득하게 된 것입니다. 그래서 어떤 이는 부르디외(Pierre Bourdieu)의 이론을 개괄하여 "지식인은 통치자 속의 피통치자에 불과하다"고 말하고 있습니다. 이런 측면에서 우리들은 부르디외가 행한 지식인과 문화자본에 대한 분석이 서구 지식 세계에서 커다란 반향을 불러일으킨 점을 쉽게 이해할 수 있습니다.

그러나 당대 서구의 기능적 지식인, 문화적 관습 및 문화적 기호에 대한 해부, 자본주의 세계에서 지식인 집단의 위치와 역할에 대한 부르디외식 비판을 오늘날 중국 대륙 지식인들을 분석·탐구하는 데 단순히 원용할 수는 없습니다. 왜냐하면 '혁명' 이후 서구에서 일어났던 역사적 과정이 중국에서는 진정으로 발생한 적이 없었기 때문입니다. 정확히 말하면 발생하고는 있지만 결코 완성되지는 않았습니다. 그러므로 중국 지식인의 역할과 입장은 결코 문제가 없는 게 아닙니다. 오히려 상당히 큰 문제가 있습니다. 서구의 학원을 모델로 삼으면(삼을 수밖에 없다면) 중국의 학원 체제는 결코 구축되지도 않았으며, 온전하다고도 할 수 없습니다. 중국의 학원 '세계'도 외부 세계와 완전히 격리되어 있지는 않습니다. 중국 지식인이 어떤 의미에서 특권을 갖고 있다면 그것은 구식 문인의 특권에 더 가깝다고 할 수 있습니다. 그것이 결코 푸코나 부르디외가 언급한 지식권력과 문화자본은 아닙니다(여기서 제가 말하는 '문인'은 취추바이瞿秋白가 말하는 "문인이 됐다고 모든 것을 다 알 수는 없다"고 비판한 '문인'이지 결코 벤야민이 말하는 '문인'은 아닙니다). 어떤 의미에서 부르디외가 말하는 '문화자본' 혹은 '상징자본'은 오늘날 중국에서 결코 '자본'이라고 인정받거나 운용될 수 없습니다. 이러한 현실의 또 다른 측면에, 중국 지식인이 개입할 수 있는 현실의 길은 여전히 넓게 열려 있습니다. 중국 지식인의 진정한 문제는 어떻게 개입하고, 어떠한 자세와 입장으로 개입하는가 하는 겁니다. 심지어는 "지식인이란 무엇인가?"라는 문제라고 할 수도 있습니다.

왕아이 그러면 현대 지식인이 창작 담론으로 사회적 실천에 직접 참여할 가능성은 없는 것일까요? 그런데 '5월혁명' 이후 고다르(Jean-Luc Godard), 엘리오 페트리(Elio Petri)의 영화, 그리고 다리오 포(Dario Fo)의 희곡 같은 창작은 더욱 선명한 저항과 투쟁을 보여 주고 있는 것 같습니다. 예술가들은 기존의 방침을 조금도 바꾸지 않고 위축되지 않은 태도로 어떠한 중간 노선이나 수정주의적 문화 전략도 거부하고 있습니다.

이탈리아 공산당 서기장 엔리코 베를링구에르(Enrico Berlinguer)가 우익 세력인 기민당에 '역사적인 타협'을 제안한 것에 대해 좌파 예술가들은 '5월혁명'의 실패를 목격했을 때나 소련군이 체코를 침범했을 때보다 더 큰 절망을 느꼈습니다. 예술가들은 심지어 더 이상 조직적인 정당에 기대를 갖지 않게 됐습니다. 다리오 포는 비수정주의화된 새로운 무산계급 좌파의 문화 정치 네트워크를 건립하려 시도하기 시작했습니다. 그는 예술의 실천이 가장 직접적으로 사회에 개입하고 사회를 변화시킬 가능성이 있다고 여겼습니다. 바꾸어 말하면 예술가는 혁명 투쟁에 완전히 헌신함으로써 자신의 창작을 인도하는 겁니다. 그들은 이론가보다는 안토니오 그람시가 말한 '유기체적 지식인'이 되는 데 더 열성적이라고 할 수 있을까요?

다이진화 그것은 자본주의에 저항하는 개인의 실천, 그리고 개인의 정치적·사회적 신분과 연관되는 문제입니다. 그러나 창작 담론이 시종 개인의 것이 아니었음을 인식해야 합니다. 그것은 인문주의·개인주의 전통이 오래된 서구라 해도 마찬가지입니다. 왜냐하면 만약 창작이 사회로부터 인정을 받는다면 그것은 이미 사회 행위가 되기 때문입니다.

특히 영화는 자신을 둘러싼 기제와 연관되지 않을 수 없습니다. 영화가 기제에 의해 명명되고 수용된다 해도 그것은 탈근대의 분산된 공간 중 하나일 뿐입니다. 탈근대와 후기 산업사회에서 '분산화' 자체는 주류 행위이며, 최소한 주류에 의해 인준된 행위라는 점을 주의해야 합니다. 제가 보건대 창작은 사회 권력의 공간 밖에 위치한 적이 없으며, 진정으로 철저하게 전복적 성격을 띤 공간을 구성할 수 없습니다. 소위 공공 공간 안에서의 저항도 마찬가지로 내부의 폭발 과정과 중심을 대체하려는 시도 속에서만 드러낼 수 있습니다. 1964년 사르트르가 노벨문학상을 거부했고, 1968년 칸영화제가 고다르와 프랑수아 트뤼포(François Truffaut)의 질책과 항의 속에 막을 내린 것처럼, 1960년대 예술가들은 여전히 이런 식의 개입을 전략으로 삼아 그들의 정치를 표명했다는 점에 유의해야 합니다. 그러나 "절대 고개 숙이지 않겠다"는 다리오 포의 태도는 결국 변하여, 그는 노벨문학상을 거부하지 않고 받았습니다.

여기서 우리는 역사의 위상을 자세히 관찰해야 합니다. 30년 동안 개입의 역할과 저항의 입장은 이미 또 다른 의미에서 상당히 성숙하여 규칙적이 됐습니다. 어쩌면 규칙을 지키는 유희가 되지 않았나 생각합니다. 1960년대를 되돌아보면 '5월혁명'은 "규칙을 어기는 유희"라 말할 수 있습니다. 이 '공평한 유희', 바로 자유, 평등, 박애의 자본주의 사회에서 개인은 확실히 많은 권리를 갖고 있었는데 그것은 규칙이 인정하고 부여된 권리였습니다. 이른바 저항의 권리였지요. 사르트르 철학을 아주 단순화한다면 한마디로 '아니오'의 권리, 거부의 권리라 할 수 있습니다. 이러한 저항의 권리는 사실상 허락된 것이자 유희의 규칙 안에서 '노는 법'입니다. 그러나 '5월혁명'은 시가전으로 전개됐고 대대적으로 규칙을 어겼습니다. 어쩌면 고다르로 대표되던 시대는 부정됐고 잊혀져 간다고 말할 수도 있겠습니다. 그래서 '5월혁명' 후의 창작 경향을 회고하는 자리에서 고다르는 "단지 우스갯소리와 회고와 몽상만이 남았다"고 말했습니다. 그래서 그는 1990년대의 작품도 「나를 위한 탄식」(*Hélas Pour Moi*, 1993)이라고 이름 지었습니다.

왕아이 사실상 다리오 포와 고다르의 상황은 완전히 같다고 할 수 있습니다. 그들은 모두 '5월혁명'과 1969년 '뜨거운 가을'*의 참여자였습니다. 다리오 포의 수상은 이탈리아에서 커다란 탄식을 자아냈습니다. 그것은 1997년 이탈리아 문화에서 발생한 몇 가지 사건에 대해 나타난 반응과는 완전히 달랐습니다. 디자이너 베르사체(Gianni Versace)가 피살되자 전국적으로 "철학자가 사라졌다"고 애통해했으며, 영국의 전 황태자비 다이애나가 교통사고로 사망하자 이탈리아 영국대사관은 애도하는 이탈리아인들의 헌화 물결로 뒤덮였습니다. 그런데 다리오 포가 수상했다는 소식이 전해지자 바티칸 교황청은 "치욕스럽다"고 했습니다. 문화부장관은 "유감스럽다"고 말했으며, 좌·우파 신문을 막론하고 비난이 끊이지 않았습니다. 심지어는 움베르트 에코조차도 참으로 의외라며 의아해했습니다.

그러면 다리오 포는 어떤 유희 속에 있는 겁니까? 규칙을 어긴 고다르를 영화사나 박사논문에 써넣는 까닭이 전위를 전화하여 전위의 형상으로 박제화함으로써 조용히 그의 종말을 기다리기 위한 것이라

---

* autunno caldo. 1960년대 말 이탈리아에서 권위주의에 항거하여 신좌파운동으로 번진 일련의 사회운동 중 1969년 학생·노동자가 연대하여 벌인 노동협약 개정운동에 대한 별칭.—옮긴이

면, 다리오 포에게 수여된 노벨상도 세기말 최후의 혁명가이자 반대파를 명명하고 편입시켜, '5월혁명'의 효과를 언어의 유희권 속에서 좌초시켜 결국엔 소실시켜 버리고자 하는 것이라고 볼 수 있을 겁니다.

다이진화 1980년대 중국 영화는 권위 있는 서구 영화제의 다양한 상황에 직면하여 국제적인 상의 권위성, 객관성, 그리고 공정성에 관해 분명하게 깨달았습니다. 저는 비평들 간의 너무도 많은 이견과 소란을 목격한 뒤 더 이상 어떠한 권위 있는 상에 대해서도 진정으로 신뢰하지 않게 됐습니다. 그러므로 확실히 '징후적 독해'의 방법으로 문화 예술의 국제적 수상을 대해야 합니다. 고다르가 '평생 공로상'을 수상했거나 혹은 다리오 포가 노벨문학상을 수상한 것은 한편으로는 어느 정도 우연성도 있었습니다. 하지만 다른 한편으로는 이 사건들을 모두 당대 자본주의 문화의 징후로 보고 읽어 낼 수 있어야 합니다. 우리가 중국 혹은 세계 문화의 어떤 문제를 다루더라도 여러 권력 기제의 운용, 다원적인 문화 공간의 다양한 충돌과 복잡한 공모를 항상 고려해야 할 것입니다.

이데올로기 비평과 중국의 비평 공간

왕아이 '5월혁명'은 확실히 프랑스와 세계 영화문화에 혁명적인 영향을 주었습니다. 특히 이데올로기 비평을 촉진하는 데 직접적인 역할을 했습니다. 『카이에 뒤 시네마』와 같은 잡지는 이론적·정치적으로 더욱 적극적인 입장에서 '영화비평'을 새롭게 정의하려 했습니다. 이것은 영화비평의 기준이 작가에서 정치로 전환했음을 의미합니다. 이데올로기 비평이 텍스트의 '글쓰기의 동력학'과 '환각의 정치'를 폭로할 때 가장 힘 있고 자주 사용했던 무기는 바로 알튀세르에게서 빌려 온 '징후적 독법'이었습니다.

이데올로기 비평은 결코 '작가론'의 종결(『기본 영화 기기의 이데올로기 효과』)이나 '장르 연구'의 새로운 탄생(『소년 링컨』)을 의미하지는 않습니다. 또는 작가가 '존재하지 않는' 상황에서 비로소 장르를 논의할 수 있다는 뜻도 아닙니다. 지금까지는 작가론 연구가 규범이 되어 왔습니다. 그래서 감독을 인문 전통의 의미에서 영화 작가로 여기는 감독론이 유럽 영화연구의 주류였으며, 장르 연구는 마치 할리우드에나 적용될 수 있는 것 같았습니다. 비록 작가론이 유럽 인문주의 미학 전통에 깊이 뿌리내리고 있지만, 그것은 오독 가운데 탄생한 까닭에 '미학 신화'라고 불리기도 합니다.

『카이에 뒤 시네마』는 일찍이 '미국 영화 작가' 120인을 선정한 적이 있습니다. 해리슨 포드(Harrison Ford), 앨프리드 히치콕(Alfred Hitchcock), 하워드 혹스(Howard Hawks) 등이 포함됐습니다. 이 작업은 작가의 존재가 말살된 미국 블록버스터의 거대한 흐름 속에서 영화에 '서명'할 수 있는 권리를 가진 주인을 찾아내 이름을 붙여 주기 위한 것이었습니다. 또 『카이에 뒤 시네마』의 젊은이들이 자신의 창작에 자기 이름을 확인하고자 하는 전략의 일환이었습니다. 누벨바그 (Nouvelle Vague, 新浪潮), 리브고슈(Rive Gauche, 左岸派)는 실천적 측면에서 작가론을 확인했고, 그것은 역사적 반증의 과정이었습니다. 그러나 그들이 한때 사랑에 빠졌던 미국 영화의 '진정한 작가'는 감독이라기보다는 차라리 장르 공식이라 할 수 있습니다. 이런 역사적 맥락을 고려할 때, 작가론을 출발점으로 삼는 심미주의적 감독론과 대형 제작 시스템을 전제로 하는 장르 비평은 중국 영화연구에는 응용될 수 없다는 사실을 인정해야 하는 걸까요?

또 다른 각도에서 말하면 작가/감독론이나 장르 비평을 막론하고 명백한 가설이나 요구가 있습니다. 분석의 대상이 되는 영화 텍스트가 결함 없는 미학적 실체라고 여기는 것, 다시 말해서 기술 조작이라는 측면에서 텍스트는 합격이라고 생각하는 것입니다. 그렇다면 우리는 마치 작가론 감독학과 장르 비평이 중국 영화연구에 발붙이기 어렵다는 사실을 다시금 인정하지 않을 수 없을 듯합니다. 왜냐하면 90년간 중국 영화사에서 '영화 작가'라 할 만한 사람은 페이무(費穆) 한 사람뿐이고, 장르라고는 가정 윤리극(차이추성蔡楚生과 쌍후桑弧의 초기 작품)뿐이기 때문입니다. 그렇다면 이데올로기 비평은 어떤가요? 프레드릭 제임슨(Fredric Jameson)은 「다국적 자본주의 시대의 제3세계 문학」에서 제3세계 텍스트를 연구하는 데 가장 좋은 도구를 찾아낸 것 같습니다. 그것은 물론 이데올로기 비평 및 징후적 독법을 의미하는 것입니다 전에 없이 복잡하고, 다양하며, 지나치게 많은 제3세계 문화 텍스트들 앞에서 이데올로기 비평이 과연 텍스트와 사회·정치 사이의 동역학을 더욱 효과적으로 제시해 줄 수 있다고 생각하십니까?

다이진화 어떤 의미에서는 그 말에 동의합니다. 그러나 한 걸음 더 나아가 지금 한 말을 단지 서사의 문제로만 본다면 "아직 말하지 않은 것은 이미 말한 것과 마찬가지로 중요하다"는 '서사'의 전제를 고려해야 한다고 생각합니다. 사실 작가론, 장르론, 이데올로기 비평이라는 세 가지 텍스트 분석 방법은 서구 영화문화의 맥락 중에 만들어진 것으로, 자신의 창작 실천, 문화 실천, 영화의 역사, 영화사 쓰기 등과 연관되어 있습니다. 그런데 왜 이런 것들을 중국에 원용할 수 있는지 없는지를 가정해야만 하는가요? 앞에서 말한 이론들은 중국 영화연구에 필요충분한 전제인가요? 당연히 여기에는 각 개인의 이론 취향과는 전혀 다른 문제가 존재합니다. 이것은 중국 본토 지식인이 중국 문화와 대면했을 때 직면하는 문제이며, 우리 자신이 시시각각 직면하는 문제이기도 합니다. 우리가 읽을 수 있고 접할 수 있는 것은 기본적으로 모두 서구의 영화이론 텍스트, 즉 서구의 문화이론 모델입니다. 우리의 지식 계보와 이론적 자원, 이론 무기고도 대부분 서구에서 들여온 것입니다.

그러나 중국 대륙의 어떤 문화 텍스트, 혹은 광의의 사회적·역사적 텍스트를 해독하고 분석할 때 우리들이 운용하는 서구 이론 언어는 규격이 맞지 않는 구멍처럼 곤혹스러운 지경에 빠질 수 있습니다. 그러나 이런 말을 전적으로 긍정할 때 또 다른 위험에 빠질 수 있습니다. 서구 이론은 모두 이질적인 것이며, 중국에서 응용될 수 없습니까? 만약 그 답이 긍정적이라면 다음과 같은 문제가 제기될 수 있습니다. 무엇에 근거해서 중국은 특수하다고 가정할 수 있습니까? '중국 문제'는 서구 세계와 어떠한 공통된 부분(물론 우리가 지금 논의하는 것은 소위 '공통의 인성人性'과는 아무런 관련이 없습니다)도 없지만, 중국은 근대 이래 이미 절망적으로 불가피한 전지구화의 과정 속으로 말려들어 갔습니다.

근·현대 중국은 전지구화 과정과 근대성 담론의 확장 과정에 줄곧 참여해 왔습니다. 처음에는 피동적인 참여자였으나 '17년'*을 비롯한 현대 중국은 중요한 역할을 담당했습니다. 영화는 전형적인 예입니다. 영화 문제는 단지 수입된 예술 양식으로서만 있는 것이 아닙니다.

처음부터 중국 영화는 전지구 영화 시장의 일부였으며, 대륙 중국 영화는 서구 영화, 할리우드 영화의 틈 사이에서 발버둥 치며 생존해 왔습니다. 그러므로 우리는 완전히 혹은 부분적으로 서구 이론을 참조하여 중국을 읽어 낼 수 있습니다.

미국 영화가 전형적으로 보여 주는 장르는 바로 장르 연구의 대상입니다. 이러한 영화는 미국 영화산업 체제, 즉 대형 제작소와 영화사, 분업 라인식 영화 생산 방식과 긴밀히 연관되어 있습니다. 예를 들어 미국 영화사를 살펴보면 네 편 중 한 편은 서부극입니다. 장르의 측면에서 미국 영화를 관찰하는 것은 대단히 효과적입니다. 그러나 중국에는 할리우드와 같은 대형 제작소나 8대 메이저 영화사도 없고 제작된 전체 영화를 분류할 수 있는 장르 범주도 없습니다. 그러면 장르론의 연구 방법은 결코 사용할 수 없는 걸까요?

「천자 제1호」(天字第一號)에서 「보안국의 총성」(保密局的槍聲), 「마귀와 거래한 사람」(與魔鬼打交道的人)에 이르기까지 하나의 장르를 구성할 수 없는 것일까요? 타이완과 홍콩 영화에서 동일한 장르로 구분할 수 있는 영화를 찾을 수 있다고 생각합니다. 예를 들어, 1980년대 홍콩 영화 중 '예라이샹'(夜來香) 시리즈, 심지어는 「황비홍」(黃飛鴻), 저우싱츠(周星馳) 주연의 '모레이타우** 영화' 및 쉬커(徐克)가 만든 영화는 모두 「천자 제1호」와 유사한 장르를 모방한 것입니다. 타이완에서도 이런 영화들이 여러 차례 제작됐기 때문에 국민당 특무기관 모

---

* 1949년 사회주의 중국 수립부터 1966년 문화대혁명 발발까지의 역사적 시기를 가리킴.—옮긴이
** 모레이타우(無厘頭, wulitou culture). 아무 관련도 없는 사물이나 현상을 일부러 조합하거나 왜곡시켜 웃음을 자아내거나 풍자하는 방식.—옮긴이

자를 쓴 사람은 가장 신비한 '비밀 공작'의 영웅이라고 아이들은 생각합니다. 이런 영화를 전부 열거한다면 중국 영화의 장르를 분류해 낼 수 있을 것이라고 확신합니다. 또 다른 근거로는 「천자 제1호」를 전후한 시기에 많은 모방작이 만들어졌고, 그 뒤 '반간첩 영화', '지하 공작 영화' 같은 장르와 또 그 이후 '스릴러 양식'이 순차적으로 만들어졌다는 점입니다. 항일전쟁 기간 동안 중국에는 국가 독점 자본의 대형 영화 체제가 형성되어 중국영화제작소와 중앙영화촬영소가 만들어졌습니다. 1949년 이후 대륙은 사회주의 계획경제 체제 아래 '대형 영화제작소' 체제가 확립됐습니다. 그렇게 영화의 형태/장르가 유지될 수 있었고, 이데올로기가 지니고 있는 의미는 전이되고 치환되면서 부단히 복제되어 왔다고 할 수 있습니다.

그리고 중국 영화사를 살펴보면 시대극, 무협극, 괴기 영화 등이 부단히 제작되고 있음을 알 수 있습니다. 아주 비슷하거나 같은 소재가 네 차례나 반복되고 있습니다. 즉 1920년대 무협영화 붐이 일어났을 때에는 다양한 민담과 민간 예술이 활용됐습니다. '고도'(孤島) 시기[1937~41년 상하이가 일본군에게 포위된 시기]에는 시대극이라는 단일한 소재가 나타났고, 1920년대와 비슷한 영화가 중복해서 만들어졌습니다. 1960년대 타이완과 홍콩에서는 야사(野史)를 주제로 한 영화가 만들어졌습니다. 동시에 이데올로기의 장벽으로 인해 타이완이나 홍콩과 완전히 단절된 대륙에서도 고대 연극영화가 인기를 끄는 등 거의 모든 원형 제재가 반복되고 있습니다. 끝으로 1980년대 홍콩에서 성행하여 동남아를 정복하고 1990년대 전 대륙 영화 시장을 장악한 홍콩의 시대극 「영웅본색」(英雄本色)은 린충(林沖)의 「야반도주」(夜奔)를, 「청사」(青蛇)는 『백사전』(白蛇傳)과 같은 소재를 반복해서 찍은 것입니다. 물론 포스트모더니즘의 연극적 모방과 혼성모방으로 가득했지요.

왕아이 소재가 같다고 해서 같은 장르라고 보기는 어려울 것 같습니다. 특히 장르를 "시각적 관습이 포함된 외적 형식으로 구성되어 있다"고 규정하면 더욱 그러합니다. 중국 영화사에서 몇 차례 있었던 시대극 영화의 열기를 중국 장르영화의 기초라고 여기고 반복 원칙을 구현했다고 인정한다 해도, "장르가 작가로서의 감독과 작품인 영화에 우선한다"는 측면에서 말하면 우리에게는 여전히 다양화된 장르가 없으며 그런 까닭에 반(反)장르적 작가도 없다고 할 수 있지 않을까요?

다이진화 하지만 이런 영화들이 공통적으로 보여 주는 외적 형식이 시대극이고 그 유래가 민간 문예라는 점은 명확합니다. 이런 영화들은 개작된 장르 양식이거나 '준장르'로 논의될 수 있지 않을까요? 그리고 후진취안(胡金銓) 감독의 작품 이래 부단히 반복되어 온 소재는 홍콩 영화의 성공적 장르가 됐습니다. 그것은 넓은 의미의 중국어 영화에서 가장 성숙한 장르라 할 수 있습니다. 구체적인 문화 현상과 텍스트를 대면할 때 절대적인 태도는 피해야 합니다. 장르 연구의 방법은 분명 모든 중국 영화에 적용할 수는 없습니다. 그러나 그 방법은 중국 영화 현상을 논의하는 데 부분적으로는 유용합니다.

　다시 작가론을 보기로 합시다. 작가론은 확실히 오독을 통해 만들어집니다. 『카이에 뒤 시네마』의 비평가들은 포드, 히치콕 등을 영화 작가라고 말합니다. 당시 프랑스의 문화적 맥락에는 프랑스 영화 전통에 대한 맹목적 반동이라고 할 수는 없지만 잘못을 바로잡으려는 과도

한 시도가 없지 않았습니다. 히치콕 같은 이는 전형적인 할리우드 체제가 창조해 낸 또 하나의 스타입니다. 그들은 체제와 장르 속에서 성공적으로 활동한 '영화 제작자'(film maker)입니다. 그러나 작가론은 전체 영화사의 중요한 전환점이었습니다. 작가론이 대두되고 실천된 이후 영화는 진정한 예술이 됐고, 정확히 말하면 '예술'로 인정됐습니다. 유럽 감독들은 고도로 개인화된 영화 창작 방식 즉 감독 중심, 감독이 시나리오 작가를 겸하는 실천 방식으로 영화가 '고전 시기'에서 '현대'로 넘어오도록 했습니다. 특히 주의해야 할 것은 바르트가 '작가의 죽음'을 선포한 후 영화 작가론이 대두됐다는 점입니다. '작가', 이 위대한 유럽 인문 전통의 상징이 인문과학에서 철저히 해체된 후 오히려 영화에서 새로운 형태로 나타났습니다. 서명의 권리가 가장 드러나지 않는 영화라는 예술 형태에서 '작가'가 부활했으니 참으로 역사의 아이러니라 아니 할 수 없습니다. 작가론은 유럽의 오래된 인문주의 전통과 영화, 이 돈 냄새가 충만한 20세기 예술이 결합하게 되는 역사적 계기를 제공했습니다.

중국 영화사를 논의할 때 영화가 멀리 5·4 문화혁명에서 정체됐다는 비애를 거론하곤 합니다. 중국 영화와 중국 신문화의 어긋남이 중국 영화에 있어 필연적으로 비극적 운명을 결정하게 됐다는 진술은 이미 권위적인 서술, 주류 담론이 됐습니다. 그러나 유럽 영화의 역사를 되돌아보면 마찬가지로 영화와 신주류 엘리트 문화의 어긋남과 부조화 현상을 볼 수 있습니다. 영화 작가론이 제기된 후 영화가 당당하게 대학에 진입하기 시작했으며, 유럽 엘리트 지식인에 의해 용납된 것은 모순된 일이라 할 수 있습니다.

이른바 '작가론'이 중국에 적용할 수 없다는 견해는 대체로 중국의 인문 환경과 문화사와 관련되어 거론됩니다. 그 중 가장 명백한 논거는 개인론이 중국에서 줄곧 매우 난처한 상태에 있었으며, 개인주의 문화가 종래에 뿌리내리지 못했다는 점입니다. 여기서 1990년대는 거론하지 않도록 합시다. 사실 1990년대도 '나르시시즘형 개인주의' 라고 단순히 이름 붙일 수는 없습니다. 그러므로 이런 문화 환경에서 작가론이 성립되기는 매우 어렵습니다. 인문 환경은 영화의 생산 체제와 시장과 연계되기 때문에 결정적으로 중국에서 '작가 영화'가 생산될 수 있는 현실 공간이 존재할 수 없는 것입니다. 비록 우리에게 문화 공간도 현실 공간도 없었지만 아이러니하게도 4세대, 5세대의 창작에 작가론만큼 깊은 영향을 끼친 것은 없습니다. 최소한 1980년대 전체는 모든 중국 대륙의 영화감독이 영화 작가를 추구했었습니다. 게다가 "감독 중심"의, "감독이 작가를 겸하는" 작가론의 정수는 5세대가 등장한 뒤 전에 없이 강한 힘을 가지게 됐습니다. 즉 감독이 시나리오 창작에 적극적으로 개입하게 됐습니다. 심지어는 일부 상업영화 감독들조차 주제와 표현 양식의 일치와 연속성을 추구하거나 영화의 앞부분에 "누구누구의 작품"이라는 자막을 삽입함으로써 지명도를 높이려 했습니다.

작가/작가론이 중국 영화에서 확실히 성공적으로 실천되지는 못했지만 그것은 1980년대 대륙 영화에 깊은 영향을 끼쳤습니다. 중국 영화 창작자들은 심지어 중국 영화이론가들이 '영화 작가론'과 '구조주의 작가론'을 혼용해 주기를 바랐습니다. 왜냐하면 구조주의 작가론의 해석 방식을 원용하면 창작자가 '작가'라는 호칭으로 불릴 수 있기 때문입니다. 사실상 피터 울렌(Peter Wollen)의 구조주의 작가론은 이미 트뤼포가 이론적으로 내세우고 실천했던 작가론은 아닙니다. 피터 울렌에게 '작가'라는 단어는 단지 "해리슨 포드가 하나의 구조다"라는 비유일 뿐입니다.

왕아이 작가 의식은 유럽 인문주의 전통과 연계되어 있고, 장르 관념은 할리우드 시스템과 연계되어 있다면, 우리는 제3세계 텍스트에서 이중의 결핍을 읽게 됩니다. 그러나 선생님 말씀처럼 역사의 전략은 곧잘 반(反)효과적인 형태로 나타납니다. 물론 제3세계 창작자가 어느 의식에 동조하더라도, 그들의 최종적 결과는 항상 본래 의도와 완전히 어긋납니다. 이것은 제3세계 문화에 대한 징후적 독해가 제공하는 가장 풍부한 샘플 아닐까요? 이데올로기 비평은 담론적 실천으로써 현실에 개입하려 시도하는 것 아니겠습니까?

다이진화 이데올로기의 관점에서 출발하면 대륙 영화에 대한 징후적 독해가 유효하다는 것이 비평 담론의 실천에 의해 증명된 듯하지만 이러한 결론 자체가 사실상 의심스러운 부분입니다. 우리가 이러한 비평 전략을 취하는 것은 아마 프레드릭 제임슨의 영향을 직접적으로 받았기 때문인지 모릅니다. 문화적 맥락의 암시 아래 제3세계의 텍스트를 국가적 알레고리로 보는 경향이 있습니다. 이러한 문제는 세 가지 측면과 관련됩니다.

　　우선 제3세계의 문화 현실 자체와 관련이 있습니다. 이런 의미에서 제임슨의 논리는 일리가 없지 않습니다. 다음으로 이론가 개인의 자세와 입장의 문제입니다. 제3세계의 영화·문화 이론가들은 현실에 '개입'하는 '유기적 지식인'의 역할을 하거나 혹은 그렇게 하려고 시도합니다. 영화 텍스트에 대해 발언을 할 때 어쩌면 이 텍스트를 통해 현실에 대해 발언하기를 희망하고 있는지도 모릅니다. 최소한 저 자신은 오랫동안 이러한 생각을 품어 왔습니다. 그래서 제가 영화 텍스트를 자세히 읽는 것을 보고 어떤 이들은 "참 대담하다"고 평했을 것입니다. 그들이 "대담하다"고 평하는 것은 비평가가 영화를 분석하는 가운데 현실에 대해 발언한 부분을 읽어 냈다는 것을 의미합니다. 그러나 이런 부분도 비평가들이 글을 쓰게 되는 동기 중 하나입니다. 오래전 저는 위화(余華)의 소설을 정독한 적이 있습니다. 위화는 중국 선봉(先鋒) 소설의 대표라 할 수 있습니다. 어떤 의미에서 그의 초기 작품은 '작가론'적 의미에 매우 근접한 문학적 실천이지만, 저는 그의 소설을 사회적 알레고리로 읽었습니다. 즉 그의 텍스트가 제공하는 문화 자료에 근거해 내가 말하려고 하는 현실의 이야기를 한 것입니다. 때로 비평가들은 비평 담론을 통해 사회에 개입하려 노력함으로써 '유기적 지식인'의 역할을 하려 합니다.

세번째 측면은 문화의 예측과 관련된 문제입니다. 직접 혹은 간접적으로 제임슨의 이론을 받아들인 비평가들이 그런 예측을 했습니다. 우리는 영원히 우리 자신이 읽기를 갈망하고 발견하기를 원하는 것만을 읽어 낼 것입니다. 비평가들의 또 다른 문제는 의식적이건 무의식적이건 권위적인 자세로 굽어보는 서방의 시점에 점령당해 있다는 점입니다. 우리는 무의식적으로 유럽의 '순예술' 텍스트를 참고해서 본토의 텍스트를 관찰하곤 합니다. 그러나 결과적으로 그들에 대해 순수한 심미관으로 관조하거나 분석하지는 못합니다. 예술가의 각도에서 보면 두 측면에서 문제를 발견할 수 있습니다. 하나는 예술가 창작에 미치는 정치·문화 기제의 영향이고, 다른 하나는 예술가의 자아 정립입니다. 예술가도 예술이라는 매체를 통해 현실에 대해 발언하며 현실에 개입하고 참여합니다. 물론 주문에 의해 만들어지는 작품도 존재하지만 여기서는 논하지 않겠습니다.

왕아이 이데올로기 비평이 진정한 이데올로기가 되기 위해서는 "혹하게 하는 술수를 제거해야 한다"고 할 수 있습니다. '서사 동력학'을 원용한 영화연구를 통해 표상된 '대허구'를 드러내는데 이것은 후기 사르트르주의식 개입입니다. 전형적인 예로 제임슨은 미국의 오락계와 문화계가 "미국을 부단히 생산해 내고 있다"고 말하고 있습니다. 또 로버트 스클라(Robert Sklar)가 저술한 미국 영화사의 책 제목은 『영화가 만드는 미국』(Movie-made America)입니다. 그들의 관점 즉 영화가 국민 국가를 만드는 데 참여한다는 상상에 동의하십니까?

다이진화 미국에 있어 할리우드는 확실히 미국을 제조해 내고 있습니다. 이것은 우선 미국 이백 년의 이민/식민 역사와 관계가 있습니다. 니켈 영화관〔달러의 최소 단위인 센트가 니켈로 만들어지기 때문에 붙여진 이름〕의 초기 관객인 가난한 신 이민자들은 돈도 없었고 고상한 오락을 즐길 만한 지식 수준도 없었습니다. 베르너 헤어초크(Werner Herzog)의 "영화는 문맹의 예술이다"라는 명언은 엘리트주의 문화 취향 따위는 찾아볼 수 없는 초기 미국 영화의 상황과 딱 들어맞는다고 할 수 있습니다. 신(新)이민자들은 영화에서 자신의 정체성과 이 새로운 대륙과의 관계를 찾아내곤 했습니다. 그들은 어떤 방식으로든 '미국'과 관련된 상상을 하고 문화적·심리적으로 '상상의 사회적 집단'을 획득할 필요가 있었던 겁니다. 이런 면에서 영화의 역할은 베네딕트 앤더슨(Benedict Anderson)이 말하는 유럽 역사에서 인쇄술과 신문의 그것과 매우 비슷합니다. 그는 현대 인쇄술과 최초의 대중매체인 신문의 결합은 유럽의 다른 국가 사람들이 자신의 국민 국가라는 상상을 창조하고 통합하여 스스로 "나는 프랑스인이다" 혹은 "나는 영국인이다"라는 정체성을 느끼게 했다고 술회합니다. 미국에서 영화의 역할은 신문보다 더욱 특별했습니다. 각 주별로 새로운 이민자들을 취합하여 '미국'이라는, '미국인'이라는 상상을 만들어 내는 일이 부지불식간에 미국 영화의 내재적 사명 가운데 하나가 됐습니다. 미국 영화사에 의하면 당시 니켈 영화관의 관객들은 스크린 위로 성조기가 서서히 올라가는 것을 보면서 모두 눈물을 글썽였다고 합니다. 오늘날 할리우드는 이민자들에게 미국의 형상을 구체화하는 역할을 할 뿐 아니라 전 세계를 향해 미국의 신화를 만들고 널리 판매하고 있습니다. 영화는 일관되게 오늘날 제3세계 국가에 미국을 "만들어 내고", 미국을 "생산합니다". 지극히 전형적인 예를 하나 들어 볼까요.

영화 「인디펜던스 데이」(Independence Day)는 미국 대통령이 "친히 나서서" 미국의 흑인, 유태인, 가난한 백인들을 이끌고 지구를 멸망시키려는 외계인의 침략에 맞서 인류를 구하는 신화를 만들어 내고 있습니다. 미국 영화를 논의할 때 국민 국가 이미지 문제는 매우 중요한 지점입니다. 그러나 문제는 결코 거기에 국한되지 않습니다. 전 지구적인 자본주의, 미국의 '문화 패권주의'가 전지구적 자본주의 시장에서 행해지는 강권 문화의 운용 방식 등이 국민 국가의 이미지 문제와 마찬가지로 중요하게 고려돼야 합니다. 물론 할리우드가 초국적 기업으로 결코 '아메리칸 드림' 만을 팔기 위해 존재하는 것은 아닙니다. 그러나 그것은 아름답게 포장된 '아메리칸 드림' 때문에 널리 팔리는 것이며 이 점은 음미해 볼 가치가 있습니다. 영화는 유럽에서 시작됐지만 2차 세계대전을 전후해 미국 영화가 전지구 시장에서 패권적 지위를 차지하게 됐습니다. 그리하여 미국 영화와 각국의 국적 영화/ 국가 영화 사이에는 격렬한 투쟁이 시작됐습니다. 국가 영화는 자신들만의 특수한 상황에 따라 늘 미국 영화와 차별성을 유지합니다. 다시 말해 국민 국가 이미지 및 '자신들'의 민족 문화, 전통, 스타일, 특색, 역사 등과 같이 자신을 인식하는 일련의 방식에 의존하는 것입니다. 국민 영화는 모종의 특수성을 갖고 할리우드의 전지구성과 보편성에 대항합니다. 국민 국가 이미지의 의미는 국가 영화에서 매우 중요한 위치를 차지하게 됐습니다. 여기에는 또 다른 함정이 있을 수 있습니다. 미국 외의 다른 국가 영화가 모두 '민족적 특색'이라는 수단으로 미국 영화에 대항한다면 미국은 '전 세계'가 되고 프랑스는 단지 '프랑스'에 불과하게 될 수도 있는 것이지요.

다른 측면에서 말하면 영화는 전형적인 자본주의 예술이며 전형적인 모더니즘 예술이라고 생각합니다. 특히 후발 자본주의/제3세계 국가들에 있어 영화는 이미 근대성 담론을 확장시키는 가장 유효한 매개체가 되어 근대화 과정을 추진하는 과정과 근대성 담론의 수립에 참여하고 있습니다. 그리고 국민 국가와 관련된 담론은 시종 근대성 담론의 핵심이기 때문에 영화에서 국민 국가와 정체성 정치학을 논의하는 것은 매우 타당한 일입니다. 왜냐하면 할리우드 영화에 대면하여 프랑스 영화를 비롯한 국가 영화는 현격한 약세를 보이고 있기 때문입니다. 그러나 우리의 이러한 논의는 선발 자본주의 국가/제1·2세계와 후발 자본주의 국가/제3세계 간의 구별을 말살할 가능성도 있습니다. 미국 영화에 비해 상대적으로 약세인 프랑스 영화, 이탈리아 영화는 중국 영화에게 있어 여전히 무한히 신성하며 고상하고 순수한 '영화예술'의 모범이라 할 수 있습니다. 제3세계 국가의 영화인에게 할리우드는 바라볼 수 있을 뿐 결코 도달할 수 없는 대상이지만, 유럽 예술영화와 그 시장은 협소하기는 하지만 오를 수 없는 계단은 아닙니다. 영화 연구뿐 아니라 전체 인문연구에 있어서 중시해야 할 것은 중국과 제3세계 국가가 시류에 말려들어 강제로 근대화 과정 속으로 들어서게 됐으며, 제3세계 국가의 근대화 과정은 민족의 위기와 함께 도래했다는 점입니다. 그런 위기에는 현실적인 생존과 문화 정체성의 위기가 동시에 포함된다는 점에 주목해야 합니다. 제3세계 국가의 영화산업은 근대화 과정과 거의 동시에 시작됐으므로 이들 국민 영화는 바로 위의 두 가지 위기에 대응하여 국민 국가의 이미지를 만들어 냈습니다.

'중국'이라는 개념을 예로 들어 봅시다. 오래된 동방의 대제국과 근대적 국민 국가로의 전환 중에 중국이라는 개념은 어떻게 만들어지고 완성됐습니까? 존망의 위기에서, 구망의 과정에서 '중국'과 '중국인'은 반드시 인식되고 구성되고 보충되어야 하는 개념이었습니다. 대부분의 초기 중국 영화인, 영화이론가들은 모두 영화로 "일국의 형상과 기풍를 세우리라"는 신념을 갖고 있었습니다. 그들은 모두 두 측면에서 근대성 담론을 운용했습니다. 한편으로는 제국주의의 적의, 차별, 경멸에 대항하여 전 세계에 건강하고 용감하며 근면한 '긍정적'인 중국인의 이미지를 보여 주고자 했습니다. 그러나 또 다른 측면에서는 잠재적으로 서양의 관점에 동조하여 저열한 중국인 '국민성'을 통탄했습니다. 그들은 영화가 반드시 민중을 계몽하고 교화해야 한다고 여겨 국민성을 개조하는 작업에 참여했습니다. 영화사에서 드러나는 창작의 실천은 매우 복잡하지만 영화는 여전히 국민 국가 형상과 근대성 담론의 수립을 시도하고 참여해 왔습니다.

왕아이 문화의 일원화와 다원화 간 장력도 이데올로기 비평가가 관심을 두는 초점입니다. 중국 본토 지식인들은 제3세계 문화 현실에 나타나는 다양한 충돌, 불합리함과 불일치성에 대해서도 반드시 직시해야 합니다. 대륙 영화는 1990년대에 더욱 다급하게 근대성 담론을 쫓고 있는 듯합니다. 아울러 현실 정치와 문화의 언술이 뒤얽힌 그물망 속에서 전에 없는 절망감을 느끼고 있습니다. 선생님께서는 "1990년대의 대륙 도시영화는 여전히 비알레고리, 반알레고리, 알레고리의 곤경 속에서 배회하면서 때로는 그 속에 빠져 버렸다"고 언급하십니다. 만약 도시영화를 문화연구의 징후적 독법의 개별 대상으로 본다면 영화는 어떠한 문화적 모순과 정체성 정치학을 재현하고 있다고 보십니까?

다이진화 최근 대표적인 도시영화들, 예를 들면 「좋게 말로 하자고」(有話好好說), 「햇빛 쏟아지던 날들」(陽光燦爛的日子), 「어른이 되어」(長大成人), 「무산운우」(巫山雲雨), 「사랑 이야기」(談情說愛), 「주말 애인」(週末情人) 등은 기획 단계에서 모두 폭력적인 결말의 가능성과 예시가 포함되어 있었습니다. 그러나 영화에서는 모두 다른 방식으로 폭력을 해소하거나 제거해 버렸습니다. 「좋게 말로 하자고」에서는 차마 눈뜨고 볼 수 없는 팔을 자르는 잔인한 장면을 '인간의 온정'으로 결말짓습니다. 비슷하게 「무산운우」는 부조리한 강력 사건과 같은 도시 폭력을 사랑 이야기로 바꾸었습니다. 「햇빛 쏟아지던 날들」에는 나르시시즘적 개인주의가 농후합니다. 또 「사랑 이야기」는 패러디된 영웅의 꿈을 그리고 있습니다. 유일하게 피비린내 나는 폭력적인 장면을 보여 주는 영화는 「주말 애인」뿐입니다.

이 영화들을 통해 다층적 정체성 정치 문제를 관찰할 수 있습니다. 우선 이 영화들은 모두 '성장'에 관한 이야기입니다. 성장에 관한 문제는 이른바 6세대의 창작에서 상당히 분명하게 드러납니다. 그러나 이 영화들의 결말은 도리어 성장이라는 주제를 부정하고 있습니다. 영화의 기획 안에는 주인공이 폭력/생명의 포효에서 벗어나 마침내 의미 있는 행동을 하게 되면서 "어른으로 성장하"도록 되어 있습니다. 그런데 폭력으로 끝나는 결말이 바뀌고 없어지는 순간, 성장이라는 주제는 부정되고 정체되어 버립니다. 개인적이며 온통 절망적인 정체성 정치와 개인주의의 주제는 결국 확인되지 못합니다. 개인 삶의 의미에 있어서 수립될 수 있었던 5세대식 민족적 알레고리와는 다른 개인 삶의 서술 혹은 '동화'는 확립되지 못합니다.

그러나 한 가지 음미해 볼 가치가 있는 점은 이런 영화들이 본래 의도를 바꾸지 않았다 하더라도 폭력적인 결말이 순식간에 삶의 격정을 형성하면서 성장과 행동의 바람을 실현시키기는 불가능합니다. 그것은 생명과 성장 과정이 동시에 최종적으로 단절당했음을 의미하기 때문입니다. 그러므로 「주말 애인」의 폭력 장면과 주인공의 절망적인 긴 독백이 있은 뒤, 무성영화를 모방한 듯한 '성인'이 되는 결말은 비로소 깊은 의미를 가지게 됩니다.

그러나 오늘날 우리들이 보는 배급판은 외부적인 요인으로 인해 결말이 바뀌어 바로 인간 세상에 여전히 온정이 있다는 상상적인 장면으로 조합됩니다. 이런 상상 속 따뜻한 장면은 영화에서 성공적으로 묘사되지 못했습니다. 성장이라는 주제와 서로 희석되어 버렸기 때문입니다. 이런 의미에서 우리들은 다른 종류의 성공적인 조합을 볼 수 있습니다. 그것은 어쩌면 장래에 일정한 시기 대륙 영화에서 주류 오락영화의 모범이 될 수 있을 것입니다. 즉 '왕쉬'(王朔)식 '소시민 사랑이야기'와 같은 것입니다. 「유감없이」(過把癮), 「영원히 잃어버린 내 사랑」(永失我愛), 「네 멋대로 해라」(大撒把)와 같은 영화는 보통 사람들의 꿈, 온정과 선의를 표현함으로써 성공적으로 개인 정체성을 재현하고, 합리적인 이기주의와 개인주의에 물든 '소인물'들의 삶의 가치를 창조하고 있습니다. 이 도시영화들에서 폭력을 통해 순간적인 성장과 행위를 얻었건, 혹은 폭력을 제거함으로 인해 어른으로 성장하는 데 걸림돌이 됐건 간에 이 모두는 선택되지 않은 선택이었습니다. 그래서 그것은 문화와 사회의 징후로서, 젊은 세대뿐 아니라 오늘날 사회와도 관련됩니다. 비록 이런 결말이 대부분 완성된 영화에서는 보이지 않지만 폭력적인 요소로 가득 찬 결말을 유도하는 것도 쉽게 볼 수 있습니다.

1990년대 이후 폭력에 대한 표현은 다층적으로 운용되고 있습니다. 이것은 당연히 계급이나 성별, 종족 등의 문제와 연결되어 변화합니다. 어떤 의미에서는 상업화라는 거대한 물결과 더불어 알 수 없는 폭력의 정서가 사회 공간에 축적되고 가득해지기도 합니다. 문화 심리 측면에서뿐 아니라 '도시 테러'와 같은 사례가 현실적인 측면에서 나타나고 있습니다. 문화적 의미에서 말하면 그것은 이름도 없고 지향하는 바도 없는 충동과 격정입니다. 그것은 계급이 분화된 현실과 가장 직접적으로 관련되어 있으며, 부단히 만들어지는 욕망이자, 채워지지 않는 욕망으로 인해 생기는 초조감, 나날이 심각해지는 생존 위기와 정체성 위기와 관련됩니다. 그러므로 도시영화 속의 폭력적인 요소는 단지 개인 삶의 성장 이야기에서 필연적으로 등장하는 도구와도 같은 장면이며, 그것은 현실 공간에서의 문화적 곤경과도 복잡하게 연관되어 있습니다.

왕아이 선생님은 지식인이자 문화연구자로서 영화가 다른 계급, 다른 성별, 권력자와 권력 없는 자, '중립적' 지식인과 대중 사이에서 복잡한 담론이 교류하고 교차하는 접합점이라고 여기시는 것 같습니다. 그런 의미라면 우리가 문화 현상을 더욱 엄숙하게 대해야 한다고 생각됩니다. 왜냐하면 영화가 만들어 내는 의미를 중시하지 않는 것은 바로 세계가 만들어 내는 다양한 의미를 무시하는 것과 같기 때문입니다.

다이진화 이론과 비평에 종사하는 사람으로서 항상 두 가지 경향에 대해 반대해 왔습니다. 하나는 모든 문화와 문화적 실천을 이데올로기화하지 않으려는 것입니다. 이러한 경향은 1980년대 이래 일부 엘리트 지식인들이 적극적으로 추진해 왔습니다. 그러나 어떠한 이데올로기화에 대한 거부의 시도 역시 또 다른 이데올로기를 합법화하는 과정에 불과합니다. 다른 하나는 "현실을 괄호 속에 넣는 것"과 같은 구조주의의 어떤 전제도 거부합니다. 어떤 텍스트를 대면하든 간에, 서구 것이든 본토 것이든 현실을 모두 밖에 달아매 둘 수는 없습니다.

왕아이 냉소주의 조화론에서는 '관용', '창작의 다양화'라는 깃발 아래 이데올로기 비평에 대해 많은 질의와 반대를 하고 있습니다. 한편으로 이것은 이데올로기 종결론의 틀에 박힌 이야기이고 또 한편으로는 뿌리 깊은 이론에 대한 적의에 찬 새로운 판본이라 할 수 있습니다. 그러나 테리 이글턴(Terry Eagleton)은 일찍이 "이론을 반대하며 창작은 이론과 무관하다고 소리 높여 외치는 사람들은 최고의 진부한 이론을 고수하는 사람에 불과하다"고 말했습니다. 이렇게 이론과 비평에 가해지는 적의에 찬 시선에 대해 어떻게 생각하십니까?

다이진화 그 문제는 이미 1980년대 중반 이래 부각되어 왔습니다. 이론가는 항상 지식인 집단 자체로부터 가해지는 다방면의 충격과 적의에 직면하게 됩니다. 우선 미래와 새로움에 대한 무궁한 추구와 숭상도 있습니다. 새로움과 낡음이라는 개념은 가장 원시적인 서구의 직선적 역사관이라는 관점에서 자리매김되고 평가되어 온 것입니다. '이데올로기 종말론'을 빌려 이데올로기 비평론의 합법성을 부정하는 것이 그 예라 할 수 있습니다. 또 한편으로는 동시에 '신이론' 즉 사회비평 이론에 대한 배척입니다. 그래서 20세기 유럽의 주요 이론 담론들은 모두 담론의 팽창이라거나 남과 다른 기발한 주장이라고 질책받았던 것 같습니다. 이 점에 대해 아주 소수만이 반성을 하고 있습니다.

오늘날 중국의 지식인이 진정으로 비이론적 혹은 전(前)이론적이라고 할 수 있을까요? 만약 전이론적이라면 그는 어떤 이론 앞에 있는 걸까요? 예를 들어, 구조주의와 후기 구조주의를 반대하는 많은 사람들이 있는데 그들은 형식, 의의, 범위, 테제, 안티테제와 같은 개념을 별다른 생각 없이 사용합니다. 또 그들은 역사적으로나 시간적으로, 또 서구에서 권위를 갖고 충분히 합법화된 이론을 비이론적이고 전이론적이며 '상식'이라고 합니다. 상반되게 그들은 낯설고 전복성을 띠고 있으며 그들의 지식 구조나 상식 체계와 격리된 담론을 '(신)이론'이라고 말합니다. 예를 들면 왕샤오보 기념 학술대회에서 어떤 이들은 그의 작품에 대한 이론적 해독과 징후적 독법의 가능성과 시도를 단호하게 반대합니다. "그는 카프카와 같은 위대한 작가"라고 '단순하게' 말해 버리면서 이런 작가는 단지 감성적 측면에서 포용하고 감상할 수 있다고 주장합니다. 그러나 그들의 이러한 진술은 분명 서구의 정전, 위대한 개인과 작가, 권위적인 문학의 서사와 연계되어 있습니다. 사실 이러한 반이론적 태도는 이미 충분히 '이론화' 되고 이데올로기화 된 것입니다.

'항아리 속의 뇌'에 직면한 현대 악몽

왕아이 오늘날 문화 관찰자들은 1960년대에 확산되기 시작한 나르시시즘의 전면적인 개가를 목격했습니다. 심지어는 세기말 제3세계에서 형성 중인 '화이트칼라' 계층이 거울에 비춰진 자신을 가엾게 바라보며 사랑에 빠지는 것도 보았습니다. 사람들은 스크린/거울 속에서 자아를 찾습니다. 공간은 마주보고 서 있는 거울과 거울에 비친 이미지로 메워집니다. 디지털로 가상화된 생존의 시대에는 관객의 상호 교류 문화가 고도로 중시되는 시대입니다. 관객과 영상은 상호 부정적으로 작용하면서 가상과 실제, 진실과 거짓을 분별하지 못하는 상황으로 진입하게 됩니다. 할리우드 영화와 텔레비전은 채널을 이리저리 초조하게 옮겨 다니는 시청자를 대대적으로 양산해 내었습니다. 제1·3세계는 시장과 소비의 의미에서 '세계적 대동(大同)'을 이룩했습니다. 바로 솔 벨로(Saul Bellow)가 말하는 '저능한 지옥' 처럼요.

우선 '복제'와 '시뮬라크르'를 분별해야 할 것 같습니다. 이 두 개념은 각각 모던과 포스트모던에 대응됩니다. 복제는 바로 위조품이며, 정품을 모방한 싸구려 모조품입니다. 그러나 시뮬라크르는 원작도 진본도 없는 존재하지 않는 것에 대한 모방입니다. 그것은 현실 가운데 실제를 만들어 내는 '초진실'입니다. 시뮬라크르는 다국적 자본주의 시대의 산업 생산과 소비 즉 디지털화되고 완전히 정보화된 시대에 생겨난 것으로 의미와 사회를 와해시켜 파편화했습니다. 그리고 그 이후

'아름다운 신세계'라는 청사진이 나타났습니다. 허구/선경(仙境)의 기술은 나날이 완미해지고 생활은 더욱 간단해졌으며, 전원만 연결하면 곧 자유롭게 가상의 환경 속에서 욕망을 만족시키면서 평온하게 일생을 보낼 수 있게 됐습니다.

힐러리 퍼트넘(Hilary Putnam)이 인용한 적이 있는 '항아리 속의 뇌'에 관한 가설은 시사하는 바가 큽니다. 어떤 사람(자신이라고 가상해도 됨)이 악랄한 과학자에게 수술을 받게 되는데, 그의 뇌는 몸에서 잘려져 뇌가 살 수 있는 영양액이 가득 찬 항아리에 넣어지게 됩니다. 뇌의 말초신경은 컴퓨터와 연결되어 있고 이 컴퓨터는 단계별로 뇌에 정보를 보냅니다. 그러면 그는 모든 것이 완전히 정상이라는 환각을 유지하게 됩니다. 그는 사람이나 물체, 하늘 등이 여전히 모두 존재하는 것처럼 여기며, 운동·신체 감각도 모두 입력될 수 있습니다. 뇌에는 기억이 입력될 수도, 혹은 절취될 수도 있습니다. 대뇌가 수술받았다는 기억을 절취한 후 그가 겪었음 직한 여러 환경, 일상생활을 입력할 수 있습니다. 심지어 다음과 같은 코드가 입력될 수도 있습니다. "잘린 뇌가 영양액 속의 항아리에 넣어져 컴퓨터와 연결되어 있고 컴퓨터는 단계별로 정보를 입력하여 자신이 완전히 정상이라는 환각을 가지게 된다"는 재미있고 황당한 문자를 자신이 읽고 있다고 '느끼게' 만들 수도 있습니다.

이 가설과 관련된 가장 기본적인 문제는 "우리는 어떻게 우리 자신이 이러한 곤경 속에 빠져 있지 않다고 담보할 수 있느냐" 하는 것입니다. 존재하는 물질이 바뀌어 물질의 형상/영상이 되고, 가상이 진실처럼 느껴지는 기술이 이미 응용되고 있으며, 대규모로 일상생활에 진입할 것이 예견됩니다. 악몽과도 같은 이 이야기를 예언이나 계시라고 여기지 않을 수 없습니다. 인간은 '항아리 속의 뇌'가 아니지만 결국엔 그렇게 될 것입니다. 선생님께서는 "정보의 고속도로가 일단 완성되면 인류의 규격화된 생존 방식이 철저히 실현될 것이다"라고 지적하신 적이 있습니다. 영상 공간이 점차 인류의 생존 공간을 잠식하고 있는 과정, 사진―활동사진(영화)―텔레비전―컴퓨터―네트워크―가상적 실제의 '초진실'로 발전하는 과정 중에서 영화는 어떤 역할을 담당했다고 보십니까?

다이진화 영상 기술과 가상 기술의 발전을 시뮬라크르 문화, 인류 생존의 공간 문제와 연계하여 논의하는 그런 서사가 성립할 수 있다면, 영화, 정확히 말해서 할리우드는 인류의 히스테리와 자아 훼손의 역사에서 단계적이고 역사적인 중요한 역할을 담당해 왔습니다. 할리우드는 환각의 신화라는 나쁜 사례의 창시자입니다. 사실상 극장 기제, 영화 관람 행위와 체험은 어떤 의미에서는 이미 '항아리 속의 뇌'와 같은 의미를 갖고 있습니다.

그러나 어떠한 가설도 모두 오도(誤導)의 가능성을 내포하고 있습니다. "20세기 초 극장은 교회를 대신했으며, 영화는 일상생활 속의 종교가 됐다"고 말합니다. 이 말은 한편으로 영화의 기능과 역할을 지적하고 있지만, 또 한편으로는 다른 중요한 요소를 분명히 간과하고 있습니다. 영화는 결코 종교가 될 수 없으며 극장도 예배당이 될 수 없습니다. 교회가 제공하는 신앙적 관용이 그렇고, 교회는 특정한 역사 시기에 사람들이 사교하던 사회적 공간이었다는 것이 그렇습니다. 신도들은 한목소리로 찬송가를 불렀고, 풍금의 공명은 교회의 둥근 천장으로 울려 퍼졌습니다. 목사들은 신도들의 영혼을 인도했습니다. 이 모든 일들을 영화관이 제공하는 세속적 신화와 근본적으로 함께 놓고 논할 수는 없습니다.

영화는 확실히 허구적인 현실과 가상의 세계, 그리고 충분한 환상을 제공합니다. 1920년대 영화이론가들은 이천여 년 전 플라톤의 저명한 '동굴' 우화가 영화, 극장 공간과 놀랍도록 유사하다는 사실을 발견했습니다. '동굴' 우화에서 플라톤은 "한 무리 인간이 동굴에 살고 있다"고 가설하고 있습니다. 동굴은 긴 통로로 밖과 연결되어 있는데 그 통로는 내부와 마찬가지로 넓습니다. 그들은 어려서부터 이곳에 있었는데 두 다리와 목이 모두 묶여 있어서 언제나 같은 곳에만 머물러 있습니다. 몸은 묶여 있고 목은 뒤를 돌아볼 수 없으니, 단지 눈앞의 사물만 볼 수 있었습니다. 그들과 어느 정도 떨어져 있는 뒷면의 윗부분에는 불길이 타오르고 있었습니다. 불길과 죄수들 사이에는 길이 있습니다. 그 길을 따라 낮은 담장이 있습니다. 마치 목각 인형극을 할 때 앞에 가로로 쳐 놓은 막과도 같이 말이죠. 밖에는 벽을 따라 걸어가는 사람들이 있었는데 이들은 담장보다 높은 도구들을 들고 지나갑니다. 그들은 나무, 돌 등 여러 재료를 이용하여 동물 혹은 인간의 조각을 만듭니다. 물건을 지고 가는 사람들 중에는 말하는 이도 있고, 침묵하는 이도 있습니다. 그들(동굴 속 사람들)은 평생 움직이거나 고개를 돌리지 못했으므로 그들이 볼 수 있는 유일한 진실은 외부 세계에서 앞의 벽면에 비춰지는 그림자뿐이었습니다. 길을 가는 사람들이 말하면 동굴 속 사람들은 그 소리가 그들 앞에서 움직이는 그림자에서 나는 소리라고 오해했습니다. 감금되어 있는 사람들에게는 어떠한 자유의 가능성도 박탈되어 있습니다. 단지 공허한 벽면만을 볼 수 있습니다. 벽 위의 그림자는 그들이 소유할 수 있는 유일한 세계였던 것입니다. 이러한 환상적 기능은 더 이상의 진실을 인지할 수 없게 합니다.

　　이 우화는 영화와 관련된 우화인 듯하지만, 차라리 저주라고 해야 할 것입니다. 영화와 서사의 결합으로 영화는 인류가 역사를 시작한 이래 가장 성공적이고 유용한 사기술이 됐습니다. 만약 방금 말씀하신 역사관을 받아들인다면 우리는 영화가 그런 중요한 단계적이고 역사적인 역할을 했으며, 영화로 인해 환상적인 가상의 세계가 진실의 세계를 대신했고, 사람들에게 현실 속에서 얻을 수 없는 위안과 보상을 주었음을 인정해야 할 것입니다. 영화는 우리가 미래에 무한한 가능성을 얻을 수 있다는 명제 하에 일체의 자유를 박탈당하는 청사진을 보여 주고 있습니다.

왕아이　영화가 다른 역할을 담당할 가능성은 없는 것일까요? 우리는 할리우드가 완전한 장르와 모델, 법칙을 만들어 냈으며 심지어는 관객의 기대도 불러일으켰음을 인정합니다. 관객은 영화관에 들어가면 "욕정이 디오르는" 상태에 진입할 것을 기대하면서 독립적으로 사고할 권리를 스스로 포기해 버립니다. 그러나 여전히 이에 저항하는 영화인이 있습니다. "정치적으로 영화를 제작한다"는 고다르의 신념은 영화가 바로 그런 역사적 역할을 담당하지 않을 수 없다는, 숙명에 대한 전복을 뜻합니다. 그러나 그들은 사라지고 잊혀지고 있으며 텔레비전의 시끄러운 광고 소리 속에 묻혀 버리고 있습니다.

다이진화　영화 생산의 기제, 영화의 내재적 구조의 기제, 영화관 기제 등의 측면에서 이야기하면 영화의 그런 역할은 변화가 쉽지 않습니다. 어느 시기 영화건 모두 예술 형식, 경제 구조, 문화적 상품, 그리고 기술 시스템이라는 네 가지 영역이 중첩되어 있습니다. 어떤 측면에서 보든 영화는 태어나던 날부터 다층적인 복잡한 요소가 뒤얽혀 인류의 절망과 자멸이라는 다시는 돌아오지 못할 길에 동참하고 있습니다. 이를 인식한다면, 우리는 케네스 앵거(Kenneth Anger)가 "영화는 사악한 것이며 영화가 발명된 그날은 인류에게 가장 재수 없는 날이었다"라고 한 탄식에 동의하지 않을 수 없습니다.

줄리아 크리스테바(Julia Kristeva)는 "진정으로 혁명적인 영화"를 구상한 적이 있습니다. 그러나 그녀는 또 그러한 영화는 "볼 수 없다"고 말했습니다. "볼 수 없다"는 말이 영화의 시각적 환상의 본질을 부정하는 것이라면 "진정으로 혁명적인 영화"는 근본적으로 존재할 수 없다고 할 것입니다. 그러므로 크리스테바는 사회적 기능의 혁명적 의미에서 영화를 부정하는 것입니다. 그러나 "단지 희망이 없기 때문에 희망은 비로소 우리에게 주어진다"는 벤야민의 말처럼 퍼트넘이 인용한 '항아리 속의 뇌'라는 가설이 효력을 잃게 되는 날이 바로 그런 가설을 말할 수 있을 때라면, 비판 이론을 반성하고 결합하는 부정의 미학도 우리가 가질 수 있는 희망이기도 합니다. 저항자 외에 우리에게는 사상가가 있습니다. 또 우리는 자신의 글쓰기를 반성하면서, 우리의 문화 현실을 부단히 쓸 수 있는 가능성도 갖고 있습니다. 예를 들어 우디 앨런의 「카이로의 붉은 장미」(*Purple Rose of Cairo*)는 우리에게 스스로 반성할 능력이 있음을 시사하고 있습니다. 바로 이런 의미에서 우리에게는 희망이 있습니다.

왕아이 그러나 「카이로의 붉은 장미」나 「마지막 액션 히어로」와 같은 상업적 영화는 매우 비슷한 것 같습니다. 모두 할리우드의 가장 정교하고 교묘하며 대담한 발상을 가진 술책입니다. 영상 공간과 현실 공간의 교차와 융합이 관객들 앞에서 이루어지지만 그들에게 결코 경고를 하지는 않습니다. 오히려 악몽이 새로운 다중 감각기관과 뇌의 자극이라는 소비 양식으로 변화하고 있습니다. 참으로 기막힌 일입니다.

다이진화 「마지막 액션 히어로」, 「토탈 리콜」 등과 같은 상업영화는 할리우드가 모든 것을 삼킬 수 있음을 보여 주고 있으며, 모든 이단을 소화하여 자신의 영양으로 섭취하는 초능력을 과시하고 있습니다. 비록 같은 미국이고 할리우드지만 우디 앨런은 확실히 특별한 사례입니다. 「카이로의 붉은 장미」에서는 영상 공간과 현실 공간이 서로 뒤섞여 드러나면서 참조가 됩니다. 「마지막 액션 히어로」에서 아놀드 슈왈제네거는 스크린을 떠나서도—신비함이 조금 감소되기는 하지만—여전히 영웅으로 대접받습니다. 그러나 「카이로의 붉은 장미」의 백마 왕자는 스크린을 걸어 나온 뒤에는 오히려 저능아라고 조소의 대상이 됩니다.

 더욱 중요한 것은 「카이로의 붉은 장미」라는 뮤지컬 영화의 아름다운 현실은 대공황 시기 미국 사회를 참조하고 있습니다. 우디 앨런을 말하면서 우리는 뉴욕 지식인 집단이라는 중요한 참조 대상을 소홀히 해서는 안 됩니다. 그는 부정적인 은어와 조롱 섞인 비판 의식을 내세운 미학적 자기 반성으로 현상의 부조리를 밝혀냅니다. 이런 점은 상업영화 체제가 제공하는 환상과 은폐된 제작 과정 그리고 결코 의심받지 못하는 원칙 등과는 함께 거론할 수 없습니다. 「마지막 액션 히어로」가 상업 기제가 의도적이고 악의적으로 진실과 거짓을 섞어 놓은 것이며 가상화된 생존의 역사 과정을 위해 기세를 돋우고 있는 경우라면, 우디 앨런과 같은 예술가는 반성 의식과 새로운 깨달음을 대표합니다. 한 걸음 나아가 추론해 보면 소수의 사람이나마 깨어 있는 사고를 하고, 그들이 발언할 기회가 있다면 세계는 그렇게 빨리 멸망하지는 않을 것입니다. 소수의 지식인이나마 영화에 대해 맑은 의식을 갖고 있다면 영화가 참여하고 진행시킬 그러한 악몽과도 같은 역사의 과정도 어쩌면 그렇게 빨리 우리를 삼켜 버리지는 않을 것입니다.

왕아이 선생님을 비롯한 여러 사상가들이 갖고 있는 그런 관계식 낙관주의는 위험의 존재를 수시로 인식하고 고통스럽게 거부한 대가입니다. 근래에 '네오하버마스주의' 자들은 포스트모던의 풍경이 우리들에게 제공할 수 있는 선택의 가능성을 이용하여 '자유'를 획득할 수 있다고 공언합니다. 비록 공간은 파편화되고 소외는 가속화되고 있지만 그 가운데 '개인화 과정'이 새롭게 만들어지고 있습니다. 포스트모던 시대에 개인은 선택하고 능동적으로 행동하며, 자신을 깨우치고 검토하고, 젊음을 유지하며, 가장 간단한 행동도 신중하게 고려할 것을 강요당하고 있습니다. 어떤 자동차를 살 것인지, 어떤 영화를 보고, 텔레비전의 어떤 채널을 보며, 어떤 다이어트 방법을 선택할 것인지 말입니다. 소비는 곧 참여입니다. 이렇게 낙관적인 포스트모던 예찬론자들은 경쟁력 있는 다국적 기업이 제공하는 여러 다른 소비 제품들 중의 선택을 곧 자유라고 여기는 것 같습니다. 이러한 낙관주의에 대해 어떻게 평가하십니까?

다이진화 저 자신은 그런 체제 내부의 싸구려 낙관주의를 절대적으로 거부합니다. 그렇습니다. 우리는 '마음대로' 텔레비전 채널을 바꿀 수 있습니다. 베이징에는 우리가 볼 수 있는 채널이 30여 개나 있습니다. 손에 리모컨을 들고 이리저리 바꾸는 동안 우리는 텔레비전이 정성껏 구성한 연속적인 접속 과정과 성의껏 배치한 주입과 마취, 위안, 기만의 과정을 분쇄할 수 있다고 여깁니다. 채널을 돌려 심지어는 미묘한 운치가 넘치는 '몽타주 효과'의 화면을 만들 수도 있습니다. 그러나 우리의 선택은 사전에 이미 규정된 전제 하에 가능한 것입니다. 백 가지 중에서 선택을 할 수 있으니 무궁한 자유를 누리고 있다고 생각할지 모르지만 우리의 선택은 이미 타인이 선택한 한계를 전제합니다. 더욱 중요한 것은 텔레비전이 백 개의 채널을 받아들일 수 있다면, 이는 그것이 매우 효과적으로 우리 개인 삶의 공간에 침입하고 있음을 뜻합니다. 텔레비전과 인터넷이 가정에 진입하는 순간 모든 개인 공간은 이미 숨을 곳을 제공해 주지 못합니다.

우리는 그토록 광적으로 근대화를 꿈꾸던 세대였습니다. 예를 들어 내 전화를 가지면 자유와 프라이버시를 획득할 수 있다고 생각했습니다. 그러나 결국엔 사회의 소음이 전화를 타고 문을 부수고 들어왔습니다. 개인의 세계에 진입한 소음으로 우리의 삶은 침식당하기 시작했음을 비로소 발견하게 됐습니다. 근대화가 제공하는 각종 편리함 속에 유일하게 있는 '행복'——근대화의 핵심인 '허용'은 영원히 지불 유예된 수표가 되어 버렸습니다. 근대화는 우리가 세계를 장악한 것이지 장악당한 것이 아니며, 우리가 기계를 사용하는 것이지 기계가 우리를 사용하는 것이 아니라는 허상으로 한 발씩 사람들을 끌어들이고 있습니다. 그것은 영원히 인식할 수 없는 '고도'(godot)입니다. 그것은 오히려 우리가 수표를 현금으로 바꾸는 과정 중에 있으며 한 발씩 행복에 다가서고 있다고 느끼게 합니다. '발전'과 '진보'라는 풍경에 우리는 유혹당하고 말려들어 가고 있습니다. 진보로 인해 지불하는 대가는 또 다른 '진보'로 보상받게 되리라 여깁니다. 사실 '근대화', '발전', '진보', 직선적 역사관을 대하는 태도는 결국 입장의 문제입니다.

우리는 동시에 '진보'라는 서사의 여러 측면을 관찰해야만 합니다. '안개의 도시' 런던, '철의 도시' 피츠버그의 오염됐던 강과 하늘이 이제는 깨끗해졌습니다. 그러나 '신대륙'의 깨끗하고 충족한 자연자원은 제3세계 국가의 파괴적인 발굴과 환경오염을 담보하고 있습니다. 템스 강이 다시 맑아지는 것과 양쯔 강이 나날이 혼탁해지는 상황은 필연적으로 동시에 진행됩니다. 미국의 푸른 자연이 가능한 것은 환경보호에 대한 고액의 투자가 이뤄지고 있기 때문이기도 하지만, 미국 본토에서는 제조업을 거의 가동하지 않고 있기 때문이기도 합니다. 그러면 미국의 공장들은 어디에 있습니까? 제3세계 국가에 있습니다. 또한 제3세계 국가들은 앞다투어 미국의 '가공 공장'이 되기를 바랍니다. 물론 양쯔 강도 언젠가 다시 맑아질 수 있음을 의심하지는 않지만 그 대신 아프리카 혹은 라틴아메리카 어느 지역의 유명한 강은 심각하게 오염될 것입니다. '진보'의 대가는 절대적인 대가이며, 진보의 과정은 엔트로피(entropy)가 쇠락하고 '둔화'되는 과정입니다. 확실히 "우리는 하나의 지구를 갖고 있습니다". 만약 "내가 죽은 뒤 세상이 어떻게 되든 무슨 상관이냐"고 생각하는 극단적인 이기주의자가 아니라면 이것은 결코 무관심할 수 없는 사실입니다.

왕아이 그렇다면 이런 절망적인 상황 앞에서 지식인들은 무엇을 할 수 있다고 생각하십니까?

다이진화 지식인은 최소한 경고하는 자가 되어야 합니다. 최소한 이러한 문화를 돌파하는 시도를 해야 하며, 여전히 저항하고 발버둥치는 사람이 있어야 합니다. 비장하게 들리겠지만 누군가는 "틀림없이 실패할 일을 위해 투쟁"해야 합니다. 조금 유순하게 말하자면 우리는 여전히 "이루어질 수 없음을 알면서 행하는" 유가 문화의 전통을 적극적으로 활용할 수 있습니다. 우리는 모두가 통제된 '선택'을 하고 있습니다. 그러나 모두 똑같은 백 개의 채널과 만 가지 브랜드를 '소유'하고 있다는 것이 우리가 다른 방식으로 그것들을 다루고 사용할 수 있는 가능성이 없음을 뜻하지는 않습니다. 중심에 상대적인 다양한 주변적인, 다른 종류의 실천 가능성은 반드시 있습니다.

영화이론 비평과 문학이론은 1970년대 후반 이후 문화연구로 방향을 바꿨습니다. 새롭게 생겨난 활동적인 담론 장은 지식인들이 오늘날 '거울의 성'을 돌파하려는 시도였습니다. 저명한 페미니스트 이론가 콘스탄스 펜리(Constance Penley)의 저작 『미지와의 조우』(*Close Encounters: Film, Feminism, and Science Fiction*)는 재미있는 예라 할 수 있습니다. 펜리와 같은 지식인에게 문화연구는 단지 문화 비판이 아니라 통속/대중문화 연구를 통해서 새로운 가능성을 제안하는 것을 의미합니다. 그녀는 일찍이 할리우드 영화를 비판적으로 연구하면서 유명해졌지만 당시 분노와 절망이라는 결론 외에 다른 어떤 성과는 없었습니다. 이후 그녀는 미국의 포르노 제조업과 그 문화 상품을 연구·분석하는 쪽으로 방향을 바꾸었습니다. 그녀는 이 특정한 분야가 사람들이 통상적으로 상상하는 것처럼 극단적인 남성 우월주의 영역이 아님을 발견했습니다. 적어도 포르노 제작 시스템과 종사자들에게는 할리우드와 같은 남성 쇼비니즘이 존재하지 않습니다. 많은 여성들이 감독이 되어 제작에 참여하고 중요한 기술 업무에 종사합니다. 이것은 할리우드 제국의 전 체제에서 일어나는 분명한 성차별과 대조를 이룹니다. 90년간 할리우드 역사에서 여성은 연기 외에 다른 일에 발을 들여놓을 수 있는 가능성은 거의 없었습니다. 바브라 스트라이샌드 (Barbra Streisand)와 같이 특권 있는 배우가 어쩌다 임무를 바꾸거나 초보 감독을 하는 정도입니다.

『미지와의 조우』에서 펜리는 사회학과 문화인류학 등 다양한 방법으로 여성 동성애자의 '스타트랙 클럽'을 분석했습니다. 「스타트랙」 (Star Trek)은 미국에서 가장 유행했던 텔레비전 연속극으로 1950년대부터 3대에 걸친 미국인을 키워 냈습니다. 미국의 주류 사회에서 우리와 동년배의 사람들 중 절대 다수가 「스타트랙」 시청자였습니다. 제가 보기에 이 연속극의 저급한 수준과 '저능한' 서사 양식은 저열한 대중문화의 전형적인 모델입니다. 펜리가 연구한 이 클럽은 표준적이고 광적인 통속문화의 소비자이지만, 그녀들은 여성 동성애자라는 특수한 문화 정체성을 갖고 있습니다. 주변인이라는 사회적 신분을 가진 그녀들은 「스타트랙」의 표상에 대해 특정한 소비 방식을 취하고 있습니다. 그녀들은 인터넷을 통해 다양한 영상 처리 소프트웨어를 이용하여 이 연속극을 새롭게 편집하여 완전히 다른 이야기를 만들어 냅니다. 펜리는 이 클럽의 구성원들이 새롭게 만든 「스타트랙」의 영상 텍스트를 자세히 읽었습니다. 그녀는 구성원들이 재창작한 텍스트를 통해 원래 연속극에서는 찾아볼 수 없는 화제, 즉 '권력 관계를 제거한 사랑'은 어떤 방식으로 존재할 수 있는가 하는 점을 탐구하고 있다는 사실을 발견했습니다. 새로운 텍스트가 갖고 있는 전복적인 문화적 의의는 원래 텍스트에는 전혀 없었던 것이었습니다. 펜리는 기대할 것 없는 주류 대중문화 소비 속에서 하나의 예증을 찾았습니다. 즉 전체화되고 규격화된 현대 공간에서도 여전히 새롭고 다른 형태의 가능성이 존재한다는 것입니다. 저 개인적으로 볼 때는 이런 가능성이 존재하기는 하지만 지극히 제한적입니다.

모더니즘의 악몽에 대한 논의는 결국 '입장'의 문제로 환원됩니다. 어떤 때는 제가 보기에 명명백백한 사실이 다른 사람의 눈에는 그렇게 보이지 않습니다. 지식인으로서 우리는 자신의 입장과 시각, 역할을 부단히 반성해야 합니다. 제3세계의 현실 상황과 채워지지 않는 물욕, 그리고 '진보' 관이 그려 내는 청사진에 대해 조금도 반성하지 않는다면 어떤 경고도 없이 악몽이 닥치는 상황이 초래될 것입니다. 지식인이 반드시 해야 할 것, 또 할 수 있는 것은 바로 이런 점들에 대해 비판과 반성의 입장을 유지하는 것입니다.

5_ 여성주의 :
문화적 입장, 젠더 경험, 그리고 학술적 선택*

중국의 여성학과 여성주의, 어제와 오늘

저우야친 오늘날 중국의 여성연구가 발생하고 발전된 상황을 잠시 소개해 주시겠습니까?

다이진화 엄격히 말해서 중국의 여성연구는 1980년대에 시작됐습니다. 창조적인 작업을 많이 한 리샤오장(李小江) 교수의 연구가 엄격한 의미에서 여성연구(women studies)라고 할 수 있습니다. 그녀는 이론과 실천 면에서, 여자 대학이나 여성 박물관을 세우는 등 학문 분야의 수립이나 여성 조직을 창립하는 면에서 많은 성과를 거뒀습니다. 오늘날 중국 여성학의 창시자라고 할 수 있지요. 또 감탄할 만한 여러 일도 했습니다. 기층 여성과 농촌 여성, 도시의 하층 여성 속으로 깊이 들어가

---

* 이 대담은 베이징대학 중문과 박사과정의 저우야친(周亞琴)과 박정희(한국)의 방문으로 1998년 1월 9일 베이징대학 사오위안에서 진행됐다.

구체적인 문제를 많이 도와주었습니다.

여성학은 1980년대 중·후반에 이미 규모를 갖추기는 했습니다. 그러나 여성주의적 의식과 방법이 아직 중국의 여성연구 속으로 들어오지 않았다는 사실은 분명합니다. 그때까지 여성주의 이론은 사람들에게 충분히 이해되지 않았고, 동시에 여성과 여성연구를 하는 사람들을 포함한 전 사회가 여성주의, 정확히 말하면 '여권주의'를 경시하고 심지어 거부하는 태도를 지니고 있었기 때문입니다. 당시 사람들은 여권주의라는 말에 대해 어떤 반감이나 공포감 혹은 혐오감을 지니고 있었습니다. 글자 그대로 이해하면 여권주의는 권력 투쟁에만 연관되어 여성의 자아를 극단적으로 확장시키고 심지어 나쁜 속성까지 팽창시킬 수 있기 때문입니다. 수많은 단어가 그런 모습을 지니고 있다면, 대중의 상상 속에서 여성주의/여권주의라는 말의 형상은 이를 드러내고 발톱을 치켜세우고 있는 추악하게 생긴 여인이라 할 수 있습니다.

물론 여권주의에 대한 오해와 오독의 경우가 매우 많습니다. 여권주의는 바로 패권주의이자 여성 우월주의이므로 여성이 남성보다 우월하다, 여성이 남성을 거꾸로 억압해야 한다, 남성의 주인적 위치를 대신하여 여성이 새로운 패주가 되어야 한다는 주장을 한다는 겁니다. 이것이 거의 보편적인 오독입니다. 악의적이고 비밀스러운 또 다른 편견도 있습니다. 여권주의라는 용어를 '성적 변태' 혹은 난교와 동일시하여 여권주의에 도덕적으로 더럽고 사악한 느낌을 덮어씌우기도 합니다. 지식계의 보편적인 오독은 여성주의를 단순히 여성해방운동과 동일한 것으로 간주하는 입장입니다. 그러한 전제 하에서 많은 사람들은 중국 여성이 이미 충분히 해방되어 있기 때문에 중국에서 여성운동은 필요하지 않다고 여깁니다. 남성들은 중국 여성이 지나칠 정도로 해방됐다고 여깁니다. 가정에서 중국 여성이 패주의 위치를 차지하고 있고, 남성들은 왜소하고 박력 없으며 권리와 지위를 상실했다고 인정하는 '엄처시하'〔妻管嚴〕라는 말을 흔히 예로 듭니다.

박정희 저는 사회주의 중국의 여성이 높은 사회적 지위를 갖고 있다는 인상을 갖고 있습니다. 중국 학자들은 왜 아직도 여성주의의 발생에 대해 그런 편파적인 오해를 할까요? 선생님께서 말씀하시는 여성주의에 대한 1980년대 지식계의 오해는 그 유래가 오래된 것인가요?

다이진화 중국 사회와 지식계가 여성주의를 거부하는 것은 분명 현대 중국의 역사 및 그에 대한 관점 혹은 입장과 구체적으로 연관되어 있습니다. 사실 여성학뿐만 아니라 중국의 인문·사회과학의 여러 영역들이 모두 '신중국'의 역사적 유산과 채무와 어느 정도 연관되어 있습니다. 중국 여성해방의 제창과 실천은 근대 중국부터 이미 시작됐습니다. 재미있는 사실은 구·현대 전기에 중국의 저명한 남성 진보학자들이 거의 모두 여성해방 제창자였다는 것입니다. 중국이 근대에서 현대로 전환하는 특정한 역사적 시기에 여성 문제는 분명 아주 민감한 현실적 문제이기도 했겠지만 아울러 여성 문제를 빌려 중국 사회의 다른 문제를 토론하고 드러내는 문화적 '수사'의 방식이기도 했습니다. 그러나 모두 잘 알고 있듯이 중국 여성해방의 전면적인 실천은 1949년 '신중국' 정권이 수립된 이후에 이루어졌습니다. '신중국'은 '혼인법'을 중시하여 이를 완비했습니다. 이때부터 중국 여성은 짧은 시간 안에 정치·경제·법률적 의미에서 평등을 얻어 냈습니다. 그러나 그런 경천동지할 사회적 변화는 여성해방운동이 자연적으로 발전한 논리적 결과라기보다는 위에서 아래로 내려온 사회적 변혁이었다고 말하는 편이 더 나을 것입니다. 혹은 좀더 솔직히 말하면, 이런 표현이 옳은지 그른지 잘 모르겠습니다만, 그런 여성해방은 '수여' 된 것이지 여성이 보편적으로 깨닫고 투쟁에 참여하여 얻은 것은 아닙니다. 사회 전체적인 시각에서 보면, 그런 변화는 사회적 필요와 '신정권' 수립의 필요에 의해서 더 많이 이루어졌습니다. 그것은 여성해방의 요소가 포함된 민주혁명을 완성한다는 의미를 지니고 있기는 하지만, 동시에 전쟁(8년 항일전쟁과 3년 내전)의 상처를 복구하기 위해 여성을 해방시켜 대규모 여성의 생산력을 집 밖으로 끌어내려는 의미가 더 컸습니다. 그렇게 함으로써 사회 전체를 약간의 흐트러짐도 없이 효과적으로 조직할 수 있었기 때문입니다.

박정희 '신중국' 여성은 외부에서 추동한 변혁을 자신들의 젠더 혁명 과정으로 변화시키지 못했나요?

다이진화 문제가 바로 거기에 있습니다. 그것은 위로부터의 혁명이면서 또한 당시 여성의 입장에서는 강렬하고도 정말 '경천동지' 할 만한 변화였습니다. 그래서 제 생각에는 당시 갑자기 내려온 여성해방이라는 현실에 그람시가 말한 '문화혁명' 이(중국의 '문화대혁명' 이 아닌) 수반되어야 했습니다. 그람시가 말하는 '문화혁명' 은 사회 정치·경제·조직 구조의 방식에 거대한 변혁이 발생한 후에는 '새롭게 사람들을 정착' 시키기 위해 반드시 문화적 과정이 뒤따라와야 한다는 것입니다. 좀더 구체적으로 말하면 여성이 권리를 누릴 수 있을 뿐 아니라 여성이 그런 권리의 사용법을 배울 수 있고, 갑자기 펼쳐진 사회 공간을 이해하고, 자신들의 새로운 역할을 파악하고 그에 적응하며, 갑자기 다가온 여러 문제를 제기하고 논의할 수 있는 기회와 공간이 있어야 했습니다. 이것은 제기되고 논의해야 했던 문제이자, 역사적 기회를 이용하여 남권 사회와 규범 문화에 전면적으로 던져야 할 질문이었습니다. 그러나 잘 알고 있듯이 그런 과정은 발생하지 않았고 활자로 표현하는 일도 완전히 차단됐습니다. 사회의 정치·경제·법률적 측면에서 여성해방이 확인되고 완성되자마자 그것은 더 이상 문제가 되지 않았습니다. 그 어떤 차별에 대한 문제제기도 궤도를 벗어났다는 혐의를 지닐 수 있었습니다. 여성은 '하늘의 절반'이었습니다. 사회적 의미에서 '그녀'는 아무런 차이도 없는 '하늘의 절반'이었습니다. '그녀'는 더 이상 집단이 아니었습니다.

그래서 그런 특수한 역사는 아주 중요한 두 문제를 남겨 놓았습니다. 하나는 세계적으로 지금까지 중국 여성의 사회적 지위는 여전히 높지만 여성 의식은 상당히 낮다는 점입니다. 많은 중년 이상의 여성들 중에는 자신의 젠더적 시각에서 문제를 생각해 본 사람이 거의 없습니다. 1949년에서 1979년까지의 특수한 역사적 시기에 대부분의 중국 도시 여성들은 두 사람분의 전일제 노동을 했다고 할 수 있습니다. 하나는 남성과 같은 직업여성으로서의 일입니다. 다른 하나는 남편을 섬기고 자식을 가르치며 노인을 봉양하고 아이들을 돌보는 등, 남성과 분명히 다른 전통적인 가정주부로서의 일입니다. 현대 사회의 분업이라는 시각에서 보면 전업주부는 '전일제 노동'입니다. 당시 낮은 사회생활 수준에서 가사 노동이 매우 힘겨웠음은 우리 모두 잘 알고 있습니다. 우리는 어머니가 많은 옷을 빨 때의 고통을 기억합니다. 그래서 '웨이리'(威力) 세탁기가 "어머니에게 바치는 사랑"이라는 현명한 광고를 했지요. 당시에 "용맹스럽게 전투하는 일요일, 피로에 지친 월요일"이라는 말이 유행했습니다. 그것은 여성의 자아 조정, 자아 교육, 또 남성 역할의 조정과 사회 전체의 젠더 역할 변화와 같은 '문화혁명'이 결코 정신·문화 영역에서 발생하지 않았기 때문입니다. 가정 공간 내에서 젠더 분업과 역할에는 거의 어떠한 변화도 일어나지 않았습니다. 여성들은 남자들과 마찬가지로 사회에서 일하고 가족을 부양하는 동시에 혼자서 거의 모든 가사 노동을 담당했습니다. 그런 상황에서 객관적으로 여성은 몸과 마음이 극도로 지치게 될 뿐 아니라, 현실적·문화적·심리적으로 분열된 시간과 공간을 체험할 수밖에 없었습니다. 낮에도 여성들은 "남녀는 평등하다"는 사회 구조와 요구 속에서 남자와 같은 사회적 책임을 담당해야 했습니다. 생리학적 의미로서 여성 이외에 여성의 문제와 경험에 진정한 관심을 보이는 사람은 없습니다. 집에서 여성들은 낡은 규범에서 '천부적'으로 여성들이 담당해야 하는 막중한 일을 책임지고 있습니다.

저우아친 선생님께서는 '신시기 여성 글쓰기'라는 수업에서 '신여성', '해방 여성'이 처한 '화목란(花木蘭)식 처지'를 언급하셨는데, 그러한 분열된 시·공간적 경험을 가리키시는 건가요?

다이진화 어떤 의미에서 말하면 그렇습니다. 중국 고전문학에서 빌려온 크리스테바의 견해는 신여성의 생존과 문화적 어려움을 광범위하게 지적하고 있기도 합니다. 사회생활에 개입했음은 남성 세계에 진입('침입'이라고 말하지 않는다면)했음을, 또 어느 정도 남성 사회의 행위 방식과 규칙을 받아들였음을 의미하기도 합니다. 바꿔 말하면, 화목란과 같이 '남성으로 분장'하여 사회생활에 개입하고 행동했다고 할 수 있습니다. 그러나 화목란은 오랜 전투를 거친 후에 다시 여성 역할로 돌아왔습니다. 화목란이 남장을 하고 전쟁에 나갔다가 "전쟁에서 입었던 옷을 벗고 예전에 입었던 옷으로 갈아입는"『목란사』(木蘭辭)의 서술 속에서 남성적이고 사회적인 행동과 공간은 여성적이고 규방적이며 꽃 거울 속의 '내경'과는 분명히 다른 시·공간으로 구분되어 있습니다. 그러나 현실 속 여성으로서 화목란은 결코 그렇게 행복하지 못합니다. 화목란은 전쟁 중에도 여전히 여성이었습니다. 그러나 그녀는 집으로 돌아간 뒤 자신의 전쟁 경험을 쉽게 잊어버리고 다시 '순수'한 여성이 될 수 없었을 것입니다. 분명 십여 년의 전쟁 체험이 그녀를 변화시켰을 것입니다. 그렇기 때문에 저는 크리스테바의 말을 인용하여 신여성이 직면한 보편적인 어려움을 지적했고, 특히 '17년 시기'와 '문혁' 기간 중국 여성들의 특수한 체험을 지적했습니다. 그러한 분열된 시·공간 체험이 여성을 현실로 돌아가고 자신의 역사와 현실을 인식하지 못하게 했다고도 할 수 있습니다.

박정희 여성들이 그것 때문에 여성주의와 거리를 유지하고 있나요?

다이진화 물론 그렇게 단순하지는 않습니다. 1979년 이후 중국의 역사는 다시 한번 거대한 전환을 맞이했습니다. "어지러운 세상을 바로잡는" 거대한 사회 변혁 속에서 남성 중심 질서를 회복하려는 잠재적 흐름이 그 사이에 끼어들어 조금씩 드러나기 시작했습니다. 그러나 여성 지식인을 포함한 중국 여성들은 당시 아주 소수만이 그 사실을 분명히 인식했습니다. 점점 강대해지는 잠재된 문화 흐름을 경계하기 시작했다고도 말할 수 있습니다. 그렇지만 그러한 점은 우리가 조금 전 언급한 여성의 젠더 의식이나 젠더 자각과는 큰 관련을 맺지 못했습니다. 또 다른 면에서 그 시기 여성 지식인들은 여전히 자신들과 남성 지식인 집단 사이의 정신적 동맹 관계를 더욱 중시했습니다. 함께 '문혁' 시대의 암흑에 저항하면서, '문혁'의 역사가 재연되는 것을 함께 거부했습니다.

그 시기부터 지금까지 남성 지식인들이 여성해방을 단순히 관방 이데올로기의 한 부분으로 여겨 역사적 '대가'의 하나로 편입시키려는 경향이 더욱 짙어졌습니다. 아마도 5·4운동 이래 처음으로 다수의 남성 지식인이 여성해방과 관련된 다양한 관점을 무시하거나 심지어 반감을 표현하고, 공개적·반(半)공개적으로 여성주의를 거부했던 것 같습니다. 또한 상당히 많은 여성 지식인들이 이에 대해 무심하거나 관용적인 태도를 취한 것도 처음인 듯합니다. 그러나 그것은 암묵적인 동의가 됐습니다. 물론 그것이 사실의 전부는 아닙니다.

신시기 초기, 젠더 의식에 대한 여성의 자각은 때때로 자각적인 저항을 수반하기도 했습니다. 여성 극작가 바이시펑(白溪峰)의 현대극 「시련이 다시 찾아오고」(風雨故人來)가 관심과 논쟁을 일으킨 적이 있습니다. 그 중 "여자는 남성의 광채에 반사되어 빛을 내는 달이 아니야"라는 대사는 지금까지 호소력을 지니고 있습니다. 그러나 그 소리는 미약했을 뿐 아니라 1980년대의 반(反)위선적인 도덕주의와 문화 계몽주의 목소리로 이해되어 그 속에 흡수되어 버렸습니다. 그래서 우리는 제가 '남권문화의 역습'*이라고 부르는 역사적·문화적 체험을 한 차례 겪기 시작했습니다. 상당히 많은 여성이 '직감적'으로 여성주의를 거부했던 원인에는 역사적 채무의 문제가 포함되어 있습니다. 그것은 높은 지위와 낮은 젠더 의식과 자각, 특정한 역사적 과정 속에서 축적된 심신의 피로, 그리고 다이허우잉(戴厚英)이 『사람아 아, 사람아!』(人啊, 人!)에서 묘사한 여주인공 쑨위에의 심리 상태 같은 것입니다. 동시에 여성 지식인의 사회적·정치적 입장과도 관련되어 있습니다. 아주 흥미로운 사실은 신시기 이래 여성 의식의 '후퇴'는 종종 어머니의 '채무'와 딸의 '상환'으로 표현된다는 점입니다. 우리의 어머니 세대가 설사 그 특정한 역사 시기의 직접적인 책임자이기는 했지만 진정으로 혹은 직접적으로 자신을 '해방' 시키기를 염원했던 사람들은 아주 드물었습니다. 그것은 아마도 그녀들이 자신들 어머니의 생활 경험을 분명하게 기억하고 있고, 아무런 권리나 지위가 없는 여성의 비극적 삶의 운명을 내면화하고 있었기 때문일 겁니다. 그러나 최소한 우리 세대부터 많은 여성들은 오히려 자신들 어머니의 생활 속에서 여성이란 존재는 본래 그렇게 힘겹게 생활할 필요 없이 남성에게 의지해서 생활을 해도 된다는 상반된 결론을 이끌어 내기 시작했습니다. 그런 결론은 자신의 성장기의 기억에서 나왔으며 그로 인해 형성된 무지였습니다. 우리가 평등하지 않고 독립된 경제력이 없는 여성이 어떤 현실 생활 속에 처하게 될지 스스로의 경험 속에서 직접 이해한 것은 아니었습니다.

    이렇게 이야기를 하고 나니까 연관된 세 가지 '견해'가 떠오르는군요. 하나는 장헌수이(張恨水) 소설, 아마도 『도깨비 세상』(魍魎世界)인 것 같은데요, 그 중 남자 주인공의 결론입니다. "두 종류의 여자가

---

* 원문에는 '반공도산(反攻倒算)이라고 되어 있는데, 이는 무산계급에 밀려난 지주 등이 유산계급의 세력을 업고 무산계급에게 반격을 가하여 재산을 되찾는 행위를 말한다.—옮긴이

가장 두렵다. 하나는 돈이 많은 경우이고, 다른 하나는 집안에 세력이 있는 경우이다." 어려서 이 구절을 읽었을 때 깊은 인상을 받았지만 완전히 이해하지는 못했습니다.

또 하나의 견해는 아주 유명한 버지니아 울프(Virginia Woolf)의 '자기만의 방' 입니다. 사람들이, 특히 어느 정도 여성주의적 관점을 지닌 사람들이 종종 인용하는 말로 공간에 있어 상대적인 독립성이 중요하다는 말입니다. 그러나 중국의 인용자들은 울프가 여성의 독립을 말하면서 제기했던 '자신의 수표책', 즉 경제적인 독립이라는 중요하고 기본적인 조건을 '생략' 했습니다. 그것을 '생략' 한 이유는 대부분의 경우 우리 자신의 현실 생활 속에서 경제적인 독립의 의미를 이해하고 체험할 방법이 없었기 때문입니다. 자신의 수입이 있다는 것은 아주 '자연' 스럽고 심지어는 필수적인 사실로 여긴 듯했습니다.

세번째 역시 최근 들어 자주 등장하는 인용문으로 여러 수필이나 산문, 많은 경우 여성들이 쓰는 작품에서 종종 나타납니다. 1940년대 여성 작가 쑤칭(蘇靑)의 표현으로 대략적인 뜻은 이러합니다. "자신의 방을 좀 보세요. 벽 위에 걸린 못 하나도 직접 돈을 모아 샀다는 것이 곰곰이 생각해 보면 또 어떤 의미가 있나요?" 마찬가지로 "여성이 남편의 돈을 쓰는 것은 당연한 일"이라는 다른 유명한 말도 있습니다. 쑤칭 산문 『완사집』(浣紗集)에 나오는 말입니다. 인용하는 사람들이 쑤칭의 소설 「결혼 10년」(結婚十年)에 있는 상반된 표현을 아예 모르는지 아니면 잊었는지는 모르겠습니다. 그녀는 한 여자가 애정이 없는 남편에게서 생활비를 한 푼이라도 받는 것은 너무나 모욕적이고 고통스러운 경험이라고도 했습니다.

물론 1980년대 초에 여성주의에 대한 사람들의 냉대와 거부는 오독 속에서 여성주의와 '철의 여성', '여전사' 식의 '문혁'의 이미지와 동일시했기 때문이기도 합니다. 그래서 여성주의와 거리두기를 희망했습니다.

박정희 1980년대에는 서구의 많은 사상이 중국에 들어왔는데 여성주의에 대한 소개나 교류는 없었나요?

다이진화 물론 있었습니다. 그러나 여성주의 입장에서 말하면, 소위 중국과 서구의 문화 교류 속에서 만난 구체적인 상황이 분명 문제의 중요한 측면을 형성했습니다. 1980년대 초에 사람들은 여성주의를 그다지 잘 이해하지 못했고 또 이해하려고 하지도 않았습니다. 그것은 소위 교류 속에서 발생한 오해와 충돌과도 마찬가지로 연관되어 있습니다. 저는 그와 관련된 경험을 두 가지 했습니다.

1980년대 중반에 중국과 서구 여성 조직에 관한 세미나에 참석한 적이 있습니다. 서구 여성들은 여성주의자였고, 제가 '자매의 나라'(姐妹之邦)라고 번역했던 자매애, 소위 '시스터후드'(sisterhood)를 강조했습니다. 그래서 그들은 상당히 진지하게, 우리가 보기에는 아주 유치하기도 하게 여성으로서의 자신들의 체험과 젠더 자각 과정을 이야기하기 시작했습니다. 우리들에게는 아주 익숙한 "행복한 때 힘든 과거를 잊지 않는다"는 의식 같기도 했습니다. 그들은 말을 마치고는 무의식적으로 회의에 참석한 중국 여성들이 같은 태도와 방식으로 그들에게 반응하기를 기대했습니다. 결과는 어땠을까요? 자리에 있던 중국 대표가 아주 동정적으로 그들을 보면서 이렇게 말했습니다. "정말 안됐군요! 우리에게는 그런 문제가 전혀 없어요." 중국 대표의 입장은

"왜 싸우고 계시죠? 아, 당신들은 여전히 결혼의 권리, 양육권, 동일 노동의 동일 임금, 여성 선거권을 위해 투쟁하고 있군요. 그러나 우리에게서 그런 문제는 이미 사라졌습니다. 그런 문제를 우리는 이미 해결했습니다." 그런 상황은 아주 전형적인 의미를 지닙니다. 당시 사람들은 중국 여성의 문제와 서구 여성의 문제는 완전히 다르기 때문에 서구의 여성주의 이론은 당연히 중국의 현실과 전혀 상관이 없다고 여겼습니다.

그런데 또 다른 학술회의에서도 저는 마찬가지로 틀에 박힌 생각을 접하게 됐습니다. 그것은 1980년대 후반이었습니다. 회의에 참석한 해외 여성학자들은 의식적이었는지 무의식적이었는지 오만하거나 혹은 깔보는 듯한 태도를 지니고 있었습니다. 그녀들은 중국이 '관변 여성주의'의 허위성 이외에는 아무것도 없으며 중국 여성의 생활은 '심한 고통' 속에 있기 때문에 반드시 중국 여성들에게 '의식 교육'을 시키고 그들을 '계몽'해야 한다고 확신하고 있었습니다. 그러나 구체적인 중국의 현실에 대해서는 상당히 무지했습니다. 그래서 그 회의에서는 약간의 의견 충돌이 있었습니다. 비슷한 상황이 1990년대에도 반복해서 나타났습니다.

제가 보기에 그것은 어떤 의미에서 두 중심의 충돌이라고 할 수 있습니다. 앞의 예에서 중국 여성들은 강렬한 우월감을 지니고 서구 여성들을 대했습니다. 최소한 당시에, 심지어는 지금도 우리들은 정치·법률·경제적인 의미에서의 평등과 많은 권리를 지니고 있기 때문입니다. 그 중 많은 부분은 다른 국가나 심지어 소위 선진국이라고 하는 나라들보다 앞서 있습니다. 그러나 뒤의 예는 서구중심주의, 백인 여성주의자의 자기 규정, 그리고 '자비로운' 태도가 불러일으킨 무의식적 반항이었습니다. 여기에는 분명 시간차가 있습니다. 1980년대의 역사적 과정은 문화·심리적인 면에서 중심이 이동하는 경험을 했습니다. 그래서 여성연구와 다른 인문·사회과학 연구는 차이점이 있습니다. 1980년대 다른 영역은 모두 서구 이론을 끌어오는 데 열중했고 조금은 지나친 면도 없지 않았습니다. 그러나 여성연구의 상황은 완전히 달랐습니다. 사람들은 열정이 거의 없었습니다.

박정희 분명 그런 차이점은 사회 현실이나 변화와 깊은 관련이 있습니다. 또한 여성주의에 대한 중국 여성연구자들의 거부는 자신들이 처한 현실을 여성들이 어떻게 인식했는가 하는 점과도 관련되어 있습니다. 여성주의에 대한 거부가 1980년대에도 오래도록 지속됐나요?

다이진화 절대 시간으로 말하자면 그다지 오래지 않습니다. 여성주의가 중국에 들어온 것은 다른 이론들보다 상대적으로 조금 늦었습니다. 예를 들어 1980년대 초기에 시몬 드 보부아르(Simone de Beauvoir)의 저서가 중국에 소개됐습니다. 그녀의 『제2의 성』은 먼저 타이완에서 번역됐는데 그 중 문학에 대해 언급한 부분만 번역됐습니다. 그래도 당시 학계와 여대생들 사이에서 많은 영향을 일으켰습니다. 젠더의 차이를 중시하고 강조하던 당시 문화적 현실과 관련이 있습니다. 또 한 번의 '패러독스' 상황이었다고 말하고 싶습니다. 그 전에 여성들은 전에 없던 권리를 얻었지만 동시에 한편으로는 자신의 문제를 논의할 수 있는 문화적 가능성은 상실했습니다. 심지어는 젠더 집단으로서의 '호명'조차 상실했습니다. 1979년 이후 여성들의 문화적·사회적 지위가 하락하기 시작하자 여성들의 문화는 점차 현실 속으로 들어가게 됐습니다. 그러나 여성들은 오히려 이로 인해 자신을 돌아보고 자신들의 젠더 체험을 생각하고 논의할 수 있는 가능성을 얻었습니다.

흥미로운 사실은 많은 (이전) 사회주의 국가에서 모두 그런 상황이 발생했다는 것입니다. 왜냐면 대부분 사회주의 국가는 모두 남녀평등과 동일노동 동일임금을 시행하고 있어 양성이 모두 사회의 공민이라는 의식이 젠더 의식을 넘어서고 심지어는 은폐시켰기 때문입니다. 서구의 여성운동은 일반적으로 젠더의 평등을 추구하고 젠더의 본질적 차이를 부정하는 것에서 시작했습니다. 그러나 사회주의 국가에서 여성 의식의 각성은 도리어 종종 젠더의 차이를 다시 제기하는 데에서 출발하고 있습니다. 그것은 서구 여성운동과의 또 다른 차이점이기도 합니다. 1980년대에 중국 여성학이 활성화된 이유는 갑자기 자신의 젠더를 발견한 사람들이 '남녀평등' 사회임에도 불구하고 여전히 문화적으로나 삶의 상황에 있어서나 남성들과는 아주 다른 현실에 직면해 있음을 발견했기 때문인 듯합니다. 제가 알고 있는 바로는 소련이나 동유럽에서 모두 같은 상황이 일어났습니다. 이는 다른 층위에서 나타난 역사적 유산과 채무라고도 할 수 있습니다. 우리는 '평등'의 시대를 겪었습니다. 그 시대의 경험은 우리가 '평등'이라는 이름 아래 여러 가지 불평등이 있으며 단순히 법률적인 의미의 평등은 결코 여성의 문제를 해결하는 만병통치약이 아님을 인식하도록 했습니다.

중국 여성학이 젠더 집단의 자각에서 시작했기 때문에 중국의 여성연구자들은 처음부터 초기 유럽, 특히 보부아르와 같은 프랑스 여성주의 이론에 대해 강한 인식의 일치를 드러내었습니다. 즉 그들의 역사적 경험은 설사 해방과 평등을 외치는 사회 속에 있더라도 여성은 여전히 '제2의 성'이며 이류 국민임을 여성들이 인식하도록 했습니다.

당시 저 역시 '제2의 성'이라는 말에 아주 공감했고, 지금은 출처를 잊었지만 어떤 문학잡지에서 보았던 '해방 여성'을 '점령구의 평민'과 '해방된 흑인 노예'로 비유한 말을 아주 좋아했습니다. 제 마음속에서 강렬한 공감대를 일으켰기 때문입니다. 중국의 현실은 이론적 의미에서는 분명 양성평등을 이루었습니다. 그러나 진정한 평등과는 거리가 너무나 멀었습니다. 미국 흑인이 법률적인 의미에서 어떤 차별 대우를 받지는 않지만 모든 문제에서 진정으로 백인과 동등한 대우나 기회를 누릴 수 없었던 것과 같습니다. 또한 여성은 흑인과 마찬가지로 그녀들도 자신들의 '꼬리표'를 쉽게 떼어 버릴 수 없었습니다. 여성주의에 대한 거부와 여성주의 이론을 번역하고 소개하는 작업은 1980년대에 동시에 시작했습니다.

박정희 선생님께서는 줄곧 여성주의라는 표현을 사용하고 계시지만, 어떤 때는 또 여권주의를 사용하기도 하십니다. 이 두 개념에는 어떤 차이가 있는지요?

다이진화 기본적으로는 차이가 없습니다. 단지 페미니즘(feminism)이라는 용어에 대한 다른 해석일 뿐입니다. 여권주의라는 말은 비교적 사회적으로 익숙한 초기의 번역입니다. 일반적으로 번역의 문제에서 저는 사회적으로 익숙한 말을 존중합니다. 중요한 것은 사람들이 알고 이해하는 것이니까요. 여성주의라는 개념은 제가 1980년대 영화이론을 공부하기 시작할 때 접했습니다. 그때 페미니즘을 여성주의라고 번역하는 시도를 하기 시작했습니다. 장징위안(張京媛) 교수는 자신이 편집한 『현대 여성주의 문학비평』(當代女性主義文學批評)의 서문에서 이전의 번역 대신 '여성주의'라는 용어를 사용하면서 비교적 체계적인 설명을 했습니다. 1988년 제가 명웨(孟悅)와 함께『역사의 지표에 떠오르다』(浮出歷史地表)를 쓸 때 저희도 이 문제를 비롯하여 여성주의의 기본 쟁점, 용어에 대한 번역과 쓰임에 대해 논의를 한 적이 있습니다. 당시 우리는 명확하게 이해하지는 못했지만 페미니즘이라는 단어를 여성주의로 번역하는 쪽으로 기울어 있었습니다. 여권주의라는 개념에 대해서 사람들이 너무 많은 편견과 오해를 갖고 있었기 때문입니다. 우리는 새로운 번역으로 새로운 의미를 드러내고 싶었습니다. 당시 여권주의를 지지하거나 반대하는 남성이나 여성의 시선은 모두 '권'이라는 글자에만 집중됐고 페미니즘이 바로 여성 권익을 쟁취하고 보호하는 사회운동이라고 여겼습니다. 그것이 페미니즘의 중요한 부분이라는 점은 분명합니다. 그러나 일부분일 뿐입니다. 우리들이 관심을 기울인 페미니즘/여성주의가 더욱 중시한 것은 여성 자신이며 젠더 사이의 서로 다른 문화적 현실이자 젠더의 운명·경험·문화적 상태이며 인류의 문명사에 있어서 젠더가 받은 여러 가지 제약과 억압입니다. 그래서 우리들은 당시 젠더(gender ; 사회적 성)의 의미를 부각시키고 싶었습니다.

 우리는 당시 관련된 이론들을 번역하면서 또 다른 문제에 직면했습니다. 중국어의 '성별'이라는 말에는 영어와 유럽의 주요 언어 속 두 단어가 포함되어 있습니다. 그것은 섹스(sex ; 性)와 젠더(gender ; 別)입니다. 전자가 가리키는 것은 '생리적인 성별'로 남성과 여성의 신체구조적 차이이고 '자연'적인 부분이라고 할 수 있습니다. 후자는 '사회적 성별'로 양성에 대한 일련의 문화적인 규정이나 질서, 규범을 가리킵니다. 우리는 이데올로기를 합법화하는 중요한 특징 중 하나가

'자연화'임을 알고 있습니다. '자연화'는 어떤 문화적 행위를 '자연' 적인 산물로 위장하는 것입니다. 구체적으로 여성의 문제를 예로 들면 바로 생리적 성별과 사회적 성별의 개념을 뒤섞어 버리는 것이지요. 당시 우리들은 섹스/젠더의 구분을 새롭게 강조하는 것이 매우 필요하다고 생각했습니다. 최근 몇 년 동안 종종 공개적으로나 사적인 장소에서 제게 "여성주의자라고 자처하는 것은 전략적인 의도인가요?" 하고 묻는 사람들이 있습니다. 왜냐면 여권주의는 살기등등하게 들리지만 여성주의는 다소 온화한 듯하기 때문입니다. 사실 그 당시나 지금이나 저는 그런 의도를 갖고 있지 않습니다. 지금 생각해 보면 스스로 검토하고 비판할 점이 분명히 있기는 합니다만, 당시에는 분명 어떤 의도가 있기는 했습니다. 1980년대에 저는 엘리트 문화를 아주 중시했고, 당시 우리는 주류 문화에 저항해야 한다는 공통된 인식을 갖고 있었습니다. 그 중 하나는 "이론이 실천을 위해 봉사한다"는 관변 사상 체계에 저항하는 일이었습니다. 그런 사상 체계는 또 "배운 바를 실제로 활용한다"(學以致用)는 전통문화에 의해 지지를 받고 있었습니다. 그래서 우리는 '실천형' 여권주의가 아니라 학문적이고 문화적인 의미에서 젠더연구를 하는 여성주의자라고 아주 분명하게 강조했습니다. 사실 당시나 지금이나 저의 신분은 분명히 대학의 지식인이지요.

얼마 전에는 한 여학생에게 질문을 받았습니다. 그 학생은 여권주의는 전투력이 더 큰 유파이고, 여성주의는 온화하고 타협적인 유파라고 생각하고 있었습니다. 그녀는 제게 왜 그런 선택을 했느냐고 물었습니다. 저는 여기에는 분명 어떤 오해가 있다고 생각합니다. 왜냐하면 유럽의 주요한 언어 속에는 단지 페미니즘이라는 단어밖에 없어서, 소위 말하는 여성주의라는 의미와 여권주의적 의미 역시 그 단어 속에 들어 있기 때문입니다. 페미니즘은 오늘날 서구 사회에서 급진적, 온건적, 본질주의적, 비본질주의적 또는 반본질주의적으로 구분되는 많은 유파와 갈래를 지니고 있습니다. 그러나 여성의 권익 문제에 대한 관심은 최소한의 공통된 인식이고 기본 관점입니다. 그리고 결코 여성주의와 여권주의라는 두 갈래로 나뉘는 것도 아닙니다. 그것은 중국에서 휴머니즘(humanism)이라는 어휘가 시기마다 다른 문화적 이해와 현실적 필요로 인해 인도주의, 인본주의, 인문주의라는 세 가지 기표로 번역되어 서로 다른 세 가지 기의로 수용된 것과 같습니다.

저는 1990년대 중국의 여성학계에도 미묘한 갈래와 논쟁이 등장했음에 주의를 기울였습니다. "나는 여권주의자이고 너는 여성주의자다"라는 말은 불필요하다고 생각합니다. 번역된 명칭에 대한 이해에는 각자 치중하는 부분이 있겠지만, 우리의 공통된 명제는 남권사회와 그 문화 질서에 직면해 있다는 사실입니다. 어떻게 번역하는가는 결코 중요하지 않습니다. 그런 명칭 하에서 우리가 무엇을 하고 싶은지, 무엇을 하고 있는지, 무엇을 할 수 있는지가 더욱 중요합니다.

박정희 중국 문화는 '권력'이라는 표현에 특별히 민감하다는 생각이 듭니다.

다이진화 재미있는 시각이군요. 젠더 문화와 연관 짓는다면 그 관점에 동의합니다. 아직 미숙한 생각이지만 저는 중국의 전통문화 속에서 젠더 의식은 결코 서구 문화에서처럼 그렇게 분명하게 구분되어 있다고 생각하지 않습니다. 어떤 의미에서는 양성이 확연하게 구분되어 있지 않다고도 할 수 있습니다. "화성에서 온 남자, 금성에서 온 여자"라는 식의 젠더 의식은 유럽 문화의 유입으로 생겨났다고 생각합니다. 굳이 말하면 중국 문화에서는 '음', '양'이라는 개념이 이에 상응합니다. 우리 모두 알다시피 '태극도'에서 가장 먼저 보이는 음양은 차이 속의 조화를 나타내는 형상이지 그 속에 어떤 상하 개념은 없습니다. 그러나 권력과 상하 개념이 아주 빨리 그 속으로 들어가기 시작했습니다. 양은 존귀하고 음은 비천하다, 양은 주인이고 음은 노예다 등으로 말입니다. 물론 사람들은 자주 음양의 구분을 남녀의 차이에 대응시킵니다. 그러나 사실 조금만 살펴보면 남녀의 구별이 결코 음양 개념의 유일한 대응물이 아님은 쉽게 발견할 수 있습니다.

봉건문화에서 음양의 관념은 상하 개념과 권력 질서를 나타내고 있습니다. 우리는 모두 "군위신강(君爲臣綱), 부위자강(父爲子綱), 부위부강(夫爲婦綱)"이라는 '삼강'(三綱)을 알고 있습니다. 또 사람들은 여성/아내는 봉건사회 질서 속에서 가장 낮은 계층에 처해 있다고 해석하기도 합니다. 그렇지만 다른 각도에서 보면 봉건질서의 핵심이 '장유존비'(長幼尊卑)임을 발견할 수 있을 겁니다. '군신, 부자, 부부' 사이의 질서는 서열에 의한 상하 질서일 뿐만 아니라 질서 속에서 동일 구조의 관계를 보여 주기도 합니다. 좀더 분명히 말하자면 임금, 아버지에 상대적인 신하, 자식의 위치는 '아내'/여성과 같은 지위입니다. 그래서 봉건문화 속에서 '천지군친사'(天地君親師; 세상의 임금과 부모와 스승)는 모두 신성한 의미를 지니고 있습니다.

아주 분명한 예는 중국 고전문학에서 문인 사대부들이 '향초와 미인'(香草美人)으로 스스로를 비유하는 전통입니다. 물론 그런 전통은 굴원(屈原)에서 시작됐고, 동성애 관계로 굴원과 초(楚) 양왕(襄王)의 관계를 해석한 서구의 학자도 있습니다. 그런 생각의 시비와 진위는 잠시 접어 두겠습니다. 만일 굴원과 「이소」(離騷)를 그렇게 해석한다면 분명 '향초와 미인'으로 스스로를 비유한 전체 남성 문인들의 전통을 이해할 수 없을 것입니다. 중국 문화와 문학 속의 동성애 표현에 대해 그다지 이해하지는 못하지만 제가 보기에 많은 명저 속의 '동성애' 장면은 바로 절대적인 젠더 의식을 뛰어넘는 권력 관계를 드러냅니다. 그런 장면들은 대부분 주인과 노예 사이에서 발생합니다. 예를 들어 제가 보기에 『홍루몽』의 유상연(柳湘蓮)이 설반(薛蟠)을 때리는 장면은 '태패왕'(呆霸王; 우둔한 폭군)이 그에게 더러운 욕망을 일으켜서가 아니라 설반이 그를 취미 삼아 연극을 하는 '왕실의 자제'가 아니라 진짜 '광대'로 '오인'했기 때문입니다.

저는 그런 각도에서 중국 봉건사회 속의 '가보옥의 어머니'식의 모권이나 무측천(武則天)식의 여황제 그리고 자희(慈禧)식의 수렴청정을 해석하려고 시도합니다. 봉건질서 속에서 권력(윗사람과 연장자) 있는 지위의 점유는 절대적이며, 심지어 젠더의 차별을 초월하기도 합니다. 제 생각에 사람들이 권력에 극단적으로 민감한 것이 아마도 여권주의를 두려워하고 싫어하는 내재적 원인의 하나가 아닐까 합니다. 물론 그러한 관점을 상세히 학문적으로 논술하기에는 저의 학문과 연구가 아직 부족합니다.

저우야친 여성주의 이론이 가장 먼저 어느 영역에서 받아들여지고 발전됐나요?

다이진화 문학 영역입니다. 현재까지는 문학 영역의 문화 실천 속에서 가장 힘 있게 표현되고 있습니다. 1990년대 이후에는 인문·사회과학의 여러 영역으로 확산되기 시작했습니다. 대략 1980년대 말에 주로 문학 영역에서 여성주의 비평이 나타나기 시작했습니다. 당시 중요한 진지는 『상하이 문론』(上海文論)으로, 여성주의 문학비평을 전문적으로 다루는 게재란이 있었습니다. 거기에서 많은 여성학자들이 여성주의적 입장에서 문학작품을 연구하기 시작했습니다. 이는 1980년대가 여성 작가들의 창작이 아주 빛난 시기라는 점과 관련되어 있다고 생각합니다.

1980년대 초기에 나타난 상흔문학은 1980년대 말까지 계속 시기마다, 단계마다 주목을 끄는 몇몇의 여성 작가들을 배출했습니다. 저의 여성적 입장 때문일 수도 있지만, 신시기 문학이 시작되던 때 중요한 여성 작가가 남성 작가들보다 많다는 인상을 받습니다. 예를 들어 장제(張潔), 다이허우잉, 수팅(舒婷), 쭝푸(宗璞), 천룽(諶容), 한아이리(韓藹麗), 리후이신(李惠薪) 등입니다. 몽롱시를 예로 들면 당시에 비록 젊은 지식인들 사이에서는 많은 환영을 받기도 했지만 사회적으로는 인정을 받지 못했습니다. 유일한 예외가 수팅으로 사회는 거의 순식간에 그녀를 인정했습니다. 지금 다시 수팅의 글을 읽는다면 수팅이 다른 남성 작가들이나 시인들보다 더욱 매력적이고 깊이 있게 1980년대의 문화와 꿈을 대표하고 있음을 발견할 수 있습니다. 1980년대 엘리트 지식인의 담론은 수팅의 시 속에서 가장 아름답고 성숙하게 드러났습니다. 그래서 문학 영역에서 여성주의적 입장을 지닌 연구자가 아니라 해도 많은 수가 여성의 창작과 여성 작가의 작품에 특별한 관심을 보였습니다. 1980년대 중반 여성문학 연구는 자신의 진지를 형성하기 시작했습니다.

박정희 중국에서 처음 접한 서구 여성주의 이론은 어떤 것인가요?

다이진화 제가 아는 바로는, 이것은 물론 저의 입장에서 생각한 것이지만, 최초의 여성주의 소개는 몇 가지 이론에 집중되어 있었습니다. 당연히 보부아르가 그 중 하나이고, 그 외에 모더니즘 문학을 따라 유입된 버지니아 울프가 있었고, 뒤이어 미국 여성주의자들의 정전 다시 읽기가 있었습니다. 『제인 에어』를 다시 읽은 『다락방의 미친 여자』 (*The Madwoman in the Attic*)가 그 예입니다.

제가 개인적으로 이해하고 참여했던 영역(1980년대에는 널리 영향을 미치지 않았습니다만), 즉 여성주의가 비교적 깊이 응용된 영역은 영화연구입니다. 영화학은 젊은 학문 분야이기 때문입니다. 어떤 의미에서 말하면 영화학이 여성학보다 젊습니다. 저는 늘 학문적 의미로서의 영화학은 자리를 잡자마자 '혁명적 학문 분야'가 됐다고 말하곤 합니다. 여성주의는 영화학이나 영화연구에 깊이 있게 내재되어 영화이론의 여러 갈래 속에 깊이 있게 내재되어 있습니다. 그것은 영화학이 형성된 시대인 1960년대와 관련 있으며 또한 연구 대상과도 관련 있습니다. 영화는 젠더 질서, 젠더 담론, 젠더 표현이 영화 기기와 주류 영화 서사논리 속에 내재되어 있는 현대 예술입니다. 그래서 영화의 비밀을 확실하게 들여다보기 위해서는 영화의 내적 메커니즘 속으로 깊이 들어가서 극장과 영화 관람 메커니즘을 논해야 하는데 젠더 입장을 살피지 않으면 아마 깊이 들어가기 어려울 것입니다.

사실상 미국 대학의 체제 속에서도 영화 영역을 통해 여성주의가 가장 광범위한 영향을 일으켰습니다. 그리고 그 영향은 영화를 넘어 인문학 전체에까지 이르렀습니다. 예를 들어 영국의 여성주의자이자 영화학 교수이며 전위영화 감독인 로라 멀비(Laura Mulvey)의 「시각적 쾌감과 서사적 영화」(Visual Pleasure and Narrative Cinema)는 비록 논문에 지나지 않지만 전체 인문학, 특히 예술 각 분야의 연구에 매우 깊은 영향을 주었습니다. 그녀는 '응시'(gaze)라는 중요한 개념을 제기했습니다. 응시의 시선과 그 주체는 남성이며 응시의 객체는 여성입니다. 이러한 응시 행위와 과정 속에서 남성문화가 표현되고 확인됩니다. 그리고 그럼으로써 내재적인 모순을 해체할 수 있습니다. 이 개념은 이후 여성연구의 가장 기본적인 개념의 하나가 됐습니다. 다른 예를 들자면 미국 영화과 교수 테레사 드 로레티스의 『앨리스는 하지 않는다』(중국에서는 '阿麗斯不'로 번역됐습니다)는 전면적인 여성주의적 각도에서 남성 구조와 해체주의 대가들의 서술을 힘 있게 해체하여 미국과 유럽의 인문학 분야에 상당히 큰 영향을 일으켰습니다.

그러나 중국에서는 1980년대 중·후반에 들어서 학문화된 영화이론이 만들어지기 시작할 때 비교적 체계적으로 서구 영화이론 속에 담겨 있는 여성주의 이론을 받아들였습니다. 남성과 여성을 막론하고 1980년대에 선봉/전위임을 자처하는 영화이론가들은 대부분 여성주의적 입장을 거부하지 않았습니다. 이러한 상황과 문학계의 상황은 매우 달랐습니다. 문학은 1980년대 중반까지도 상당히 많은 남성 비평가들과 연구자들이 전혀 반성하지 않는 남권적 입장을 공개적으로 유지하고 있었습니다. 또한 그것이 '인류'의 시선이거나 '진리'라고 여겼습니다. 그러나 영화비평가들과 영화이론가들은 상대적으로 영화 속의 젠더 표현에 관심을 기울였습니다. 여성주의는 1980년대의 영화이론 속으로 비교적 체계적으로 유입됐고 깊이 있게 중국 텍스트를 연구하는 데 응용됐습니다.

박정희 1990년대에 이르러 여성주의가 갑자기 각광을 받기 시작했습니다. 어떤 의미에서는 학문 분야로서 여성주의가 각기 다른 여러 층위에서 자리매김됐다고 할 수 있습니다. 그것은 무엇 때문일까요?

저우야친 세계여성대회가 중국에서 개최된 것과 관련이 있지 않을까요?

다이진화 아주 밀접한 관련이 있지요. 세계여성대회를 중국에서 거행하기로 결정하자 방대한 규모의 준비가 시작됐습니다. 훗날 저는 다른 여성학자들을 통해 그것이 사실은 중국의 여성 활동가들이 교육받고 자신을 교육하는 과정이었음을 알았습니다. 대략 1993년 전후로 여성연합〔婦聯〕과 다른 민간 여성 조직, 그리고 서구의 학자나 여성학·여성운동 지도자들 및 그 기구들 사이에 광범위한 접촉이 시작됐습니다. 그것은 여성이 자신을 계몽하고 계몽을 수용하는 과정이라고도 할 수 있습니다. '여성연구'(women studies), '여성주의'(feminism), '젠더연구'(gender studies)와 같은 많은 이론들이 한꺼번에 몰려들었습니다. 일찍이 우리를 머리 아프게 했던 '성별' 개념——'섹스'(sex)와 '젠더'(gender)——의 구별이 그때서야 보편적으로 관심을 받게 됐습니다. 사람들은 사회 성별인 젠더가 결코 생물학적 성별인 섹스와 같지 않으며, 전자가 문화를 형성하는 과정이며 역사에 속한다는 것을 조금은 어렵게 깨닫게 됐습니다. 닫혔던 창문이 갑자기 열리듯 세계여성대회는 완전히 새로운 세계를 볼 수 있게 해주는 계기가 됐습니다. 세계여성대회의 모든 준비 과정은 사실상 여성주의가 중국에 전파되는 과정이었으며, 또한 여성 단체가 한 곳에 모이는 과정이기도 했습니다. 그 과정은 광범위한 사회적 반향 속에서 더욱 복잡해졌습니다.

그 시기에 저는 마침 미국에 있었기 때문에 그 변화의 과정을 완전히 이해하지도 못했고 참여하지도 못했습니다. 1992년 말, 홍콩에서 국제학술회의에 참석했을 때 사회를 맡은 분이 제 발표 때 저를 "중국의 유일한 '대표적인' 여성주의자"라고 소개했던 것을 기억합니다. 그분이 저를 치켜세우려고 한 말이었겠지만 당시 저는 제가 여성주의자인지조차 판단할 수 없었습니다. 당시에는 자신이 여성주의적 입장을 지니고 있다는 사실을 분명하고도 공개적으로 인정하는 사람이 몇 없었던 데다가 그러한 여성학자들 사이를 연결하거나 소통시켜 주는 통로가 없었기 때문입니다. 오랜 시간이 지나 저 스스로 아주 분명한 여성주의적 의식을 갖게 됐어도 감히 공개적으로 드러낼 수 없었습니다. 저에게 있어 그것은 시간과 용기가 필요한 행위였습니다. 1980~90년대 전환기가 되어서야 비로소 저는 용기 있게 여성주의자로서의 제 입장을 공개적으로 드러낼 준비를 하게 됐습니다. 1995년 국내에 돌아오자 때마침 세계여성대회가 개최됐습니다. 저는 그때 많은 사람들이 잡지에 자신의 여성주의적 입장을 분명히 밝히고 여성주의적 입장에서 발언을 하기 시작했음을 발견했습니다. 그 시기에 더욱 분명한 젠더 입장이 형성됐으며 비교적 분명한 저항 의식을 갖추기 시작했습니다.

박정희 1990년대 중반 세계여성대회가 중국에서 개최되자 여성주의가 각광받기 시작했습니다. 1980~90년대 사회문화의 패러다임 전환과 변화 역시 여성주의 전파와 관련이 있을까요? 1990년대 중국 여성의 현실적 상황도 한 원인이 되지 않았나요?

다이진화　물론입니다. 여성주의의 전파는 '세계여성대회'라는 계기와 물론 관련이 있고 1980년대 문화적 실천이나 축적과도 관계가 있습니다. 그렇지만 더욱 중요하게는 1990년대 중국 여성의 삶의 현실 또는 문화적 현실과 관계가 있습니다. 1990년대 후반 들어 여성의 사회·문화적 지위는 급격하게 하락했고 여성의 현실적 상황도 악화됐습니다. 현실의 변모가 여성주의에 대한 폭넓은 현실적 수요를 낳았습니다. 어떤 의미에서는 1990년대에 중국의 여성학은 더욱 광범위한 의미에서 확립됐고 다원적으로 공존하는 국면을 맞이했다고 할 수 있습니다. 여성학은 많은 영역에서 성과를 거두고 영향력을 발휘하기도 했습니다. 특히 사회학과 문학 분야의 실천이 상당히 두드러졌다고 생각합니다. 많은 전문·비전문 사회학자들이 변화하는 사회학을 연구하는 데 힘을 쏟았습니다. 그녀들은 여성이나 젠더 상황과 관련된 조사와 연구를 했고, 그들의 조사는 중국 전체 사회 변천의 여러 측면을 상당히 깊이 있게 파헤쳐 보여 주었습니다. 그 의의는 단지 여성학 자체에만 국한되지 않았습니다. 왜냐하면 젠더 규범과 젠더 질서를 구성하는 문화 과정을 다시 쓰는 것은 동시에 사회 전체의 새로운 조직과도 연관되어 있으며 계급·인종·민족 문제를 다시 사고하는 것과도 관련되어 있기 때문입니다. 많은 여성 활동가들을 비롯해 전문적으로 여성연구를 하지 않은 대학의 학자들과 다양한 문화 시스템에 몸담고 있는 학자들도 매우 설득력 있는 사회 조사를 진행했고, 그 조사 결과를 바탕으로 관련 정책에 영향을 미침으로써 여성의 권리를 쟁취하고 보장하는 시도를 했다는 사실은 깊은 감동을 주었습니다. 동시에 여성의 문학 창작에 대한 연구 역시 전에 없던 성황을 누리게 됐습니다.

여성문학?

박정희 중국에서는 1990년대에 이르러 여성문학이 번성하면서 1980년대보다 호기심 어린 관심을 많이 받았습니다. 그에 따라 여성문학 비평도 활발해지기 시작한 듯합니다. 여성에 대한 사람들의 태도가 미묘하게 변하기도 했지만 또 여성문학을 '관찰'하는 시선도 상당히 많았다고 느낍니다.

다이진화 분명히 1990년대 여성문학이 번영한 것은 여성주의가 전파되고 성숙해진 점과 관련이 있습니다. 현실 문화와 생존 환경 속에서 여성의 자아의식은 조금씩 분명하게 여성의 창작 행위를 지지하는 버팀목이 됐습니다. 1990년대에 여성 창작의 열풍이 다시 불어닥쳤습니다. 1980년대에 활동했던 왕안이나 츠리와 같은 비중 있는 많은 여성 작가들이 지속적으로 창작 활동을 했을 뿐만 아니라 새로운 수준에 도달하기도 했습니다. 제가 보기에 왕안이는 1980년대 이후, 특히 1990년대에 장편 『사실과 허구』와 『장한가』를 써서 20세기의 가장 중요한 중국 작가(여기서는 '여성'이란 말을 덧붙일 필요가 없습니다)가 됐습니다. 또한 1990년대에는 장쯔단(蔣子丹), 쉬란(須蘭), 천란(陳染), 쉬쿤(徐坤) 등과 같은 뛰어난 여성 작가들이 새롭게 등장했습니다.

그러나 여성문학 창작의 번영에는 또 다른 위험 요소가 숨어 있기도 했습니다. 그 중 가장 중요한 문제는 시장이었습니다. 남권사회의 기존 틀 속에서 여성은 '보여지는' 대상이 됐고 '흥미 있는 화제'가 됐습니다. 남성 주체의 시선에서 직접적이든 간접적이든 여성문학은 상업적 가치를 지니게 됐습니다. 의도적이든 아니든 상업화된 상황 속에서 여성 창작은 거대한 시장의 자원으로 이용당하고 발굴됐습니다. 그것은 1990년대 여성문학 창작이 직면한 새로운 어려움이면서 심각한 위기였습니다. 쉬쿤은 자신의 소설 「그때부터 점점 밝아지고」(從此越來越明亮)에서 그런 조작된 '여성에 대한 붐'을 조금은 통절하게 조롱한 적이 있습니다.

이외에 여성학 역시 그 어떤 영역이나 학문화 과정도 피할 수 없었던 이익과 권력이 스며드는 문제에 부딪혔습니다. 즉, 어떤 영역이나 명제가 학문화되기 전에는 순수한 열정과 뼈를 깎는 고통으로 투신할 수 있습니다. 그러나 일단 학문화 과정이 시작되면 ─ 저의 어떤 친구 하나가 소위 학문화나 시스템화를 평가하는 기준은 그것에 의지하여 직위나 학위를 얻을 수 있는지에 달려 있다고 적절하게 해석한 적이 있습니다 ─ 사람들은 그다지 '순수'하지 않은 여러 가지 이유로 그 영역에 몸을 담그곤 합니다. 여성학이나 여성의 문학 창작 역시 예외가 아닙니다. 사실 여성연구와 젠더연구는 미국 대학에서는 이미 어느 정도 '새로운 총아', '뜨는 학문'이 되어 있었습니다. 어떤 비자각적인 문화 '중심주의'로 인해 호의적인 서구 학자들은 '오랜 여행' 과정을 거쳐 중국에 유입된 서구 이론과 실천을 발견하는 데 열중했습니다. 그로 인해 여성주의는 세계적으로 혹은 조금 냉철하게 말하면 전 지구화된 문화·학술 시장 속에서 이익을 줄 수 있는 문화 자원으로 부각됐습니다. 여성주의자가 된다는 사실이 우리가 처한 현실 환경 속에서는 앞뒤로 공격을 받는 처지에 처하게 됐음을 의미한다면 국제 문화 무대에서는 반대로 더욱 광채를 드러낼 수 있음을 의미합니다. 저 자신도 그 문제를 절실하게 느꼈으며, 그로 인해 어느 정도 경각심을 갖고 반성을 하게 됐습니다. 학문화 과정 속에서 순수하지 못한 원인이 남성들을 포함한 일부 사람들을 여성학과 여성연구 속으로 끌어들였습니다(남성이 여성학 연구에 참여하는 일을 환영하지 않는다는 말은 아닙니다). 그러나 우리는 다른 사람에게 무언가를 기대하지 말아야 하며 또한 우리도 월권 행위를 해서는 안 됩니다. 중국의 상황과는 달리 미국의 학계에서 "나는 여성주의자다"(I'm feminist)라는 말은 아무 의미도 없다고 할 수 있습니다. 거의 모든 사람들이 여성주의자이기 때문입니다. 만일 여성주의자가 아니라면 인문학 분야에서도 남아 있기 어렵습니다. 그것이 대단히 피시(P.C.; Political Correctness, 정치적 올바름)하지 않습니다. 그러나 중국에서 지식인 집단은 대부분 자유주의적인 문화 입장을 지니고 있습니다. 의심할 나위 없이 그들이 가장 총애하는 가치와 구호는 사회의 민주, 개성 해방, 자유입니다. 그러나 그들은 동시에 상당히 공개적으로 반여성주의적 입장을 표현하기도 합니다. 심지어는 '여권주의'가 신성한 '인류'와 '인도'(人道) 정신을 침범하고 분열시켰다고 확신하고 있습니다. 그렇기 때문에 학계에서 여성주의자가 된다는 것도 간단한 일이 아닙니다. 1990년대 여성문학 창작이 직면한 구체적인 문제는 남권문화가 적대적인 태도를 보이고 도덕주의로 '포위 공격'을 했을 뿐 아니라, 상당히 호의적인 태도로 회유를 했다는 사실입니다. 그들은 우리에게 무엇이 여성문학인지, 어떻게 여성의 특성을 드러내야 하는지, 어떤 것이 여성의 '장점'에 속하는 제재이고 창작 방법인지를 말합니다. 그런 충고와 권유가 진심에서 우러난 호의일 수도 있습니다. 그러나 결국 그것은 오히려 새로운 본질적 규범이 되거나, 혹은 시장의 움직임에 따르게 됩니다.

조금 전 화제를 다시 이어 봅시다. 만일 우리가 '남성으로 분장해야 하는' 문화적 운명에 저항하려고 한다면 마찬가지로 더 이상 '여성으로 분장할' 필요가 없으며, 이전보다 광범위할지도 모르는 새로운 규정 속에서 더 이상 '여성'이라는 문화적 역할을 감당할 필요가 없습니다. 사실 창작에 있어서 '개인화'는 여러 측면에서 문화의 탈출구가 될 수 있습니다. 그 의의가 여성에게만 국한되지는 않습니다. 우리들은 개인화 창작에 힘입어 여러 가지 거대 서사나 '관변 논리' 그리고 현대적 '신화'에서 벗어나 그것들을 해체시킬 수 있습니다. 그러나 1990년대 문학비평에서 '개인화'는 도리어 여성 창작에만 제한적으로 사용하는 말이 됐고 겉모습만을 바꾼 일본 '사소설'을 가리키는 대명사가 됐습니다. 사실 본래 일본의 '사소설'은 남성 창작의 특수한 형태입니다. 전체적으로 말하면 여성주의의 전파, 여성 젠더 의식의 명확한 부상, 시장화 과정 속에서 여성 창작의 상업적 운용과 포장, 여성 창작에 대해 남성 사회가 은연중에 보여 주는 영향, 학문화되는 과정 속에서 이익과 권력의 개입이나 전지구화된 문화 환경 속에서 젠더와 종족 문제의 충돌 등이 중국 여성학과 여성문학 창작, 더불어 여성문학 연구를 복잡하게 만드는 환경과 배경이 됐습니다.

저우야친 중국 여성 문제의 특수성을 강조하시는 건가요?

다이진화 근·현대 중국 역사와 관련시켜 볼 때 특수성은 분명히 존재합니다. 이 점은 중국 연구자들이 반드시 중시해야 합니다. 그러나 그것은 결코 단순하고 명확하게 드러나는 문제가 아닙니다. 제가 자주 즐겨 사용하는 비유처럼 1990년대 중국 문화 속에는 곳곳에 '거울 도시' 식의 상황이 널리 존재했습니다. 겹겹이 겹쳐져 서로를 비추는 문화의 거울 상에 포위되어 우리의 모든 표현은 예측하지 못한 언외의 의미를 만들어 냈습니다. 또한 우리가 문화적으로 탈출을 할 때마다 다른 의미의 함정에 빠질 수 있었습니다. 그래서 중국 문제의 차이와 특수성을 강조할 때, 특히 여성 문제를 논의할 때 전지구화 과정이라는 전제를 소홀히 할 수 없을 뿐 아니라 세계 속의 여성 집단과 여성의 공통된 운명도 소홀히 생각할 수 없습니다.

미국 버클리대학의 류허(劉禾) 교수——그녀는 저와 동시대 사람으로 중국에서 미국으로 건너갔습니다——는 자신의 논문에서 샤오홍(蕭紅)의 소설『삶과 죽음의 장』(生死場)을 분석했습니다. 류허 교수는 이 소설이 민족의 위기와 민족의 항쟁을 그리는 데 주력했지만 그렇다고 더욱 비참해진 여성의 운명을 묘사하는 데 결코 소홀하지 않았다고 힘주어 지적했습니다. 중국의 여성들은 일본군에게 폭행을 당했지만, 그전에 이미 '자신들 동포'에게 폭행을 당했습니다. 즉 민족의 모순과 위기, 구망이라는 공동 주제가 여성의 운명이라는 주제를 가려 버릴 수는 없었습니다. 마찬가지로 여성의 공동 운명도 계급이나 종족의 운명에 관심 쏟고 드러내는 것을 은폐하거나 대체해서는 안 됩니다.

이렇게 말하니 어떤 여성 작가의 작품 토론회에서 한 남성 비평가가 의도적으로 '국제적인 자매애'(international sisterhood)를 '국제여성연합우호회'(國際婦女聯誼會)라고 번역했던 일이 떠오릅니다. 이 말 속에는 경시와 조롱이 가득 들어 있습니다. 그는 제3세계 여성과 여성 작가들은 "서구 여성주의와 인식을 함께할 필요가 없다"고 분명하게 지적했습니다. 그의 전제에 따른다면 제3세계 여성들은 누구와 인식을 함께해야 합니까? 당연히 제3세계 남성이나 남성 지식인 집단과 인식을 함께해야겠지요. 이것이 바로 민족의 운명으로 여성의 운명을 은폐하고 대체시키는 사고입니다.

저는 중학교 시절에 배운 "역정리가 항상 참인 것은 아니다"는 '상식'을 즐겨 반복합니다. 제가 어떤 표현을 분명히 반대할 때 결코 저의 입장이 그것과 대립하고 있음을 의미하지는 않습니다. 그것은 제가 어떤 논쟁에 개입하기를 거부하는 이유이기도 합니다. 논쟁의 한쪽 편이 된다는 사실은 반드시 논쟁에서 승리하기 위해서 상대방이 주장하는 모든 근거를 부정함을 의미합니다. 제가 보기에 그런 논쟁에서 완벽하게 희생되는 것은 바로 문제의 복잡성과 중국 사회 현실에 대한 깊은 관심입니다. 그러므로 제가 중국 여성 문제의 특수성에 관심을 기울인다고 결코 남권문화 아래서 여성의 공동 운명이 존재함을 부정하는 것은 아닙니다. 또한 제가 '국제적인 자매애'를 폄하하고 부정하는 것을 반대한다고 여성 집단 안에 객관적으로 존재하는 계급이나 종족의 차이, 서구 백인 중산계급 여성주의가 강한 문화 세력으로 우리에게 가하는 억압을 무시하는 것도 아닙니다. 그것은 현실 문제의 다른 측면일 뿐입니다. 중국 여성 지식인은 자신들이 직면한 현실 문제를 연구할 때 시종 다원화된 입장과 개방성을 지녀야 하며 또한 경계심을 유지하고 있어야 합니다.

저우야친 선생님의 글 속에서 "가족과 국가 안에 거하다"라는 말을 읽은 적이 있습니다. 어떤 특별한 함의가 있나요?

다이진화 홍콩에서 건너간 미국 버클리대학의 저명한 교수 레이 초우의 『글 쓰는 디아스포라』라는 논문집이 있습니다. 여기서 디아스포라(diaspora)는 처음에는 가족과 국토를 잃고 세계 각지를 유랑하던 유태인을 가리켰습니다. 그렇지만 지금은 미국의 학술 용어에서 특별히 저항적이고 소수 그룹에 속해 있으면서 문화의 주변에 있는 정체성을 가리킵니다. 그래서 그녀의 저서는 중국어로 『가족과 국가의 밖에서 쓰다』라고 번역됐습니다. 이 말은 이국에 거주하는 이민 지식인에게 사용되어도 적당할 것입니다. 그러나 우리에게, 최소한 저에게는 적용되지 않습니다. 제가 다중적 의미에서 '주변'(저 자신은 결코 '중심'이나 '주변'이라는 구분 방식을 그다지 좋아하지 않습니다만)적 신분과 입장을 유지하고 있지만, 사실 저는 줄곧 가족과 국가 안에 있었습니다. 여성주의자로서 저는 중국과 제3세계 지식인의 현실과 운명에 직면하지 않을 수 없고 그것을 저버릴 수도 없습니다. 여성과 여성주의는 저의 신분과 입장을 구성하는 중요한 부분입니다. 그러나 결코 전부는 아닙니다.

얼마 전 홍콩 여배우 양쯔충(楊紫瓊)의 인터뷰를 본 적이 있습니다. 그녀는 최근 '아주 영예스럽게' 할리우드 영화 「내일의 제국」(明日帝國, 007—Tomorrow Never Dies)에서 중국 출신으로는 처음으로 '본드걸'이 됐습니다. 그녀는 자신이 출현하게 되면 분명 '중국 여성'을 대표하리라는 것을 이 배역을 수락할 때 이미 알고 있었습니다. 그래서 할리우드의 극작가들에게 그녀와 중국 인터폴 역할을 위해 극본을 수정해 줄 것을 고집스럽게 요구했습니다. 저도 이것과 아주 비슷한 체험을 한 적이 있습니다. 당신이 국족(nation-state) 정체성 — 당신 국가 — 을 내면화된 문화 정체성의 구성 부분으로 받아들이든지 혹은 거부하든지 간에(여기서 한 마디 더하면, 요즘 서구 학계에서 유행하고 있는 '아이덴티티'라는 용어는 중국어의 '신분'에 대응됩니다. 주로 문화적 신분과 '자기 동일시'라는 두 층위의 의미를 가리킵니다) 중국 본토의 지식인이 된다는 것은 전지구화된 언어 환경 속에서 다른 사람이 당신을 인식하는 중요한 내용이 될 것입니다. 그래서 우리가 어떤 문제를 논의할 때, 예를 들어 여성문학을 토론할 때 도대체 누구와 마주하고, 무엇에 직면하여 나온 발언인지 등의 구체적인 맥락을 반드시 밝혀야 합니다.

저우아친 저는 줄곧 중국의 상황에서 여성문학 연구가 독립된 학문 분야나 영역이 될 수 있을까 하는 생각을 하고 있습니다.

다이진화 저는 여성문학 연구 자체는 학제적 성격을 지니고 있다고 생각합니다. 최소한 여성학과 문학 두 학문 분야가 교차하는 영역입니다. 물론 그것만은 아니지만요.

저우아친 어떤 여성문학 학술대회에서 한 남성 문학비평가가 여성문학이 독립된 문학 양식이나 독립된 연구 과제가 될 가능성이 있는가 하는 질문을 던진 적이 있습니다. 만일 "그렇다"면 여성문학은 '문학'으로서 도대체 남성문학의 특성이나 수단과 어떤 차이가 있는가 하는 질문이었습니다.

다이진화 네. 저도 그 질문을 기억합니다. 제가 보기에 그것은 분명 도전적인 태도입니다. 논쟁을 하게 되면 우리는 그런 질문에 쉽게 반박할 수 있습니다. 왜냐면 이른바 약세 문화 집단의 특징은 바로 자신의 문화를 강탈당했다는 점이고, 강세 문화는 영원히 보편적인 특성을 지닌 모습으로 드러나기 때문입니다. 예를 들어 우리가 말하는 문학이나 문학사는 엄격한 의미에서 남성문학이며 문학사입니다. 유럽의 주요한 언어 속에서 '역사'(history)는 '히스'(his)와 '스토리'(story)—즉, 그의 이야기의 조합어입니다. 물론 '그'는 '그'의 이야기가 '그녀'의 이야기를 포함하고 대체하기 충분하다고 봅니다. 그래서 약세 문화가 저항과 표현을 시작할 때는 강세 문화의 형태, 언어, 규범의 도움을 받을 수밖에 없습니다. 탈식민 이론가인 호미 바바(Homi Bhabha)에게 그것은 바로 '주인' 문화에 대한 '노예'의 '전유'입니다. 여성문학이 아직 성숙한 자신의 모습과 자신의 문학 형식이나 수사를 갖고 있지 못한 것은 이상한 일이 아닙니다. 나타나자마자 성숙한 형태를 요구한다면 그것은 "태어나면 안 된다"고 선포하는 것과 다를 바 없습니다.

그러나 다른 측면에서 저는 그 질문이 상당히 예리한 점을 지니고 있다고도 생각합니다. 여성의 문학 창작을 논의할 때 저는 프랑스 여성주의자인 엘렌 식수(Hélène Cixous)의 개념을 사용하곤 합니다. 여성 창작이나 여성 글쓰기는 여성학과 마찬가지로 분명한 대상을 갖고 있습니다. 또한 중국 현실에서 여성 창작이 번영했음은 분명합니다. 그러나 그에 반해 '여성문학'이라는 개념은 비교적 모호합니다.

저우아친 정의가 모호하다는 말씀이신가요?

다이진화 그렇습니다. 제가 아는 바에 따르면 '여성문학'에 대해서 적어도 네 가지 정의가 있습니다. 첫째는 여성이 쓴 것, 둘째는 여성을 쓴 것, 셋째는 동정하고 이해하며 찬미하는 태도로 여성을 쓴 것, 넷째는 여성주의적 입장에서 쓴 문학입니다. 그 중 가장 쉽게 걸러질 수 있는 것은 '여성을 쓴 문학'입니다. 예로부터 여성에 대해 쓰지 않은 작품이 얼마나 되겠습니까? 우스운 이야기가 하나 있습니다. 한 외국 학자가 중국 영화 속의 여성 형상에 대해 연구하기 위해 중국에 와 저희들에게 여성 형상이 있는 영화 제목을 나열해 달라고 했습니다. 그래서 저는 "여성 형상이 없는 영화 제목을 나열해 줄 수는 있습니다. 그렇지 않으면 아예 중국 영화 목록을 모두 복사해서 드리는 편이 나을 것입니다"라고 했습니다. 나중에 우리는 아주 고생해서 1949년 이후 영화 중 여성 형상이 없는 두 편을 찾아냈습니다. 조금 극단적으로 말하면 문학의 모든 역사는 '여성'이라는 "요원하고 아름다운 전설"을 반복하여 말하고 있습니다. '그녀'가 주인공이 아니더라도 남자 주인공이 성장하고 행동하고 업적을 쌓아 공훈을 세울 수 있게 하는 가장 중요한 추동력이며 '동반자'입니다.

또 쉽게 부정할 수 있는 다른 하나는 '동정하고 이해하며 찬미하는 태도로 여성을 쓴다'는 정의입니다. 문학이나 영화 속에서 아주 많은 예를 들 수 있습니다. '감동적으로 아름다운' 여성 형상이 수없이 많은 작품 속에 나타납니다. 그런 형상은 대지의 어머니처럼 희생하고 책임지고 헌신하는 여성들이고, '의협심에 가득 찬 속세의 여인'이며, '경국지색'의 '가인'(佳人)들입니다. 중국 고전문학에서 '향초와 미인'은 문인 사대부들이 이상적으로 여기는 인격의 상징입니다. 작품 속에서 여성을 동정하고 찬미하지만 이때 여성/여성 형상은 남성의 백일몽이 아니라 남성의 이상적인 인격을 아름답게 단장해 무대 위에 올린 것임을 쉽게 알 수 있습니다. 물론 희생되고 제물로 바쳐지는 순결한 자로서 대지 어머니나 꽃 같은 소녀는, 무녀와 창녀, 또 비할 바 없이 히스테릭한 정형화된 다른 여성 형상과 비교하자면 분명히 더 사랑스럽습니다. 그러나 그것과 우리가 말하는 여성문학은 아무런 관련도 없습니다. 대부분은 전통적인 남성 글쓰기의 수사 방식에 불과합니다.

이제 '여성이 쓴' 문학이 남았습니다. 여성이 예술 창작에 투신하여 자신의 작품을 사회문화 흐름의 한 부분으로 삼게 된 역사는 결코 길지 않습니다. 여성이 작가와 예술가로 받아들여지고 사회에서 어느 정도 인정받게 되어 조르주 상드(George Sand, 본명은 Aurore Dupin)나 조지 엘리엇(George Eliot, 본명은 Mary Ann Evans)처럼 가명을 쓸 필요가 없게 된 것은 세계적으로도 백 년 정도밖에 되지 않은 일입니다. 왜냐하면 그 전의 글쓰기와 창작 행위는 여성과 관계없는 남성의 특권이었기 때문입니다. 여성이 문학과 예술 창작의 영역에 들어선 것 자체가 의미 있는 사실이며 반역과 전복의 시작이었습니다. '여성문학 연구'가 여성의 문학 창작에 관심을 기울이는 것은 자연스럽고 효과적인 선택입니다. 그러나 만일 여성문학을 여성이 쓴 문학이라고 한다면 정의나 개념이 여전히 매우 모호합니다. 여성 작가의 젠더적 입장이 완전히 같을 수는 없기 때문입니다. 예를 들어 울프, 상드, 브론테 자매, 보부아르, 샤오훙, 장아이링, 왕안이는 모두 성숙하고 독특한 여성적 표현을 하고 있지만 그들 사이에는 분명히 다른 점이 있습니다. 분명히 말할 수는 없지만 스타일이 다르다는 문제만은 아닙니다.

우리가 잊지 말아야 할 사실은 설사 그렇게 '위대한 진보'와 '문명화'의 과정을 겪었다 할지라도, 우리 여성은 여전히 남성문화의 그늘 아래서 살고 있으며 또한 로라 멀비가 말한 것처럼 "남권문화의 하늘 아래서 따로 우리만의 하늘을 만들 방법이 없다"는 점입니다. 그렇다면 여성주의 작가를 포함한 많은 여성 작가들에게 있어 남성 중심 의식이나 남성문화는 여전히 강요되거나 무의식적으로 내재화된 문화적 요소가 아닐 수 없습니다. 결코 오늘날의 여성 작가들이 더 이상 남성의 가명을 쓸 필요가 없다는 것이(반대로 쉐미리雪米莉처럼 남성 작가들이 여성의 가명을 쓰기 시작했습니다) 여성의 창작이 더 이상 여러 가지 문화의 가면 뒤에 숨지 않게 됐다는 뜻은 아닙니다. 많은 여성 작품이 종종 여성의 젠더 경험을 넘어서서 어떤 '공정'한 '중성적 입장'을 취하고자 했고, 그런 창작은 남성의 글쓰기로 분장한 또 다른 화목란식 작품이 됐습니다. 더욱 심한 경우 어떤 여성 예술가의 작품 속에는 남권문화의 편견과 '상식'이 가득 차 있기도 합니다.

박정희 그렇다면 여성주의적 글쓰기가 바로 여성문학인가요?

다이진화 제가 생각하는 여성문학은 여성주의적 입장이 필수적인 요소입니다. 그러나 저는 기본적으로 여성주의를 포함한 어떤 주의라는 것이 진정으로 문학이나 예술의 형식 범주를 확정 지을 수 없다는 점을 인정합니다. 작가의 입장이나 신분을 소홀히 할 수는 없지만 문학이나 예술에 있어서 입장이나 신분이 절대로 전부는 아니라고 말할 수 있습니다. 우리는 여성주의적 입장을 지니고 있는 문학작품에 관심을 기울이고 기대하고 있습니다. 그러나 아주 정확하고 분명하며 예리한 여성주의적 입장을 가지고 있다고 무조건 성공적이고 창조성 있는 문학적 성취를 이루었음을 의미하지는 않습니다.

제가 보기에 여성문학은 두 가지를 요구하고 있습니다. 하나는 젠더적 입장이고 다른 하나는 문학성입니다. 두 가지 모두 조금이라도 부족하면 안 되지만 또한 단순하게 서로를 대체하거나 동일하게 볼 수도 없습니다. 이것은 저의 개인적인 관점이며 제가 여성 작품을 대할 때의 어려움과 모순이기도 합니다. 왜냐면 중국의 현실이 결코 포스트모더니즘적 현실이 아니고 '역사의 종말' 이후의 현실도 아니며 오늘날의 중국이 이데올로기와 가치 판단을 초월할 수 있다고도 생각하지 않기 때문입니다. 중국에는 여전히 시비와 곡직(曲直), 선악과 허실을 판단해야 하는 현실이 존재하고 있습니다. 그래서 판단의 거부는 이미 또 다른 판단과 입장을 표현한 것입니다. 마찬가지로 어떤 문학작품을 분석할 때 가치 지향적이고 입장을 가진 판단을 동시에 하지 않을 수 없습니다. 설사 그런 가치와 입장 자체가 결코 투명하고 단일하지 않더라도 말입니다. 저의 경우도 가치와 입장이 있는 판단에 있어 종종 모순을 보이기도 합니다. 예를 들면 어떤 문학작품이나 영화를 문화적·정치적·사회적 입장에서 지지하고 받아들일 수는 있지만 동시에 심미적·문학적·영화적 방향에서 긍정하기 어려운 경우가 있습니다. 반대의 예도 마찬가지로 많습니다. 여성주의나 여성 문학 창작에서도 마찬가지입니다. 그 젠더적 표현에 충분히 인식을 함께하고 사회와 문화적 입장에서 그러한 문학과 언어를 지지해야 한다는 것을 인정할 수는 있지만 그것이 제가 좋아하는 작품이 아니거나 저의 문학적 기호에는 맞지 않을 수도 있습니다.

린바이의 『한 여자의 전쟁』과 '딸'

저우야친   재작년 『중화독서보』(中華讀書報)에 선생님의 베이징대학 강연으로 인한 작은 논쟁이 있었습니다. 그 강연에서 1990년대의 여성 작가 린바이(林白)의 소설 『한 여자의 전쟁』(一個人的戰爭)에 대해 말씀하셨는데, 어떤 사람이 "만일 선생님에게 열여덟 살 난 딸이 있다면 린바이의 작품을 읽으라고 추천해 주시겠습니까?"라고 질문했습니다. 그때 선생님께서는 "아니요"라고 대답하셨습니다. 그 전에 선생님께서 린바이의 작품을 높이 평가한 적이 있었기 때문에 선생님의 태도는 비난과 호기심을 불러일으켰고 매체를 통해 과장되면서 많은 사람들의 관심을 끌었습니다. 지금은 그 일을 어떻게 생각하시나요? 만일 같은 질문을 다시 드린다면 어떻게 대답하시겠습니까?

다이진화   그 일은 1990년대 여성, 여성주의, 여성문학을 둘러싼 소란이었다고 봅니다. 그것은 제가 여성주의자로서 가장 난처했던 경험이었습니다. 흥미롭기는 했지만 물론 기분 좋은 일은 아니었습니다. 그 도발적인 글이 발표된 뒤 가장 흥미로운 점은 그것이 확산되고 변형되는 과정이었습니다. 저의 첫번째 죄명은 '위선' 이었습니다. 조금 듣기 좋게 말하자면 '자기 모순' 이지요. 그 뒤 현대 사회와 대중매체의 기본적인 특성으로 인해 일이 꼬리에 꼬리를 물고 퍼져 나가자 저의 죄명은 두 가지로 분명하게 대립됐습니다. 하나는 제가 린바이를 찬양했기 때문에 "사회적 책임감을 상실하고 나쁜 짓을 가르친다"는 것이었습니다. 다른 하나는 제가 저의 '딸' 에게 린바이 작품을 읽지 못하게 한다는 것 때문에 '완고한 도덕주의자' 라는 것입니다.

아, 이런 에피소드가 있었습니다. 한번은 교실에서 한 학생이 제게 신문을 보여 주었습니다. 신문에는 린바이와 같은 '준색정 문학' 을 고취한 저의 주장과 히틀러의 『나의 투쟁』을 출판해야 한다는 주장을 함께 거론하고 있었습니다. 필자는 아주 분노했더군요. 약 1년이 조금 넘은 때였는데 그 화제는 여러 가지 변형된 방식으로 여러 번 다시 언급됐습니다. 그러나 문단에서는 제가 분명히 적의가 담긴 그런 문제에 그토록 고지식하게 대답할 필요가 없었다는 선의의 비평도 있었습니다. 심지어 가장 친한 친구들도 "읽어도 되지요" 하고 말해 버리지, 너무 진지했던' 것은 아니냐고 했습니다. 저는 그들의 호의에 감사하지만 오늘 나에게 누군가 그 질문을 다시 한다면 그래도 저의 대답은 "아니요"입니다. 자신의 모순을 은폐하지 않고 학문적 문제를 해결할 때 성의를 다하는 것이 제 '원칙' 입니다. 그리고 절대 논쟁에 개입하지 않는다는 것이 저의 또 다른 원칙입니다. 저는 분명히 린바이의 『한 여자의 전쟁』을 긍정하지만 그것은 여성의 자서전, 여성의 글쓰기라는 의미에서이지 문학적 가치 판단에서는 아닙니다. 그런 문제를 대했을 때의 저의 어리석음은 '성실' 이나 '자기 모순' 에 있는 것이 아니라 분명한 적의를 지니고 있는 그런 문제에 대해 단순하게 대답했다는 데에 있습니다. "아니요. 저는 딸에게 린바이의 작품을 읽으라고 추천하지 않을 겁니다. 그러나 저는 마르그리트 뒤라스의 『연인』이나 『고통』, 보부아르의 『초대받은 여자』나 『레 망다랭』(Les Mandarins), 장아이링의 『도시를 뒤엎는 사랑』(『경성지련』傾城之戀), 왕안이의 『장한가』를 추천할 겁니다"라고 구체적인 대답을 해야 했습니다. 위에서 언급한 이들은 분명 제기 매우 좋아하는 여성 작가들이며 그녀들의 많은 작품 가운데에서도 제가 정말 좋아하는 작품들입니다. 린바이를 부정하고 증오하는 사람들이 보기에 이 소설들은 『한 여자의 전쟁』과 마찬가지로 "풍속을 문란케 하는" 작품일 겁니다. 제게 문학작품을 추천하라고 한다면 저는 당연히 제가 가장 우수하다고 생각하는 소설을 추천할 것입니다.

제가 '제 딸'에게 린바이의 작품을 추천하지 않을 또 다른 이유는 린바이의 이 장편소설이 남권사회에서 몸부림치고 반역하는 여성의 고통스러운 마음을 너무 사실적으로 묘사했기 때문입니다. 이 작품은 고통스럽고 모순된 요소로 가득 넘쳐납니다. 그 문제에 대답을 할 때 저는 분명히 아주 진지하게 상상해 보았습니다. 저에게 딸이 있고 그 딸이 열여덟 살이 되어 막 자신의 삶을 펼치려고 합니다. 그녀도 마찬가지로 남권사회에 직면할 것입니다. 제가 그 딸에게 여성 작품을 한 편 읽으라고 추천한다면 저는 분명 린바이를 권하지는 않겠습니다. 왜냐하면 저는 딸이 처음부터 그처럼 심각한 모순과 절망 속의 저항에 직면하길 원치 않기 때문입니다. 그리고 저는 딸에게 더욱 고통스러운 여성의 표현일지라도 좀더 성숙하고 자신감 있으며 아름다운 문학적 표현을 보여 주고 싶었습니다. 우습게도 그 소란으로 인해 사람들은 제게 '딸'이 없다는 사실을 이야기하기 시작했습니다. 제게 딸이 있느냐 없느냐는 사실이 저의 '사회적 모습'을 구성하는 부분이 됐습니다. 사람들의 방문을 받을 때면 종종 마지막으로 "다이 교수님, 딸이 몇 살입니까?" 하는 질문을 받습니다. 제가 "저는 딸이 없습니다" 하고 말하면 그들은 "그럴 리가요? 사람들은 모두 선생님에게 딸이 있다고 하던걸요"라고 합니다.

문학비평과 문화연구

저우야친 작품의 문화적 의의를 긍정하는 것과 문학의 가치 판단을 혼동하는 점이 현재 문화평론이나 문화연구, 문학비평 사이의 관계에서 사람들의 오해가 발생하는 가장 중요한 부분입니다. 최근 몇 년간 비평계에서는 이 두 개념의 관계에 대해 많은 견해를 제기했습니다. 그러나 제 생각에는 두 가지를 뒤섞어 함께 이야기하거나 완전히 대립시키는 듯합니다. 심지어 구체적인 텍스트를 연구할 때는 비평과 수용 사이에서 곤혹스러워하기도 합니다. 선생님께서는 그런 현상을 어떻게 보시나요?

다이진화 저는 양자를 구분해야 하고 또 구분할 수 있다고 생각합니다. 오늘날 그렇게 하는 일이 상당히 어렵더라도 말이죠. 그것은 말씀하신 것처럼 수용 방식이 만든 오해입니다. 만일 어떤 전제 하에서 한 작품의 문화적 의미를 강조하고 긍정한다면 사람들은 그 전제가 분명 작품 자체의 심미적 가치라고 여길 것입니다. 저의 비평 방법은 비교적 문화연구에 치우쳐 있습니다. 저 자신 역시 몇 편의 영화와 문학작품을 꼼꼼히 읽은 적이 있습니다. 제가 한 작품을 꼼꼼히 읽게 되는 원인은 주로 문화적인 동기에서이지 영화나 문학적인 동기에서는 아닙니다. 그러나 일반적으로 저는 반드시 문학이나 영화가 구성과 표현에서 '합격' 해야만 작품을 선택합니다. 그렇지만 예술이나 심미적 판단이 분명 저의 첫번째 기준은 아닙니다.

물론 1980년대에 종종 저를 난처하게 하는 상황이 나타나기도 했습니다. 감독이나 작가들은 자신의 작품이 세심히 읽혀지는 대상으로 선택되자 기뻐했습니다. 그들을 비롯한 많은 사람들이 보기에 세심히 읽혀지는 대상으로 선택된다는 것은 작품 자체의 예술적 가치와 표현의 풍부함을 인정받은 일이었습니다. 아주 우수한 문학작품이 동시에 풍부한 문화적 징후로도 가득 차 있는 예는 분명 아주 적습니다. 위화(余華)의 소설, 천카이거(陳凱歌)의 「황토지」(黃土地), 「아이들의 왕」(孩子王) 등은 문학적 우수성과 풍부한 문화적 징후를 지니고 있는 예라고 할 수 있습니다. 그러나 어떤 의미에서는 반대의 사례가 더욱 많습니다. 후기 구조주의 이론이나 문화연구 방법을 위한 여지를 제공할 수 있는 작품은 종종 독창적인 걸작이 아닙니다. 그러한 이론으로 독해하기 좋은 것은 바로 대중문화 텍스트입니다. 그런 반응을 접하고 1980년대에는 당황하기만 했지만, 1990년대에 들어서는 염려스러워지기 시작했습니다. 1990년대에는 수용의 착각와 오독으로 인해 문화 연구로서의 문학 분석과 심미 판단이 뒤섞인 문학비평이 의식적이었든 무의식적이었든 존재했습니다. 어떤 미국의 인문학자는 문화연구와 문학비평을 완전히 다른 문제로 인식하기도 했습니다. 그 문제는 이미 해결/해소되어 버렸다고 여길지도 모릅니다. 왜냐면 우리가 받아들인 바르트, 푸코, 부르디외, 보드리야르, 리오타르 등 많은 후기 구조주의와 포스트모더니즘의 대가들이 이미 심미적·정전적·취향적·초월적 예술 기준이나 예술 판단의 비밀과 신화를 폭로했기 때문입니다. 그들은 모든 초월적이고 우아하며 공정한 판단 뒤에서 계급과 젠더 혹은 종족의 이데올로기가 작동되고 있음을 보여 주었습니다. 그것은 지금껏 영원한 것도 유일하고 절대적인 것도 아니었습니다. 이런 시각에서 보면 모든 비평은 각기 다른 입장에서 행하는 문화비평일 뿐입니다.

저우야친 순수한 문학비평은 없다는 말씀인가요?

다이진화 이론적으로 보면 없습니다. 이른바 후기 구조주의와 포스트모더니즘의 입장에서 순수한 문학비평을 강조하는 순간 이미 자신의 입장을 드러내는 '잘못을 범하게' 됩니다. 어떤 계급이나 젠더적 입장과 취미는 강세 문화와 문화 중심을 고수하거나 그것에 굴복합니다. 지난번에 말씀을 나누었을 때 「작은 마을의 봄」(小城之春)이 가장 아름다운 중국 영화이자 현대 중국 영화사에서 유일한 예술영화라고 한 것처럼 말입니다. 그렇다면 제가 보기에 그 말에는 유럽 예술영화만이 세계에서 가장 위대한 영화예술이라는 숨겨진 전제가 깔려 있습니다. 왜냐하면 분명히 그런 기준을 염두에 두고서 「작은 마을의 봄」을 '판단' 했기 때문입니다.

그러나 오늘날 중국에서는 최소한 이론적으로 문화연구와 문화비평을 구분하는 작업은 가능할 뿐만 아니라 필요합니다. 후기 구조주의는 우리가 불변의 금과옥조라고 여기고 있던 위대한 정전의 면모를 파헤쳤습니다. 즉 정전은 본래 근대 대학 제도에 따라 생겨난 것이며 단지 대학 인문학 교육의 필요에 맞추기 위해 그것에 불후의 위대함을 부여했습니다. 그리고 교과서를 편찬할 목적으로 정전을 만든 것도 불과 1~2백 년밖에 되지 않았습니다. 그러나 우리가 어느 순간 그 비밀을 깨닫고 그런 의식을 받아들인다 해도 결코 그것이 대학의 인문 교육 체제가 신속하게 변모되고 정전의 호명 시스템이 붕괴되고 와해됨을 의미하지는 않습니다. 그것은 우리에게 명철한 시각을 제공했습니다. 어쩌면 우리가 정전을 반성하거나 거부하는 의식의 단초를 제공했을 수도 있습니다. 그러나 그것이 우리 마음대로 정전을 명명할 수 있는 권력을 갖세 됐음을 의미하지는 않습니다. 분명 어떤 이론적 입장에서는 마오둔(茅盾)이 환주루주(還珠樓主)*보다 더욱 위대한 작가라고 할 수는 없습니다. 그들은 다른 문화적 원칙을 따르고 조금씩 다른 코드 방식으로 문학작품을 생산했을 뿐입니다.

그러나 여전히 또 다른 정전 시스템을 편성하고 다른 정전 시스템에 이름을 붙인다면 후기 구조주의나 포스트모더니즘의 시각에서 볼 때 그런 행위에는 어떠한 '혁명적' 인 내용도 담겨져 있지 않습니다. 또

---

*민국 초기 북파오대가(北派五大家)에 속하는 무협소설가로서 본명은 리서우민(李壽民).—옮긴이

한 조설근(曹雪芹)과 평강불초생(平江不肖生)*이나 루쉰과 장헌수이를 동일하게 열거하는 정전을 만든다고 정전의 시스템을 전복하는 것도 아닙니다. 단지 정전 기준의 혼란을 초래할 뿐입니다. 혹은 정전의 전복을 명분으로 정전의 명명권을 남용하는 것이라고도 할 수 있습니다.

통속문학과 '순문학'은 여러 가지 면에서 구별됩니다. 그 중 하나는 통속문학이 유행을 따라 만들어진다면 순문학은 창작 후에 유행한다는 점입니다. 그리고 통속문학이 시장에서 확고히 자리매김되는 반면 순문학은 시장에 대한 항의와 도전을 시도합니다. 또 다른 분명한 구분은 통속문학이 끊임없이 베스트셀러라는 모델에 의거하여 끊임없이 복제된다면, '엄숙'한 작가나 엘리트 문학 작가들이 자기 복제를 시작하면 기본적으로 그/그녀의 예술적 생명이 정체되고 심지어는 끝납니다. 포스트모던으로 "순수와 통속의 큰 고랑을 메운다"는 것이 오늘날 서구의 신화든 아니든, 포스트모던 문화이론에 대한 논의는 반드시 그 이론이 만들어진 현실과 연관되어야 합니다. 그것이 우리들이 처한 문화적 현실에 적합하다고는 말할 수 없으며 모든 지역과 모든 시대에 맞는다고는 더더욱 말할 수 없습니다. 포스트모던 이론을 새로운 '진리'나 만병통치약으로 여기는 것은 '포스트모던'에 대한 어마어마한 조롱입니다.

박정희 많은 중국 학자들이 분명한 심미적 가치 판단을 가지고 정전에 대해 논할 뿐 아니라 정전은 신성불가침하다고 확신하는 모습을 보았

---

* 본명은 샹카이란(向愷然)으로 1920년대에 주로 활동한 무협소설가. 『강호기협전』(江湖奇俠傳)이 잘 알려져 있다.—옮긴이

습니다. 사실 거기에는 두 측면의 문제가 존재하고 있습니다. 정전이라고 이름을 붙이는 것이 한 측면이며, 정전이 구성된 역사를 파헤치는 것이 또 다른 측면입니다. 그러나 중국에서는 여전히 많은 사람들이 순문학을 추구하며 비평을 하고 있습니다.

다이진화 문제는 '두 측면'에만 있는 것이 아닙니다. 중국의 특정 현실을 언급하자면 서구의 직선적 역사 속에서 발생한 과정이 중국에서는 종종 공간적인 공존의 형태로 드러나곤 합니다. 저는 중국 문화 속에 포스트모던한 요소가 있음을 부정하지 않습니다. 그러나 중국이 근대성 담론이 급격하게 확장되는 시기에 처해 있으며 많은 중국 사람들이 전근대적 현실 속에서 생활하고 있음도 부정할 수 없습니다. 이 점 역시 중국에서 문학비평과 문화연구가 구분될 수 있고 구분되어야 한다는 것의 전제입니다. 조금 전에 말했지만, 많은 미국 인문학자들은 특정한 문학작품을 토론하는 것이 결코 그것에 숭고하고 영원한 문학적 가치를 부여함을 의미하지 않는다는 공통된 기본 인식을 하고 있습니다. 그래서 미국의 포스트모던 문화가 이미 성공적으로 "순수와 통속의 거대한 고랑을 메웠다"고 여길 수도 있습니다. 그러나 이는 또한 미국 사회는 이미 '순문학'의 생존 공간을 상당히 많이 상실했다는 점을 말하는 것이기도 합니다. 순문학 혹은 엘리트 예술이란 아주 협소한 틈새에서만 생존할 수 있을 뿐이지 미국 사회에 진정한 영향을 줄 수 없게 됐습니다.

　　선생님께서 생각하시는 것처럼 중국의 상황은 상당히 다릅니다. 중국에는 여전히 상당히 넓은 문학 공간이 있습니다. 여전히 작가협회 제도가 존재하고 수백 개의 '순문학' 잡지가 있습니다. '순문학' 잡지라고 하는 이유는 그런 잡지들이 수십만 정기 구독자를 갖고 있기도 하고 또 2~3천 부만을 찍어내면서 대부분 시장에 의존하지 않고 존재할 수 있기도 하기 때문입니다. 만일 정말로 시장에 의존한다면 그런 잡지들은 절반이나 심지어는 2/3까지도 사라질 겁니다. 그러나 오늘날 그 잡지들은 여전히 존재하고 있으며 많은 부분에서 중국 문학 집단과 문학 기구를 지탱하고 있습니다. 도서출판 시장이 상대적으로 활성화되기는 했지만 순수한 시장의 움직임은 아닙니다. 왜냐하면 현재 모든 출판사는 국영 '기업'이기 때문입니다. 대부분의 문학 간행물은 일정 정도 국가와 지방의 지원금에 의지하고 있습니다. 현재 갈수록 많아지는 잡지는 국가와 지방 정부뿐 아니라 대기업의 지원금에 의지하고 있습니다. 그것 자체가 재미있는 일입니다. 대기업이 문학잡지에 지원을 하는 까닭은 결코 이윤을 원해서가 아닙니다. 그렇다면 무엇 때문일까요? 단순한 상업적 행위 때문에 그렇게 궤도를 바꿀 수는 없습니다. 왜냐면 대기업이 문학잡지에서 얻는 광고 효과는 아주 미약하고 이익을 거둘 전망도 요원하기 때문입니다. 오늘날 중국에서는 여전히 전통적인 문화적 신분을 아주 가치 있는 것으로 보고 있습니다. 아직은 문화적 신분을 직접 돈으로 환산하지 않기 때문이라고 해석할 수 있습니다. 그러한 현상을 분명히 밝히는 일은 아마도 제 능력 밖일 겁니다.

제가 말씀드리고 싶은 것은 순문학이 성장하는 사회적 공간이 있다면 문화연구와 다른 문학비평의 공간이 반드시 존재한다는 점입니다. 중국 문화와 중국 문학이 시장화되는 과정에는 여전히 시장에 상대적인 여러 주변 요소가 존재하고 있습니다. 그것은 정말 좋은 일입니다. 다만 문제는 얼마나 지속될 수 있느냐 하는 점입니다.

박정희 한국에는 그런 상황이 이미 사라졌습니다.

저우야친 외국에는 문학잡지와 문학 창작을 지지하는 그런 시스템이 있나요?

다이진화 제가 아는 바로는 거의 없습니다.

저우야친 예컨대 중국 작가들이 창작을 하러 외국에 가는 것은 어떤 상황이라고 할 수 있을까요?

다이진화 그런 일은 기본적으로 정부의 문화 시스템의 지지를 받기 때문에 국제 문화교류라는 성격에 속합니다. 프랑스 예술가들을 만난 적이 있는데요, 그들은 프랑스 정부가 외국 예술가들만을 보조해 주려 하고 자국의 예술가들은 조금도 지원하지 않는다고 원망하더군요.

저우야친 국제적인 창작 계획이 문학을 위한 공간을 얻어 낼 가능성이 있을까요?

다이진화 가능합니다. 그러나 거기에 기대하거나 의지할 수는 없습니다. 미국에는 예술가들을 돕는 약간의 기금이 있습니다. 그렇지만 제가 아는 바로는 최근 10년 동안 몇 차례 삭감됐습니다. 그래서 미국 같은 곳에도 우리가 상상하는 '순수한 문학비평'은 존재하지 않습니다. 그곳의 비평에는 대략 두 종류가 있습니다. 하나는 시장과 유기적으로 결합된 비평입니다. 바로 우리가 아는 저명한 전문 칼럼리스트와 권위적인 비평가들이 그런 비평을 만들어 냅니다. 이들은 결코 특정 고용주에게 매여 있지 않습니다. 그들은 권위적인 문화 소비의 지침서 역할을 하고, 독자들은 그들을 상당히 신뢰합니다. 뉴욕의 권위 있는 연극평론가의 말 한마디는 새로운 연극의 사활을 결정할 정도로 아주 힘이 있습니다. 그들은 일반적으로 훌륭한 전문적 자질을 갖추었고 '정제'한 예술적 안목이 그/그녀들의 상업적 신망을 형성했습니다. 우리는 시장화라고 하면 사재기, 베끼기, 심지어는 악의적 표절 같은 돈을 위한 행위들을 떠올립니다. 그러나 소위 '성숙'하고 '완비'된 시장 속에서 그런 행위는 신뢰의 상실을 의미합니다.

저우야친 그렇다면 다른 종류의 비평은요?

다이진화 방금 우리가 이야기 나누었던 것처럼, 바로 우리에게 더욱 익숙한 대학 지식인들이 하는 학술적 비평 혹은 연구라고 불리는 행위입니다. 시장의 경향, 유행의 추세, 생산 과정, 작품 자체가 모두 그런 비평가, 분명히 말하면 학자들의 비평 대상입니다. 그들의 작업은 대부분 시장과는 무관하게 행해집니다. 그들의 목소리는 대중에게 전달될 방법이 거의 없습니다. 그러나 다른 한편으로는 사실 대학 체제가 다른 층위의 문화 시장을 형성하기도 했습니다.

박정희 중국에서는 그렇지 않은가요?

다이진화 적어도 똑같지는 않습니다. 중국에서는 아직도 많은 사람들이 '순수문학' 비평을 믿고 그 일에 종사하고 있습니다. 또한 그런 비평이 문학 애호가들이나 소비자에게 상당히 폭넓게 읽히고 있습니다. 그래서 '순수문학 비평'이라는 개념이 적당한 질문인가 하는 점은 잠시 논외로 하겠습니다. 문제는 '순수문학'과 대중문화/통속문학의 경계, 또 전통적인 문학비평과 전문평론가, 대학 비평의 경계를 분명히 구분할 수 없다는 점입니다. 그래서 혼란스러울 수밖에 없습니다. 만일 시장화되지 않았거나 준(準)시장화된 공간이 '순수'문학의 생존에 가능성을 제공한다면, 그것은 신뢰를 상실하고 자신의 문화적 입장에 대한 성찰을 거부하는 비평이 변모할 수 있는 가능성을 열어 줄 수 있을 겁니다. 문화연구라는 이름으로, 작품을 선택하고 평가하는 기준을 부정하며 작품에 대해 언급하는 무한한 자유를 획득하는 상황을 가끔 볼 수 있습니다. 동시에 문학평론이라는 모습으로 걸작을 명명하고 정전을 확인하고 문화자본을 바꾸기도 합니다. 그래서 어떤 사람들에게서 비평은 담론을 쟁취하는 권력의 장과 공간으로 바뀌기도 합니다.

여성 글쓰기

저우아친 여성 시에 대한 평가처럼 1980년대 비평가들은 더욱 많이 젠더적·문화적 입장에서 여성문학을 높게 평가했습니다. 그러나 자이융밍(翟永明)을 대표로 하는 여성 시의 예술성은 종종 단순하고 아주 경박하다는 말을 합니다. 예를 들어 중국의 여성 시인들은 독특한 개성이나 풍부한 문학적 자질이 없다는 듯, 그녀들이 실비아 플라스(Sylvia Plath)의 영향을 받았다고 단순히 말해 버립니다. 비평가들은 최근에야 그런 비평 속의 혼란스러운 현상을 반성하기 시작했습니다.

다이진화 여성 글쓰기에 대한 연구에도 같은 문제가 폭넓게 존재하고 있습니다. 우리가 여성 작가들의 작품 속에서 여성주의적 입장과 여성의 경험에 대한 표현을 인식했다면, 그것은 단지 어떤 문화적 사실을 읽어 냈음을 의미하지 결코 문학적이거나 심미적인 가치 판단을 의미하지는 않습니다. 여성주의는 만병통치의 상표가 아니라 실천을 중시하는 이론입니다. 그것은 결코 문학비평의 표준이 아니라고 확언할 수 있습니다. 어떤 작품이 여성주의 작품이라고 말한다고 그 작품이 우수한 작품이라는 의미는 결코 아닙니다. 저는 여성주의적 입장을 지닌 작품을 전폭적으로 지지할 것입니다. 그러나 여성주의적 입장을 지닌 동시에 창작성이 풍부한 문학을 기대합니다.

박정희 선생님에게 있어서 문학이란 무엇입니까?

다이진화 좋은 질문입니다. 오늘날 '문학이 무엇인가' 하는 점이 바로 문제입니다. 제 자신의 모순인지도 모르겠지만, 저는 문학은 언어의 예술이라고 믿습니다. 남성 작가든 여성 작가든 최소한 언어에 대한 작가의 민감함과 자각에 근거를 두고, 언어에 대한 잠재 능력과 경계에 대한 탐색, 언어를 운용한 서사, 더불어 문화와 문학의 규정을 전복하는 그/그녀의 능력에 의거하여 '문학' 으로서의 가치를 판단할 수 있습니다. 제 단순한 생각으로 현대 중국어는 '젊은' 언어입니다. 한자가 오래된 문자이기 때문에 중국어가 오래된 언어라고 추론해서는 안 됩니다. 현대 중국어 자체는 사실 백 년도 채 안 되는 역사를 가지고 있습니다. 더구나 그것은 민족의 심각한 어려움 속에서 탄생했습니다. 사라지지 않는 문단의 노벨상 콤플렉스에서 오늘날 문화와 현대 중국어가 여전히 얼마나 심각한 위기 속에서 몸부림치고 있는지를 알 수 있습니다.

다른 관점에서 볼 때 여성문학 역시 젊은 글쓰기 방식입니다. 여성 글쓰기는 인용할 만한 선례나 정전이 거의 없습니다. 어떤 의미에서 전통이 없고 역사가 없는 글쓰기 방식이라고 할 수 있습니다. 예를 들어 야친(亞琴)이 뛰어든 여성 시 분야는 특히 그렇습니다. 시가 소설보다 더욱 순수한 언어 예술이라는 점은 설명할 필요가 없을 듯합니다. 만일 여성문학이 젊고 탐색 중에 있는 현대 중국어와 여성 글쓰기의 결합이라고 한다면, 여성 시는 가장 선두에 있습니다. 저는 "젊은이가 늙은이보다 낫다"는 점을 절대적으로 믿지는 않습니다. 그러나 '젊다'는 것이 더욱 많은 가능성을 의미한다고 믿습니다. 현대 중국어 글쓰기는 서양 중심 담론의 패권주의에 저항하는 시도를 의미하고, 동시에 시장화에 대한 항의를 의미합니다. 더 나아가 여성 글쓰기는 언어라는 문학적 매개 속에서 남권문화를 전복시킬 수 있는 가능성과 경로를 발견했음을 의미합니다.

저는 여성문학의 의미와 범주, 특징을 조급하게 규정하거나 정의하고 싶지 않습니다. 무엇이 여성문학인가를 다급하게 정의하면 여성문학이 보여 줄 수 있는 거대한 가능성을 다시 가두게 될 것입니다.

박정희 조금 전에 그 문제를 말씀하실 때 선생님께서는 "남성으로 분장하기"와 "여성으로 분장하기"라는 비유를 사용하셨는데요.

다이진화 그렇습니다. 상투적인 말이지만, 어떤 비유든지 반드시 딱 들어맞지는 않습니다. "남녀가 모두 같다"고 하는 시대에도 우리가 말하는 여성문학은 거의 가능성이 없습니다. 그것은 화목란의 시대에 불과합니다. 1980년대에도 여전히 여성 작가들은 상당히 자각적으로 남성 문화와 인식을 함께하고 있었습니다. 정전화된 남성 제재인 사회·정치·인생 등의 드넓은 배경과 철학적 명제를 잘 처리할 수 있다고 인정받아야 비로소 다른 사람들에게 머리 숙이지 않는 훌륭한 작가라고 할 수 있었습니다. 여성 작가는 자신의 젠더적 특성을 드러내서는 안 되고 더욱이 자신의 젠더에 특별한 관심을 기울여서도 안 됐습니다. 그러나 1990년대에 남권문화와 시장, 또한 시장이 짊어진 새로운 젠더 규범이 서로 공모하여 새로운 여성 작가들이 끊임없이 자신의 젠더 특성을 강조하고 드러내도록 고무하고 부추겼습니다. 아울러 그들은 풍부한 여성 경험의 표현을 사생활, 개인화, 성 심리, 성 경험과 단순하게 동일시했습니다. 저는 그것을 여성 글쓰기의 전복성을 해체시키려는 전략 중의 하나이자 또한 자유라는 이름으로 행하는 새로운 억압이라고 봅니다. 저는 "나—나의 자아—나의 괴물", 그리고 "몸은 정치적이다"라는 프랑스 여성주의의 주장이 분명 문화적 저항의 의미와 힘을 지니고 있기는 하지만 결코 전부는 아니라고 생각합니다. 우리는 억압에 저항하는 동시에 반드시 그 틈새를 뚫고 들어오는 다른 억압의 형식을 경계해야 합니다. 우리가 여성문학 연구라는 학문을 세우려고 할 때 반드시 은연중에 발생할 수 있는 새로운 규범도 경계해야 합니다.

물론 우리는 여전히 여성문학이 학문 분야가 될 수 있는가 하는 문제에 직면해 있습니다. 또한 여성의 글쓰기가 순수하고 독립적인 연구 대상인가, 그 자체의 문화적 논리를 세울 수 있는가 하는 문제에도 직면해 있습니다. 제 자신은 여성문학이나 여성 시라는 개념을 사용하지 않으려 합니다. 오히려 여성 글쓰기라는 말을 사용하거나 혹은 그

말로 여성문학이라는 개념을 대체하고 싶습니다. 제가 그 용어를 사용하면서 강조하고자 하는 것은 글 쓰는 사람의 젠더적 신분입니다. 남성이 여성의 처지를 표현하는 문학작품을 쓸 수 없다는 말은 아닙니다. 여성의 삶의 표현은 반드시 여성으로부터 시작되고 여성에 의해 완성되어야 한다는 점을 분명히 하고자 합니다.

제가 정말 관심을 기울이는 것은 여성들의 글쓰기 행위입니다. 저는 '여성 글쓰기'라는 개념이 어떤 개방성을 지니고 있다고 생각합니다. 그것은 문학적 글쓰기와 비문학적 글쓰기를 포함하고 있습니다. 즉 문학적 가치가 우수한 작품뿐만 아니라 문학적 의미에서 높은 평가를 하기는 어렵지만 여성의 자서전, 여성의 저항, 여성의 구술사, 한 개인의 삶의 역사적 의미와 가치를 지니고 있는 작품도 포함될 수 있습니다. 물론 이를 우리가 취하는 문화적 전략으로 볼 수도 있습니다. 최소한 제 개인적으로는 그렇습니다. 저는 그것을 빌려 여성문학이 자신을 속박하여 진퇴양난에 빠진 문화적 상황에서 벗어나기를 바랍니다. 여성은 분장한 여성만을 쓰지도, 또 분장한 남성만을 쓰지도 않습니다. 여성은 자신들이 경험하고 느낀 모든 것을 쓸 수 있습니다. 왜냐면 최소한 오늘날 중국에서 여성은 여성일 뿐 아니라 또한 '공민'이며, 우리는 줄곧 가족과 국가 안에 있을 뿐만 아니라 가족과 국가 밖에 있기도 하기 때문입니다.

젠더연구와 그 어려움

박정희 '여성 글쓰기'라는 개념 이외에 선생님께서는 종종 '부녀(婦女)연구'나 '여성연구'라는 개념이 아닌 '젠더연구'라는 말로 선생님의 방법과 사유를 개괄하십시오. 그 용어들 사이의 관계와 구분을 설명해주실 수 있으십니까?

다이진화 여성연구(women studies)는 여성주의가 학문으로 되는 시작이며 여성주의의 문화적 실천을 가장 직접적이고 분명하게 가리킨다고 할 수 있습니다. 그것은 여성 집단의 삶의 상황에 관심을 기울입니다. 역사적·현재적 상황에서 여성이 억압받고 모욕당하는 현상을 관찰하며 여성을 위해 변호하고 무기와 탄약을 제공하기도 합니다. 여성주의 이론이 심화되고 분화됨에 따라, 여성주의가 젠더를 발견하고 강조함에 따라 '젠더연구'는 여성주의 발전의 주요한 문화적 맥락이 됐습니다. 물론 중요한 학술 영역으로서의 젠더연구는 여러 가지 다른 측면과 입장을 지니고 있기도 합니다. 젠더연구로 저의 사유와 시각을 개괄하려는 것은 제 자신이 취한 반본질주의적 젠더 입장과 관점을 부각시키기 위해서입니다. 여성연구에 비해 젠더연구가 더욱 중시하는 바는 젠더를 보는 시선과 젠더의 문화적 규정, 또 사회가 어떻게 강제적으로 양성이라는 집단으로 구분됐으며, 양성에 대해 각기 다른 문화적 규정과 권력 질서로 사회 질서를 확립함으로써 사회의 이데올로기나 계급과 종족의 질서가 작동되는가 하는 점입니다. 좀더 확실하게 말하면, 이른바 반본질주의적 젠더 입장은 오늘날 우리에게 익숙한 양성의 차이가 결코 양성 사이의 생리적 차이(sex)에서 결정된 게 아니라 일련의 문화적 표현과 역사 속에서 발생한 젠더 구성 과정에서 나왔다고 봅니다. 그러므로 젠더연구는 바로 문화적 의미에서 "화성에서 온 남자, 금성에서 온 여자"라는 신화를 뒤흔들고 그것을 역사적이고 폭력적으로 강제된 과정으로 여깁니다. 반본질주의적 여성주의가 저의 이론적 입장의 '본명'인지도 모릅니다.

　제가 젠더연구를 학문적 입장과 연구 영역으로 삼으려는 또 다른 이유는 그것이 '여성 문제'를 고립시켜 생각하지 않기 때문입니다. 그것은 '여성연구'를 역사와 현실 속으로 집어넣어 여러 젠더적 차이와 사회 집단의 구조를 결합시키고 계급과 종족의 명제를 결합시켜 전체 사회와 사회문화의 여러 측면을 고찰합니다. 젠더연구는 여성연구보다 더욱 넓은 연구 영역이라고 할 수 있습니다. 그것은 양성의 차이와 질서를 고찰할 뿐 아니라 소수 단체들과 여러 아시아 문화연구도 포함합니다. 또한 시간-역사적 시각에서 사회의 젠더 구조를 살필 뿐만 아니라 공간적 시각에서도 다른 문화와 지역 속의 젠더 문화와 젠더 표현을 고찰합니다. 그것은 여성주의를 심화시키는 것일 뿐만 아니라 백인 중산계급 여성주의에 대한 반성이며 중심이 '안에서 폭발'하는 과정이기도 합니다. 그것은 소수민족 여성 — 미국에서 흑인 여성과 아시아 여성 — 에 대한 연구를 포함하며 제3세계 여성에 대한 역사적 고찰을 포함하기도 합니다. 미국의 인류학 교수이자 여성주의자인 양메이후이(楊美惠)는 제게 미국 원주민 젠더 문화를 연구한 인류학 저서를 추천한 적이 있습니다. 그 책의 중요한 점은 인디언 원주민이 서구 세계와 같은 양성 관념과 제도를 명확히 구분하지 않으며 제3성의 존재를 지속적으로 인정한다는 사실을 발견했다는 점입니다. 그 사람들은 성인식에서 처음으로 자신의 젠더 역할을 선택할 기회를 얻습니다. 그 순간에 그/그녀는 그/그녀의 생리적 특성으로 드러나는 남자나 여자를 거부하고 제3의 성이 되기를 선택해서 자신들의 생활 공간과 생활 방식을 획득할 수 있습니다. 그 문화와 사회 시스템은 초기 식민 지배자들에 의해 점차 파괴됐습니다. 식민 지배자/선교사들이 보기에 그런 문화는 풍속을 어지럽히는 황당무계한 것이었습니다. 그래서 결국 폭력적인 형식으로 그들의 사회 형식을 금지시켰습니다. 젠더연구의 사례들을 통해 양성의 구분이 결코 그렇게 절대적이고 '자연적'이지 않은, 문화적 규정에 불과하다는 점을 살펴볼 수 있습니다.

저우야친 젠더연구와 문화연구는 관련되어 있나요?

다이진화 젠더연구는 문화연구와 아주 많이 중첩되고 교차되어 있으며 많은 학문과 상호 작용 관계를 형성하고 있습니다. 젠더연구는 학제간 연구의 중요한 영역입니다. 그것이 젠더연구의 강점이자 잠재된 어려움과 문제이기도 합니다. 여성연구를 비추어 보면 젠더연구가 사회문화와 젠더 질서에 관심을 쏟으면서 구체적인 여성의 운명을 등한시하여 더욱 시스템화·학문화·엘리트화될 수도 있을 겁니다.

박정희 젠더연구가 연구 대상인 여성의 특수성을 약화시킬 것이라는 말씀이시군요.

다이진화 그렇게 말할 수 있습니다. 여성연구에서 젠더연구로 확대시켜 나가는 동시에 젠더 본질주의에서 반본질주의로 방향 전환을 해야 한다고 말한 적이 있습니다. 여성연구는 여성 집단을 강조해야 합니다. 그러나 여성 집단의 공동 운명과 특징을 강조할 때는 일종의 본질주의적 표현이 잠재되어 있다고 할 수 있습니다. 그것은 여성 집단의 공통성과 동질성에 대한 믿음을 바탕으로 여성연구에 깊이 들어갑니다. 그러나 젠더연구자가 취하는 반본질주의적 입장은 공동 사회 집단으로서의 여성, 구체적인 연구 대상으로서의 여성이라는 전제를 객관적으로 약화시키거나 소멸시켜 버릴 수 있습니다. 반본질주의적 입장이 역사의 직접적인 계승자로서의 여성이 처한 삶의 상황을 무시해 버릴 위험이 있습니다. 그러한 이유와 그리고 더 복잡한 이유 때문에 1980~90년대 전환기에 시작된 서구 대학의 일부 여성주의자들은 본질주의적 입장으로 돌아가 여성의 사회적·역사적·현실적 삶의 문제에 관심을 기울이고 이해하고자 했습니다. 아울러 여성 집단의 공동 특성을 통해 귀속되지 않는 현대 사회로 나아가 다른 가능성을 모색하고자 했습니다.

저 역시 그 문제에서 모순을 지니고 있습니다. 오늘날 중국은 각성된 여성의 자각적 의식과 여성 집단의 동질성 인식, 나아가 '자매애'(sisterhood)의 실천을 요구하고 있다고 확신합니다. 그러나 동시에 저는 젠더 본질론이 바로 남권문화가 재건될 수 있는 중요한 맹우(盟友)이며 힘 있는 '이론적' 버팀목이라는 점에 관심을 기울였습니다. 본질주의는 젠더 문제뿐만 아니라 오늘날의 거의 모든 중요한 이론과 실천 과제에 있어서 새로운 이데올로기를 합법화시키기 위해 애쓰고 있습니다. 여성주의뿐만 아니라 저의 모든 사회문화적 입장 역시 제가 반본질주의자가 되도록 했습니다. 그것이 또 다른 층위에서의 어려움입니다. 저는 끊임없이 살피고 경계해야만 합니다.

젠더의 차이와 본질주의

박정희 선생님께서 조금 전에 1980년대 여성 의식의 부흥이 양성의 차이를 강조함으로써 시작됐고 여성 집단의 자각된 의식을 강화시켜야 한다고 하셨습니다. 그런 자각이 사회 법률이 양성평등을 규정함으로 써 은폐시킨 불평등을 폭로하고 그것에 충격을 가할 수 있을까요?

다이진화 그것이 바로 조금 전 우리가 말한 반본질주의와 여성문화 사이의 복잡한 관계의 구체적인 예라고 할 수 있습니다. 남권문화는 1980년대에 젠더 차이를 강조함으로써 사실상 다시 재건되고 권력을 움켜쥐기 시작했습니다. 그러나 그것은 동시에 여성 집단이 자아 의식과 집단 의식을 획득할 수 있는 계기가 되기도 했습니다. 여성이 차이를 유지한 집단으로 다시 모이고 표면에 떠오를 때 비로소 '평등'이라는 언술 아래서 은폐된 불평등의 현실을 고찰할 수 있습니다. 그러나 차이에 대한 논의는 새로운 젠더 규범과 억압에 합법적 근거를 제공할 수도 있습니다.

저우야친 차이를 말씀하시니 1980년대 중반 비평가들이 공인한 '여성 시'라는 말이 떠오릅니다. 그렇게 개념을 정의함으로써 여성 시인의 작품이 지니고 있는 여성적인 특징이나 차이를 강조하려고 했었지요.

다이진화 거기에도 역시 본질화된 함정이 숨어 있습니다. 여성이 쓴 작품이 어떤 제재로 쓰여지고 어떤 스타일과 수사 특징을 지니고 있어야 '여성 시', '여성문학'이 될까요?

저우야친 1980년대에 '여성 시'라는 개념이 유행할 때 시인 자이융밍은 어떤 위험을 느끼기도 했습니다. 그녀는 자신의 작품이 여성의 입장과 여성의 내면 세계를 젠더적 관점에서 표현했을 뿐 아니라 더욱이는 시

예술을 추구한 것이라고 여러 번 강조했습니다. 그녀가 1986년에 "나는 내가 먼저는 시인이고 그 다음에 여성 시인이기를 바란다"라고 말한 적이 있습니다. 그리고 1996년 '류리안(劉麗安) 시인 상'을 받은 뒤 쓴 수필에서 다시 한번 그런 의미가 담긴 말을 반복했습니다. 시인은 줄곧 깨어 있는 민감함을 유지하고 자신의 작품이 비평의 암시 아래서 어떤 관념의 증거가 되지 않고 본질적인 젠더의 표징이 되기를 희망해야 한다고 생각합니다. 또한 더욱 폭넓은 글쓰기 가능성을 추구하여 더욱 깊이 있는 양성의 평등을 쟁취해야 합니다.

다이진화 동의합니다. 같은 말을 다른 맥락에 놓으면 앞뒤 문장 속에서 다른 함의를 지닐 수도 있을 겁니다. 예를 들어 1980년대 초기의 여성 작가들은 "나는 우선 인간이고 그 다음에 여성이기를 원한다"고 말했습니다. 당시 사회·문화적 맥락은 인도주의를 기본 전제로 하고 있었습니다. 그런 말은 분명 '제2의 성'이 되지 않으려는 반역적인 내용을 담고 있었지만 착가에서 나온 변명이 됐습니다. 즉 젠더 신분을 초월해서 '진정한' 의미에서의 인간이, '대문자로 쓴 인간'이 될 수 있다고 여긴 것이지요. 그런 예에서 1980년대 문화적 상황을 부분적으로나마 살펴볼 수 있습니다. 그런 관점을 유지하고 있는 여성 작가들은 의심할 바 없이 사회주의, "남녀가 모두 같다"고 했던 시대가 부여한 정신적 유산의 계승자입니다. '그녀'는 평등을 강조하고 평등의 권리를 고수했습니다. 그러나 동시에 역사 유산에 항거하고 반역을 꾀하는 역할도 했습니다. '그녀'는 인도주의를 바탕으로 하여 대체된 새로운 신화를 고수했습니다. 그런 선언 속에는 젠더 신분을 벗어나 순수한 '인간'이 될 수 있다는 가정된 전제가 담겨져 있었고 저는 그것을 받아들일 수 없었습니다. 왜냐하면 현대 사회의 구조 속에는 초월적이고 중성적인 문화 공간과 사회 공간이 존재하지 않기 때문입니다.

조금 전에 언급하신 자이융밍의 예와 마찬가지로 1990년대가 되어서 천란의 「깨뜨려라」(破開)라는 작품 속에서 "나는 우선 인간이고 그 다음이 여성이다"는 문장을 읽고 매우 기뻤습니다. 그때의 앞뒤 문장은 완전히 달랐습니다. 그것은 본질주의적인 젠더 표현과 억압에 직면해 있었습니다. 여성은 바꿀 수 없는 역할이 됐습니다. 그것은 문화적 숙명이자 영원히 넘어설 수 없는 한계로 남성과는 다르고 남성보다 '저열한' 역할이었습니다. 또 자이융밍의 표현처럼 그녀가 예술을 강조하면서 엘리트 문화에 대한 고수뿐 아니라 본질적 규정에 대한 저항이 더욱 두드러졌습니다. 그녀는 시인이자 오늘날의 지식인이고 여성입니다. 여성의 '숙명'과 체험 이외에도 그녀는 반드시 현대 중국 지식인과 예술가들이 계승해야 하는 지식의 계보에 직면하여 기억의 명세서를 짊어져야 합니다. 심지어 그녀가 여성문화의 '전통'에서 나온 것만을 계승한 것도 아닙니다. 여성주의는 어떠한 우수한 여성 예술가와 그녀의 작품도 효과적으로 해석할 수는 있지만 그것이 유일하고 절대적이지는 않습니다. 차이와 평등이라는 단순 명료한 명제가 여전히 여성문화의 거울 도시로 드러납니다. 우리는 끊임없이 포위를 뚫고 포위를 뚫은 곳에서 끊임없이 함정에 빠집니다. 그러나 함정에 빠질 때마다 새로운 돌파구를 위한 시작으로 삼아야 합니다.

저우야친 『단어 자체를 마주하며』(面對詞語本身)라는 책에서 자이융밍은 "단어를 마주하는 일은 우리 자신의 몸을 마주하는 일과 같다. 우리는 단어의 아름다움을 본능적이고 자각적으로 알아차릴 수 있으며 거기에 활기와 생명력을 불어넣는 신비한 방법을 깊이 느끼고 있다"고 지적했습니다. 저는 이 말이 자신의 젠더 입장에 대한 시인의 솔직한 깨달음이며 시 창작을 믿는 이중적 자각이라고 여겨집니다. '어두운 의식'의 발굴에서부터 여유 있게 "단어를 마주하는" 과정에 이르는 동안 시인의 창작은 진지하게 변화합니다.

다이진화 험난하게 포위를 뚫는 여성의 노력이라 할 수 있겠지요.

개인의 경험과 여성주의적 입장

저우야친 앞에서 선생님께서는 오랜 시간 자신이 여성주의자임을 감히 인정할 수 없었다고 하셨습니다. 그 입장이 선생님의 개인적 경험과 상당히 연관되어 있다고 느껴집니다. 선생님께서는 어떤 젠더 경험으로 여성주의를 처음 접하게 되셨나요?

다이진화 여성주의를 저의 이론적 입장과 문화적 실천의 중요한 부분으로 선택하게 된 첫 동기와 원인은 상당히 단순합니다. 바로 저의 젠더 경력, 또한 그 경력과 체험에 대한 사고 때문이었습니다. 지금까지도 저는 개인적 체험과 선택이 저만의 특수한 경험인지, 아니면 공동의 젠더 운명인지 알지 못합니다. 저는 1980년대, 아마도 1986~7년이었을 겁니다. 어떤 학술대회에서 발표를 하면서 이렇게 말했던 기억이 납니다. "저는 여성주의자가 아닙니다. 그러나 태어나면서 여성이 됐기 때문에 여성주의는 제 내부의 구성 부분이 아닐 수 없습니다." 아주 뒤틀린 수사적 전략이었지요. 당시에도 저는 자신이 여성주의자임을 당당히 인정할 용기가 없었습니다. 사회 전체에서 오는 압력이 두려웠습니다. 물론 그것은 제가 남권적 규범을 깊이 내재화한 결과입니다. 당시에 저는 이미 동년배들 중에서 노처녀에 속했고, 그 당시의 중국 사회는 독신녀를 받아들이고 용납하기 매우 어려웠습니다. 그러한 질시는 중국 사회의 독특한 '단위제'*에 의해 더욱 심해졌습니다. 여성 사회학자 탄선(潭深)이 단위제에 대해 매우 식견 있는 글을 쓴 적이 있습니다. 그녀는 사회와 단체의 생활이 개인의 생활 공간으로까지 뻗어 들어가 단위와 숙소라는 공간의 구조 속에 개인의 비밀이나 사생활이라고 할 만한 것이 없다는 점을 단위제의 결과 중 하나로 지적했습니다. 문제로 돌아갑시다. 어느 학술대회까지를 말했었지요.

제가 발표를 하자 다른 여성학자 한 분이 이렇게 발표했습니다. "저는 줄곧 여성주의가 도대체 나와 어떤 관계가 있는지 의문을 품어 왔습니다. 조금 전 자신이 여성이기 때문에 여성주의는 자신과 관련이 없을 수 없다고 하신 다이진화 선생님의 말씀이 제게 그 문제를 다시 생각하게 했습니다. 그러나 저는 여전히 여성주의가 저와 필연적인 관련이 있다고 확신할 수 없습니다." 저는 그 토론에서 깊은 인상을 받았습니다. 저는 섹스적 의미에서의 여성이 여성주의와 천연적인 연관이 없을지도 모른다는 사실을 처음으로 인식하게 됐습니다. 그러나 제가 여성주의를 갈구하고 수용한 것은 완전히 체험과 깨달음에서 나온 '자연적'인 과정이었습니다.

---

* 전체 사회를 등급과 지위에 따라 여러 작은 '단위'로 나누어 모든 사회 성원이 '단위' 속에서 일정한 위치를 갖고 사회가 규정하는 권리를 누리고 의무를 이행해야 한다는 제도. 1949년 이후 시행된 이 제도는 중국 사회의 가장 기본적인 조직 형식으로 사회 질서를 유지하는 기초이다.—옮긴이

저우야친 모든 여성주의자들이 자신들만의 독특한 성장 경험을 지니고 있고 그러한 경험의 한(恨)이 심리적인 힘을 이루게 되어 이후 받아들인 여성주의적 입장과 관련을 맺었을 겁니다.

다이진화 제가 어떻게 여성주의자가 됐는지 한마디로 대답하라면 "너무 키가 커서"라고 할 겁니다. 웃지 마세요. 농담이 아니라 정말입니다. 전 어린 시절과 청소년 시절에 너무 빨리 컸고 너무 크게 자랐습니다. 그래서 저는 어쩔 수 없이 '자연적'으로 젠더 규범의 '철통 경비'에 부딪혔습니다. 예를 하나 들어보겠습니다. 저는 학교 가무단(마오쩌둥 사상 선전대)의 주요 단원이었지만 초등학교 3학년 때쯤 빠지게 됐습니다. 이유는 아주 간단했습니다. 제가 그 어떤 남자 단원들보다 키가 컸기 때문입니다. 초등학교 5학년 때 벌써 키가 173센티미터로 반에서 가장 키가 컸던 남학생보다 머리 하나가 더 컸던 일을 분명히 기억합니다. 이런 상황은 저를 항상 곤란하게 만들었습니다. 규격화된 당시 사회와 문화 구조 속에서 특이한 모습은 이색분자를 의미했을 뿐만 아니라 그보다 더 심각한 퇴출 의식이 그때부터 생겨나 직접적으로 젠더의 어려움에 부딪혔습니다. "여자아이가 저렇게 커서 어떻게 하지?" 더욱 노골적인 말은 "저렇게 커서 어디서 짝을 찾지?"였습니다.

그래서 저는 가능한 한 제 자신을 '축소' 시키려고 등을 구부정하게 만들었습니다. 그 뒤로는 "못생겼다"는 말이 나왔습니다. 어쩌면 그런 성장 경험이 깊이 내재화되어 자아 형상의 일부분이 됐는지도 모릅니다. 그래서 저는 청년 시기에 여성으로서의 심각한 자기 비하감을 극복해야만 했습니다. '젠더를 초월하는' 영역 속에서 자신을 확인하는 것이 어린아이가 상상할 수 있었던 보상 방식이었습니다. 열심히 공부하고, 사회에서 일하고, 홍소병(紅小兵)*의 '단장'이나 중국공산주의청년단위원회의 서기 역할을 맡았습니다. 그러나 중학교 때 소녀로 성장하면서 저는 그러한 사회적 '성공'이 결코 나의 어려움을 해소시키지 못하고 오히려 심각하게 만든다는 사실을 분명히 발견했습니다. '못생긴' 여자아이가 '승부욕'까지 있으면 은폐됐던 젠더 질서가 방출됩니다. 저는 그런 방출의 태도가 악의적이거나 적대적이었음을 상당히 절실히 느꼈습니다. 예를 들어 "원하는 사람이 없을 것이다", "아주 방탕할 것이다", "동성애자일 것이다"라는 배척과 경시, 조롱이었습니다. 가장 듣기 좋은 말이 '여장부' 혹은 '여자 재자(才子)'였습니다. '장부'라는 말은 직접적으로 '강도'라는 뜻을 담고 있으며 소위 '여자 재자'라는 말은 연극에서 거의 정형화된 추악한 역할임을 다들 알고 있습니다. 저에게는 분명 심각하고 가슴 아픈 경험이었습니다. 작은 성과라도 있으면 젠더는 '자연스럽게 소실'되어 버리거나 사람들은 더 이상 그 사람을 '여자'로 간주하지 않습니다. 만약 그게 선생님이라도, 선생님이 남자가 아님은 모두가 다 아는 사실이지만 사람들은 선생님을 '여자'로 간주하지 않을 겁니다. 왜냐하면 그럴 경우 여성에 관한 '모든' 지식이나 아주 '안전'하게 여성을 대하는 태도와 방법이 선생님에게는 그다지 효력이 없기 때문입니다.

그래서 성장 시기에 저는 남자아이들의 '형제'였고 여자아이들의 '은밀한 친구'였습니다. 그러나 제 자신은 줄곧 기존의 젠더 질서 속에서 '타당'하고 편안한 위치를 얻을 수 없었습니다. 재미있게도 저는 왕안이의 『신성한 제단』(神聖祭壇)에서 저에게만 있다고 생각한 개인적

---

* 문화대혁명 기간 중에 있었던 소년 조직.—옮긴이

인 경험을 읽었습니다. 물론 『신성한 제단』에서 왕안이는 자신의 삶 속에서 가장 은밀하고 고통스러운 경험을 어떻게 대처했는가 하는 점을 탐색하고자 했습니다. 그것은 바로 그녀 자신이 맛본 적이 있는 가슴 저미는 고통이었을 겁니다. 그러나 그녀는 오히려 주인공인 시인 샹우이(項五一)에게 남성의 신분을 부여했습니다. 저는 샹우이 아내의 시점에서 바라본 여주인공 잔카자(戰卡佳)에 관한 묘사가 흥미로웠습니다. 그 아내는 자신의 남편을 이해할 수 없었기 때문에 줄곧 안정감을 느끼지 못했습니다. 그래서 그녀는 다른 여성이 있다고 의심했습니다. 그러나 남편과 아주 가까운 잔카자에 대해서는 도리어 질투를 느끼지 않았습니다. 그녀는 잔카자가 남편과 함께 있을 때는 남자인 것 같았고, 또 자신과 함께 있을 때는 여자인 것 같은 이상한 느낌을 받았습니다. 그것이 바로 저의 경험입니다. 그래서 정신적이고 심리적인 의미에서 양성에게 존중받고 필요한 사람이 되는 동시에 양성에 의해 거부됐습니다. 사람들은 그녀가 성별이 있는 '정상'적인 여성이라는 기본적인 사실에 관심을 기울이지 않습니다. 그것은 상당히 소소하지만 슬픈 경험이 누적된 결론입니다. 그러한 상황 속에서 젠더 정체성을 드러내고자 한다면 아주 참혹하고 고통스러운 '보복'으로 바뀝니다. 동시에 반드시 그러한 '공정하지' 않은 짐을 모두 책임져야만 합니다. 바로 '소외'되고 '남성화' 되어야 하는 것이지요.

저는 그런 '사실'을 받아들이고 그 '합리성'을 받아들인 적이 있습니다. 그것은 불'합리'하거나 '기이'한 것이 바로 저 자신임을 의미하는 행위였습니다. 그러나 저는 또 순간마다 자신에게 되묻기도 했습니다. 만일 결혼이나 애정 그리고 가정 이외의 사회생활, 소위 '사업'에 있어 열정적으로 성취를 거두는 것은 '남성화' 혹은 '숫컷화'가 됨을 의미하는데, 그렇다면 도대체 그 결론은 무엇일까 하고 말이죠. 저의 두 가지 성격이 이 시기에 더욱 강하게 형성됐습니다. 하나는 '불복'이었습니다. 모든 성취를 갈망하고 점점 강한 자신감으로 변화했습니다. 다른 하나는 아주 심각한 여성으로서의 자기 비하였습니다. 저는 여성의 매력을 상실하여 추악하고, 난폭하고, '사랑스럽지' 않다고 인정했습니다. 심지어 저는 아예 이성의 사랑을 얻기에 적합하지 않다고 확신했습니다. 이후 오랫동안 저는 줄곧 그러한 비하감과 싸우려 했고 어떤 때는 거의 자기 파멸에 가까웠습니다. 이렇게 말하면 믿으려는 사람이 거의 없습니다만, 오늘날에도 그러한 병적인 자기 비하감이 완전히 치유되지 않았습니다. 지금 생각해 보면, 그것이 바로 '내재화' 되고 '합법화' 된 결과입니다. 조금 편하게 지내기 위해서는 다른 사람들의 사회적 행위가 합리적이라고 인정하고, 따돌림은 모두 자신의 잘못 때문이라 믿는 게 제일 좋습니다.

젊은 시절 나누었던 이야기 두 개가 늘 기억에 남아 있습니다. 하나는 '형들'이 했던 "다이야, 너는 분명 뛰어나지만 지금은 여자가 되는 법을 배워야 해"라는 말이었습니다. 당시 저는 매우 감동을 받았고 그 말이 옳다고 여겼습니다. 다른 하나는 어떤 모임이 끝난 뒤 선의에서 나온 한 여자의 충고였습니다. 아마 내가 또 너무 '당당' 하고 '거대' 했던가 봅니다. 그녀는 이렇게 말했습니다. "만일 네가 어떤 남자를 좋아한다면 그와 당당하게 대화를 나누지 말고 조금 멍청하고 바보처럼 굴어. 그렇게 당당하면 사람들은 너의 수업을 들어야 할 거라고 생각해. 너는 사람들에게 다른 가능성을 주지 않아." 그녀는 제게 이렇게 털어놓았습니다. 그녀가 결혼한 뒤 남편은 사기를 당했다고 슬퍼하더랍니다. 본래 말도 없고 자기 주장도 없는 약간은 귀엽고 깜찍한 사람이라고 여겼었는데 결혼하고 나서 완전히 반대라는 사실을 알았다고 했답니다. 그녀는 웃으면서 성공했다고 말하더군요. 물론 저는 그것이 서로 사랑하는 부부 사이의 농담이라는 것을 압니다. 그러나 어떤 의미에서는 사실이기도 합니다. 저는 두 대화를 똑똑히 기억하고 그들의 호의에 감사하며 실행에 옮기려고 했습니다. 그러나 정말 쉽지 않았습니다. 무엇보다 저의 내부에서 거부하는 마음이 들었습니다. "여자가 되기를 배운다." 그렇다면 '여자'는 무엇일까요? 분명 단순한 생리적인 사실은 아니었습니다. 어떤 자질일까요? 어떤 행위 방식일까요? 아니면 어떤 역할일까요?

박정희 그것 역시 보편적인 현상이라고 말할 수 있습니다. 한국에도 아주 비슷한 상황과 말이 있습니다.

다이진화 그렇습니다. 얼마 전에 위성 텔레비전에서 기자가 샤론 스톤을 인터뷰한 프로그램을 보았습니다. 샤론 스톤이 중학교 때 반에서 가장 우수한 학생이었으며 성적이 매우 월등했고 대학의 예과에 진학해서는 많은 학우들의 공부를 도와주었다고 해서 아주 놀랐습니다. 그러나 아무도 그녀를 여자로 보지 않았다고 합니다. 그녀에게만 데이트 신청하는 사람이 없었고 구애하는 사람이 없어서 기계 같은 생활을 했답니다. 나중에 그녀는 더 이상 총명한 여자가 '되지' 않기로 결정했습니다. 자신의 외모를 바꾸고 더 이상 열심히 공부하지 않았으며 더 이상 자신의 재능을 드러내지 않았습니다. 반대로 머리가 없는 관능적인 여성 같은 연기를 했습니다. 우리는 모두 샤론 스톤이 스크린에서 어떤 모습인지, 또 그녀가 『플레이보이』지의 모델로 첫 발을 내딛었다는 사실도 알고 있습니다. 그것은 제가 경험한 어려움이 분명 어느 정도는 여성의 공통된 '숙명'이었다는 사실을 다시 한번 깨닫게 해주었습니다.

사회의 젠더 질서 속에서 '여자'는 일련의 고정된 역할을 맡습니다. 그 역할을 거부하려면 반드시 대가를 치러야 합니다. 제가 당했던, 양성에 의해 받아들여지고 또 양성에 의해 거부된 난처했던 상황으로 인해 젠더 질서가 어떤 의미에서 여러 가지 가장된 요소를 포함하고 있음을 직접 목격했습니다. 예를 들어 그 여자 친구의 '성공한 경험'이나, 아주 강하고 능력 있는 여자들도 일단 남자 친구 앞에선 연약하게 변한다는 농담처럼 말입니다. 다른 한편 우리의 '형님'들은 결코 내 앞에서 대장부처럼 연기하지 않습니다. 왜냐하면 그들은 결코 나를 '여성'으로 대하지 않기 때문이죠. 반대로 자신들의 고통, 나약함, 절망, 갈등을 드러내길 수치스러워하지 않습니다. 저는 건장함이라든가 "세계를 자신의 어깨에 짊어지고 가는"(이것은 할리우드 영화에 나오는 대사입니다) 사내대장부 역시 하나의 역할이며 배역임을 의식하지 않을 수 없습니다. 어떤 의미에서는 이 세계에서 개성의 차이와 개인의 차이가 사실 양성 집단 간 차이보다 훨씬 더 큽니다. 강한 남자도 있고 나약한 남자도 있습니다. 힘 있는 여자도 있고 유약한 여자도 있습니다. 저는 직관과 경험의 시각에서 젠더 문화를 사고하기 시작했다고 할 수 있습니다. 그래서 저의 대학 졸업 논문을 여성 작가 연구로 선택했습니다. 왜냐하면 제 자신이 젠더적 어려움과 고뇌를 지니고 있었기 때문에 여성의 표현 속에서 공통된 운명의 모습을 찾기 원했기 때문이죠. 그래서 여성주의는 만나자마자 저와 '천생연분'인 이론이 됐습니다. 그것은 저의 경험을 표현했고 저의 의혹을 해결했습니다. 만일 '젠더 질서'와 '젠더 역할'에 관한 것이나 '큰 키와 권력'에 관한 것이 초기 여성주의 이론에서 표현됐다고 한다면 그것 역시 제 자신의 개인적인 경험에서 깨달은 '사실'입니다.

박정희 젠더 문화의 규정성은 개인 성장 과정 속에서 자아에 대한 인식을 수반하지요. 선생님께서는 자신의 학문적 선택과 성장 경험이 일치되는 것을 어떻게 알게 되셨나요?

다이진화 그건 아주 나중에 스스로 반성하면서 깨닫게 됐습니다. 전체 과정 중 수많은 반복과 곡절이 있습니다. 우리는 조금 전 여성주의자로서 직면할 수 있는 수많은 문제와 어려움을 이야기했습니다. 그러나 그것은 여성주의가 젠더적 의미에서의 자기 비하를 극복하도록 했으며 제가 자신감을 얻고 기쁨을 얻는 데 도움을 주었다는 점을 은폐시킬 수도 있습니다. 아주 어렸을 때 외할머니께서 이생에서 선한 일을 하면 다음 생에서는 남자의 몸으로 태어난다고 하셨던 말씀을 기억합니다. 저는 불교를 믿지는 않지만 마음속으로 남자의 자유를 부러워했고 언젠가는 남자가 되기를 희망했습니다. 여성주의는 제게 여자로 태어난 것을 행운으로 느끼게 해주었고 저에게 다른 각도와 다른 경험, 또 다른 눈을 주어 이 세계의 비밀을 들여다볼 수 있도록 해주었습니다. 그리고 그것을 저의 학문적 삶 속에서 사용했습니다. 물론 저의 직업은 제가 가장 좋아하는 일이니 저는 분명 행운아입니다. 이 세계에서 자신이 좋아하는 일로 삶을 도모하고, 자신을 사랑하고 자신이 사랑하는 사람을 찾을 수 있는 행운아는 많지 않습니다. 여성주의는 제게 여성주의와 여성주의자인 자신을 되돌아볼 수 있도록 했습니다. 다른 국가와 다른 문화에서 성인이 된 여성 지식인들을 사귄 뒤 우리는 공통된 인식에 도달했습니다. 부권이나 남권을 신경 쓰지 않는 정말 힘 있는 여성은 여성주의자가 되지 않거나 심지어는 여성주의에 조금도 흥미가 없다는 사실입니다. 우리가 남권사회문화에 저항하기에 앞서 우리 내부에 있는 부권의 그림자와 남권의 울타리를 먼저 반대해야 합니다. 그래서 여성주의자로서 저는 남권문화를 해체하고 여성의 자아의식을 강조하며 여성이 자신의 운명을 움켜쥘 가능성을 강조하는 데 더욱 주안점을 두고 있습니다. 여성이 된 행운은 스스로의 삶의 경험을 자신의 보배로운 문화적 자원으로 삼을 수 있느냐에 달려 있습니다. 솔직히 말해 여성주의는 제게 큰 도움을 주었습니다. 불과 몇 년 사이에 제가 스스로 못생긴 것이 아니라고 인정하게 된 것처럼요.

박정희 안데르센의 『미운 오리새끼』에서 묘사된 것처럼요.

다이진화 그건 정말 동화이지요. 아름다운 동화입니다. 아쉽게도 저는 백조가 아닙니다. 저는 분명히 오리 무리 속에 있는 보통 오리일 뿐입니다. 바로 보통이기 때문에 자기 비하를 할 필요도 없지요. 오리 무리는 백조를 용납할 수 없지만 다양한 오리는 받아들여야만 합니다.

어린 시절 외할머니께서 해주신 이야기가 떠오릅니다. 큰 발에 못생기고 건장한 추녀가 무력으로 황제에게 시집가서 황후가 됐습니다. 황제는 당연히 아주 고통스러워하여 곳곳에서 몰래 미녀를 찾았지만 매번 사나운 황후에게 저지당했습니다. 그 부인은 못생겼지만 전쟁을 잘 이끌어 위기의 순간에 나라를 위험 속에서 구해 냈습니다. 적의 침입을 막아 내고 나라를 태평한 시기로 이끌었습니다. 바로 그때 땅이 갈라지고 끝을 헤아릴 수 없는 동굴이 드러났습니다. 감히 들어가 살펴보려는 사람이 없자 황후가 다시 그 일을 맡았습니다. 그녀는 밧줄로 자신을 묶어 내려보내 북을 한 번 두드리면 줄을 잡아당기고 북을 세 번 두드리면 그녀가 올라오기로 황제와 약속했습니다. 그러고 나서 북을 한 번 두드리자 많은 희귀한 보물이 올라왔습니다. 북을 세 번 두드리자 천하절색의 삼촌금련(三寸金蓮)*의 여인이 올라왔습니다. 그 순간 황제가 "굴을 메워라!" 하고 소리쳤습니다. 그러자 미인이 "접니다. 제가 바로 황후입니다" 하고 말했습니다. 그때 그녀는 추녀의 살갗을 황제에게 건네주고 말하기를 "하늘에서 황제를 도와 천하를 편안케 하라고 저를 보냈습니다. 그래서 추악한 외피를 쓰고 세상에 나왔습니다. 오늘날 태평성대를 이루었기 때문에 다시 본래의 모습으로 되돌아갈 수 있었습니다." 재미있는 이야기입니다. 그 속에 '당나귀 가죽을 쓴 공주', '우렁 각시' 등과 같은 민담의 원형이 들어 있습니다. 또 화목란 이야기의 다른 판본이라고도 할 수 있습니다. 남성 사회의 공포와 환상이라고 읽을 수도 있고, 여성에 대한 이중 기쥰과 여성의 이중적 어려움을 읽을 수도 있습니다. 분장을 하고 공적을 세우고 나면 다시 규범적이고 행복한 여인이 되어야 합니다.

저우아친 얼마 전에 『베이징 청년보』(北京靑年報)에서 짧은 글을 읽은 적이 있습니다. 과학원의 학술상 시상식에서 상을 받은 한 여성학자가 눈물을 흘리며 자신은 좋은 어머니와 좋은 아내가 아니었다고 말했습

---

* 전족을 한 여인의 발이 삼촌(三寸)이기 때문에 아름다운 미인을 '삼촌금련'이라고 부른다.—옮긴이

니다. 여성이 자기 분야에서 어떤 성과를 거두었다 해도 반드시 가정의 짐을 짊어져야 비로소 책임을 다했다고 보는 듯했습니다.

다이진화 그것이 바로 우리의 이중적 기준이며 남권문화를 내재화시킨 여성의 표현입니다. 문제는 여성이 집안일을 해야 하느냐 마느냐에 있지 않습니다. 문제는 양성이 함께 사회에 대한 책임을 진다면 양성이 가정의 책임을 분담해야 한다는 데 있습니다. 여러 가정의 구체적인 상황은 다를 것입니다. 그러나 흥미로운 사실은 조금 전 말씀하신 상황이 드물지 않다는 점입니다. 간행물에 관한 문화 조사를 할 때 최소한 1980년대 『중국 여성』(中國婦女)의 표제 인물이 된 여성(일반적으로 상당히 성공한 여성)과 여성 과학자들도 종종 마찬가지로 깊은 미안함과 자책을 표현했다는 사실을 우샤오리(吳曉黎)가 발견했습니다. 사실 많은 해외 여성학자들의 학술서 후기를 읽을 때도 종종 그런 표현을 발견합니다. 그러나 조금 대조적으로 성공한 남성에 대한 보도나 인터뷰에서는 그런 고통과 참회를 발견하기 어렵습니다. 그들은 자신의 가족에게 감사하고 그들의 희생과 공헌을 언급하지만 그런 자책감이나 미안함은 거의 찾아볼 수 없습니다. 마치 그들의 최종적 성공이 가장 좋은 보답인 듯합니다. 그러한 이중적 기준의 예는 수도 없이 많습니다. 예를 들어 우(禹) 임금이 치수(治水)를 할 때 "집 앞을 세 번 지났으면서도 들어가지 않았다"고 해서 오래도록 그 덕을 칭송하고 사회를 위해 희생한 증거로 삼습니다. 여성이 그렇게 했다고 가정해 볼까요? 사회는 뭐라고 했을까요? 그녀 자신은 어떻게 느꼈을까요? 반대로 우리는 종종 전파매체를 통해 어떤 여성 장관이 얼마나 현모양처인지, 대처 수상이 아이들 생일 때 직접 부엌에 들어가 어떻게 케이크를 만들었는지 등을 볼 수 있습니다. 마치 용서를 구하는 것 같습니다. 사실 성공한 많은 남성들, 심지어 세상에서 공인된 위인들은 가정에서는 책임을 다하지 않았습니다. 그러나 사회는 그것에 대해 관용을 베풀고 그것이 가정의 행복과 아이들의 성장에 영향을 미치는지 아닌지 따지지 않는 데 익숙해져 있습니다. 그러한 사회의 '수사'(修辭)를 좀더 밀고 나가면 여성은 가정으로 돌아가 가정에서만 일해야 한다는 공개적인 외침이 됩니다. 저는 어떤 상업 잡지가 진작부터 열정적으로 '전업주부'의 합리성을 말하기 시작한 사실을 주의 깊게 본 적이 있습니다.

저우야친 상업화 과정 속에서 그런 생각이 더욱 큰 시장을 확보할 수 있겠지요.

다이진화 그게 바로 우리가 직면해야만 하는 사실입니다. 어쩌면 분명히 실패할지도 모르고 또 어쩌면 막혔던 길이 뚫릴지도 모릅니다. 그러나 저는 누군가는 '분명히' 실패할 일에 도전해야 한다고 생각합니다. 극도로 피곤하고 짜증날 때 소위 여성주의자라는 명칭을 포기하고 싶은 생각이 들기도 했습니다――물론 그 입장을 포기한다는 것은 아닙니다. 그러나 이름으로서의 여성주의는 분명 문제를 지니고 있습니다. 단지 이 명칭 때문에 이처럼 많은 사람들이 기분 상하고 분노와 반감을 표현하지만, 그것은 도리어 여성주의의 필요성과 힘을 반면에서 증명하는 것이기도 합니다. 더욱 많은 여성들이 자신의 젠더적 '숙명'을 직시하고 달가워하지 않을 때 여성주의가 비로소 이름에 불과하지 않을 수 있습니다.

6_ 여성문학과 개인적 글쓰기*

여성 글쓰기의 맥락과 남성의 시각

왕간 오늘은 주로 여성문학과 개인적 글쓰기에 대해 말씀을 나누고자 합니다. 그 전에 제가 먼저 남성의 관점으로 신시기 여성문학을 간단하게 정리해 볼까 합니다.

다이진화 그렇게 하시지요.

왕간 여성문학에 관해 아직 전문 평론을 쓴 적은 없습니다만, 왕멍(王蒙)과 토론할 때 "여성 작가의 자족과 부족"이란 표현을 쓴 적이 있습니다. 7~8년이 지난 지금, 다시 생각해 보니 여성 작가들을 대체로 세 층위 혹은 세 단계로 구분했습니다. 저는 '무당'이라는 용어를 사용해 각각 '세 늙은 무당', '세 중년 무당', '세 젊은 무당'이라 명명했습니다.

---

* 이 대담은 1995년 12월 1일 베이징에서 문학평론가 왕간(王干)과 함께 진행됐다.

다이진화 무당이요? 무당이란 말은 받아들일 수 없습니다.

왕간 나중에 다시 해명하겠습니다.

다이진화 어쨌든 수용할 수 없습니다.

왕간 제 관점으로 말씀을 드린 것입니다. 남성 담론이지요.

다이진화 명확한 것이 좋습니다.

왕간 장제(張潔)와 천룽(諶容), 장캉캉(張抗抗)은 '세 늙은 무당'에 속한다고 생각합니다. 장캉캉은 나이가 좀 어리고 '지청〔知識靑年〕 그룹'이지만, 정신적인 맥락과 언어 구조는 기본적으로 장제나 천룽과 일맥상통해서 같은 계보에 포함시킬 수 있겠습니다. 장제의 초기작으로는 「숲에서 온 아이」(森林里來的孩子), 「사랑은 잊을 수 없는 것」(愛, 是不能忘記的)이 있습니다. 천룽은 「중년이 되어」(人到中年)와 「태자촌의 비밀」(太子村的秘密)이 있고, 장캉캉은 「여름」(夏), (다이진화 : "사랑의 권리」愛的權利."), 「북극광」(北極光)이 있습니다. 저는 이 작가들이 당시 이미 작은 언어 연합체를 구성했다고 생각합니다. 거기에는 몇 가지 측면이 있습니다. 문학의 원류라는 측면에서, 이들은 러시아 문학과 접촉한 흔적이 보입니다. 「숲에서 온 아이」와 같은 작품이 좋은 예라 할 수 있죠. 우리 시대에 러시아 문학의 변주와 선회를 보여 줍니다. 「중년이 되어」에서는 이상을 위해 헌신하는 러시아 문학의 '공민의식'을 도처에서 볼 수 있습니다. 왕명의 말을 빌리면 '밝은 꿈'이지요. 장캉캉의 「북극광」은 볼 수도, 다다를 수도 없는 목표를 이야기하지만 아련한 아름다움을 느끼게 합니다. 이것이 그들의 공통된 정신적 지향입니다. 이들은 초기 작품에서 대체로 건강한 인간성을 호소하고, '10년 동란' [문화대혁명]을 고발했고, 뒤틀린 인간성을 묘사했습니다. 처음에는 여성 의식이 특별히 치열하지 않았습니다. 기본적으로 사회적 입장을 갖고 있었을 뿐이죠. 물론 여성 서사의 어조가 담겨 있긴 했습니다만, 전체적으로 여성적 특징은 명확하지 않았습니다. 이들은 신시기 초기 여성 작가들이 여성적 특징으로 문단에 진입했던 상황을 대표하고 있습니다.

다이진화 말씀하시는 여성적 특징은 스타일을 가리키는 것인가요?

왕간 네. 스타일입니다. 그때까지는 젠더적 글쓰기는 없었습니다. 스타일 역시 여성적 스타일이 아니고, 문학적으로 섬세한 것입니다만…….

다이진화 '완약'하단 말씀이신가요?

왕간 네, 그렇습니다. 비교적 서정적이고 감상적이며 감정에 충실한 종류들이죠. 남성 작가도 그럴 수 있습니다. 바이화(白樺)를 예로 들 수 있겠죠. 물론 후기로 오면서 이들 여성 작가들에게는 얼마간 변화가 생깁니다. 예를 들면 장제의 「방주」(方舟)에는 어느 정도 젠더 의식이 담기게 됩니다. 이들이 '세 늙은 무당'입니다. 아, 선생님 잠시만 참으세요. 제가 무당이란 말을 곧 설명하겠습니다. '세 중년 무당'은 왕안이(王安憶), 톄닝(鐵凝), 찬쉐(殘雪)입니다. 이들은 앞 세대와는 확연히 다릅니다. 문학적 측면에서 그들은 '세 늙은 무당' 보다 사회성보다는 언어 문체에 더 많은 비중을 둡니다. 예를 들면 톄닝은 소녀 시절부터 창작을 했고(다이진화 : "아, 샹쉐哦, 香雪."), 왕안이는 『비, 주르륵』(雨, 沙沙沙)을 썼습니다. 1985년 이후 왕안이는 '삼련'(三戀;「작은 도시의 사랑」小城之戀, 「황산의 사랑」荒山之戀, 「금수곡지련」錦繡穀之戀)과 「언덕 위 세기」(崗上的世紀), 톄닝은 「장미의 문」(玫瑰門)을 썼습니다. 이들 소설의 젠더적 특색은 독특했습니다. 찬쉐를 포함하여, 이들의 소설은 성 의식과 성 심리라는 측면에서 많은 발전을 했습니다. 특히 여성의 성 심리를 자각적·비자각적으로 드러냈습니다. 톄닝도 다른 많은 신 시기 소설과 같이 상징이나 우화를 사용하고 있지만 분명하게 성 심리를 드러내고 있습니다. 이야기의 주인공은 한 인간일 뿐 아니라 여성으로 그려집니다. 하지만 찬쉐는 신기(神氣)가 더욱 강해 주문을 외는 듯한 맛이 있습니다. 왕안이나 톄닝처럼 유창하지 않고 완성도도 떨어지고 파악하기도 쉽지 않습니다. 왕안이의 소설은 여성 사유가 매우 강해서, 이지적으로 소설을 씁니다. 예를 들면 '삼련' 과 같은…….

다이진화 이지적인 글쓰기가 여성적 특징이라 생각하시나요?

왕간 아닙니다. 꼭 그렇지는 않습니다. 왕안이는 좀 이상합니다. 여성의 삶을 주로 많이 썼고 시각도 여성적입니다. 다른 작가들의 구체적인 얘기는 다시 말씀드리겠습니다. 그 전에 '세 젊은 무당' 에 대해 말씀드리겠습니다. 그들은 1990년대에 등장한 천란(陳染), 린바이(林白), 하이난(海男)입니다. 이들은 앞서 말한 여섯 작가들과는 완전히 다릅니다. 이들이 다루는 언어와 묘사의 소재가 모두 꼭 같지는 않습니다. 정신과 육체의 자아가 분열돼 있습니다. 린바이의 『한 여자의 전쟁』(一個人的戰爭)은 자신의 정신을 한 덩어리씩 뜯어내서 보여 주는 회고록 성격(다이진화: "자서전?")과 자전적 경향을 지니고 있습니다. 천란의 『옛 일과의 건배』(與往事乾杯)도 자신의 육체를 뜯어내는 특징을 갖고 있습니다. 일부 여성 작가들의 작품은 콜라주(collage) 같기도 합니다.

다이진화 콜라주요? 그렇군요. '콜라주'라는 말이 생겨나니 더 이상 '혼성모방'도 없고 이것저것 되는 대로 함께 섞어 놓는, 그래서 '콜라주'라고 부를 수…….

왕간 미술 용어로는 '설치'라 부릅니다.

다이진화 혼성모방도 설치라 부를 수 있나요? 제 생각에는 설치도 다른 의미에서 콜라주입니다. 다시 말하면 조화롭지 않은 잡다한 것들 속에서 유기적이고 새로운 표현을 만드는 것입니다. 그것은 예술의 창조력에 대한 도전이지 혼란을 쌓아 두는 것은 아닙니다. 저는 포스트모던 이론의 유입이 문단의 현실에 희망의 불씨를 제공했다고 생각합니다. 사람들은 당당하게 단지 몇몇 개념, 심지어 용어 몇 개만을 사용합니다. 예를 들면 혼성모방이 콜라주가 되어 버렸고, 표절을 하면서도 복제한다고 얼버무립니다. 포스트모던이 부르짖는 '신상태'(新狀態)의 '상태'가 담백·건조함을 대신했습니다.

왕간 재미있군요. 복제와 표절, 콜라주와 혼성모방, 실제로 구분이 어렵습니다.

다이진화 그러나 구분할 수 있고, 반드시 구분해야 합니다. 그렇지 않으면 지금 우리 문단의 심각한 문제를 은폐하거나 심지어 조장하기도 할 것입니다. 그렇다면 '포스트모던'은 열악한 문단 상황을 덮어 버리는 가림막이 될 것입니다. 속(俗)에 대한 추구와 아(雅)에 대한 추구 모두 "아와 속의 격차를 좁힌다"는 말로 정당화될 수 없습니다.

반문

다이진화 좋습니다. 본론으로 돌아갑시다. 두 가지 문제가 있습니다. 첫째, 왜 여성작가를 '무당'이라 하시는지요? '무당'이란 말은 남성과 여성에 대해 모두 사용할 수 있나요? 둘째, 신시기 이래 대략 16년 동안 성행했던 여성 창작을 대표하는 아홉 명의 작가를 선택한 기준은 무엇입니까? 예술적 성취인가요, 사회적 영향인가요? 아니면 여성 의식입니까?

왕간 기준이 둘 있습니다. 하나는 당시 문단에서의 지위와 다른 작가들에 대한 영향입니다. 또 하나는 바로 지금 우리의 삶에 근거하고 있는가 그렇지 않은가 하는 창작의 생명력입니다.

다이진화 알겠습니다. 당시 문단에서의 지위나 영향, 여성의 글쓰기와 표현이라는 측면에서라면 다이허우잉(戴厚英), 쭝푸(宗璞), 그리고 시기가 좀 늦은 장신신(張辛欣), 류쒀라(劉素拉), 팡팡(方方), 츠리(池莉) 등도 무시할 수 없을 겁니다. 그럼, '무당'에 대해 말씀해 주시죠.

왕간 무당의 문제는 아마도 남성 담론일 것입니다. 그러나 제 말 중 무당은 폄하하는 낱말이 아닙니다. 무당은, 제 인상으로는, 재질과 영기가 있는, 이승과 저승을 넘나드는 존재입니다.

다이진화 어느 정도 신비감이 있습니까?

왕간 신비하죠. 하지만 그건 여성 작가의 높은 기준을 뜻하는 말이지 폄하하는 뜻이 아닙니다.

다이진화 무당이 낮은 기준이 아닌 높은 기준을 뜻하는 말이란 것은 잘 알겠습니다. 제가 궁금한 것은 왜 무당을 여성 혹은 여성 글쓰기와 연관 맺으려 하는가입니다. 무당이란 단어가 고유의 의미, 예를 들면 샤머니즘, 점쟁이, 무속문화의 의미를 지니고 있기 때문입니다. 왜 재질과 영성이 뛰어나고 성과도 많은 남성 작가에 대해서는 '무당'으로 부르지 않으시는지요? 그건 분명 여성에 대한 본질적인 인식과 연관이 있습니다.

왕간 제 인상에, 적어도 독서 경험과 습관에 비추어 보면, 저의 지식의 계보는 중국 고대 문학에서 비롯됐습니다. 여인이 뛰어나다고 말할 때, 예를 들면 얼굴이 예쁘다는 "요녀와 같은"이란 말은 높은 경계를 나타냅니다. 바로 중국 고대 남성들이 성적으로 선호하는 대상이지요. 예를 들면 『요재지이』(聊齋志異)에서 성적으로 선호되는…….

다이진화 구미호?

왕간 여성의 아름다움을 중요하게 생각합니다.

다이진화 그러나 동시에 위험이나 사악함을 의미하기도 합니다.

왕간 위험하고 사악하더라도 여전히 매력적입니다.

다이진화 아! 아주 용감하시군요. 그리고 남성은 피골이 상접하고 귀신처럼 얼굴이 변합니다. (크게 웃음)

왕간 지혜롭다는 긍정적 의미에서 고대 중국에서도 '무당'이라는 말을 좋아했습니다. 물론 형이하학적으로 잔꾀를 부리거나, 정신 나갔다는 의미와도 관련이 있습니다. 애초에는 지식인의 상징이기도 했지요.

다이진화 그러나 지금 말씀으로는 여성 지식인만을 상징하고 계십니다.

왕간 그렇습니다.

다이진화 그 점이 여성에 대한 본질적인 인식의 한계입니다. 무당과 여성 작가, 단지 여성 작가와만 연관 짓고 계시기 때문입니다. 예컨대 '여성의 신비'라는 말 속에는 불가해함과 위협이 은유적으로 담겨 있습니다.

왕간 주로 영기나 신령, 불가해하다는 측면에서 말씀드린 겁니다. '요녀'라는 말을 쓸 수도 있지요.

다이진화 불가해하다는 말은 썩 칭찬할 만한 용어는 아닙니다. (크게 웃음) 주제로 돌아갈까요? 우리가 얘기하고자 한 것은 여성 글쓰기와 개인화입니다. 개인화를 어떻게 이해하시는지요? 세 세대에 걸친 여성 작가들이 '개인화' 문제를 어떻게 구현하고 있다고 생각하십니까?

왕간 장제, 천룽, 장캉캉, 쭝푸 세대 작가들에게 있어서 개인화는 스타일에 불과합니다. 여성의 부드러운 미와 섬세함으로 이름 지을 수 있겠지요. 찬쉐, 톄닝, 왕안이에 이르면 개인화는 더 이상 스타일이 아닌, 심리적인 면에서 표현되는 여성의 문제가 됩니다. 사실 근대 문학에도 여성의 개인적 글쓰기가 있습니다. 예를 들면 딩링(丁玲)의 소피 여사나 풍원군(馮沅君) 등이죠. 나중에 단절되긴 했지만요. 왕안이 세대에 이르면, 여성의 심리적 표징이 나타납니다. 하지만 '젊은 무당' 세대가 되면 달라집니다.

개인화 글쓰기와 '응시되는' 여성

다이진화 개인화는, 개성적 스타일을 가리키는 것인가요? 아니면 자전적 글쓰기를 말씀하시는 건가요?

왕간 지금 말입니까? 아니면 이전을 말씀하시는 겁니까?

다이진화 여성의 글쓰기에 대해 전체적으로 말하는 것입니다. 여성의 개인적 글쓰기에 대한 정의는 무엇입니까?

왕간 상대적으로 말해야겠지요. 그들의 시대와 상대적입니다.

다이진화 제가 보기에 '개인화'는 적어도 세 가지 측면에서 정의할 수 있습니다. 한 측면은 개성적 스타일입니다. 예를 들면 루쉰(魯迅)은 스타일 면에서 상당히 개인화된 작가입니다. 또 다른 측면에서 개인화란, 단지 개인의 시각과 관점에서 역사에 진입하는 것입니다. 저의 이해에 따르면, 극도의 개인의 시점으로 서사에 진입하면, 권위 담론과 주류 서사를 해체·전복할 수 있습니다. 못해도 완전한 상상도의 갈라진 틈이 될 수 있습니다. 예를 들면 왕쉬(王朔)의「사나운 동물」(動物凶猛)부터 장원(姜文)의「햇빛 쏟아지던 날들」까지 문학에 대한 개인적 글쓰기가 이뤄졌습니다. 마지막 측면은, 그런 명제로 쓰여진 글들이 내포하고 있는 주제입니다. 여성 작가들 이야기입니다. 여기서 개인적 글쓰기는 자전적 의의를 지닙니다. 지금 우리의 맥락에서, 그것은 구체적으로 여성 작가가 개인 생활과 프라이버시를 드러냄으로써(왕간: "사소설."), 남성 사회와 도덕 담론을 공격하여 세상을 깜짝 놀라게 하는 효과를 얻습니다. 여성 개인의 생활 경험을 직접적으로 씀으로써 남권 사회의 권위 담론과 남성 규범, 남성이 갈망하는 여성의 이미지를 전복할 수 있기 때문입니다.

    여성의 자전적 글쓰기를 중시하고 연구하는 일은 확실히 서양 페미니즘 연구의 주요 관심사입니다. 그러나 지금 중국의 사회적 맥락과 글쓰기 실천 속에서는 문제가 결코 그리 간단하지 않습니다. 조금 전 선생님은 여성 작가가 문단에 기여할 수 있는 특별한 몫은 개인 생활 묘사라고 하셨습니다. 더 분명하게 말하면 그들의 은밀한 성적 체험입니다. 제가 잘못 이해한 것 아닌지 모르겠습니다. 그렇다면 남성 작가들은 그럴 필요가 없다고 생각하십니까? 아니면 그렇게 하더라도 의미가 없습니까? 여성 작가의 글쓰기에 있어서만 개인 생활을 드러내는 것이 중요합니까? 중요하다 하더라도, 그것이 여성 작가가 문단에 공헌할 수 있는 가장 중요한 영역입니까? 거기에는 남녀 작가에 대한 선생님의 명백히 다른 기대치가 있습니다.

왕간 아마도 제 남성적 시각 때문이겠지요. 중국 문학은 남성미보다 여성미를 더 많이 묘사해 왔습니다.

다이진화 중국 문학만 그런 건 아니죠.

왕간 모든 문학이 그렇습니다. 그럴 때 여성 자신은 응시되는 상황에 처합니다. 때문에 남성은 여성 작가가 무엇을 쓰는지 보려고 합니다——이것은 불평등한 관계일 수도 있습니다. 그들은 여성 작가들이 정치나 사회, 역사에 대해 쓰기를 바라지 않습니다. 정치나 사회에 더 많이 개입하거나 참여하기를 바라지도 않습니다. 또 사회와 역사에 대해 영향이 있는 여성 작가들의 작품을 바라지도 않습니다. 우리 사회에서 여성은 예부터 지금까지 보여지는 위치에 놓여 있었습니다. 여성 작가는 더더욱 그렇습니다. 무용수를 예로 들면, 남성 무용수도 보여집니다. 그러나 여성 무용수의 응시됨의 집중도는 남성 무용수보다 몇 배 높습니다. 무엇을 봅니까? …… 저는 중국 사회의 개성 해방이 충분치 않다고 생각합니다. 5·4 이래 일군의 여성 작가들의 「소피 여사의 일기」(沙菲女士の日記), 「단절」(隔絶)은(다이진화: "비극 10년」悲劇 十年, 「결혼 10년」結婚十年도 있지요.") 사소설 성향을 보여 줬지만 아주 빨리 사라졌습니다. 오늘날, 중국에는 여성 작가뿐만 아니라 남성 작가들도 자아를 해부하는 정신이 부족합니다. 이런 상황에서 여성 작가가 여성의 시각에서 자신의 체험을 충분히 드러낸다면 아마 큰 의미가 있을 것입니다. 우리의 삶 속에서, 남성 작가는 언제나 우리의 중성적 원칙과 관계를 맺고 있으며 남성은 늘 그 원칙에 따라 작동합니다. 그러나 여성은 늘 중성적 원칙에서 벗어나 있으며, 속박과 억압을 받고 있습니다. 여성들의 체험은 매체를 통해 효과적으로 드러나지 못합니다. 문학만이 여성이 받고 있는 중성적 원칙의 배척, 속박, 억압을 충분히 표현할 수 있습니다. 그런 뜻에서 딩링의 가장 훌륭한 소설은 『태양은 쌍간하를 비추고』(太陽照在桑乾河上)가 아니라 「소피 여사의 일기」입니다.

다이진화 우선 그런 관점은 성립되기 어렵습니다. 게다가 남권적인 시각이라기보다는 남성 그 자체의 진면목을 확실히 폭로하고 있습니다. 그런 논지를 따르자면, 전체 인류의 문명, 정확히는 부권이 성립된 이후의 문명에서 여성은 보여지는 존재로 위치 지어졌습니다. 여성의 비극이자, 성별적으로 차별받았다는 기본적 사실이지요. 여성은 단지 남성의 문화, 심리, 생리, 혹은 남성 시선의 대상이자 영원한 객체에 불과했습니다. 오늘날에 이르러서도, 선생님은 여전히 그것을 합리화하고 과장하고 있습니다. 여전히 여성 작가가 문단에 공헌할 수 있는 가장 중요하고 심지어 유일한 면이 자신들의 사생활을 폭로하는 것이라 확신하고 계십니다. 확실히 남성의 문화 심리 요구, 듣기 싫게 말하면 남성의 훔쳐보는 시선을 여성 작가의 작품 앞에 설정하고 있습니다. 만일 여성 작가가 지금 예상하신 대로 글을 쓴다면 그녀는 분명 보여지는 위치에 굴복하는 것이지 결코 저항하는 것이 아닙니다. 여성 작가들의 은밀한 내용만이 남성을 만족시키는 것처럼요. 그것은 이중의 소멸과 추방입니다.

첫째, '너희들'은 역사 속으로 진입해서도 안 되고, 우리의 특권적 영역에도 진입해서 안 된다는 것입니다. 우리 모두 짧지 않은 여성해방과 남녀평등의 시대를 거쳐 왔음에도 말입니다. 오늘까지 매우 많은 분야에서 남성과 여성은 완전히 동일한 사회적 역할을 담당하고 있으며, 여성은 사실상 이미 중국 역사와 사회에 개입해 왔습니다. 그런 깊은 개입이 있었음에도, 여전히 여성 작가는 역사나 사회를 쓰지 않고 개인의 생활만을 쓰는 편이 좋다고 생각하십니까? 다음으로, 여성 작가들의 자전적 글쓰기는 그들 자신의 문화 요구와 표현이 아니라, 훔쳐보는 사람의 시선 속에서 폭로된 장면 같습니다. 잠깐, 반문은 하지 마세요.

둘째, 중국은 개성 해방이 충분하게 완성되지 않는 나라이기 때문에 여성 작가가 대단한 글쓰기를 통해 문화적으로 저항할 수 있고, 또 개성 해방을 촉진시킬 수 있다는 말씀은 값싼 남권적 시각입니다. 그 사명이 남성과 여성이 함께 완성해야 하는 것이라 보지 않으시는지요? 남성 작가들이 대담하게 자신의 영혼의 진실과 대면해서 더 이상 강대하고 건강한 사내대장부라고 위장하지 않는다면, 또한 내면의 나약함과 강권적 억압과 거세 공포에 대해 "남자의 반은 여자"라는 방식이 아니라 진실하고 대담하며 비통한 심경으로 글을 쓴다면, 역시 개성 해방과 사회 진보에 도움이 되지 않겠습니까? 사실, 오늘날 중국 문화에서 남성은 인간을 대표하고 여성은 단지 그녀들 자신을 대표할 뿐입니다. 예를 들면 저는 신시기 여성문학에 관한 책을 쓰면서 아주 놀라운 사실을 발견했습니다. 전적으로 여성적 관점만으로 썼다고는 할 수 없는 왕안이의 '삼련'이 여성 중심주의라는 질책을 받았습니다. 장셴량(張賢亮)의 작품에 적나라하게 드러난 남권 중심적인 면은 지금까지도 비난한 사람이 없습니다. 문학작품이 사회 진보와 개성 해방과 연관되어 있다면, 이를 대담하고 진실하며 노골적인 여성의 글쓰기와는 연결시키면서, 남성의 위선적이고 나르시스적인 글쓰기에 대한 비평과 변화와는 왜 연결시키지 않습니까? 이것이 저의 두번째 반문입니다.

　　셋째, 남성은 선천적으로 사회의 중성 원칙과 상호 연관되어 있다고 말씀하셨습니다. 저는 그런 관점 자체는 거짓말이라 생각합니다. 중국 사회, 심지어 인류 사회에도 지금까지 중성 원칙은 없었기 때문입니다. 중성 원칙은, 사실 완전히 남성 원칙이며, 인류 원칙으로 가장한 남성 원칙입니다. 남성은 당연히 그것과 잘 결합했습니다. 남성은 당연히 인류를 대표해야 한다고 생각하고, 남성의 글쓰기는 인류의 글쓰기라 생각했습니다. 또한 "여성들이 무엇을 쓸 수 있나? 여성은 그들의 성별을 쓰고, 여성은 인류의 타자"라고 생각합니다. 윈난 인민출판사가 올해 출판한 여성 작가 자선집 제목이 『그녀들』(她們)인데, 흥미롭더군요. 편집장은 머리말에서 "우리는 우리이며, 그녀들은 그녀들"이라고 말했습니다. 분명한 것은 여기서 '우리'는 남성이며 '인류'입니다. 여성은 '소수'이고 타자입니다. 이런 관점에서 본다면 여성 글쓰기는 확실히 남성 원칙, 즉 거짓 중성 원칙에 저항할 수 있습니다.

왕간　솔직히 말씀드리면, 제가 말한 관점과 입장은 남성이고 바꾸려 해도 바꿀 수가 없습니다.

다이진화 결코 불가능하지 않습니다. 단지 하려고 하느냐 하려고 하지 않느냐의 문제입니다. 오늘날 중국에서 진보와 변혁을 주장하는 우수한 남성 지식인조차도 공개적으로 자신의 남권적 입장을 떠벌리고 있는 것은 무서운 사실입니다. 사회의 민주화가 자신을 해방하고 여성을 억압하는 것이라 믿는다면, 위선 아니면 우매함이겠지요. 남성으로서 인간과 인류를 거론할 때 적어도 조심해야 하고 조금의 성찰이 있어야 한다고 생각합니다. 그는 누구를 대표합니까? 무엇을 대표합니까? 그러나 친절하고 두둔하는 태도를 갖든, 악랄하고 무시하는 태도를 보여주든 대부분 남성은 여성과 페미니즘에 대한 멸시와 적의를 드러냅니다. 그들은 최소한 조금이라도 자신의 희망을 바꾸어야 합니다. 예를 들어 여성을 '그녀들'이라 하고, 그녀들이 자신을 드러내야 한다고 말한다면 그것은 분명히 남성이 문화·사회의 주체로서 보는 것입니다. 그렇게 되면 여성은 남성의 문화이며 엿볼 수 있는 거울입니다. 그 속에서 남성은 자신을 비추고 자신의 필요를 만족시킵니다. 결코 여성 문화의 표현과 요구는 아닙니다.

반문에 대한 반문

왕간 반문하겠습니다. 1995년은 여성의 해였습니다. 문단에는 여성문학과 여성 작품의 붐이 일었습니다. 최근에는 '레만 여성문학 시리즈'를 만들기도 했습니다. 이 책들은 보여지는 위치에 놓여 있습니다. 선생님은 많은 여성의 평등한 의식을 말하지만, 이 책들은, 선생님 자신의 책을 포함하여 보여지는 위치에 있습니다.

다이진화 무슨 근거로 그렇게 말씀하시는지요?

왕간 간단히 말하면, 남성들은 전문 총서가 없는데 왜 여성은 전문 총서나 시리즈를 출판하나요? 선생님의 관점에 따르면 그 자체가 불평등한 것입니다.

다이진화 물론입니다. 소수이기 때문에 그렇게 명시적으로 말하는 것입니다. 우리는 여성 작가의 상대적 의미로 남성 작가라는 표현을 쓰지는 않습니다. 작가와 여성 작가, 비평가와 청년 비평가라는 말이 그렇습니다. 수식어를 필요로 하는 것은 모두 열세이거나 약자입니다. 자신의 신분을 분명히 밝히면 됩니다. 주인이니 권위니 하는 것들은 필요 없습니다.

왕간 그것이 바로 보여지는 것입니다. 남성의 시선에 집중되는 까닭입니다. 페미니즘 연구자로서 남성 문학이나 문화 총서가 출판되지 않는 것을 어떻게 봅니까?

다이진화 필요 없기 때문입니다. 모든 글쓰기와 출판물은 모두 인류의 이름으로 된 남성문화 총서이며, 불변의 진리는 남성의 것입니다. 바로 '그'의 문화이며, '그'는 주인인데 무슨 명시가 필요합니까?

왕간 왜 『붉은 양귀비』(紅罌粟)와 같은 책은 여전히 남성들의 시선 속에 있습니까?

다이진화 몇 가지 측면에서 말씀드리겠습니다. 첫째, 여성은 보여지는 위치에 있습니다. 심지어 1995년처럼 타오르는 여성문화의 해에도 그랬습니다. 어떤 의미에서 그것은 사실입니다. 선생님께서는 그것을 합법적으로 변호하려고 하시기 때문에 그 사실에 대해 이해가 갈리는 것입니다. 그러나 제가 보기에 그것은 거의 비극입니다. 현재 중국에서 여성의 문화적 지위가 어떠한가를 폭로하고 있지요. 그런 보여지는 위치는 심각하게 만연해 있는 젠더 차별 현상입니다. 저의 작업은 그것을 드러내는 일입니다.

그러나 또 다른 측면에서, 여성, 우수한 여성 작가는 결코 보여지기 위해 글쓰기를 하지 않습니다. 그들은 자신을 위해, 자신의 성별과 저항을 위해 글쓰기를 합니다. 선생님은 도리어 선험적이고 후천적인 남성의 시각을 더하여 마치 여성 작가가 남성들에게 보여 주기 위해 글쓰기를 해야만 하는 것처럼 말씀하십니다. 여성 작가들의 위협과 경쟁을 해소시키기 위한 게 아니라면 최소한 과도한 나르시시즘일 뿐입니다.

셋째 측면은 "만약 보여지기 위해서가 아니라면 왜 자신의 여성 신분을 밝히려고 합니까?"라는 물음에 대한 답변입니다. 그렇게 말씀하셨기 때문만이 아니라 여성 또한 한동안 혹은 여전히 그런 담론을 나누고 있습니다. 좀 전에 말씀하신 '늙은 세 무당 시기'에 여성 작가들은 "나는 먼저 인간인 이후에 여성이다"나 "나는 먼저 작가인 이후에 여성 작가이다"라는 관점을 좋아했습니다. 약자이기를 원하지 않았기 때문이고, 여성 신분으로서의 문화적 역할을 원하지 않았기 때문에 목소리가 컸습니다. 그러나 그들을 역시 '늙은 세 무당'이라 규정하셨지요? 여성성의 초월은 저항이었습니다. 그러나 사실상, 여성해방을 외친 지 오랜 세월이 지난 오늘날에도 남성과 여성은 여전히 토대가 아주 튼튼한 문화 본질주의적 구분이며, 만연된 권력의 틀입니다. 그래서 약자로서 여성이 저항할 때, 반드시 자신의 신분을 명시해야 합니다. 명시를 거부하는 것은 남성으로 분장한 '목란(木蘭)의 상황'을 의미할 뿐이지 진정한 초월은 아닙니다. 문화의 소유자는 자신의 문화를 명시할 필요가 없습니다. 미국 영화는 명시하지 않아도 여전히 전 세계를 풍미하지만, 중국 영화는 자신의 국적을 명시해야 조금이라도 드러납니다. 평등하게 강세 문화와 대화할 수 있다고 여기십니까? 그것은 자신과 남을 속이는 일이며 무모한 일입니다. 때문에 우리는 반드시 명시를 해야 합니다. 여성문화가 줄곧 남성문화에 의해 가려졌기 때문에 여성의 문화가 떠오르는 것은 어려운 과정입니다. 이 과정이 시작될 때, 명시는 필수적인 것입니다. 명시야말로 대립, 충돌, 항쟁의 시작을 의미할 뿐입니다.

예를 들어 장제는, 선명한 글쓰기의 젠더적 특징이 없다고 말씀하셨지만 사람들은 여전히 그녀의 작품을 그 사생활과 더불어 이야기합니다. 하지만 작가는 정작 자신의 작품에 개인 생활을 대입하는 일을 증오합니다. 이 때문에 바진(巴金)은 심지어 「사람의 말은 무섭다」(人言可畏)라는 글을 써서 작가를 위해 울분을 터뜨렸습니다. 지금 말씀하시는 보여지는 위치는 사실, 1995년 '3·8 여성의 해'에서 제시한 여성문화의 심각한 비극입니다. 시장은 '보여지기'라는 오래된 마술을 새롭게 발견했습니다. 세계가 남성의 세계와 같은 것처럼, 시장은 더더욱 남성의 시장입니다. 세계여성대회는 중국 여성에게 대단히 좋은 기회였지만, 시장에게도 절호의 기회였습니다. 여성은 본래 보여지는 것이고 아름답습니다. 그리하여 여성문학이 번성한 배후에는 남성의 조작이 있었습니다. 남성이 여성문학을 조작하고, 강대한 남권문화 논리로 여성의 글쓰기를 다시 썼습니다. 많은 여성문학 총서는 남성 출판가들에 의해 요리됐습니다. 여성문학 총서마다 남성 편집장이 주도했습니다. 여성 작가의 작품은 남성 비평가의 권위에 의해 해석됩니다. 정말로, 낭자군 부대조차도 남성이 대표가 됩니다.

오늘날 여성의 글쓰기는 남성에 뒤지지 않습니다. 남성의 비호와 해석이 필요 없어 보입니다. 남성이 여성 글쓰기의 지도자가 되고, 여성 작가 작품이 남성의 시야 속에 놓이는 것이 그녀들 글쓰기의 본래 의도일까요? 그녀들의 바람일까요? 왜 여성 출판물의 도처에는 남성이 주인의 태도를 취하고 있는 걸까요? 사실 『붉은 양귀비』 23권, 『그녀들』 12권, 『붉은 고추』 5권 중에는 각각 서로 다른 여성 담론, 여성 표현 등 아마도 많은 남성이 수용하기 어려운 목소리가 있습니다. 폭로라든가 사소설이라는 등의 말로 이들을 개괄하거나 해체할 수 없습니다. 그러나 '남성들'에 의해 한마디로 남성들에게 보여지는 것 혹은 여성들의 폭로로 포장되고 맙니다.

본래 주제로 돌아갑시다. 1990년대 여성의 개인화 글쓰기에는 반드시 경계해야 할 위험이 있습니다. 제 자신도 매우 곤혹스럽습니다. 한편으로 남성 글쓰기와 다르면서, 굴복하지 않고 모방하지 않는 여성 글쓰기를 우리는 줄곧 기대해 왔습니다. 고전적인 문학적 규범에 타협하지 않고, 자서전에 근접한 글쓰기 방식을 행하는 것도 여성문학의 출로이자 전망 중 하나입니다. 그러나 적어도 1990년대 문화 현실 속에서 주목되는 위험은 여성의 대담한 자전적 글쓰기가 동시에 강력한 상업적 조작에 의해 포장되거나 고쳐 써진다는 사실입니다. 분명한 예가 몇 가지 있습니다. 린바이의 『한 여자의 전쟁』은 출판사에서 시원스러운 춘화를 표지로 삼았습니다. 하이난의 『나의 연인들』(我的情人們)의 표지는 여성 작가의 본인 사진에 다른 신발과 바지를 입은 남성의 다리가 장식했습니다. 그리고 쉬란(須蘭)과 자오메이(趙玫)가 함께 쓴 장편 『측천무후』(武則天)는 흰 천 속에 나체의 여성이 놓여 있습니다. 더 이상 전형적일 수는 없습니다. 여성은 생각할 머리가 필요 없고, 행동할 다리가 필요치 않습니다. 몸뚱이 하나만 있으면 충분합니다. 반나체 여성의 복부에는 작은 금룡 한 마리가 있습니다. 다 알고 있듯이 측천무후는 부권 역사 중 유일의 여황제이며, 용은 황제 권력의 상징입니다. 그러나 표지에는 발가벗은 여인이 있습니다. 용도 또한 '마땅히' 있어야 할 곳에 놓여 있습니다.

여성 작가라는 신분이 베스트셀러를 만드는 판매 포인트가 됩니다. 대대적으로 선전하면서 자전적 글쓰기라고 부단히 명시하는 것은 여성 글쓰기의 유일하고 정확한 지침서가 됐습니다. 그리하여 훔쳐보는 남성의 시야는 여성 글쓰기의 전망을 가려 버렸습니다. 상업적 포장과 남성의 자기 만족을 위한 성 심리, 문화 심리가 만들어 낸 여성 글쓰기의 규범과 한계는 더욱 효과적인 암시가 됐고, 나아가 여성 작가에게 분명히 전달됐습니다. 충분한 경계와 깨어 있는 인식이 없으면, 여성 작가는 자각하지 못한 가운데 그러한 필요를 내재화할 것입니다. 여성 글쓰기와 그들의 개인적 글쓰기의 번영은 오히려 여성을 다시 남권문화의 함정에 빠지게 할 것입니다. 여성 자신의 목소리가 드러난 것도 아니고, 여성의 저항도 아닌, 남성의 심리적 만족일 뿐입니다. 또한 여성의 문화 공간이 드러나지 않고, 남권만이 공고하게 됩니다. 물론 성을 쓰는 것은 남성만의 특권이 아닙니다. 그렇다고 여성에게 유일하거나 필수적인 것만도 아닙니다.

여성 공간 논쟁

왕간 여성 작가 중에 어떤 사람이 모범이 될 수 있을까요?

다이진화 적어도 왕안이, 톄닝은 신시기를 통틀어 손꼽을 수 있는 작가입니다.

왕간 『장한가』를 비롯한 왕안이의 작품들은 모두 남성적 사유에 의해 쓰여진 것이라 할 수 있습니다.

다이진화 저는 여성 글쓰기 자체가 '목란'의 상황과 동일하다는 사실을 부인하지 않습니다. 엄격히 말해 우리의 기존 문화, 심지어 문자는 모두 남성의 것이었습니다. 여성은 거기서 완전히 벗어날 수 없습니다. 게다가 왕안이 같은 세대에게는 방금 전 지적하신 중성 원칙을 수용한 흔적도 어느 정도 있습니다. 그래서 저는 천란의 글쓰기를 '젠더의 회복'이라 부릅니다. 그러나 왕안이의 글쓰기가 결코 완전히 남성적 사유를 받아들였다고 여기지는 않습니다. 오히려 신시기 여성 글쓰기가 어렵게 성장하는 발자취를 완곡하게 보여 주었습니다. 남성으로 분장했지만 '목란'은 여전히 여성의 몸과 마음을 가지고 있습니다. 선생님은 젠더적 정체성과 관점 때문에 여성의 작품에서 많은 것들을 보지 못하고 계십니다. 제가 보기에 왕안이의 작품에는 여성 글쓰기의 흔적이 명백히 드러나 있습니다. 남성을 표현하기 위해서, 우수한 여성 작가의 작품에서 여성 체험은 무의식 중에 수많은 균열이 일어납니다. 그러나 '삼련' 부터 시작해, 왕안이의 작품은 의심할 바 없이 뚜렷한 여성적 시점과 서술을 보여 줍니다. 제가 보기에 반드시 대표가 필요하다면, 여성 작가는 여성 글쓰기 자체를 대표하는 자격이 있어야 합니다. 그러나 '훙창칭'(洪常靑; '홍색낭자군'의 남성 당대표)은 아닙니다.

왕간 그 말씀에는 모순이 있습니다. 여성 글쓰기라는 원칙이 아니라 여전히 오늘날 문학의 원칙과 남성 원칙에 따라 왕안이의 작품을 긍정하고 계십니다. 스스로 모순에 빠져 있습니다.

다이진화 부인하지 않습니다. 저는 그 모순을 해결할 수 없습니다. 여성 글쓰기의 전통을 인용할 수 없었고 여성의 정전을 참고할 수 없었기 때문입니다. '목란'과 같은 상황은 어디에나 존재합니다. 우리가 포기하고, 무언중에 후퇴한다면 우리들은 암흑 속으로 들어가게 됩니다. 침묵 속에서 유토피아적이고 순수하고 완전한 여성 글쓰기의 등장을 기대할 수 없습니다. 저는 남성의 문화적 원칙을 수용하지는 않지만, 오늘날 문화의 현실을 직시하지 않을 수 없습니다. 또한 남성의 언어와 몇몇 논리를 차용하거나 전용하는 것도 완전히 피할 수 없습니다. 다시는 침묵할 수 없기 때문입니다. 우리는 모두 남성 규범이라는 포위를 몸부림쳐 뚫고 있습니다.

왕간 어떻게 말씀하시든 남성 원칙은 모두 목적을 달성할 것입니다.

다이진화 말하자면, '그들'입니까, 아니면 '당신들'입니까? 적어도 완전히 목적을 이룰 수는 없을 것입니다. 우리는 적어도 거짓말과 스스로를 변명하는 발언을 파헤칠 수 있습니다. 여성문화 연구자인 저에게는 아주 중요합니다. 그러나 남권문화를 해체하는 것도 마찬가지로 중요합니다. 어쩌면 더 중요합니다.

왕간 그렇습니다. 남성문화를 해체하실 수 있습니다. 그러나 여성의 문화 공간을 만들 수는 없습니다.

다이진화 남성문화를 해체하는 것이 곧 여성문화 공간을 만드는 일의 시작입니다.

왕간 제 생각엔 복잡한 면이 있습니다. 예를 들면 조금 전에 언급한 세 권의 책 표지를 들 수 있습니다. 남성 담론의 문제뿐 아니라 상업화라는 문제도 있습니다.

다이진화 상업화 담론 자체가 바로 남권 담론입니다. 그들은 충분히 공모해야만 성공할 것입니다.

왕간 문학 담론의 문제도 있습니다. 모든 남성이 개인화된 여성 글쓰기에 갈채를 보내는 것은 아닙니다. 많은 사람들이 반대합니다. 우리 남성 비평가는 문학 담론을 통해 여성의 개인적 글쓰기를 긍정합니다. 문학 담론 자체를 꼭 남성과 여성의 담론으로 구분해야 합니까?

다이진화 그 무엇도 젠더적 질서를 넘어설 수는 없습니다. 진리에 대한 담론이나 문학 담론은 모두 몇천 년 걸쳐 남권 사회에서 생겨난 것들입니다. 진정한 예술가들은 어느 정도 사회와 현실에 저항하는 면이 있습니다. 그래서 문학 담론은 어떤 의미에서 주류적인 남권 담론을 분열시킬 수 있습니다. 그러나 문학 담론은 여전히 남성이 유일한 주체와 관점이 되어 만들어지고 있습니다.

왕간 좀 독단적이지 않습니까? 저는 적어도 문학 영역에서는 남성 담론과 여성 담론의 틈이 존재하지 않는다고 생각합니다. 우리 두 사람이 한곳에 앉을 수 있는 것은 우리가 문학 담론에 대해 말하고 있기 때문입니다.

다이진화 그건 중국과 미국의 대표들이 회담 테이블에 앉아서 인간의 언어로 이야기하는 것과 같습니다. (왕간: "그게 아니라…….") 틀린 건 아니죠. 그들이 말하는 것은 모두 인간의 언어입니다. 그렇다고 해서 그들 사이에 이데올로기의 충돌과 국가적·경제적 이익의 충돌이 제거될 수는 없습니다.

왕간 초점에서 벗어나고 있습니다. 질문 하나 드리겠습니다. 문학에 남성과 여성의 공간이 따로 존재합니까?

다이진화 지금의 문학 담론에는 아직 진정한 여성 공간이 없다고 생각합니다. 여성 담론은 지금 만들어지고 부상하면서 남성 담론의 포위를 뚫고 있습니다. 해외 페미니스트들은 여성 자서전 속에서 진정한 여성의 저항적 담론이 생겨날 수 있다고들 합니다. 그렇지만 오늘날 중국 현실에서는 그런 여성의 글쓰기가 상업화되고 용해되어 있습니다. 그러나 문화적 저항은 결국 시작됐습니다.

왕간 다시 한번 질문 드리겠습니다. 문학 담론 내부에서 정말로 여성 공간이 필요합니까?

다이진화 물론입니다.

왕간 반드시 필요합니까?

다이진화 당연히 필요 없다고 생각하시겠지만, 그건 남성들의 공간이 분열되기를 바라지 않고 공간 전체를 소유하고 싶기 때문입니다. (왕간: "아닙니다.") 여성이 자신의 문화 공간을 확보한 후에 다시 공생을 이야기합시다.

왕간 다른 것은 이야기하지 맙시다. 적어도 문학 분야에서 남성과 여성은 공동의 공간을 갖고 있다고 생각합니다.

다이진화 그것은 여성이 전통적으로 남성들이 독점한 공간으로 진입하여 더불어 공유하기 시작한 것에 불과합니다.

왕간 선생님의 정체성은 무엇인가요? '목란' 입니까?

다이진화 당연합니다.

왕간 비극 아닙니까?

다이진화 그렇게 볼 수 있습니다. 비극은 그것에 그치지 않습니다. 저는 무엇보다 침묵과 도피를 거부합니다.

왕간 인류 문명의 공간과 문학 담론의 공간은 남성과 여성이 공동으로 창조한 것입니다. 남성의 공간이란 존재하지 않습니다.

다이진화 저는 그 공간이 남성과 여성 공동으로 창조한 것이란 점을 인정합니다! 그러나 그것은 또 남성이 여성을 억압하고 여성을 착취한 문화적 성과이며, 여성문화의 성과에 대한 은폐와 해체를 전제로 하고 있습니다.

왕간 그 전제는 명백히 선생님의 가설입니다.

다이진화 왜 저의 가설인가요? "안의 말은 밖으로 나가지 않게 하고, 밖의 말은 안으로 들이지 않는다", "여성은 재능 없음이 바로 덕이다"는 말처럼 글쓰기 자체가 남성의 특권이라면, 여성의 글쓰기는 바로 주제넘은 행동으로 여겨집니다. 이것이 문학사의 사실 아닙니까? 무엇 때문에 여성이 그렇게 재능이 풍부하고, 탁월한 영감을 갖고 있는데도 불구하고 단지 몇 편의 작품만이 남아 있을까요?

왕간 "여성은 재능 없음이 바로 덕이다"는 말은 문학 영역을 지칭하는 게 아닙니다.

다이진화 하지만 사회의 규정은 여성이 근본적으로 문학을 할 수 없도록 합니다. 여성에게 많은 문학작품이 있을 수 있지만 그것이 어떻게 사회로 퍼지고 문학 공간으로 진입했습니까?

왕간 문학 영역 자체는 사회 공간에 저항하는 성질을 지니고 있습니다. 그러므로 문학 공간은 남성과 여성이 공동으로 창조하고 함께 누리는 장입니다. 오늘날 이렇게 많은 여성 작가가 등장한 것은 남성 작가와 여성 작가가 공존한다는 것을 설명해 줍니다. 모두들…….

다이진화 오늘날 남녀 작가가 공존하고 있는 것은 사실입니다. 그러나 그것은 여성해방과 연관되어 있습니다. 남성은 오늘의 문학 공간을 반드시 여성과 공유해야 하며 독점할 수 없습니다. 여성도 확실히 공유해야 합니다. 그러나 그것이 젠더적으로 평등한 공간입니까?

왕간 말씀하시는 많은 전제는 모두 가설입니다.

다이진화 그렇다면 선생님의 말은 가설이 아닙니까? 그 전제는 인류의 공인된, 말할 필요도 없는 진리입니까? 예를 들면, 여성은 무엇이고, 여성의 천성이 어떠한지 역시 가설 아닙니까?

왕간 문학에서 남녀평등을 어떻게 구분하시나요?

다이진화 단순합니다. 근대 문학에 이르러서야 많은 여성 작가가 나타났습니다. 그것은 물론 5·4운동과 관련이 있습니다. 오늘의 현실은 물론 1949년 이후 정치·경제·법률적 의의에서 여성이 평등한 지위를 얻고 나서야 가능했습니다. 기나긴 봉건 역사에 그렇게 많은 규방문학이 있었지만, 문학사에서 거론된 적이 있었습니까? 지금 말씀하시는 소위 공동의 문학 공간으로 진입한 적이 있습니까?

왕간 봉건 역사에서도 여성 작가는 적지 않았습니다.

다이진화 누가 있습니까?

왕간 이청조(李淸照)가 있지 않습니까.

다이진화 또 누가 있습니까? 채문희(蔡文姬)? 유구한 중국 문학사가 이토록 휘황찬란한데 두어 명의 여성시인밖에 없습니까? 문학 공간을 줄곧 모든 인간이 공유했단 사실을 증명할 수 있습니까? 그것도 가설 아닙니까?

왕간 유구한 역사를 말하는 것이 아니라, 지금을 이야기하고…….

다이진화 그러니까 그것이 여성해방이라는 현실과 관계가 있는 게 분명하지 않나요?

왕간 그러나 지금 선생님은 여성문학의 공간을 가설하고 계십니다.

다이진화 제가 가설하는 것은 그것이 존재한 적이 없기 때문입니다. 저는 반드시 이를 구상하고 이를 위해 투쟁할 것입니다.

왕간 여성문화 연구를 하는 데 반드시 여성 공간을 가상할 필요는 없다고 생각합니다. 최소한 오늘날 남녀 작가들은 하나의 문학 공간을 함께 향유하고 있습니다.

다이진화 그 문제는 공통된 인식을 찾으려 하지 맙시다.

왕간 좋습니다. 문제가 하나 더 있습니다. 저는 오늘날 여성들이 여성임을 강조하면서 글쓰기를 할 필요가 없다고 생각합니다.

다이진화 완전히 동의합니다. 무엇이 순수한 여성입니까? 남성을 위해 정의된 여성이 아닌 것이 있습니까? 남성으로 분장하기를 거부하는 것 자체가 여성으로 분장하는 것을 의미하지는 않습니다. 오늘날, 여성은 단순한 사실이 아니라 문화적 역할입니다. '여성이 되는 것'은 너무 쉽게 남성에 의해 수용되고 흡수되고 이용됩니다. 이것이 바로 여성문화의 이중적 어려움입니다. 저는 '거울의 도시'라는 비유를 좋아합니다. 오늘날 문화 속에서 여성은 '거울의 도시'에 있습니다. 남성문화의 거울 속에서 여성은 남자로 분장한 목란이 되든가, 남성의 거울에 비쳐진, 남성이 필요로 하는 각종 이미지 즉 무당, 요녀, 정녀, 대지의 어머니가 돼야 합니다. 제가 보기에는 여성이 자신의 체험을 충실하게 글쓰기를 하려면 점차 모든 거울을 깨뜨려 요술 거울로 만들어야 합니다.

왕간 그건 불가능합니다. 남성으로 분장하여 들어가거나, 여성으로 분장하여 남성의 인정을 받아야 합니다.

다이진화 오늘의 현실이 그런 것이지 반드시 영원한 건 아닙니다. 상업화된 현실에서, 여성의 상황은 아주 눈에 띄게 변했습니다. 젠더적 편견이 더욱 명확하고 적나라해질수록, 여성들은 자신의 문화적 현실을 더욱 직시하게 됩니다.

왕간 그렇게 되면 여성에게 자신이 여성이 되어야 하는 필요성을 인식하게 합니다. 거기엔 복잡한 면이 있습니다. 그래서 반드시 포위를 뚫어야 합니다.

다이진화 아마 '거울의 도시'라는 포위를 뚫어야겠지요. 『이상한 나라의 엘리스』에서 한 대목이 생각납니다. 거울에서, 자신의 목표에 다가가려고 노력할수록, 종종 진실에서는 멀어집니다. 여성은 늘 그런 거울의 도시와 같은 상황을 만납니다. 여성이 남성 규범으로부터 벗어나면 본래 목표로부터 멀어져 다른 남성 담론과 규범 속으로 빠져듭니다. 여성은 늘 탈주하면서 함정에 빠집니다. 그러나 결국 체포된 곳에서 다시 도주합니다.

7_ 도전에 직면한 문화비평 :
텔레비전 드라마 자세히 읽기*

리퉈 최근 1~2년간 사람들이 문화연구 혹은 문화비평을 자주 언급하고 있습니다. 중국에서 문화연구에 대한 필요성과 의의가 논의되고는 있지만 이론계나 비평계에서는 그에 걸맞은 합당한 인식을 하지 못하고 있는 듯합니다. 1980년대 이래, 특히 1990년대 이후 시장경제의 신속한 발전과 더불어 문화 시장과 문화 산업도 급부상했고, 대중문화도 들핀의 불길처럼 전국적으로 퍼져 나갔습니다. 몇 년 사이 한꺼번에 변화한 중국의 문화 상황에 대해 비평계와 이론계는 어떻게 대응하고 해석해야 한다고 생각하십니까? 이론과 비평은 새로운 지식을 어떻게 발전시켜야 할까요? 이런 문제들을 더 이상 회피할 수는 없게 됐습니다.

문화연구는 이런 문제들에 대해 답변하는 데 우월한 위치를 차지하고 있습니다. 지금까지 문화연구는 대중문화를 비롯한 현대 문화 현

---

* 이 좌담은 1996년 4월 18일 베이징대학에서 문학평론가 리퉈(李陀)의 사회로 진행됐다. 다이진화와 베이징대학 비교문학연구소의 쑹웨이제(宋偉傑), 허리(何鯉)가 참석했다.

상을 연구 대상으로 삼아 왔기 때문입니다. 더욱이 문화연구는 특정한 문화 현상에 대한 이론적 해석뿐 아니라, 연구가 깊어지면서 필연적으로 중국의 역사와 현실 속에서 더 깊이 있는 문제를 다루기도 합니다. 예를 들어 어떤 비평가는 작금의 특정한 문화 현상을 비평하고 해석하면서 중국이 이미 다른 선진국과 마찬가지로 후기 산업사회에 진입했다거나 혹은 문화적으로 이미 포스트모더니즘의 특징을 보이고 있다고 말합니다. 이런 판단은 더 이상 문화에 국한되지 않고 중국 사회의 성격에 대한 인식에까지 이르고 있습니다. 하지만 이런 의견은 신중하지 못하다고 생각합니다. 이런 문제를 깊이 토론하는 것이 바로 문화연구의 임무라고 생각합니다.

한편 문화연구는 학제적인 성격을 띠고 있다는 장점이 있습니다. 20세기 서구 학술 발전의 심각한 문제는 학문이 나날이 세분화되고 있다는 점입니다. 학문의 분업화는 서구 학술 발전의 내재적 논리, 그리고 자본주의가 사회에 행한 기술 통치의 내재적 논리와 관계가 있다고 생각됩니다. 이 문제는 여기서 논하지 않기로 하겠습니다. 어쨌든 구조주의와 후기 구조주의가 성행하면서 서구 학술계에 깊은 영향을 주었고, 이로 인해 분과 학문 간 벽이 허물어지고 있음을 적잖이 볼 수 있습니다. 학제간 연구는 커다란 추세가 됐고, 문화연구는 바로 이러한 추세의 표현이라 하겠습니다. 오늘날 중국의 학문 분야는 기본적으로 서구를 모델로 하고 있습니다만 거기에 얽매일 필요는 없을 듯합니다. 문화연구를 모델로 하여 학제간 연구도 추진할 수 있지 않겠습니까?

문화비평과 이론적 입장

리튀 베이징대학 비교문학·비교문화연구소는 올해 문화연구실로 개편됐고, 일련의 연구 프로젝트를 수행하고 있습니다. 이것이 계기가 되어 오늘 문화연구실의 다이진화 교수님과 두 분 선생님을 모시고 좌담회를 개최하고자 합니다. 자리를 함께 하신 분들께서 이 영역에서 하고 있는 일을 소개해 주시기 바랍니다. 특히 최근 몇 년간 방영된 텔레비전 드라마에 대한 토론을 부탁드리겠습니다.

다이진화 저희가 문화연구실을 만들게 된 동기는 1990년대 문화 현실이 제기한 도전에 응답하기 위한 시도를 하기 위해서였습니다. 또 제가 개인적으로 1990년대 초에 경험했던 곤혹스러움과도 무관치 않습니다. 1990년대 초, 저는 돌연 상업화가 전방위적으로 중국을 엄습하는 상황에 절망했습니다. 거의 정신적인 붕괴를 경험했습니다. 사실 1990년대로 들어선 이래 우리는 줄곧 변화가 일어나기를 기대했습니다. 그러나 이렇게 심각하고 급진적인 변화가 마침내 엄습해 오자 우리는 거대한 미망과 고통을 체험했습니다. 이는 분명 1980년대 소위 지식인 집단이 재분화되고 붕괴되는 과정, 사회의 가치관과 행위 방식, 그 조직 형태와 이데올로기의 합법적 실천이 매우 심각한 변화를 일으킨 데서 연유했습니다. 우리는 하루아침에 대중문화, 상업문화, 문화 시장의 전면적인 번창에 직면하게 됐습니다. 그때 중국의 지식인으로서 현실을 회피하고 싶지 않았기에 결국 그 현실을 직시하고 도전을 받아들여야 했습니다.

리쿼 정서적인 측면뿐 아니라 이론적인 측면에서도 응답해야 했다고 생각됩니다만.

다이진화 그것은 회피할 수 없는 현실이었습니다. 개인적으로 의식과 정신의 위기를 겪고 난 뒤 기존에 축적되어 있는 지식, 혹은 지식의 계보로는 그 도전에 응답할 수 없음을 발견했습니다. 제가 겪었던 위기의식은 기존 지식체계 자체의 붕괴와 실효성 상실에 직면한 결과입니다. 저는 우리가 현실적인 도전뿐 아니라 지식의 도전에도 직면하게 됐다고 생각했습니다. 이것은 결코 저 개인만의 특수한 경험은 아닙니다. 우리가 만든 문화연구 작업실이 학생들과 함께 연구를 진행하고, 그 과정 중에 필요한 지식을 학습하고 축적하기를 기대합니다. 동시에 합리적인 이론적 방식을 찾도록 노력하여 이러한 도전에 응할 수 있게 됐으면 합니다. 지금 우리가 성숙한 연구를 할 수는 없습니다. 많은 문제를 새롭게 인식하고 사고해야 하기 때문입니다.

미국에서 문화연구는 새롭게 각광받는 '준'(準)학문 분야입니다. 그것은 학제간 의미에서 후기 산업사회의 윤곽을 그리고 묘사해 보려는 시도이며, 계몽주의 이후의 지식과 사회에 대한 새로운 도전이기도 합니다. 어떤 의의에서 말하면 문화연구도 20세기에 형성된 이론체계 자체에 대한 운용이며 도전이라 하겠습니다. 그러나 우리 연구실의 목적은 결코 서구의 신흥 학문 분야를 중국에 도입해 오는 데 있지 않습니다. 또 1980년대 서구 이론을 '도입' 하기만 했던 연장선이 되어서도 곤란하다고 생각합니다. 서구에 이미 존재하고 있는 문화이론과 문화연구의 성과를 중국에 소개해서 또 다른 '서학중용'(西學中用)을 시도하려는 것도 아닙니다. 우리는 중국 문화를 만들어 가기 위한 연구를 시도하려 합니다. 우선 중국 현실에서 나타나는 문제들이 문화연구실에서 다룰 기본 명제가 될 것입니다. 다음으로 중국 문화에 대한 연구 그 자체는 바로 중국의 현실과 서구 이론이라는 이중 도전에 응전하기 위한 시도입니다.

쑹웨이제 유럽의 '문화연구'는 1950년대 레이먼드 윌리엄스, 리처드 호가트(Richard Hogart)를 대표로 영국에서 형성됐고, 1970년대 후반에는 유럽 좌익 비평 이론(루시앙 골드만, 루카치, 프랑크푸르트 학파), 특히 후기 구조주의의 영향을 받아 미국 학계에서 다시금 성행했으며 호주와 전 세계 각지로 확산되어 국제적 현상이 됐습니다. '문화연구'는 지식인이 사회 생활에서 맡고 있는 역할에 주목합니다. 아울러 통속문학, 하위문화, 대중매체, 교육 체제, 성별과 민족 갈등, 문화 정체성 등과 같은 많은 문제에 대해 새롭게 사고합니다. 따라서 각각의 민족 국가, 사회문화의 맥락 속에서 그 형태나 내용이 서로 다르다는 현실적인 문제가 생겨납니다. 만약 우리가 단순히 이 이론을 중국에 소개하기만 한다면 사실 그 이론 자체의 전통을 위배하는 것이기도 합니다.

다이진화 문화연구를 제창한 영국 버밍엄 학파의 학자들은 현실적으로 최소한 두 가지 문제를 극복하며 등장했습니다. 하나는 2차 세계대전 후 자아 회복 능력을 보여 준 자본주의 현실에 맞선 좌파 지식인이었습니다. 이들은 주로 마르크스주의 입장을 취하는 학자로서 어떻게 새롭고 다른 문화적 가능성을 발견해야 하는지에 대해 관심을 가졌습니다. 다른 하나는 구조주의와 후기 구조주의의 새로운 규칙과 규범 속에서 학문적인 길을 찾는 경향이었습니다. 그외에 그다지 학문적인 이유는 아닙니다만 버밍엄 학파의 주요 인물들이 모두 영국 노동자 가정 출신이며 노동자계급으로 성장했다는 점입니다. 하지만 그들은 영국의 명문 대학에서 교육을 받은 자산계급 학술 진영에 속하기도 합니다. 그들은 개인적인 구체적 문제, 즉 어떻게 자신들의 계급 입장을 자산계급의 '완비된' 학원 체제에 투영시키는가 하는 점에 봉착했을 것입니다. 문학 정전 교육 시스템 같은 것을 예로 들 수 있습니다. 따라서 그들은 하위문화를 선택했습니다. 영국 노동자계급 집단의 문화, 정확히 말해서 우리가 잘 알고 있는 노동자계급 집단의 청소년 문화인 '펑크' 문화를 자신의 이론과 현실 연구의 대상으로 삼았습니다. 당시 그것은 결코 흔히 볼 수 있는 텍스트는 아니었습니다. 따라서 근본적으로 어떠한 의미에서도 주류 문화 행위와 실천에 편입될 수 없었기 때문에 연구자들은 사회학이나 문화인류학적 방법을 대폭 빌려 와야 했습니다. 잡지 『펑크』(*Punk*)는 바로 문화연구의 개척지가 됐습니다.

오늘날 중국은 주저 없이 전지구화 과정에 참여하고 있습니다. 전환기 중국은 색다르고 다양한 문화 현실의 양상을 띠고 있는데 이 또한 우리의 전통 학문이나 방법으로는 정확하게 파악할 수 없습니다. 서구 대학에서는 문화연구가 관심을 가지는 기본 명제 ─ 계급, 젠더, 종족은 고리타분한 천자문이 됐습니다. 그러나 급격한 사회 변화와 새로운 재건 과정에 처해 있는 중국에서는 서둘러 인식하고 분석하고 토론해야 할 명제입니다. 중요한 문제는 1990년대 중국 문화 틀 속에 사회를 비판하는 입장이 결여되어 있고, 적대적인 듯한 다양한 사회적 힘이 공동으로 새로운 문화의 주류를 이루고 있다는 점입니다. 문화연구, 특히 좌파 문화연구자가 제공하는 이론의 무기고는 우리에게 타산지석이 될 수 있습니다. 저는 현실과 문화의 도전에 응답하기 위해 문화

연구와 페미니즘을 선택했습니다. 이는 분명 이론적 입장입니다만 동시에 현실적 입장의 선택이기도 합니다. 제가 이 두 이론을 선택한 것은 이 이론의 기원과 본의가 현실과 체험에 근거해 있기 때문이지 결코 해석 체계를 세우거나 그것을 완전하게 하려는 것은 아니었습니다. 결국 우리는 중국 역사와 현실에 대한 우리 자신의 해석을 만들어 가려는 것입니다. 그런 해석은 반드시 오늘날 중국 지식인으로서, 여성으로서 제 자신의 삶의 경험과 문화 경험에 기초해야 합니다.

허 학문 분야의 수립이라는 측면에서 문화연구는 영국의 리비스(Frank Raymond Leavis)까지 거슬러 올라갈 수 있습니다. 리비스주의는 교육 체제를 이용해 영원한 미학 가치를 가지고 있는 정전을 광범위하게 전파했습니다. 북미에서는 근 30년간 포스트모더니즘에 대한 논쟁이 있은 뒤 문화연구에 대한 열기가 나타났습니다. 여기서 학문의 발전사를 전부 되짚어 볼 수는 없습니다만 유럽과 북미에서 행해진 문화연구의 큰 차이는 단지 학문 내부의 위인만이 아니라, 문화연구를 하게 된 동기와 그 이후의 발전, 서로 다른 지역과 국가 간의 다른 환경과 맥락에 기인한다고 하겠습니다. 우리 자신의 문화연구의 출발 명제는 중국의 현실에 두어야 합니다.

리튀 중국뿐 아니라 무릇 제3세계 국가의 지식인은 항상 난처한 입장(포스트 식민 이론의 보급은 이런 난처한 상황을 더욱 두드러지게 합니다)에 처하곤 합니다. 자본주의는 수백 년 동안 홍성·발전한 역사를 가지고 있습니다. 그런데 지식의 전파에 있어서는 불평등한 형세를 만들었습니다. 근대화 과정 중에 처해 있던 제3세계 국가에서 '근대'라는 지식 담론이 형성될 때는 서구의 지식이 원천이 되고, 또 기준이 되지 않을 수 없었습니다. 그러나 이들이 이런 불평등한 관계를 정면으로 거부하고 바꾸고자 했을 때, 늘 타인의 언어를 사용해 왔다는 것을 발견하게 됐습니다. 그러면 자신의 주체성은 도대체 어디에 있습니까? 우리의 문화연구 과정에서도 그런 난처한 상황을 피할 수 없습니다.

허리 그래서 우리는 문화연구를 함에 있어 신중한 태도를 취해야 하고, 학문 배후의 권력 관계와 역사적 배경을 이해하려 노력해야 합니다. 단지 본토의 문제를 직시하는 능력뿐 아니라 이런 연구를 통해 서구 이론을 비판하고 뒤집어 볼 수 있는 능력도 갖추어야 합니다. 현재 국내 일부 학자들은 문화연구를 철저히 배척하고 있습니다. 하위 학문 그 자체로서 배척하는 것이 아니라 대중문화에 대한 연구를 배척하고, 전통적 엘리트 입장과 대립되는 모든 것을 배척하는 듯합니다. 이 자체가 바로 내재된 권력 관계를 표현하고 있는데 이 문제에 대해서는 다음에 깊이 있게 논의해 보기로 합시다. 또 어떤 학자들은 문화연구를 인기 있는 새로운 이론으로 성급하게 치켜세웁니다. 문화연구가 단지 서구의 최신 학문이라는 근거만 가지고 말이지요. 그러나 어쨌든 문화연구는 학계의 새로운 총아이자 시대적 유행이며 새로운 담론으로 자리 잡은 듯합니다.

다이진화 1990년대 이래 우리는 전에 없이 복잡하고 풍부한 문화 현상(여기서 말하는 문화는 광의의 의미입니다)에 직면하고 있습니다. 그러나 목전의 중국 문화연구 혹은 현대 중국 연구의 가장 큰 위기는 단순화에 있습니다. 단순화에 따른 표현은 다르지만 그 특징은 마찬가지입니다. 즉 서구의 해석 방식으로 현상을 명명하고 아우르며, 결국은 명쾌하게 설명하려 합니다. 사실 현대를 연구하는 데 있어서뿐 아니라 근대 이래 대중문화와 문화 시장을 연구할 때에도 이와 비슷한 문제에 봉착합니다. 1990년대 이후 인문학이 이와 유사한 곤경에 처하게 됐습니다. 즉 순수한 '중국' 식 담론으로 중국의 문화 경험을 해석하는 일이 완전히 불가능해졌다는 것입니다. 그렇다고 서양 이론을 효과적으로 빌려 쓸 수도 없습니다.

사실 우리는 세 가지 문제에 직면할 가능성이 있습니다. 첫번째는 앞에서 말했듯이 '중국 문제'의 특수성을 과도하게 강조하면 마치 우리가 그 문제를 폐쇄적인 중국의 시야 속에서 살피는 것처럼 보인다는 점입니다. 두번째는 별다른 생각 없이 서구의 학술적 맥락과 사상사에서 생겨난 문제를 우리 자신의 문제로 여긴다는 점입니다. 이런 방식의 문제점은 원래의 맥락에서 벗어나 자각을 하든 못하든 오독과 단장취의를 통하여 그것을 진리화하는 특징을 갖고 있다는 것입니다. 이런 방법은 발언자인 우리 자신이 처한 역사·문화적 맥락뿐 아니라 더 보편적이고 심각한 문제를 소홀히 할 수도 있습니다. 즉 서구에서 발생한 문제 혹은 '화법'이 잘못된 해석을 통해 중국의 학술 문제가 되어 버리는 것입니다. 이는 문제를 제기하는 게 아니라 문제를 은폐하는 것입니다. 이런 상황에 대해 주의해야 합니다. 또 이런 문제가 생기는 원인을 명확히 규명하려 노력해야 합니다. 그러나 더욱 관심을 가져야 할 점은 우리가 중국의 문화 현상을 진지하게 분석했을 때 드러나는 문제가 단순히 순수한 '중국만의 문제'가 아니라는 점입니다. 왜냐하면 중국은 이미 전지구화 과정에 진입해 있습니다. 또한 어쩔 수 없이 상업화와 시장화 과정에 말려들었습니다. 우리는 서구 학자와 공유하고 함께 인식할 수 있는 화제를 가지게 됐습니다. 하나의 문제로 또 다른 문제를 간단히 대신할 수는 없습니다. 또 '참된 문제' 혹은 '거짓 문제'라는 화법으로 복잡한 현실을 가볍게 부정할 수도 없습니다.

리퉈 현대 중국어 형성의 역사라는 측면에서 보면 절대적인 본토화란 불가능합니다. 저는 제 친구에게 진정한 본토화를 원한다면 문언[文言; 근대 이전 중국의 서면어]만으로 글을 쓰라고 농담을 한 적이 있습니다. 5·4 이후 문언의 중요성이 강조된 적이 있었습니다. 그러나 문언만으로 창작하기를 고집했던 갑인파(甲寅派)의 문언도 이미 순수한 것은 아니었습니다. 언어, 특히 현대 중국어에 권력 관계가 개입되지 않을 수 없습니다. 우리가 서구와의 권력 관계를 다루는 데 있어 학술 대 학술, 학문 대 학문, 학자 대 학자, 혹은 이론 대 이론으로 단순화시켜서는 안 됩니다. 문제의 복잡성은 바로 우리의 언어와 개념 자체에 이미 권력 관계가 작동하고 있다는 점입니다. 서구와의 절대적인 구별은 불가능하며, 서구 이론을 사용하지 않겠다고 천명한 학자들조차 그 글과 저술 속에서 이미 진부한 서구 이론을 활용하고 있습니다. 학술 연구에 있어 권력 관계가 없을 수 없다는 점, 특히 푸코가 말하는 미시 권력에서 작동되는 층위에 경각심을 가지고 수시로 검토해야 합니다. 쉬운 일은 아니지만 자신의 문제를 제기하고 자신의 입장을 찾아내도록 노력해야 합니다.

다이진화 최근의 문화 현실을 보면 서구 패권에 저항하는 것도 담론 전략이 될 수 있습니다. 그런데 이런 전략을 이용하여 문제를 단순화하거나 혹은 간단히 타인을 부정해 버리는 것은 문제입니다.

리퀘 심지어 민족주의가 되기도 합니다.

쑹웨이제 민족주의가 기대하는 바 중 하나는 문화와 민족의 독특성, 심지어 유일무이함이나 민족의 진면목을 확립하려 하는 것입니다. 1980년대 서구화 경향을 띤 '문화열'이 지나가고, 1990년대 새롭게 국학열이 나타났습니다. 새로운 국학은 다양화된 중국과 단일하지 않은 중국 전통을 대면해야 했으며, 이미 서구화된 구어적 언어 환경을 대면해야 했습니다. 중국 문화의 순수성 자체를 기대하기는 어려워졌습니다. 물론 문화 전환기에 민족주의 경향과 문화 보수주의가 가지고 있는 문화 통합의 기능을 완전히 부인하지는 않습니다.

허리 두 가지 경향에 대해 경각심을 가져야 합니다. 하나는 중국이 이미 전지구화 과정에 진입했다는 사실을 부정하는 경향입니다. 즉 문화 소통 과정에서 발생하는 상호 권력 작용을 부인하면서 중국을 순수하게 '본토적' 존재로 간주하는 태도이지요. 또 하나는 동일함을 강조하면서 중국의 전지구화 과정 중 이룩한 발전이 서구와 동일하다고 강조하는 경향입니다. 몇몇 논자들은 포스트모더니즘과 후기 산업화를 강조하면서 중국과 서구의 차이를 의도적으로 묵살해 버립니다.

다이진화 많은 지식인들이 중국이 이미 전지구화 과정에 진입했다는 기표를 부단히 포착하여 '진보'라는 신념을 지지하는 경관을 그리는 경향이 있습니다. 그러나 또 그 중 일부는 단순히 자신의 어떤 이념의 가설을 내세우기 위해서 그렇게 합니다. 예를 들면 전기 산업사회와 모더니즘을 비판하면서, 서구 이론이 중국 현실과 부합되며 중국이 서구 세계와 동보적 관계임을 검증하려 하곤 하지요.

허리 오늘날 대중문화를 연구하는 데는 두 가지 경향이 있습니다. 하나는 비평가가 자신을 특별히 선택된 인물이라고 여기는 경우입니다. 이들은 푸코가 말하는 '사목 권력'의 옹호자로, 구원과 절대적 담론 권력의 발언자들입니다. 이들은 대중문화에 대해 절대적인 비판적 태도를 고수합니다. 또 다른 하나는 비평가가 대중문화에 빠져 비평 대상에 대해 거리감을 상실하는 경우입니다. 여기에는 잠재적인 위험이 존재합니다. 대중문화에 미혹된 비평가는 더 이상 문화 현상 배후에서 벌어지는 권력의 작용과 이데올로기 네트워크를 통찰해 내지 못한 채 마치 대중문화는 투명하고 상업적이며 오락적이기만 한 존재인 것처럼 생각합니다.

리퉈 프랑크푸르트 학파도 계속 비판해 온 점입니다.

다이진화 세번째 경향도 있습니다. 일부 지식인은 사실 이미 문화 산업의 참여자가 됐고 대중문화의 생산자가 됐습니다. 그러나 그들은 여전히 지식인 신분으로 이를 운용하고 이익을 얻습니다. '그'는 부단히 자신을 '보통 사람'이라고 천명하면서 문화와 학문적 탐구, 지식 담론을 거부합니다. 그러나 이러한 '보통 사람'이 된 특권은 바로 그의 문화 정체성과 문화자본을 바꿔 얻은 것입니다. 이 특수한 배역은 위험성을 갖고 있습니다. 즉 그는 지식인으로서의 의무를 완전히 방치하면서도 한편으로는 지식인 신분으로 발언하고 대중문화를 만드는 데 참여하고 '대중'의 대변인이 됩니다.

허리 그들은 지식인 신분으로 구축한 상징적인 문화자본을 이용해 이익을 얻습니다.

다이진화 오늘날 벌어지는 매우 특수한 현상이지요.

허리 중국에서 텔레비전 드라마 연구는 문화연구의 주요 요소가 됐습니다. 일부 평론가들은 텔레비전 드라마를 연구하면서 서구 이론을 단순히 끌어옵니다. 특히 프랑크푸르트 학파와 포스트모더니즘 문화이론을 많이 원용합니다.

다이진화 그런 이론의 원용은 매우 표피적입니다.

허리 예를 들어 드라마 「갈망」(渴望)과 「편집부 이야기」(編輯部的故事)가 방영되자 휘즈바오(獲支宝) 같은 평론가는 포스트모더니즘의 표현을 이용하여 '엔트로피' 혹은 '기표의 자율적 운용'이라고 묘사했습니다. 하지만 사실 중국 드라마의 배후에는 문화 산업, 중국 시민의 전통 도덕, 관방 문화, 엘리트 문화 등 매우 복잡한 다중 네트워크가 작용하고 있습니다.

다이진화 제가 보기에 이 복잡한 상황 속에서도 가장 복잡한 것은 역시 오늘날 지식인의 역할입니다. 지식인 각자는 모두 역할의 문제에 대답해야 합니다. 즉 자신의 역할을 조급하게 한계 짓는 데 급급하여 초심을 잃고 부정적으로 나가거나 함정에 빠집니다. 대중문화 연구에서 우리는 이 점을 주의하고 시시때때로 경각심을 가져야 합니다. 텔레비전은 대중문화의 주요 요소이자 매체 중의 매체입니다. 중국에서 텔레비전의 발전과 변화는 현대 문화사의 중요한 요소라 할 수 있습니다. 1970년대 말에서 1980년대 초에 사상해방운동과 개혁·개방이 시작된 이래 역사적으로는 물론 현대 담론에서도 텔레비전 연구는 결여될 수 없습니다. 또 텔레비전 연구가 단순히 텔레비전학 혹은 방송학처럼 학문적 의의에서 완성되어서는 텔레비전이 우리들에게 제기하는 풍부한 문제에 적절히 대답하기에 부족합니다. 우리는 텔레비전의 다원적 역할에 주의해야 하며, 텔레비전이 우리에게 제공하는 특정 문화 공간의 다중성 및 그 배후에서 작용하는 다중 체계의 조작과 복잡한 권력의 작동에 주의해야 합니다. 그런 권력 간의 관계는 결코 단순한 조화, 공모 혹은 대항의 관계가 아니라 때로 극단적으로 격렬한 충돌, 혹은 천의무봉한 상호 조합이라고 말할 수 있는 담합도 있을 수 있습니다. 권력이 매체에 작동하는 것뿐 아니라 매체도 확장하는 과정에서 자신의 권력을 획득합니다. 저는 '권력의 매체'와 '매체의 권력'은 문화연구의 중요한 명제 중 하나라고 생각합니다. 어떤 의미에서 매체의 권력은 오늘날 서구 사회의 가장 중요한 권력 형태의 하나입니다. 우리의 기대와는 달리 대중매체는 이른바 민주적인 논의의 장을 제공한다는 표상 아래 또 다른 사회문화적 폭력의 유효한 형식을 성립하기 시작했습니다. 이른바 "매체 시대에 사람들은 자고 나니 유명인사가 돼 있었다"라는 표현을 볼 때, 후기 산업사회는 역시 '승자 독식'의 도박판과 같은 사회입니다.

헤리 그런 관점에 완전히 동의하지는 않습니다. 서구 사회의 현상은 훨씬 복잡합니다.

다이진화 그러나 최소한 중국에서 매체의 권력은 놀랄 만한 속도로 확장되고 있습니다. 심지어 짧은 몇 년간 "역사를 좌지우지할" 지경에 이르렀습니다. 그러나 분명한 것은 매체 권력의 확장이 고전적 권력 구조의 와해를 의미하는 것은 아니라는 사실입니다. 매체가 이렇게 신속하게 확장된다는 전제에도 불구하고, 적어도 지금까지는 절대 다수의 매체, 특히 가장 힘 있고 효과적인 텔레비전 매체는 여전히 권력의 매체라고 하는 편이 옳을 것입니다.

지금까지 중국에는 민영방송이 하나도 없습니다. 「동방시공」(東方時空)이라는 프로그램은 중국 텔레비전과 대중매체의 발전에서 매우 풍부한 문화적 징후의 의미가 있습니다. 또 어떤 의미에서는 '현대 대중매체'의 모델과 같은 역할이라 할 수도 있습니다. 「생활 공간」(生活空間)은 일상생활에 초점을 맞추어 "보통 시민이 자신의 이야기를 하는" 프로그램으로 장편 거대 담론과 일방적인 교육을 대신했습니다. 「포커스 타임」(焦點時刻)에서 「집중 인터뷰」(焦點訪談)까지의 사례에서 보이는 것과 같이 프로그램의 변화는 더욱 흥미롭습니다. 이들은 유일한 목격자랍시고 기자 신분으로 사형집행 전의 사형범을 방문하고 촬영한다든가, 군사 작전에 방불하는 방식으로 가짜 담배를 몰수하여 태워 버리는 장면을 방영했습니다. 기자들의 카메라가 보통 사람들에게는 높은 문턱을 자랑하는 한 지방 관청에 들이닥쳐 정문과 복도를 뚫고 들어간 장면은 대단한 환영을 받았습니다. 부패한 관리들이 허둥지둥 사무실 문을 닫아 버렸지만 기자들은 결국엔 진입했고 당황한 관리들은 신문으로 얼굴을 가렸습니다. 시청자는 그때 민주의 발전과 현실 개입이라는 속 시원한 체험을 누립니다. 그리고 매체의 권력이 보통 사람들의 권력인 듯 생각합니다. 그러나 자세히 살펴보면 그런 권력 매체는 고전적 권력이 부여하고 지지하는 것이라는 점을 알 수 있습니다. 우리는 이런 프로그램에서 기자가 마치 검찰의 역할을 하면서 '혐의자'에게 카메라 앞에 '범죄'의 증거를 제시하라고 재촉하는 장면을 봅니다. 흥미롭지만 거기서 매체는 이미 대단한 월권을 하고 있습니다. 왜냐하면 카메라에 폭로된 '혐의자'의 '범죄'는 법률적인 의미에서 아직은 '범죄'가 성립된 것이 아니기 때문입니다. 특정한 시기 특정한 매체를 통해 재현되는 '슈퍼 권력'은 자신에게서 연유한다기보다 많은 경우 그 이면의 권력 기제로부터 부여받은 것입니다. 「동방시공」류의 프로그램에서 우리는 두 종류의 권력이 중첩되고 교차하는 과도적 문화 작동의 특징을 볼 수 있습니다. 물론 문제의 복잡성은 이런 두 측면을 넘어섭니다. '공공 공간'이라는 단어로 현대 중국의 복잡한 현실을 묘사하려 노력해 왔습니다만, 텔레비전이 가장 적당한 문제 해결의 출구가 됐습니다.

허리 '여론 공간'이라는 말과 학계에서 자주 쓰는 '공공 공간'이라는 말의 차이에 대해 말씀해 주시겠습니까?

다이진화 제가 만난 해외 학자 중에는 하버마스의 '공공 영역'(public sphere)에서 '공공 공간'이라는 개념을 끌어내 발전시키려는 시도를 하려는 경향이 있습니다. 많은 학자들은 '공공 공간'으로 중국의 현실을 묘사하고 해석하려 시도합니다. 그들은 이 개념을 이용하여 상업 사회의 흥기와 시민문화의 부상을 개괄하려 합니다. 아울러 이 개념에 근거하면 상대적으로 독립적이고 민주적인 담론 공간 혹은 문화 공간을 형성할 수 있으며, 결국에는 사회 공간을 형성할 수 있다고 여깁니다. 그런 묘사는 오늘날 중국에서 일정한 상상력을 제공하지만 중국 대부분의 사회 영역, 문화 영역에는 그러한 공간, 예를 들면 순수한 상업문화 혹은 순수한 시민문화 공간과 같은 것이 아직은 진정으로 형성되지 않았습니다. 제가 보기에 전통 권력(예를 들어 정치권력)은 거의 모든 곳에 존재하며 거대한 통제력을 가지고 있습니다. 그러나 이런 권력은 또 부단히 전이와 다원화의 과정을 거칩니다. 상품, 시민문화, 저항의 소리, 혹은 권력을 획득하기 위한 매체의 노력, 다중 신분으로 이런 과정에 참여하는 지식인, 다국적 기업의 개입 등 이런 모든 것이 매우 복잡한 공간 공용의 상태를 구성합니다. 앞에서도 말했지만 우리들은 여전히 국가와 지방, 두 개의 방송국만을 가지고 있으며, 이 모두는 고전적 의미에서 이데올로기 국가기구의 일부입니다.

그러나 오늘날 사회에서 그 역할과 기능은 전통적 의미의 이데올로기 국가기구에 머무르지 않습니다. 서구 사회에서 행해지는 순수 상업 행위, 혹은 사람들이 상상하는 순수한 문화 행위도 아닙니다. 프로그램 피디 제도가 생겨나면서 국가 자금은 더 이상 각 텔레비전 방송사의 주된 자금원이 아닙니다. 기업 자본이 유입되고, 다국적 자본이 공개적으로 혹은 위장된 형태로 침투하고 있습니다. 과거에는 '사회의 한량' 심지어는 '불량분자'로 인식되던 사람들이 방송사의 중요한 업무를 담당하게 됐습니다. 특히 텔레비전 광고의 독점권으로 인해 방송사의 기업 자본은 놀랄 만한 속도로 축적되고 있습니다. 아울러 기업 윤리와 직업 규범이 생기기 시작하고 강화되고 있습니다. 물론 우리는 국가권력이 방송국을 여전히 통제하고 지휘하는 절대적인 영향력을 가지고 있다는 점을 의심하지 않습니다. 그러나 이 모든 것으로 인해 텔레비전 공간은 전형적인 공공 공간이 됐습니다. 서로 다른 경제적

이익, 정치권력, 문화적 요구가 그 안에서 복잡하게 교차하고 충돌하고 협조하고 배반하는 상태로 존재하고 있습니다.

리튀 저는 몇 년 사이 텔레비전 영역에서 일어난 여러 변화가 매우 흥미롭습니다. 그런 변화는 문화비평의 좋은 주제가 될 수 있다고 생각합니다. 하지만 그런 일들을 설명할 적당한 이론적 언어가 없다는 데 고심하고 있습니다. 예를 들어 텔레비전 프로그램에서 가장 큰 변화는 사회자의 등장이 아닌가 합니다. 사회자들은 대부분이 젊고 예쁜 선남선녀입니다. 유행하는 옷과 유창한 언변이 과거 아나운서와는 완전히 다른 형상입니다. 때로 그들의 말투는 상당히 개인화되기도 합니다. 관료적인 말투 대신 자연스럽고 멋스러운 말투를 위해 애쓰기도 합니다. 심지어는 유창한 영어를 섞어 쓰기도 합니다. 그들의 등장은 도대체 어떤 의미일까요? 그들의 이미지와 소리는 어떤 성격을 띠고 있는 것인가요? 텔레비전 문화를 구성하는 데 있어 사회자의 등장은 시장경제와 관계가 있는 걸까요? 국영 텔레비전이 고전적 의미에서 이데올로기적 국가기구의 일부분이라면 사회자의 등장은 시장경제의 신속한 발전에 따라 이데올로기적 국가기구의 기능에도 변화가 생겨났음을 의미하는 걸까요? 그것과 알튀세르가 말하는 이데올로기적 국가기구와는 같은 것인가요? 알튀세르의 이론이 과연 중국에도 적용될 수 있는 걸까요? 이 모든 것이 문제입니다.

다이진화 텔레비전의 전체적 모습이 변화하고 있습니다. 예를 들어 다큐멘터리의 서사 모델을 보면 1980년대에는 「만리장성을 바라보다」(望長城)나 「공화국의 사랑」(共和國之戀)과 같은 정치적 테마 위주였습니다. 사회적이고 권위적인 전칭판단 방식이 주요 특징이었지요. 1990년대에는 「생활 공간」 혹은 「텔레비전 백화점」(電視商場)과 같은 프로그램이 시범적인 역할을 했습니다. '대중의 사위', '백성의 며느리'라고나 할 만한 평이하고 수다스럽기까지 한 경향을 지향하고 있지요.

쑹웨이제 그것은 전파매체라는 문화 공간이 결코 변화될 수 없는 것이 아님을 말해 주고 있습니다. 새로운 사회 공간의 구조도 이와 같습니다. 그러므로 하버마스의 '공공 영역' 이론을 맹목적으로 중국에 적용할 수 없습니다. 왜냐하면 하버마스의 이론은 17~18세기 영국, 프랑스, 독일과 같은 몇몇 서구 국가의 특수한 사회·역사적 실천을 기반으로 하고 있기 때문입니다. 오늘날 중국의 문화 실천에서 더 두드러지는 것은 참여와 공유입니다. 주류 담론이 여러 종류의 힘에 의해 와해되기 시작하면서 문화 공간이 공용 상태로 된 것이지 단순히 사회적 논의를 통해 "일반 백성들이 자신의 이야기를 하도록" 바뀐 것은 아닙니다.

리퉈 좀더 나아가 그 내용을 검토하면 하버마스 이론 자체에 대한 의문에 이르게 됩니다. 하버마스의 '공공 영역' 자체도 이야기이며 서사라 할 수 있습니다.

다이진화 우리는 확실히 현대 서구 이론이라는 문제에 봉착해 있습니다. 이론가들은 이론 자체(역사를 포함하여)가 단지 서사이며 담론이고, "승리자의 기록"에 불과하다고 여깁니다. 진리라는 가치가 구비되지 않으면 이론가들은 또 다른 미로에 빠져들게 됩니다. 진리가 아니라고 말하는 '반성'들은 아주 쉽게 볼 수 있습니다. 즉 자신의 이야기를 단지 이야기로 만들어, 자신에게 의미가 있는 소재를 선택하여 이야기를 완전하게 만드는 설화인(說話人)과도 같이 여기저기서 소재를 취합니다. 어떤 의미에서, 이런 경향은 중국에서 서구 이론을 오독하여 받아들이는 과정에서도 발견할 수 있습니다. 수용자는 어쩌면 의식적인 오독을 하고 있는지 모릅니다. 결코 서양 이론의 강한 힘에 대항하기 위하여 창조적인 오독을 하는 것이 아니라 자신이 하고 싶은 이야기를 하기 위하여, 자신의 서술을 합법화하기 위하여 서구의 이론이나 혹은 '오독본'을 빌려 오독을 하기도 합니다. 그 배후에는 담론 권력을 쟁탈하려는 기도가 존재하는지도 모릅니다.

리퉈 서양 이론을 비판하려면 당연히 몇 가지 전제가 있어야 합니다. 자신이 연구하고 논술하는 것과 관련된 서구 이론에 대해 정확히 알고 깊이 있게 이해해야 합니다. 얼마나 잘 알고 이해하는가 하는 정도에 따라 이론이 구성된 과정을 역사화하고 그 이론과 관련 있는 학문이 형성된 역사를 알 수 있습니다. 그와 관련된 담론 실천과 사회·역사적 실천을 모두 구체적인 역사 속에서 고찰하고, 그것이 형성된 구체적인 역사적 동기를 살펴봐야 합니다. 이론이 어떤 문제에 직면하여 제기됐고, 어떠한 권력 관계가 그 안에 작용하는지도 분석해야 합니다. 이렇게 해야 우리는 그 이론의 한계와 효율을 간파할 수 있습니다. 그래야만 또 특정한 이론이 어디에나 적용될 수 있는 도그마로 보이지 않을 수 있습니다. 하지만 최근에는 글자만 보고 서구 이론의 의미를 대강 짐작하고 남용하는 일들이 보편적으로 이루어지고 있어 걱정입니다.

헤리 저는 '여론 공간'이라는 개념에 동의합니다. 프랑크푸르트 학파처럼 대중문화를 단순히 국가기구 건립을 위한 '사회적 건축재'라고 할 수는 없습니다. 그렇다고 서구의 일부 급진 비평처럼 시청자를 단순히 텔레비전 앞의 상품으로 여길 수도 없습니다(시청률로 계산되고, 광고 수입의 자본으로 여겨지기 때문이겠지요). 다른 직업, 계급, 민족, 성별, 나이, 종족, 교육 정도의 시청자가 함께 텔레비전과 연속극 공간에 능동적으로 진입하고 있는 점에 주의해야 합니다. 시청자의 소용과 개입 속에서 단일한 권력 관계 혹은 직선적 인과 관계가 아닌 다중 이데올로기의 상호 네트워크를 찾아야 합니다.

리퉈 그것은 문화 소비 주체를 세우는 문제에 대한 언급입니다. 텔레비전과 드라마 텍스트는 시청자들에게 읽혀지고 소비되는 과정에서 거기에 내포되어 있는 이데올로기에 의해 시청자 주체를 만들고 그들의 사상을 통제하게 됩니다. 그러나 이 과정은 결코 일방적이지는 않습니다. 바로 이 점이 프랑크푸르트 학파가 문화 산업을 비판할 때 간과한 부분입니다. 그들의 맹점이라 할 수도 있습니다. 최근 많은 사람들이 프랑크푸르트 학파 이론을 비판해 왔습니다. 특히 대중은 강력한 자본주의 문화 산업을 따를 수밖에 없으며, 그 통제에서 벗어날 수 없다는 소극적 사상은 여러 반박을 불러일으켰습니다. 프랑크푸르트 학파의 이론은 깊은 곳에 숨어 있는 형이상학에서 완전히 벗어나지 못했기 때문에 주체 문제를 논의하면서 무의식적으로 주체를 과도하게 추상화시키곤 합니다. 사실 주체를 수립한다는 것은 실제 과정에서 대단히 복잡하기 때문에 그에 대한 논술도 복잡할 수밖에 없습니다. 우선 시청자들은 다양합니다. 여러 '시청자로서 그들'은 결코 동일하지 않습니다. 어떤 텔레비전 프로그램을 보기 전에 그들은 이미 현실적인 정치·경제적 측면에서 아주 다른 입장을 취하고 있습니다. 또, 언어가 있고 나서 주체가 있게 되는데, 그들은 이미 복잡한 담론의 실천 과정 속에서 이미 형성된 존재들이자 이데올로기에 있어서도 매우 다른 경향을 갖고 있습니다. 이렇게 다른 시청자들이 같은 텔레비전 연속극 텍스트를 소비한다 해도 서로 다르게 읽어 낼 수밖에 없다는 점은 충분히 상상할 수 있습니다.

하물며 어떤 텍스트의 의미도 단일할 수 없습니다. 텍스트는 대체로 잡다하고 다의적입니다. 이런 점도 시청자들이 텔레비전 텍스트를 소비하는 데 있어 주체성을 발휘하고, 서로 다른 의미를 발굴하는 데 유리할 것입니다. 결국 텍스트와 독자는 '통제' 속에서 복잡한 투쟁을 하게 되므로 그렇게 간단한 문제가 아닙니다. 그럼에도 저는 프랑크푸르트 학파를 거론하고 싶습니다. 특히 문화 산업에 대한 강력한 비판에는 참으로 호감을 느낍니다. 심지어 그들의 비관적인 정서에도 공감을 합니다. 저는 그들에 대한 많은 비판이 단지 여러 이론적 견해에 불과하지 않을까, 또 이런 견해는 도대체 실제 사회에서 실천하는 데 어떤 소용이 있을까 의심스럽습니다. 결국엔 이런 비판도 의심할 수밖에 없습니다. 그런 면에서 제 자신도 많은 모순이 있음을 인정합니다.

허리 중국 텔레비전 시청자의 복잡성을 단지 표면적으로 여러 시청자들이 다른 채널과 프로그램을 선택한다는 점에서만 이해할 수는 없습니다. 이제 연속극 「갈망」 현상에 대해 말씀을 나누겠습니다만, 다른 사람들이 같은 프로그램을 선택할 수는 있지만 그 텍스트를 받아들이는 방식은 극단적으로 다르다는 데 복잡성이 있습니다.

리퉈 그렇기 때문에 시청자 주체의 다양성과 주체 수립 과정의 역사성에 상당한 관심을 기울여야 합니다.

허리 텔레비전 프로그램 제작자, 완성된 텔레비전 프로그램, 매체로서의 텔레비전, 그리고 시청자는 서로 영향을 주고받는 관계입니다.

쑹웨이제 매체 제작 전(全) 과정의 특수성에 주목해야 합니다. 서구의 문화연구도 결코 고정된 학문이 아닙니다. 문화연구는 각 국가의 특수한 문제와 밀접한 관계가 있습니다. 예를 들면, 영국의 리비스는 위대한 전통을 중시하고 대중문화는 배척하는 태도를 취합니다.

허리 리비스도 대중문화에 관심을 갖기는 합니다만 그 이론은 엘리트 색채를 강하게 띠고 있습니다. 그는 대중문화를 배척할 뿐 아니라 대중문화가 엘리트 문화를 위협한다고 생각합니다. 그래서 버지니아 울프나 제임스 조이스와 같은 작가도 그가 말하는 '위대한 정전'에는 들어가지 못했습니다.

쑹웨이제 그렇습니다. 하지만 레이먼드 윌리엄스, 리처드 호가트 등은 노동자계급 출신입니다. 당시 영국에서는 노동자의 실업률이 매우 높아 심각한 문제였습니다. 그들의 연구는 자신들의 계급적 이익에 관심을 갖고 이루어졌고, 당시 사회의 주목을 받았습니다. 버밍엄 학파, 즉 영국학파가 미국에 전해진 뒤에는 변화가 생겼습니다. 미국에는 계급 외에 주목해야 할 또 다른 문제가 있었습니다.

다이진화 젠더 문제와 종족 문제에 더 관심을 기울이게 됐죠. 그것이 미국 사회에서 더 심각한 문제였기 때문입니다. 미국으로 건너간 문화연구는 전통적 의미의 미국학에서 새로운 요소가 됐습니다. 그리고 '이민 후속 세대' 문제에 더 중점을 두게 됩니다.

쑹웨이제 매체는 미국에서 매우 발달했기 때문에 매체 자체 연구도 미국 문화비평의 중점이 됐습니다. 중국은 개혁·개방 이후 신속하게 매체 시대로 진입했습니다. 특히 텔레비전의 발전은 주목해야만 합니다. 텔레비전과 영화를 보는 심리적 메커니즘은 서로 다릅니다. 영화관의 어두움과 안락함은 마치 어머니의 뱃속처럼, 은막에 펼쳐지는 환상에 쉽게 몰입하게 만듭니다. 텔레비전은 다릅니다. 기본적으로 가정의 장식품입니다. 그러나 인간에 대한 그 통제력을 과소평가할 수 없습니다. 그렇기 때문에 「갈망」이 텔레비전 매체로서 폭넓은 영향을 끼친 사례를 자세히 읽고 관찰할 필요가 있습니다.

「갈망」 다시 읽기

다이진화 중국에서 매체의 역할은 매우 큽니다. 1980년대 이전에는 신문, 잡지, 방송 등이 중요한 영향력을 발휘했습니다. 즉 인쇄 매체와 방송 매체가 주도적인 위치를 점유하고 있었습니다. 연속극이 텔레비전이라는 매체의 중요한 방식으로 시청자들 사이에 거대한 영향력과 반향을 일으키기 시작한 것은 연속극 「갈망」(1990)부터라고 할 수 있습니다. 우리 모두 기억하지만 당시 「갈망」의 충격파는 대단했습니다.

쑹웨이제 「갈망」의 높은 시청률이 의미하는 것은 그 연속극이 만들어 내는 가치 취향, 인간과 인간 사이의 도덕 관계가 아마도 1980년대 이전 혹은 더 오래전의 가치관으로 돌아간 데 있는 듯합니다. 1980년대 '문화열'이 일찍이 사회에 광범위한 영향을 끼쳤다면 「갈망」의 유행은 1980년대 일련의 문화 구상이 시대를 앞서 가고 있다는 사실을 증명하고 있습니다.

다이진화 그런 관점을 이해합니다. 하지만 저는 "시대를 앞서 간다"든가 "정체된다"는 관념을 단순하게 사용하는 데 동의하지 않습니다. 왜냐하면 거기엔 직선적 역사관이라는 문제가 도사리고 있고 나아가 '규정하는 사람'의 입장으로 돌아갈 것을 직접적으로 요구하기 때문입니다. 우리는 어디에 서 있습니까? 우리에게 '전'과 '후'는 무엇입니까? 「갈망」의 충격에서 우리가 1980년대 '문화열'의 '전조'를 추단할 수 있다면, 「갈망」에서 1990년대 초 전체 사회의 '후퇴'도 추단할 수 있습니다. 그렇지 않습니까?

허리 1980년대 '문화열'은 한계가 있습니다. 그것은 특정 계층의 특정한 구상일 뿐 전체 중국, 특히 시민 계층의 소리를 대표하지는 않습니다. 통속극은 시민 의식과 가치를 담고 있고 더욱 보편성을 가지고 있습니다.

쑹웨이제 지식인 담론과 기획의 한계성을 보여 주었고, 또 더 넓은 시민 가치관의 강한 역량을 볼 수 있었습니다.

허리 「갈망」은 중국 연속극의 발전사와 연관해 논의해야 합니다. 「갈망」 이전의 중국 연속극은 결코 그렇게 통속적이고 오락적이며 상업화된 형식으로 만들어진 적이 없었습니다. 최초로 전국을 뒤흔들었던 연속극은 탐정극 「장미 미스터리」(玫瑰奇案)와 혁명극 「적진 18년」(敵營十八年)이었습니다. 「갈망」은 의도적으로 엘리트 의식과 고도의 이데올로기를 피해 갔습니다. 즉 자각적으로 통속성, 오락성, 볼거리를 추구한 것이지요. 이는 텔레비전 연속극 사상 전환적인 사건입니다. 하지만 단순히 「갈망」을 '포스트모던 드라마'라거나 상업적이라고만 단정할 수는 없습니다. 어떤 이들은 당시 「갈망」이 평면적이고 깊이가 없으며 파편적이라고 했습니다. 심지어는 이야기가 텅 빈 구조라고 비판했지만, 저는 인정할 수 없습니다. 제 생각에 「갈망」의 이면에는 더 많은 내용이 숨겨져 있습니다.

다이진화 「갈망」은 확실히 어떤 전환점이었습니다. 사회의 비극을 운명의 비극으로 바꾸어 놓았고 관방 이데올로기를 일상생활 이데올로기로 전환했습니다. 물론 그 안에도 이데올로기가 작동하고 있었지만 상황은 복잡합니다. 「갈망」은 당시 매우 정성들여 제작된 프로그램이었습니다. 기획자 중 하나였던 왕쉬(王朔)는 「갈망」을 찍으면서 서양 드라마와 한 번 겨루어 볼 생각이었다고 했습니다. 그는 "승복할 수 없었"기 때문에 중국에도 이런 연속극이 있어야 한다고 생각했습니다. 중국 최초의 '대형 안방 드라마'로서 「갈망」은 사실 제작 수준이 그다지 높지 않습니다. 구성도 완전하지 않습니다. 하지만 당시 사회를 뒤흔든 이유를 깊이 생각해 봐야 합니다. 표면적으로 「갈망」의 매력은 비(非)이데올로기화라는 1980년대 문화 방식의 연장선에서 시작됐습니다. 드라마에는 주제 사상이나 사회적 의미 등을 찾아볼 수 없는 듯합니다. 제작자의 말처럼 단지 "아이를 버리고, 아이를 발견하고, 아이를 키우고, 아이를 찾고, 아이를 돌려주는", 결국 '그게 그거' 인 이야기일 뿐입니다. 그러나 「갈망」의 충격파는 단지 일상적 인물들의 비극적 이별과 만남, 은혜와 보복, 혹은 류후이팡(劉慧芳)으로 대표되는 공통의 꿈에서 비롯되는 것만은 아닙니다. 더 중요한 사실은 대중문화라는 형식을 빌려 사람들을 위로하고, 해결할 수 없는 사회적 문제를 치환할 수 있는 적당한 대상을 제공했다는 점입니다. 제 생각에 「갈망」은 1990년대 초기 보편적으로 존재했던 사회의 아픔과 초조함을 충분히 감싸 주고 위로해 주었습니다.

당시 인기를 끌었던 다른 두 작품, 즉 타이완 사람들이 푹 빠졌던 멜로영화 「엄마 다시 한번 사랑해 주세요」(媽媽再愛我一次)와 성공적인 주선율 영화 「자오위루」(焦裕祿)를 함께 분석해 보면 좀더 명확해집니다. 「갈망」은 중국에서 가장 전통 있는 비극적 멜로영화의 성공적 부활이었습니다. 그래서 전 중국은 그렇게 열정적으로 끌어안고 음미했습니다. 예컨대 갈망의 주요 줄거리를 지탱하고 있는 것은 중국 사회의 특수한 '상식' 체계에 의해 형성된 표현이라는 점은 흥미롭습니다. 즉 상류 사회의 냉혹함과 허위, 하층 사회의 선량함과 진실이라는 구조이지요. 그런 상식과 미국 연속극의 기본 의미 틀은 완전히 상반됩니다. 이야기는 구체적으로 서양식 집에 놓인 차가운 톤의 가구, 냉정하고 병적인 인간 심리와 행위, 전통 가옥의 인정, 소란 속에서 서로에 대한 사랑과 관심을 표현하고 있습니다. 이렇게 극중에는 시민 계층에 관한 것뿐 아니라 계급도 들어 있음을 알 수 있습니다. 물론 지식인에 관한 정형화된 상상이 큰 역할을 하고 있는데, 이런 점들은 사회주의 문화

유산을 더욱 극명하게 드러냅니다. 물론 일상생활 이데올로기 자체는 상당히 복잡합니다. 예를 들어 극중에는 수시로 지역적 편견이나 상투적인 표현이 나타납니다. 베이징 사람은 상하이 사람을 깔보는 탓에 반동 인물을 왕후성〔王滬生 ; '滬'는 상하이의 약칭〕이라 부르고, 심지어 '부정적'인 배역을 상하이 출신 배우에게 맡기기도 합니다.

허리 「갈망」은 처음부터 끝까지 류후이팡이나 쑹다청(宋大成) 같은 사람들과 지식인을 구분하고 있습니다. 지식인 왕후성, 왕야루(王婭茹)는 제멋대로이고 이기적이며 속된 인물이며, 류후이팡과 쑹다청은 전통적이고 유가적 도덕으로 가득하며 인정 많고 충직한 사람들입니다. 류후이팡 등은 '좋은' 사람이지만 혁명 영웅의 형상이 아닌, 세속적인 '호인'입니다.

다이진화 1990년대 초 사람들은 무어라 꼭 집어 말할 수 없는 냉혹한 현실에 직면해 있음을 문득 발견했습니다. 이 때문에 사람들은 뜻하지 않은 운명으로 인해 버림받는 류샤오팡(劉小芳)의 상황과 구원되기를 갈망하는 심리 상태를 갖게 됐고, 이로 인해 드라마에 더욱 빠져들게 됩니다. 주인공 류후이팡은 구원자이며 수난자라는 이중 역할을 담당하고 있습니다. 갖은 고생을 겪고 고난에 인내하는 여인은 "우리를 위하여" 근심과 고난을 해결해 주고 "우리를 대신하여" 재난을 견뎌 냅니다.

쑹웨이제 「갈망」에서 류후이팡은 단순히 한 개인을 묘사하는 게 아닙니다. 류후이팡의 형상은 비록 한 개인의 운명을 묘사하고 있지만, 그 형상의 주요 기능은 거대한 사회와 민족의 초조감, 고난을 감당하는 데 있습니다. 그러므로 결국 류후이팡이 하반신 마비로 휠체어에 앉아 있는 장면은 매우 상징적인 묘사입니다. 즉 그녀는 단순히 비참한 지경에 처한 개인으로서 관심과 동정을 불러일으킬 뿐 아니라 사회의 부담과 불행을 짊어지는 상징이기도 합니다.

허리 「갈망」의 주제가인 '착한 사람 평생 평안하길'(好人一生平安)은 평범한 '착한 사람'을 강조하고 있습니다. 평생 평안하라는 것은 착한 사람의 미래에 대한 설정입니다. 주제가 중 "은혜, 원망 모두 잊고, 참사랑만으로 다시 시작하세요. 세상 모든 이들의 등불과 더불어"라는 가사가 나옵니다. 이런 가치 설정을 문화대혁명 당시 겪었던 생활과 「갈망」의 표현에 연관시켜 보면, 「갈망」에서의 '문혁' 서사가 1980년대 초기 상흔문학에 보이는 '문혁' 형상과는 다르다는 점을 쉽게 알 수 있습니다. 「갈망」부터 새로운 소비 형태의 '문혁' 형상이 시작됐습니다. '문혁' 서사는 역사 서사에서 순수한 가족과 가족 간 이야기, 이웃 간 이야기, 또 개인과 핵가족 사이의 애증으로 변했습니다. 그리고 이러한 애증은 주제가의 가사처럼 잊혀질 수 있습니다. 마침내 사람들의 참사랑을 볼 수도 있습니다. '문혁'에 대해, 역사와 현실에 대해 응당 져야 할 책임감도 모두 잊어버립니다. 중요한 것은 "세상의 참사랑"이라고 말하면서 역사가 남겨 놓은 무거운 책임감을 회피해 버렸다는 점입니다.

다이진화 페미니즘의 시각에서 보면 관심 가져야 할 부분이 매우 많습니다. 우선 「갈망」에서 류후이팡의 '영웅'(비영웅?) 형상은 공통의 꿈 혹은 집단의 꿈을 감당하고 있습니다. 이 형상은 우선 사람들에게 어머니 이미지를 보여 줍니다. 미혼이면서도 엄마 역할을 하는 이야기를 보면서 사람들은 끝없는 모성애를 느낍니다. 류후이팡과 왕후성의 이혼은 모성 형상을 더 순수하고 집중적으로 묘사하기 위한 것이자 동시에 모성 형상으로 사회적 전환기에 직면한 남성들의 압력과 초조함을 대신하려는 연출자의 잠재적 의도를 갖고 있습니다. 여러 고통을 겪은 류후이팡은 결국 하반신 마비로 휠체어에 앉게 되고 맙니다. 이것은 처음으로 역사와 현실의 억압이 성공적으로 전이된 예입니다. 수억의 사람들이 그녀로 인해 감동받고 눈물 흘리지만 그것은 당연히 자기 자신을 위한 눈물입니다. 드라마의 성별 묘사는 "여자들에게 고난을 주어라. 우리 남자들이 그로 인해 구원될지도 모르니까"는 심보와 같은 면도 있습니다.

쑹웨이제 류후이팡은 노년부터 중년, 청소년까지 모두 좋아하는 인물입니다. 그녀는 엄마이자 누나이며 애인입니다. 강한 위로를 주는 역할을 합니다. 매우 구체적이고 다양한 좌절과 고난이 그녀로 인해 크게 완화됐습니다.

다이진화 여성연합 대변인은 당시 언론에 「갈망」이 중국의 여성해방을 15년 후퇴시켰다는 간단한 견해를 발표했습니다. 류후이팡 형상은 "고난을 참아 내는 현모양처"로 개괄될 수 있기 때문입니다. 제 고향에 있던 농촌 보건원 한 명이 재미있는 이야기를 해준 기억이 납니다. 남편과 싸우고 나서 돈도 없이 집을 나와 정거장 풀밭에서 하룻밤을 새웠답니다. 밤새 울면서 후이팡도 그렇게 많은 고난과 억울함을 참아

냈는데 나도 참아 낼 수 있다는 생각을 했답니다. 날이 밝고 그녀는 집으로 돌아갔답니다. 「갈망」의 마지막회가 방영되던 날 그녀는 시골에서 출산을 돕고 있었는데 텔레비전을 보면서 울어 가며 아이를 받았다는군요. 「갈망」의 가상 시청자가 남성이었다 해도 결국 여성 시청자에게 진정한 사랑을 받았다는 점이 흥미롭습니다. 여성 시청자들은 어쩌면 아무런 대비도 없는 상황에서 새로운 규범, 즉 젠더 질서의 규범을 받아들였을 겁니다. 최소한 가출한 여인들을 집으로 불러들이기는 했으니까요.

허리 이런 연속극이 정부의 허가를 받을 수 있었던 이유는 이데올로기의 합법화 과정을 다시 보여 줌으로써 사회의 윤리 법칙을 거듭 천명했기 때문입니다. 시민들이 이 드라마를 좋아한 이유는 바로 친화성과 전통 도덕으로의 회귀 때문이었습니다. 바로 이 두 가지 호소가 「갈망」에서 맞아떨어진 겁니다.

다이진화 이 드라마는 단순히 '세속화'라는 의미의 역할뿐 아니라 과거 주류 문화를 재천명하는 역할도 했습니다. 설령 세속적 층위에서 영향을 주었다 하더라도 여전히 국가적 범위 안에서 경제적·실용적 전략에 의해 지탱되고 있습니다.

허리 「갈망」은 그럼 점에서 서양적 의미에서의 멜로드라마와는 구별된다 할 수 있습니다.

'개인' 과 사회의 패러다임 변화

다이진화 대륙에서 '홈드라마'가 생겨난 뒤 서구의 드라마 개념을 차용하기 시작했습니다. 그러나 상황은 매우 다릅니다.「갈망」이 방송된 뒤 비슷한 이야기가 이어졌습니다. 줄거리도 부단히 발전·변화했습니다.「갈망」이후 방영된「풍우가인」(風雨麗人)은 영향력 면에서「갈망」만큼 크지는 않았지만 서사 대상이나 양식에 있어서는 매우 비슷했습니다. 이 드라마는 반복해서 방영됐습니다. 저는 이 드라마가 중앙텔레비전(CCTV)의 다른 시간대에 여섯 번이나 재방영된 것에 주목하고자 합니다. 허리 선생이「갈망」에 나타난 '문혁' 서사의 전이를 언급했는데「풍우가인」은 사회주의 중국 전체 역사를 관통하고 있습니다.

한국전쟁을 배경으로 한 남자 주인공은 포로가 되어 어쩔 수 없이 '반공구국'(反共救國)이라는 글자를 몸에 새기게 됩니다. 그러나 귀국 후 그는 용서받지 못합니다(사실상 이 사건은「붉은 앵두」紅櫻桃의 원형이 됩니다). 남자 주인공은 우파로 몰려 이름과 성을 숨기고, 여자는 다른 사람의 아이를 키우면서 정작 자기 아이에게는 소홀합니다. 그래서 친자식은 오히려 자신이 데려다 키운 자식이라고 오해하게 됩니다. 마지막에는 오해가 풀리고 다시 만나게 되지만요. 은혜와 원한, 사랑과 복수, 슬픈 이별과 만남이 있는 가정사를 다루고 있는 드라마입니다. 특히 모성애의 숭고함을 내세우고 있습니다(쑹춘리宋春麗가 어머니 역할을 했습니다). 사회주의 중국의 역사를 반복한 드라마지만, 그 역할이나 기능, 시청자의 수용 방식은「갈망」과 매우 유사합니다.

이어서「유감없이」(過把癮)입니다. 이 드라마는「갈망」에서 비롯된 비슷한 드라마들에 비해 크게 진전했습니다. 원래는 설날 방영이

금지됐고 첫 방송도 매우 늦은 시간대에 이뤄졌지만 곧 황금시간대에 재방송을 하게 됐습니다. 「유감없이」는 문화 전환의 과정 속에서 다시 한번의 변화를 보여 줍니다. 「갈망」이라는 과도기 이후 새로운 문화적 징후라 하겠습니다.

허리 「유감없이」는 여러 면에서 「갈망」과 유사합니다. 드라마는 베이징의 소시민 이야기를 풀어 가고 있습니다. 이것이 바로 1980년대 드라마와 다른 점입니다. 「유감없이」와 「갈망」은 아주 큰 변화입니다. 「유감없이」는 왕쉬 소설과의 차이점부터 분석해야 한다고 생각합니다. 이 드라마는 왕쉬의 『유감없이』(過把癮就死) 등 소설 세 편을 각색했기 때문입니다. 『유감없이』는 비록 남성의 시각과 욕망으로 여성을 그린 남성 중심 소설이기는 하지만 양성 간의 대립과 싸움, 죽음, 점령이라는 부조화를 강조합니다. 소설은 시작부터 여주인공을 무기, 즉 관우의 손에 들려 있는 화려하고 예리하기 그지없는 큰 칼에 비유합니다. 또 남자 주인공이 군용 사격장에서 탄환을 한발 한발 장전하는 것으로 결말을 맺고 있습니다. 이러한 묘사는 모두 양성 간의 긴장을 암시하고 있습니다. 하지만 연속극 「유감없이」의 분위기는 완전히 다릅니다. 양성의 싸움은 단지 장식에 불과합니다. 이야기의 중점은 양성의 대립과 충돌이 아니라 대립과 충돌을 뛰어넘는 감정, 즉 남녀 주인공이 결코 완벽하지는 않지만 '진실하게' 융합함으로써 사람들을 감동시킵니다. 이러한 면은 「갈망」과도 다를뿐더러 서구의 멜로물 모델과 비슷합니다. 연속극은 왕쉬 소설의 날카로운 부분을 완전히 없애 버렸습니다.

하지만 그것은 여성에 대한 남성의 서사이자 젠더 본질주의의 글쓰기였습니다. 드라마에서는 양성 형상의 스트레오타입, 즉 정형화된 형상을 곳곳에서 볼 수 있습니다. 왕즈원(王志文)이 연기한 남자 주인공 팡옌(方言)은 매일 밖으로만 나도는 사람인 데다 성격도 포악합니다. 장산(江珊)이 배역을 맡은 여자 주인공 두메이(杜梅)는 옹졸하고 질투가 많습니다. 그러나 시청자들의 눈에 두 사람은 모두 '진실된 사람'이고 '좋은 사람'입니다. 그들은 많은 단점을 가지고 있지만 사람들이 요구하는 양성 역할의 전통 규범에 부합합니다. 팡옌은 무게 있고 강직하며 두메이는 정이 깊고 문란하지 않습니다. 물론 두메이의 형상은 삶의 배경이 모두 생략되어 허황된 편입니다. 유일하게 '빛을 발하는 부분'은 바로 그녀가 좋은 아내이자 좋은 여인이라는 점입니다. 시청자들은 수시로 발작하는 그녀의 히스테리를 팡옌에 대한 한결같은 마음 때문이라고 받아들입니다. 젊은 시청자들에게 두메이는 류후이팡보다 환영받습니다. 매스미디어의 보도에 따르면 드라마가 한창 인기 있을 때 일부 젊은 시청자들은 "남편을 구한다면 팡옌 같은 사람으로, 아내를 찾는다면 두메이 같은 사람으로"라는 말이 유행할 정도였다고 합니다. 많은 시청자들이 이 연속극을 '드라마의 정수'이며, 서구의 멜로물에 상당히 근접한 모델이라고 여겼습니다.

쑹웨이제 저는 이 드라마를 개인적인 이야기로 보았으면 합니다. 「갈망」이 말하고자 하는 바가 대가족 이야기로 전체 사회를 개인에 투영했다면, 「유감없이」는 개인의 이야기로 두 사람 사이의 애증 문제입니다.

다이진화 그러나 「갈망」의 방식이 아닌, 바로 이런 방식이 소비 대상에 가장 적합했던 것입니다. 이 자체가 바로 중국 사회가 변하고 있다는 신호를 담고 있습니다.

쑹웨이제 개인이 나타나면서 자신을 각성하게 됐습니다. 자신의 삶과 감정, 모든 것을 느끼면서 도시문화와 그 심리 상태도 아울러 형성됐습니다. 시장경제의 충격으로 인해 개인의 욕망이 어떻게 억압되고, 이러한 억압은 또 어떻게 완화되는지 하는 일이 참으로 큰 문제가 됐습니다. 「유감없이」는 도시의 개인화된 이런 소소한 이야기로 시청자를 매료시켰습니다. 이 드라마의 감상 방식은 과거와 달랐습니다. 과거에는 사회적 고난, 민족적 고난과 같이 거대한 이야기에 공감했습니다만 이 드라마에서는 더욱 개인화된 이야기에 공감했습니다.

허리 이러한 개인과 도시의 부상은 다른 문화 영역과도 호응하고 있습니다. 엘리트 문화의 신사실주의 소설, '개인'을 자처하며 역사 의식이나 민족적 사명에서 벗어나려 하는 3세대 시, 개성과 음률을 강조하는 서정적 산문 등이 있습니다. 대중문화에서 유행가는 '나'와 '너'라는 작은 세계와 통속적이지만 부드럽고 완곡한 꿈의 세계를 구축하고 있습니다(1990년대 이래 꿈이라는 제목으로 인기를 얻었던 유행가는 수십 곡이나 됩니다). 록(rock)의 황제 추이젠(崔健)은 더 이상 '새로운 장정 길에서의 록'(新長征路上的搖滾)과 같은 거대 서사를 노래하지 않습니다. 대신 도시의 사소한 문제를 '해결'하고 개인의 삶과 정서, 재산, 오락을 유도하는 주말판이 대거 등장했습니다……. 이 모든 현상이 텔레비전 연속극의 변화와 서로 맞물려 있습니다.

다이진화 『유감없이』와 『이혼지침서』(離婚指南) 같은 소설이 거의 동시에 나왔습니다만, 페미니즘의 시각에서 보면, 이들은 남성 지식인이 상업의 시대에 느끼는 초조감을 집중적으로 보여 주고 있습니다. 이 작품들은 대단히 효과적이고 고지식한 방식을 차용하고 있습니다. 즉 그런 초조감을 여성들에게 전이시키고 있는 것이지요. 푸코는 "히스테릭한 여인은 현대 문화의 징후 중 하나"라고 말했습니다. 문화 상품화라는 파고 속에서 이해할 수 없는 '히스테릭한 여인들'이 오늘날 중국 문화에 부상하기 시작했습니다. 사회적·경제적·문화적 초조감이 성별적 초조감으로 전이됐습니다.

허리 그런 초조감의 전이는 다른 유형의 텔레비전 드라마에도 나타납니다. 예를 들면 한동안 인기를 끌었던 「편집부 이야기」에서 진지하지도 않고 멋대로 시시덕거리는, 리둥바오(李冬寶)와 위더리(余德利) 사이에 있던 거링(戈玲)의 형상은 가벼운 사랑 분위기를 만들어 내는 대상일 뿐입니다. 또 예컨대 「뉴욕의 베이징 사람」(北京人在紐約)에서 여자는 왕치밍(王起明)의 성공과 실패를 연결하는 고리로서 남자를 보조하는 역할을 합니다.

다이진화 그렇습니다. 「뉴욕의 베이징 사람」에서 여자는 매우 고리타분한 인류학적 의미에서 서술되고 이용됩니다. 즉 남자/사회는 여인을 교환하면서 그 가치와 사회적 지위의 변천을 드러냅니다.

쑹웨이제 왜 젊은이들이 「유감없이」를 좋아했을까요? 제 생각에는 젊은이들이 드라마에서 자기 동일시를 경험했기 때문이 아닐까 싶습니다. 이전의 텔레비전 드라마는 대부분 거대 서사를 이야기했습니다. 그러나 젊은이들이 커서 어른이 되는 과정을 다룬 이 드라마는 외재적인 사회 정체성을 통해 개인과 사회의 동일성을 갖도록 했습니다. 1990

년대 전환기 중국에서는 가치의 다양성과 상업화의 전면적인 충격으로 인해 주류 담론과 엘리트 담론이 효력을 잃어버리게 됐습니다. 뿌리 없이 표류하는 상태와 개인 생활에 대한 관심으로 젊은이들은 「유감없이」에서 삶의 다양한 맛을 발견하게 됐습니다. 이전의 텔레비전 드라마에서는 흔히 볼 수 없었던 측면이지요.

다이진화 과거 드라마에서 개인의 체험은 발붙일 곳이 없었습니다.

허리 개인 체험은 완전히 집단화된 서사에 흡수됐다 할 수도 있습니다.

리튀 「갈망」에서 「유감없이」에 이르면서 주류 이데올로기는 완전히 변화되고 합법화됐습니다.

다이진화 주류 이데올로기가 바뀌고 합법화되면서 매체는 '환상'을 생산하고 만들어 낼 수 있게 됐습니다. 「유감없이」가 왕쉬의 삼부작을 역순으로 제작했다는 점은 흥미롭습니다. 왕쉬의 초기작 『영원히 잃어버린 내 사랑』(永失我愛)은 그의 멜로 시기 작품입니다. 다음은 『환호하는 사람은 없다』(無人喝彩)고, 마지막이 『유감없이』입니다. 그런데 이 텔레비전 연속극은 『환호하는 사람은 없다』를 『유감없이』 뒤에 잇고 『영원히 잃어버린 내 사랑』은 『환호하는 사람은 없다』 뒤에 연결함으로써 소설 『유감없이』가 보여 준 초조감이 드라마 서사에서는 실종되어 버렸습니다. 드라마의 결말은 여자 주인공 품안에서 행복하게 죽어가는 남자 주인공의 모습 속에서 카메라 앵글이 칠판 위에 쓰인 오색찬란한 '사랑'이라는 글자를 서정적으로 클로즈업합니다.

흥미롭게도 펑샤오강(馮小剛)을 비롯한 감독들은 왕쉬 스타일, 그러니까 풍자적이고 희극적인 작품이 아닌 『영원히 잃어버린 내 사랑』을 영화화했습니다. 1993년 주목받았던 이 영화들은 아름답게 포장된 개인의 꿈에 초점을 맞추고 있습니다. 이런 논리는 텔레비전 드라마 「동녘 일출 서쪽 비」(東邊日出西邊雨)로 이어집니다. 「동녘 일출 서쪽 비」와 영화 「영원히 잃어버린 내 사랑」은 도시에 가까이 있으면서도 멀리 떨어져 있는 통나무집을 배경으로 하고 있습니다. 「영원히 잃어버린 내 사랑」에서 작은집은 고속도로 근처에 지어져 있습니다. 도시와 가깝지만 어쨌든 도시를 벗어나 있는 셈이지요. 그런데 「동녘 일출 서쪽 비」의 작은집은 도시 밖 자작나무 숲에 지어집니다. 둘 모두 서구 양식으로 지어졌는데 그 시대적 배경은 알 수 없습니다. 「갈망」의 아파트와 전통 가옥은 모두 그 시대와 지역적 사회 공간을 분명히 나타내고 있습니다. 하지만 앞의 두 드라마의 집들은 구체적인 시간과 역사를 초월하여 존재하는 공간입니다. 드라마의 모든 의미는 추상적인 '사랑'에 있습니다.

왕쉬가 쓴 『노는 것만큼 신나는 것도 없다』(頑主)는 사회에 대한 일정한 저항을 보여 주고 있고, 인물들은 저마다 합법과 불법의 중간에 위치하고 있음을 쉽게 알 수 있습니다. 그러나 「유감없이」는 그렇지 않습니다. 주인공 팡옌은 국가 공무원입니다. 그는 공공기관 사무실에서 느끼는 고통과 권태를 어디에서도 해소하지 못합니다. 결국 그는 의연히 그곳을 떠나 노동으로 먹고사는 개인 노동자가 됩니다. 이것은 또 다른 의미에서 개인에 대한 서사이며 규범입니다. 그는 다람쥐 쳇바퀴 도는 생활에서 자유인으로 변하면서 새로운 애정을 갖게 됩니다. 영화 「영원히 잃어버린 내 사랑」에는 소설에 없는 인물이 나옵니다. '나'는 장거리 운전기사입니다. 영화는 창밖을 스치고 지나가는 아름다운 풍경을 연속적으로 보여 줌으로써 주인공이 자유로운 개인 노동자임을 상징합니다. 「동녘 일출 서쪽 비」의 주인공도 마찬가지입니다. 이 영화들은 '새로운 인류'에게 문화 공간을 제공해 주었습니다. 또 그들의 신분과 생활 방식이 충분히 합법화될 수 있음을 보여 주었습니다.

쑹웨이제 「동녘 일출 서쪽 비」에서는 완전히 도시 신화적 몽상이 그려집니다. 중산층의, 중산층을 위한, 중산층의 취미를 가진 사람들이 누리는 흥미와 풍경이 아름답게 묘사되고 있습니다.

다이진화 영화의 공간 창조 방식도 매우 흥미롭습니다. 우리는 전체 영화가 베이징에서 촬영됐다는 사실을 분명히 알 수 있습니다. 그러나 어디에서도 고도(古都)로서의 베이징의 모습을 딱히 지적해 낼 수는 없습니다. 영화는 성공적으로 프레임과 미장센을 활용하여 옛 베이징 특징을 '생략'하고 새로운 건축물로 현대화된 대도시의 매력적인 표상을 그리고 있습니다.

허리 영화에는 서구 드라마에 항상 등장하는 입체교차로, 호텔, 택시 등의 도시적 요소를 나열하고 있습니다.

다이진화 은행과 개인 대여금고도 그렇습니다.

쑹웨이제 여기서 '개인'은 전체 사회 공간이나 권력기구에 의해서 억압받는 개인이 아닌 근사한 개인입니다. 즉 번잡하고 소란스러움으로 가득한 도시 속을 표표히 걸어 다니는 개인입니다. 그들이 느끼는 좌절과 상처도 모두 미화됩니다. 쉬칭(許晴), 우위쥐안(伍宇娟), 왕즈원 등이 연기한 배역은 입는 옷들도 대중과 다릅니다. 버스나 술집 혹은 다른 소비 공간에서도 군계일학의 모습이지요. 그들은 현대식 옷을 입은 옛 협객처럼 이유를 알 수 없는 고독과 애수를 띠고 있지만 멋스러움과 진실한 성정을 잃지 않고 있습니다.

리튀 아마도 5·4 이후 개인을 다시 부각시키려는 노력이 시장경제의 신속한 발전과 서로 호응한 결과라고 여겨집니다.

다이진화 5·4 시대의 개인은 사실 상상 집단의 호칭으로 문화 영웅적 신분을 갖추고 있었지만 오늘날 '개인'은 상당히 세속적입니다.

리튀 5·4의 꿈에도 세속적인 개인을 창조하려는 노력이 있었습니다만 사회 조류에 단절됐을 뿐입니다.

다이진화 매체가 달랐던 점도 주목해야 합니다. 5·4 시대에는 문학이라는 매체가 활용됐고, 지금은 텔레비전, 충분히 텔레비전화된 드라마 형식입니다. 왕즈원과 쉬칭이 연기한 개인은 5·4 시대의 개인에 비해 덜 혼돈스러워하고 자신감과 멋스러움으로 가득합니다.

허리 저는 개인의 해방 또한 단지 시각적이고 심리적 표상일 뿐이며 개인에 대한 또 다른 장치이자 제한일 뿐이라고 생각합니다. 왕즈원과 쉬칭의 배역이 프리랜서 예술가와 패션부티크의 주인이지만, 그들은 체재 내에 있지 않고 물질적·사회적으로 어떤 제약도 받지 않는 것 같습니다.

다이진화 저는 그렇게 생각하지 않습니다. 그 점에 있어 「동녘 일출 서쪽 비」는 「유감없이」에 비해 문화 건설의 기능을 성공적으로 실천했습니다. 예컨대 우리가 언급했던 무명화(無名化)된 공간과 대도시 표상은 사실 미래 중국에 대한 공동의 아름다운 꿈을 완미하게 만족시키고 있습니다. 제작자들이 베이징에서 많은 표상을 포착하여 결국 베이징을 무명화된 대도시로 구성했다는 점은 놀랍습니다. 드라마의 공간에는 특이성이 사라졌고, 해체 이후 다시 조립한 꿈과도 같은 도시에서 멋지고 개성 있는 개인이 걸어 다닙니다. 하지만 그들이 고민이나 고통이 없는 개인이 아니라는 사실이 더욱 중요합니다. 개인을 이야기하는, 개인을 구성하는 이 이야기들에는 다양한 '비극적' 갈등이 계속 일어납니다. 하지만 고대 그리스의 숭고한 '비극'은 아닙니다. 그것은 상업적이고 윤리적이며 개인의 삶이라는 의의에서의 갈등이자 개인과 사회 사이의 다양한 갈등이며 동시에 '자아 조정'입니다. 그 점에 주목해야 합니다.

좀더 자세히 살펴보면 쉬칭이 연기한 샤오난(肖男)은 줄곧 운명에 도전하는 역할이었습니다. 베이징에 상경하여 맨손으로 출세한 여걸이었지요. 왕즈원이 맡았던 루젠핑(陸建平)은 뜨내기 예술가였습니다. 1980~90년대 전환기에 이들 배역은 여전히 무언가 의심스럽고, 반역적이며, 도전적으로는 전위적 형상입니다. 지금 이들은 일약 전형적인 우상이 됐습니다. 그러나 전체 극중에서 부단히 강조되고 반복되고 규범화되는 것은 비즈니스 도덕, 직업 윤리, 계약 관계 등입니다. 드라마는 남자에게 얽매여 있는 정부(情婦) 신분의 샤오난이 불법적인 상업적 공모 관계에서 벗어나는 데에서 시작합니다. 제로에서 시작한 그녀는 자력으로 창업을 하고 상업 사회의 모범적 '공민'이 됩니다. 결코 극단적이지 않은 남권의 법칙 속에서 바람직한 여성이 되는 것입니다. 그러나 그녀는 언제나 과거의 마수와 그림자에서 벗어나지 못한 채 늘 속죄하는 모습을 보여 줍니다. 루젠핑은 프리랜서 예술가로 정이 많은 사람입니다. 그는 작품을 팔아 생활하지만 결코 돈의 노예가 되지는 않습니다. 때로는 작품 팔기를 거절하기도 하고 심지어 계약을 이행하지 못하기도 합니다. 여러 가지 갈등과 억압이 있음에도 이들은 모두 인격과 물질 중에서 인격을 선택합니다. 물론 우습게도 이렇게 개괄적으로 이야기해 버리면 이 작품이 이상주의와 도덕으로의 회귀를 유도하고 있다고 오도하게 됩니다. 결코 그런 것은 아닙니다. 결말에 이르면 여성은 친구를 구하기 위해 대가를 치르거나 희생을 하게 됩니다. 샤오난은 과거 가장 악랄한 경제범인 옛 애인의 일을 폭로하게 되고 이 일로 인해 자신의 과거도 백일하에 드러납니다. 작은 통나무집 앞에서 그녀는 경찰에게 잡혀가고 루젠핑은 자작나무 숲에서 멀어져 가는 범인 호송차를 바라봅니다. 매혹적인 꿈같은 풍경 위에서 드라마는 상업 사회에서의 도덕과 행동 규범, 직업 윤리와 같은 새로운 질서를 제시합니다.

리퉈 오늘 논의는 많은 깨달음을 줍니다. 저는 1980년대 이래 문학비평에 참여하면서 여러 가지 곤혹스러움을 느껴 왔습니다. 친구들은 제가 글을 많이 쓰지 않는다고 비난하곤 합니다. 하지만 글을 쓰는 곤혹스러움이 얼마나 힘겨운지 사람들은 알지 못합니다. 저의 곤혹스러움

중 하나는 바로 우리는 도대체 서구 이론과 어떤 관계를 가져야 하는 가 하는 점입니다. 이전에 저는 푸코에 대해 아는 것이 별로 없었으므 로 지식과 권력의 관계를 잘 이해하지 못했습니다. 단지 매우 많은 이 론이 중국 문학과 실제로 부합되지 않는다고 여겼습니다. 이런 곤혹스 러움은 지금까지도 완전히 해소되지 않았습니다. 오늘 우리의 논의는 그런 문세를 해결하는 데 많은 도움이 됐습니다. 드라마를 중점적으로 논의했기에 현재 대중문화의 여러 측면을 모두 언급하지는 못한 점은 아쉽습니다. 하지만 우리 모두는 문화연구——물론 그것도 '수입품' 입 니다——를 함에 있어 여러 복잡한 권력 관계에 대해 더 많은 성찰을 할 수 있는지, 또 어떤 지식 담론을 '빌려 올 때' (이 개념 속에 존재하는 문제는 매우 크지만 이 부분은 언급하지 않겠습니다) 명실상부하지 않거 나 맹목적인 모방으로 '빌려 오는 행위' 의 주체성을 상실하게 되지는 않는지, 또 진실한 우리 자신의 문제를 제시하고 우리의 입장과 이론 언어를 찾아 문제에 대답할 수 있을지 살펴보아야 합니다. 이런 시도 는 과연 성공할 수 있을까요? 저는 여전히 대답할 수 없습니다. 그러 나 이런 시도가 지식 문제에 대한 신중함과 중국과 서구 이론 관계에 대한 경각심을 드러냈다는 점은 긍정할 수 있습니다. 오늘 토론은 썩 괜찮은 시작이 아닌가 생각됩니다. 앞으로 문화연구에도 좋은 참고가 되리라 생각합니다.

8_ 문화연구에서의 근대성 문제*

'근대성'에 대한 논의

리퉈 우리가 이번에 논의할 주제는 근대성 문제입니다. 물론 광고와 같은 실제 생활에서의 구체적인 문화 현상도 연관되어야 하겠지요. 근대성 문제가 점차 주목을 끌기 시작하면서 많은 글들이 발표됐습니다. 그러나 중국의 역사적 상황에서 근대성 문제는 매우 오랫동안 소홀히 여겨져 왔습니다. 중국 지식계에서 '말'은 물론 많은 '글'들이 '근대화' 문제를 논의하여 왔습니다. '근대화'는 사용 빈도가 가장 높은 어휘가 됐습니다. 그러나 '근대성'은 보기 드뭅니다. 왜 그런 현상이 일어난 걸까요? 깊이 논의하고 또 연구해 볼 만한 일이라고 생각합니다.

다이진화 거기에는 이른바 '이론 여행'과 지식의 계보, 그리고 이론적

---

* 이 좌담은 1996년 5월 23일 베이징대학 비교문학 및 비교문화연구소에서 진행되었으며, 리 퉈가 사회를 맡고 다이진화를 비롯하여 쑹웨이제와 허리가 토론에 참여했다.

입장의 문제가 존재한다고 생각합니다. 좀 정리를 해본다면 '근대화'라는 개념은 현대 중국과 '같은 나이'임을 어렵지 않게 발견할 수 있을 겁니다. 4차 인민대표대회와 사인방 타도라는 사건을 거치면서, 그리고 1980년대 내내 '근대화'는 늘 사람들 입에 오르내리면서 너무나 익숙한 단어가 됐습니다. 일종의 '상식'이 됐다고나 할까요. 그러나 '근대성'은 그렇지 않았습니다. 최근 10여 년 동안 서구의 학계에서 주목받아 온 이론적 열기는 이제야 막 '돛을 휘날리며' 중국 땅으로 항해하여 왔습니다. 이 점이 한 가지입니다. 또 다른 한 가지는 근대성 논의는 해체주의와 서구 학계의 주류에 대한 마르크스주의의 반성 및 전복과 연관되어 있습니다. 이른바 '근대성' 논의는 근대화 이론이 지지하는 수많은 '신화'에 대한 해체를 포함하고 있습니다. 그 가운데 가장 중요한 부분은 직선적 역사관, 인문정신, 계몽주의 등 잠재적인 서구 중심 모델입니다. 사실상 여전히 오늘날 중국 지식계의 주요한 이론적 자원들이죠. 따라서 근대성 논의가 냉대받은 것은 지식의 단절 혹은 궤를 같이하지 못하는 상황과 이론적 입장의 충돌 때문입니다.

리퉈 맞습니다. 그러나 어찌 됐든 근대성에 대한 논의는 오늘날 반드시 거쳐야만 하는 스케줄이 됐습니다. 왜냐하면 그것은 단지 우리들 — 급격한 근대화 과정을 거쳐 온 중국인들 — 이 강렬한 이해와 해석이 발산하고 있는 여러 가지 거대한 변혁에 대한 바람을 갖고 있을 뿐 아니라 근대성 논의가 전지구적 범위 안에서 전개되고 있기 때문이기도 합니다. 그것은 일찍이 계몽 이래로 전개된 서구 역사 발전에 대한 서구 지식계의 반성과 검토에서 벗어나고 이를 극복하면서 전지구적 문제가 됐습니다. 이러한 국면의 등장이 물론 우연은 아니었습니다. 근대화 운동의 급속한 확대에 따라, 특히 20세기 말에 이러한 운동은 이미 '전지구화'의 거대한 역사적 전환이 됐습니다. 서구와 미국 등지의 여러 나라뿐 아니라 아시아, 라틴아메리카, 아프리카 등 '후발 근대화' 국가들에 있어서도 이러한 전환을 어떻게 이해하고 평가할 것인가 하는 문제는 모두 생사가 걸린 중요한 일이 됐습니다. 그러나 이러한 이해와 평가는 모두 근대성에 대한 인식과 토론에서 벗어날 수 없었습니다. 왜냐하면 근대성 개념은 근대화를 위해 일련의 가치와 규범을 제공해 주었기 때문입니다. 그러한 제공 과정은 또한 여러 복잡한 국가별 역사 운동과도 관계가 있습니다.

우리가 오늘 이 문제를 논의한다 해도 너무 큰 문제라 깊이 있게 들어갈 수는 없을 것입니다. 다만 문화연구라는 한 측면의 시각에 한정하여 편하게 이야기를 해보도록 하겠습니다.

다이진화 제가 개인적으로 근대성 문제에 관심을 가진 것은 '순수'한 이론적 흥미 때문은 아니었습니다. 오히려 중국의 현실과 사회·문화적 문제에 대한 관심 때문이었습니다. 다시 말해 근대성 논의는 중국의 이론적 자원이나 담론 체계와는 그다지 맞아떨어지는 주제가 아닙니다. 마침 우리가 직면한 사회·문화적 현실과는 궤를 같이하고 있습니다.

저는 1990년대 이래 특히 1993년 이후 중국 대중문화 영역에서 매우 풍부한 문화 현상의 흐름이 생겨났다고 봅니다. 갑작스럽게 등장한 이러한 문화 현상은 지식계에 혼돈을 가져다주었습니다. 풍부한 현상의 면전에서 이론과 습용되어 오던 담론들은 무력해졌고 더 이상 효과를 발휘할 수 없었습니다. 따라서 사람들은 '단절'에 관한 묘사를 인정했습니다. 사실상 그것은 이론 모델과 방법론의 실효로 인해 조성된 문화적 서술의 단절이었습니다. 각도를 바꾸어 보면, 그렇게 풍부한 현상의 면전에서, 1980년대 수많은 이론 명제와 문화 현상이 새로운 배경 화면 위에 다시 드러났다는 사실을 어렵지 않게 발견할 수 있습니다. 우리들에게 이전에는 인정할 수 없던 다른 면목이 드러난 것입니다. 1980년대부터 1990년대까지 중국 사회 현실에는 거대한 변화가 일어났습니다. 아울러 중국 운명에 관심을 갖던 모든 지식인들은 반드시 새롭게 많은 명제들을 사고해야 했습니다. 새로운 듯하나 새롭지 않으며 옳은 듯하나 옳지 않은 매우 많은 '풍부한' 현상들에 대하여 사고하고 질의해야 했습니다. 저는 종종 '원화의 복원'이라는 비유를 하곤 합니다. 왜냐하면 1990년대 문화 현실은 제가 느끼기에는 오늘날 중국의 역사적 과정에서 역사 현상의 중복된 등장이 마치 유화의 물감이 떨어져 나가고 그로 인해 화가가 사용했던 물감에 의해 가려져 있던 화면이 드러나게 된 것과 비슷하기 때문입니다. 그것은 낡은 그림입니다. 화가에 의해 부정된 낡은 그림이지요. 그러나 일찍이 그 그림을 본 적이 없던 사람들은 그것이 오히려 완전히 새로운 화면이라고 여기게 됩니다. 1990년대 문화 현실은 우리들에게 근·현대, 그리고 오늘날 중국을 새롭게 사고하게 하고 이미 정론화되어 있는 수많은 역사를 사고하게 합니다.

저는 매우 우스운 심리적 체험을 한 적이 있습니다. 1980년대 말 저는 1949년 이후의 중국 영화 수업에서 학우들과 함께 「쬐로 웨이후 산을 얻다」(智取威虎山)라는 모범극을 다시 보았습니다. 저는 그 작품이 문화적 웃음거리 혹은 봉건문화가 부활한 괴물쯤으로 여기고 있었습니다. 그러나 제 생각은 놀랍게도 완전히 깨졌습니다. 대(大)교향악대의 반주와 현대적인 춤, 현대적인 무대 예술, 현대적인 조명과 회전

무대가 그 안에 있었습니다. 얼마나 모던한 텍스트였던지요!

리퉈 잠깐 좀 끼어들겠습니다. 「홍색 낭자군」(紅色娘子軍)이라는 춤극이 미국에서 공연되어 대환영을 받았습니다. 중국에 어떻게 이렇듯 아름다운 발레가 있냐고들 했습니다. 그들은 그 작품을 매우 모던한 혹은 포스트모던한 예술로 대했던 것입니다.

다이진화 바로 그때였습니다. 저는 '처음으로' 피아노 반주인 「홍등기」(紅燈記)와 교향악 「사자방」(沙家浜)을 떠올렸습니다. 바로 그때 1980년대 문화가 지탱하고 있던, 1979년에 시작된 '근대화의 위대한 과정'에 관한 서사가 제 마음속에서 무너져 내렸습니다. 1990년대에 들어선 뒤 저는 국내외 젊은 학자들의 근대 중국에 대한 연구에 주목하기 시작했습니다. 기독교는 언제 어떻게 중국에 들어왔는가, 근대 산업은 어떻게 중국을 일으켰는가, 근대성의 확장은 어떻게 오랜 역사적 시간 속에서 중국을 다시 쓰고 있는가, 그 과정에 풍부한 현상과 과정이 포함되고 있는가 하는 문제들이었습니다. 이렇게 대단히 풍부한 현상과 역사는 물론 새롭게 '근대의 중국'과 '중국의 근대'를 개념 규정했습니다. 사실상 1980년대 가장 인기 있었던 핵심어는 '근대화'였습니다. 예컨대 '4개 근대화', '근대화 과정', 개혁·개방 등이었죠. 1990년대에 이르러서는 그렇게 열광적이지는 않았습니다. 오히려 논리가 가지를 뻗은 부분은 '포스트모던'이었죠.

리퉈 조금만 보충을 하면 '근대화'는 줄곧 주류 담론이었고, '포스트모던'은 상대적으로 주변에 놓여 있었죠.

다이진화 그렇지만 그것은 북적거리면서 언제나 붐비는 주변이었습니다. 그리고 그것은 서구 세계와 궤를 같이하고, 발걸음을 나란히 한다는 논리로 합법적인 근거를 삼았습니다.

광고연구와 문화 컨텍스트

허리 저는 오늘날 중국 문화에 관한 수많은 논의들이 아직 맥락화되지 못했다고 생각합니다. 이미 얻어 낸 결론들은 언제나 서구의 것을 이론으로서의 기초로 삼고 있고 거기에 중국의 현실을 덧입히고 있습니다. 단순화와 과도한 텍스트화의 혐의를 벗어날 수 없게 되는 것입니다. 예컨대 광고에 대해서 한편으로는 그것이 천박하고 패스트푸드적이고 욕망과 매혹이 충만한 상업문화라고 여겨져서 수많은 사람들에 의해 도시문명을 공격하는 채찍이 됩니다. 그러나 또 다른 한편으로는 경제적 고속 성장의 부산물이자 시장 성장의 필수품으로서, 서구 문화의 의미에 있어서 고전적인 포스트모던의 형상으로서 많은 학자들에 의해 서구와 동궤적인 표지로 인정받습니다. 그러나 사실상 오늘날 중국의 광고문화 현상이 우리들에게 보여 주는 문제는 아마 훨씬 더 복잡할 것입니다.

　　시기마다 중국 대중들 사이에는 우스갯소리가 있다고 합니다. 1980년대에는 어떤 사람이 길에서 돌을 던지면 시인이 맞았다고 합니다. 1980년대 말에는 길에서 돌을 던지면 사장이 맞았다고 합니다. 1990년대에는 돌을 던지면 광고 제작자가 맞았다더군요. 이러한 이야기는 어느 정도 현실을 반영합니다. 오늘날 중국 문화에 대한 이론가들의 시기 구분 방식과도 맞아떨어집니다. 그러나 우리가 반드시 인식해야 할 점은 1990년대 광고업의 발흥과 광고문화의 확장은 단일하지 않은 요소를 포함하고 있다는 사실입니다. 다이진화 선생님이 제기하신 여러 가지 요소들은 '공적 공간'에서 운용된 결과입니다. 1990년대 광고업은 분명히 1980년대에 비해서는 수많은, 아울러 쉽게 발견할 수 있는 변화들이 있었습니다. 한 통계 수치에 의하면 1979년 중국에는 10여 곳의 광고사가 있었습니다. 그런데 1994년에 이르면 전국의 광고 매출액이 160여 억위안에 달했고 상하이만 보더라도 1700여 곳의 광고사가 생겨났습니다. 그렇다고 우리가 단지 서양적인 의미에서의 상업화만을 갖고 1990년대 문화를 개괄할 수 있을까요? 광고만으로 말하면, 최초의 자리매김에 있어 전체적인 광고가 서양과 절대적으로 다르지는 않았을 겁니다. 광고는 계획적으로 매체를 통해서 소비 대상을 선정하고 관련 상품의 우수성과 특징을 선전함으로써 소비자의 주목을 끌어 소비자의 구매 욕구를 불러일으킵니다. 그러나 우리는 다음 두 가지 사실에 주목해야 합니다. 첫째 대부분의 중국 광고 매체는 서양과 다릅니다. 대부분은 '국유'입니다. 둘째 광고주와 광고사 그리고 대중이 처해 있는 상황 및 상응하는 심리가 다르다는 점입니다.

다이진화 좀더 직접적으로 말하면 정도의 차이는 있지만 사회주의 체제는 여전히 역할을 하고 있고 영향력을 발휘하고 있다는 점이죠.

허리 그렇습니다. 몇 가지 대표적인 예를 들어 보겠습니다. 창안가(長安街)에는 거대한 변환식 옥외 광고판이 있습니다. 이 광고는 위치가 아주 좋습니다. 사람들이 많고 유동 인구가 많은 곳에 세워져 있지요. 그리고 시야를 가리는 장애물도 없습니다. 흥미로운 점은 내용이 부단히 변하는 이 광고판에 한 번은 화려한 색채로 일본 다국적 기업의 상품이 보이고 한 번은 아무런 도안도 없이 "개혁을 심화하자"라는 표어가 나타난다는 것입니다. 외국에서는 영리를 목적으로 한 광고(상업 광고)와 비영리적인 광고(공익 광고)의 구분이 매우 분명한 편입니다. 그러나 중국에서는 하나의 광고판 안에 동시에 상업적 기능과 정치 선전의 기능을 담아내고 있습니다. 이러한 복잡성을 한마디로 '상업'화 혹은 '포스트모던'으로 설명할 수는 없을 것입니다.

다이진화 그러한 문제는 아마도 중국의 '포스트 사회주의' 문제를 논의하면서 비교·설명해야 할 것입니다. 1990년대 문화 정세의 복잡성에서 또 주목을 끌었던 예, 즉 문화적 사건은 인문정신에 관한 논의였습니다. 설전을 하면서 공격하는 쪽과 당하는 쪽, 즉 '인문정신'의 변호자들과 반박자들은 오늘날 중국의 현실을 어떻게 분명하게 구분 지으며, 당시 중국 지식인들의 지위와 역할을 어떻게 인정하느냐에 따라 나뉘었습니다. 변호자들은 당시 중국은 여전히 전기 산업사회에 놓여 있고 따라서 반드시 계몽의 사명을 계속해야 하고 인문정신을 가슴에 품어야 하며 종국적으로 관심을 가져야 하고 우매한 어둠과 싸워 이겨야 한다는 것이었습니다. 또 한편으로는 모든 인문주의의 명제는 이미 역사의 쓰레기통으로 들어가 버려서 완전히 새롭고 포스트모던한 자태로 상업의 물결을 끌어안고 새로운 현실의 강림을 환호해야 한다는 입장이 있었습니다.

제가 보기에 이러한 논쟁의 배후에서 효과적으로 운용됐던 것이 근대성 담론 체계입니다. 그러나 근대성에 관한 명제는 시종 등장한 적 없이 물밑에 숨어 있었습니다. 그것의 극단적 관건은 시종 진정으로 논의되지 못했고 이에 따라 상대적으로 명확한 구분과 인식도 할 수 없었습니다. 저는 '이론의 국제 여행'이라는 견해를 다시 제기하고 싶습니다. 1980년대 우리는 분명히 이른바 '이론의 횃불'의 전달자 구실을 했습니다. 우리는 분명히 20세기 서양 이론이 중국으로 여행을 온 과정을 경험하고 체험했습니다. 처음으로 이글턴의 『20세기 서양 문학 이론』(*Literary Theory : An Introduction*; 한국어본 『문학이론 입문』)이라는 책을 읽었을 때 그가 "유럽의 이론이 영국 해협을 건너려면 10년이 걸린다"고 한 말을 보았습니다. 그러한 이론 여행의 시간과 공간의 묘사에 우리는 매우 공감했습니다. 우리는 대체로 분명하게 자신의 "이론 기억의 명세서"를 보여 줄 수 있습니다. 어떠한 이론이 언제 중국에 왔고 중국의 어떤 특정한 현실과 조응되거나 결합했는지를 말입니다.

그러나 1990년대 상황은 이와는 꽤 다릅니다. 제 개인적으로 말하면 문화연구를 새로운 과제로 선택한 것은 서양의 문화연구 이론이 중국에 여행을 왔기 때문이 아니라 우리가 겪은, 그리고 직면한 현실이 우리를 반드시 이 명제에 종사하도록 밀어붙였기 때문입니다. 근대성에 대한 성찰과 사고는 물론 문화연구의 기본 명제입니다. 바로 그 명제 위에서 우리는 서양 학자들의 근대성에 대한 성찰과 사고의 깊이를 느끼게 됩니다. 오늘날 중국의 복잡한 현실도 마치 우리가 일찍이 서양 이론의 '성화'를 얻었던 것처럼 상당히 무력하고 적어도 제각각 저마다였다고 느끼게 됩니다. 그래서 우리가 진행하고자 하는 논의는 이론적인 검토이면서 더욱 중요하게는 어떻게 중국의 역사와 현실의 도전에 호응하는가 하는 점입니다. 따라서 우리는 광고와 같은 오늘날의 문화 현상 속의 풍부하고 복잡한 요소가 제공하는 풍부한 명제를 보아야 합니다.

리쮀 광고연구는 당연히 문화연구 가운데에서 특수하게 중요한 위치를 차지하고 있습니다. 물론 선진국의 광고연구도 중요하지만 그러나 중국의 문화연구에서는 특히 중요합니다. 왜냐하면 다양한 표상과 기호 체계 속에서 광고는 가장 오색찬란하게 사람들의 주목을 끌고 있기 때문입니다. 어쩌면 가장 풍부하고 생명력 있는 분야인지도 모르겠습니다. 그러나 그것과 근대성 간의 관계는 세밀하게 분석하고 연구해야만 합니다. 그토록 풍부한 현상에 대하여 기존의 해석과 표현은 너무 단순했습니다. 허리 선생이 얘기한 대로 '세속화'로 그것을 개괄할 수 있느냐는 것입니다. 단순하게 포스트모던과 후기 산업사회라는 말로 묘사할 수 있을까요? 모두들 합당하지도 정확하지도 않습니다. 단순하게 그것을 몇 가지 간단한 서양 이론에 상응하는 개념으로 전환시킬 수 없습니다. 우리의 방금 논의에서 이미 문제의 복잡성을 산발적으로 이야기하긴 했습니다만 그 속에서 이미 문제의 복잡성을 볼 수 있었습니다. 이러한 복잡한 문화 현실에 대하여 우리는 토론을 통해 새로운 언어와 새로운 이론적 입장, 새로운 출발점을 찾아야 합니다. 그렇지 않으면 손쉽게 서양 이론을 가져와서 가장 쉬운 방식으로 그들이 이미 이뤄 놓은 문화연구 성과와 방법, 개념을 운용할 수밖에 없을 것입니다. 가져와서 쓰면 된다는 생각은 매우 큰 문제를 야기할 것입니다. 시작하기 전에 여러분들이 어떻게 중국의 광고사를 연구해야 할 것인가를 이야기한 것처럼요.

다이진화 일부 중국의 광고사에 대한 '소급'이 이미 있었습니다. 그러나 이러한 역사적 글쓰기는 자신의 합법성을 수립하고자 하는 데 더 큰 목적이 있습니다. '소급'을 통해 자신을 이전의 자신과 이어주는 권력을 확립하는 것이지요. 물론 최근 각 매체와 광고사가 저마다 책을 내고 있고 자신의 역사를 쓰고 있습니다. 그것 자체가 문화연구의 과제 가운데 하나입니다.

리퉈 사실 광고연구는 광고의 이데올로기사, 계급적 관점에서의 변천사와 반드시 연계되어 이루어져야 합니다. 오늘날 우리의 광고연구는 늘 분류 연구가 이루어지지 않는 상황에서 사상누각의 거시적 구조부터 시작합니다. 이것이 우리의 궁벽한 상황입니다. 우리는 이 점에 대하여 비판적으로 검토해야만 합니다. 그러나 다른 선택이 없는 상황에서 우리는 스스로 통계숫자와 분류 연구의 기초를 갖고 있지 못함을 알고 있습니다. (다이진화: "개별 연구도 불충분합니다.") 그래도 우리는 해야만 합니다. 따라서 더욱 단순화를 경계해야 합니다.

'세속화'에 관한 질의

다이진화 우리가 광고에서 시작하려는 까닭은 앞서 1990년대 풍부한 문화 현상의 물결과 그러한 현상에 맞선 이론적 패러다임의 효과가 상실됐다고 제기했기 때문입니다. 광고의 풍부함이 다양한 이론을 단순화하는 연습에 풍부한 가능성을 제공했다는 사실은 흥미롭습니다. 예컨대 수많은 다국적 기업 광고의 등장을 근거로 마치 다국적 자본이 이미 전면적으로 중국 시장에 침투하고 이를 점령한 듯한 결론을 손쉽게 내리기도 합니다. '탈식민'에 대한 어떤 논의들은 더 충분한 논거를 제공하는 듯합니다. 그러나 우리는 앞서 논의를 통해 문제가 훨씬 복잡하리라는 사실을 이미 보았습니다. 예컨대 사람들은 중국 광고업의 급격한 발전과 끊임없는 성숙, 그리고 광고 자체의 표상 체계가 발전함에 따라 '시뮬라크르' 이론과 소비사회 이론 등을 거론하고 그로부터 중국이 이미 후기 산업사회로 진입했다거나 혹은 포스트모던 시기로 진입했다는 결론을 쉽게 이끌어 냅니다. 사실의 다양성을 소홀히 하도록 유혹하고 있는 것이죠. 그 다양성이란 광고 자체의 표현에 있어서의 다양성과 광고의 배후에 있는 '기제' 운용의 다양성과 복잡성입니다. 또 예컨대 광고 속에서 이처럼 수많은 개인과 보통 사람, 중산계급의 노력이 구현되면 사람들은 또 이른바 중국 사회가 지금 '세속화'의 과정에 처해 있다고 쉽게 결론을 맺습니다. 그렇다면, 예컨대 '세속'이란 무엇입니까?

허리 막스 베버(Max Weber)는 일찍이 루터가 이끈 종교개혁의 '세속'관에서 시작하여 서구 사회의 세속적 생활/현세의 의무, 그리고 직업화가 어떻게 종교 안에서 합법적으로 역할을 했는지, 그 경제적인 영향은 어떠했는지 논의했습니다. 한 사회과학자로서, 현대 문화 비교 연구의 선구자로서 베버는 또 중국이 왜 '이성적'인 자본주의 노동조합 방식을 선택할 수 없었는가 하는 점도 분석했습니다. 베버의 이론에 가치가 있음은 물론입니다. 그러나 우리는 그의 관점이 상당한 한계를 갖고 있음에 주의를 기울여야 합니다. 베버는 근대화 과정은 보편화된 원칙이며 비서구 국가는 특수하다고 생각했습니다.

리퉈 그러나 최근 '세속화'로 1990년대 중국을 해석하는 방식이 상당히 유행하고 있습니다. 비록 지금까지는 체계적이고 힘 있는 논리가 선보이지는 않았지만요. 예컨대 중국이 세속화 운동을 거치고 있다고 생각하는 사람들의 이론적·현실적 근거는 무엇입니까? 베버의 이론과 관계가 있는 건가요? 관계가 있다면 어떻게 그러한 이론을 직접 '원용'하는 데 대한 유효성을 신뢰하게 할 수 있습니까? 만일 관계가 없다면 중국이 현재 세속화 과정을 거치고 있다는 말은 무슨 의미입니까? 유럽에서 '세속화'(secularization)는 기독교의 신권통치에 대항한 것이었고 그때 '세속화'는 반드시 종교와의 이원대립 관계 속에서만 이해될 수 있습니다.

다이진화 유럽의 중세와 견주어 말하면, 심지어 봉건 중국도 '세속 사회'라고 칭할 수밖에 없을 겁니다.

리튀 그렇습니다. 오늘날 '세속화'로서 1990년대 중국의 급격한 변혁을 묘사하거나 해석하는 것은 분명 베버가 쓴 의미는 아닙니다. 그렇다면 그것은 도대체 무엇을 가리킵니까? 그러한 세속화는 무엇에 대항하여 자신의 의미를 규정할 수 있습니까? '세속화' 논자들은 종종 오늘날 시장경제의 급속한 발전과 그러한 발전이 가져온 사회생활의 다양한 변화로 이론적 지지 기반을 삼습니다. 논의 속에서 늘 '세속화' 등을 시장화, 다원화 등과 동일시하곤 합니다. 그러나 만일 '세속화'와 시장화, 다원화를 동등한 관계로 보는 일이 분명히 성립되기 어려운 일이라고 인정한다면, 그러한 논의는 또 결국 어떠한 이데올로기의 표현입니까?

다이진화 저는 이른바 '세속화'에 관한 논의가 분명히 많은 경우에 이데올로기의 실천적 내용을 포함하고 있다고 생각합니다. 그런 실천을 지지한다는 것은 말하지 않아도 자명한 공통된 인식의 전제를 이미 갖고 있습니다. 그것은 바로 문화대혁명이 서구의 중세에 해당하며 '문혁'의 독재 권력은 중세의 신권과 같다고 보는 것입니다. 이러한 전제에서 세속화라는 말로 개혁·개방/시장화 과정을 지칭하는 것은 '합당'하지 않나요?

리퉈 최근의 이론적 논의 중 '세속화'는 때때로 지식인들의 역할 변화 혹은 상업화 과정과 관계됩니다. 이렇게 복잡한 문제를 가장 단순한 방식으로 논의하려면 거대 서사를 만들면 됩니다. 마르크스주의나 구조주의의 우수한 점은 분과 학문이 나뉘어 있는 문화적 현실을 '절합'하고자 노력했다는 데 있습니다. 그들의 학제성은 따라서 문화연구의 중요한 자원입니다. 그러나 그 결점은 바로 거대 서사라는 점에 있습니다. 물론 자유주의 이론도 거대 서사를 제공하기는 합니다. 예컨대 '후기 산업사회' 같은 것이죠. 후자의 문제는 사회주의와 자본주의, 그리고 제1세계와 제3세계 사이의 차이를 말살함으로써 그들을 한데 뒤섞어 버린다는 데 있습니다. 세계가 동질적인 공간이라고 가정하고, 그들의 개괄이 어떤 보편성을 갖고 있다고 가정하는 거대 서사는 사람을 끌어들이는 모종의 매력을 갖고 있습니다. 총체적인 답안과 해결책을 제시하는 것처럼 보이지요. 그것은 사람들이 "마음을 놓게 합니다". 학술적 전통이든 출세에 대한 필요 때문이든 거대 서사는 마치 그들의 모든 문제를 해결할 수 있는 것 같습니다.

다이진화 개인이 안주할 수 있는 상상의 공간을 만드는 것이지요.

리퉈 그렇습니다. 일종의 상상 관계를 수립하는 것입니다. 이러한 의미에서 거대 서사는 언제나 '유효' 합니다. 방금 우리가 지적했듯이 중국의 많은 논자들은 서구에서 건너온 거대 서사를 중국에 옮겨 심으려고 시도하고 있습니다.

다이진화 그렇습니다. 제 생각에 이른바 '세속화'를 지탱하는 관점의 거대 서사는 분명 거짓 서사입니다. 저는 이데올로기의 '허위 의식'을 말하는 게 아닙니다. 우리는 일찍이 1979년 '창세기'의 역사 서술에 관해 논의했습니다. 그것은 근·현대 중국이 겪어 온 근대화 과정 가운데에서 특수한 실천적 의미들을 소홀히 하거나 무시했습니다. 만일 문화대혁명이 중국의 '중세' 라면, 적어도 중세 역사의 연속이라면, '세속화'가 '혁명성'을 함축하고 있음은 말하지 않아도 자명한 것입니다. 그것은 역사의 진보임에 틀림없습니다. 물론 거기에서 우리는 또 근대성 담론의 핵심 가운데 하나를 만나게 됩니다. 직선적 역사관이죠. 그래서 '세속화'라는 이 학리적(學理的) 층위에서 나타난 문제는 수많은 비학리적인 요소들을 갖고 있습니다. 지식의 계보에 있어 그것은 질문할 만한 문제로 가득합니다. 그러나 오늘날 중국 지식인들의 기억의 명세서 속에서 그것은 상당히 명징한 맥락을 갖고 있습니다.

리퉈 그 지점이야말로 문제의 위험성이 도사리고 있는 곳입니다. 반드시 그런 문제들에 질의를 던지고 검토해 봐야 합니다. 1980년대를 회의하고 반성해야만 합니다. 1980년대 내내 문화는 1990년대의 역사 과정과 문화 실천에 매우 충분한 합법화를 준비해 주었습니다.

광고와 사회 기제

다이진화 그 역사와 담론의 과정을 논의함에 있어 광고는 매우 적합한 예입니다. 광고는 1990년대 가장 주목할 만한 문화의 표상 체계 가운데 하나로 자리 잡았습니다. 재미있는 사실은 그것이 동시에 오늘날 중국 문화를 묘사하는 이들을 유혹하고 있다는 점입니다. 상당히 풍부하고 다양한 문화적 증거를 제공함으로써 관점이 서로 다른 논자들이 필요로 하는 증거들을 충분히 제공하고 있습니다. 상품 광고는 1980년대 초에 나타났습니다. 그러나 그 신속한 번영과 성숙은 오히려 1990년대 짧은 몇 년간 이루어졌습니다. 그 몇 년 동안 광고는 신속하게 성숙한 형태를 이뤄 냈고, 매체의 수량과 종류에 있어서도 급속한 확장을 가져왔습니다. 1990년대 초에는 또 '교육 보급'을 진행하면서 기차와 버스 안에도 광고 매체가 있을 수 있다는 사실을 지적하기도 했습니다. 오래지 않아 버스 안에도 광고가 등장하자 이를 격렬히 공격하는 글이 등장했습니다. 도시를 시각적으로 오염시킨다고 생각한 것이죠. 그러나 순식간에 우리는 전신에 광고를 둘러 입은 버스에 익숙해졌을 뿐 아니라 형형색색의 광고로 가득한 도시 공간 또한 낯익게 됐습니다. 그래서 우리는 어떤 문화와 공간의 묘사 속에서 중국 도시가 '세계 대도시의 무명화(無名化)' 과정을 겪고 있다는 결론을 쉽게 얻을 수 있었습니다. 또 중국의 광고 표상 체계가 선진국에 완전히 조응한다는 '사실'도 발견했습니다. 그 점에 대하여 깊이 있는 분석을 꺼리지 말아야 합니다. 우선 단순하게 그 뒤를 밟아 소급해 볼 필요가 있습니다.

1980년대 가장 먼저 등장한 텔레비전 광고는 대부분 국영 대기업이나 중형 기업의 상품 광고로 대형 기계를 판매하기 위한 것이었습니다. 단조롭고 전형적인 광고 언어가 사용됐습니다. "운송 대행, 싼바오(三包) 시행" 등과 같은 문구였죠. 그것은 진정한 의미에서 판매를 촉진하는 광고였습니다. 그러나 오늘날의 이른바 공산품 정보에 비하면 분명히 일종의 원시적인 광고였죠. 그런 광고는 환영받지 못했습니다. 수용의 의미에서 전체적인 공격과 저항에 직면했죠. 그러나 실용적인 측면에서는 판매라는 의미에서 상당히 유효했습니다. 당시에는 매체학, 심리학, 문화학, 광고학의 의미에서 발전된 광고 형태는 등장하지 않았습니다. 그러나 흥미로운 사실은 사람들이 한편으로는 중국의 '원시 광고'를 배척하면서, 다른 한편으로는 서구식의 발전된 광고를 추구한다는 점입니다. 왜냐하면 후자는 당시로서는 매우 중요한 근대화, 대도시, 선진 사회, 번영과 문명의 기표로 인식됐기 때문입니다. 제가 수업 시간에 외국 광고가 삽입된 영화를 보여 주면 학생들은 모두 광고 영상을 빨리 감기 싫어합니다. 왜냐하면 그러한 광고 영상들은 영화보다도 훨씬 아름답고 화려하기 때문입니다. 성숙한 광고는 사람을 홀릴 만한 시각으로 유혹하고 즐기도록 합니다. 1987~88년 도시영화의 흐름 속에서 등장한 중요한 작품은 모두 의식적으로 광고를 끼워 넣고 있습니다. 중요한 기표로 삼고 있는 것이죠. 영화에는 코카콜라 혹은 말보로 광고가 등장해야 했습니다. 인물은 마천루와도 같은 광고판 앞을 걸어가는 마치 좁쌀만 한 개미처럼 묘사됩니다. 그리고 그러한 화면을 통해서 이미 시각적으로 근대 도시에 관한 언술이 실현됩니다. 그러나 그러한 공간은 중국인에게 있어서는 대단히 생소했습니다. 비록 영화 속의 인물이라 해도 그들이 '기후와 풍토가 맞지 않는' 과정을 겪고 있음을 의미합니다. 짧은 몇 해 사이 그러한 공간은 지천으로 널리게 됐습니다. 그리고는 이미 더 이상 특수한 의의나 의미를 갖지 못하고 우리들의 일상생활 공간과 환경 공간이 됐습니다. 변화는 그렇게 컸고 그래서 사람들은 1980~90년대 사이에 일어난 새로운 문화의 단절이라는 견해를 매우 쉽게 받아들입니다.

쑹웨이제 그런 의미에서 레이먼드 윌리엄스의 영국 광고사에 대한 정리는 의미와 한계를 동시에 보여 줍니다. 우리는 문화연구 수업에서 일찍이 「광고: 마법 체계」(Advertising : The Magic System)라는 윌리엄스의 논문을 논의한 바 있습니다. 그는 광고가 마술적인 시장과 소비의 기묘한 모습을 제작해 냄으로써 소비자가 수용 과정에서 자신을 잃어버린다고 생각합니다. 그의 정리는 주로 1668년께 시작된, 200년에 걸친 영국의 광고사를 다루고 있습니다. 중국의 광고사에 대해서도 그러한 소급을 통해 뿌리를 찾아본다면 200년에 그치지는 않을 것입니다. 물론 현대적인 의미에서의 광고라고 할 만한 것은 아니지만요. 윌리엄스의 정리를 통해 광고 형태가 서로 다른 역사적 단계에서 서로 다른 매체와 결합할 때 발생하는 각양각색의 변화를 볼 수 있었습니다. 방금 다이진화 선생님이 말씀하신 1980년대 중국 광고와 영상매체의 결합이 만들어 낸 상황처럼 말이지요. 오늘날에 와서 볼 때 "책임 배달, 싼바오 시행"이라는 식의 광고가 텔레비전 매체 속에서 표현되기에는 부적합하다는 사실은 명약관화한 일이죠. 그러나 그것은 다른 측면에서, 특수한 시대의 특수한 역사를 보여 주고 있습니다.

다이진화 윌리엄스의 글을 읽으면서 우리는 모두 웃었습니다. 그가 묘사하는 영국의 광고 200년 역사 가운데 등장했던 광고의 양식이 오늘날 우리의 현실에서 동시에 일어나고 있기 때문이었죠. 그래서 그에 대해 이론적 가설을 통시적으로 배열할 수 있었죠. 그러나 그것은 사실상 공시적 상태를 드러내고 있습니다.

쑹웨이제 광고업이 그렇게 발달했더라도 중국에는 아직 완비된 기제의 산업/상업 체계가 갖추어져 있지 않습니다. 왜냐하면 충분히 효과적인 광고 체제에서 광고-광고제작자-매체-시장이 각 고리마다 결여돼 있기 때문입니다. 그 중 몇 고리가 성숙하지 못했다면, 혹은 특수한 기제와 복잡한 영향의 요소를 포함하고 있다면, 광고의 기형적인 상태가 초래될 것입니다. 중국의 시장은 완전히 성숙하지 않았고 그 때문에 광고의 제작 기제도 완전히 상업화되지는 않았습니다.

다이진화 바로 그렇기 때문에 광고는 1990년대 중국 문화 공간을 투시하는 예로서 흥미로운 것입니다. 우리는 더욱이 광고의 배후에서 조작되는 다중적인 '기제'들을 소홀히 할 수 없습니다.

리퉈 그 내재적인 기제를 연구해야죠.

다이진화 그 배후의 상업적인 기제를 연구해야 합니다. 그리고 그 기제를 지탱하고 있는 사회 구조의 방식을 연구해야 합니다.

리퉈 거기서 문제는 중국의 구체적인 상황을 고려해서 '상업적 기제'로 그것을 정확하게 묘사할 수 있는가 하는 점입니다.

다이진화 다중적인 경제 기제와 변화하는 사회·문화 기제라고 해야겠습니다.

리튀 심사숙고할 필요가 있습니다. 새로운 명명을 찾아야 할 필요도 있을 겁니다.

쑹웨이제 광고의 운용에는 다양성이라는 기제가 놓여 있습니다. 경제적 기제의 운용도 있고 관변 체제 혹은 정치 체제가 개입된 요소도 있습니다. 또 상당히 복잡한 문화 기제도 그 속에 삼투되어 있습니다.

리튀 텔레비전 드라마의 경우와도 비슷한 듯합니다.

쑹웨이제 예컨대, 1994년 아시아·태평양 장애인 경기대회(FESPIC) 개막식에 쓰인 광고 음악 '태양이 솟아오를 때'는 상업 광고가 아닙니다. 거기에는 중국의 부흥과 아시아를 뚫고 세계를 향해 가는 정치적 이상과 서사, 민족의 부강한 꿈 등 복잡한 내용들이 연관되어 있습니다.

다이진화 제가 문화연구 수업에서 자주 다룬 한 예입니다. 아시아·태평양 장애인 경기대회 개막식과 그 광고 음악을 통해 재미있는 사실을 많이 읽어 낼 수 있었습니다. 물론 그것은 롤랑 바르트 식의 광고 문체 분석은 아닙니다. 우선, '태양신'이라는 영양제 드링크 회사가 독자적으로 국가가 주최하는 국제대회를 사 버렸다는 것 자체가 놀랄 만한 사실이죠. 어떤 의미에서 '태양신' 회사는 그 개막식을 자신의 CI(기업이미지)의 일부로 바꾸었습니다. 그리고 자기 상품의 거대한 광고로 바꾸었습니다. 스포츠가 이른바 '상식' 체계 속에서 갖는 초월적 가치를 생각하고, 알튀세르가 제시한 이데올로기 국가기구로서 스포츠의 기능을 생각해 본다면, 중국에는 전에 없던 거대 광고가 매우 깊은 의미를 보여 준 것입니다. 전체 개막식은 통상 국제대회의 개막식 규모를 갖추고 있었습니다. 무대도 거대했고 감동할 만한 위대한 이야기로 가득했습니다. 아름다운 인류의 정신, "참가하는 데 의미가 있다"면서 장애인들은 자신의 생명의 극한에 도전한다는 내용들이죠. 그러나 그 아름다운 표상 뒤에는 대기업의 경제적 실력이 있었습니다. 좀더 직설적으로 이야기하면, 초월적인 인도주의 정신의 언술 뒤에서 반짝이는, 빛나는 돈이 있었습니다. 저는 마지막 주제곡을 농담 삼아 '중국의 환희송〔歡樂頌〕'이라 불렀습니다. 극도의 절정에 이르러 노래는 마지막 가사를 내보냅니다. "태양이 솟아오를 때." 그것은 텔레비전을 통해서 이미 누구나 다 알고 있는 '태양신' 회사의 광고 음악이었습니다. 매우 흥미진진한 예입니다. 영양제로 성장한 회사가 그런 규모의 광고를 설계할 수 있고 아울러 스포츠라는, 언제나 유효한 이데올로기 국가기구와 결합했다면, 그 배후에는 분명히 더욱 구체적인 정치적 요소와 사회·문화적 목적이 있는 겁니다. 단순한 상업행위가 아닙니다.

좀더 멀리 나가 보면, 이른바 성공적인 영업 이외에도 다채로운 영양제 드링크와 건강식품, 약품들이 지속적으로 중국을 뒤흔들면서 경영자에게 상당한 이윤을 가져다주는 현상 배후에 도대체 어떠한 사회 심리가 도사리고 있는지를 고려해 보아야만 합니다. 예컨대 1993년 이래로 수많은 조사 결과가 이를 보여 주고 있습니다. 도시민들의 관심사 중 첫번째는 '개인의 건강'입니다. 성공하는 광고의 배후에는 저마다 복잡하고 풍부한 사회·문화적 내용들이 있습니다.

쑹웨이제 중국에서 광고의 영향력이 미치는 범위를 결코 무시할 수 없습니다. 서너 살 된 어린아이들까지도 포함해서요. 아이들은 텔레비전 드라마는 이해하지 못하면서도 광고만 보려고 합니다. 또 무조건적으로 받아들입니다. 그런 의미에서 아이들은 광고의 가장 직접적이고, 가장 순수하며, 가장 분별력을 결여한 관객입니다. 유럽이나 미국과 비교해 보면 광고 제작에 영향을 미치는 기제가 다릅니다. 광고를 관람하는 상태도 다릅니다. 예컨대 유럽에서는 부모가 아이를 데리고 광고를 함께 본다고 합니다. 그러면 아이에게 광고 제작의 비밀을 가르쳐 줄 수 있고 매혹성과 허위성을 간파할 수 있게 된다는 것이죠. 그렇게 되면 비현실적인 내용에 대해 점차 명징한 인지를 형성함으로써 우매해지지 않을 수 있다고 합니다.

리튀 그걸 이상화할 필요는 없습니다. 단지 일부 지식인들 얘기일 뿐입니다.

다이진화 그렇습니다. 우스운 이야기 하나가 생각나는데요. 제가 한번은 미국 친구에게 애완동물 이야기를 하면서 사람을 쳐다보는 그 눈빛에 '신뢰'가 담겨 있다고 말했습니다. 그러자 그녀가 하하 웃으면서 대답하더군요. 제 묘사가 어쩜 그렇게 광고와 똑같냐고 말이죠. 바로 그런 '광고 어휘'들 때문에 그들이 강아지에게 파는 것들, 그러니까 음식이나 보험 등을 사주었다고 말이죠. 그것이 한 대학교수의 현실입니다. 그녀도 완전히 광고를 배척할 수는 없었습니다.

쑹웨이제 물론입니다. 그런 경우는 매우 제한적입니다. 그러나 그럼에도 다른 지점이 있습니다. 예컨대 미국의 광고 운용 과정에는 언제나 이런 현상이 있습니다. 상대 회사가 광고로 서로를 비난합니다. 다른 브랜드의 같은 종류 상품이 광고를 통해 폄하됩니다. 심지어 이름까지 거론하며 어느 어느 회사가 어떠어떠하다는 말은 거짓이며, 거짓을 타파해야 한다는 주장을 텔레비전을 통해 공개적으로 까발립니다. 그렇게 되면 사람들은 광고를 보면서 그 자체의 모순을 읽게 됩니다. 또 광고의 마술적인 힘이 얼마간 해소되기도 할 것입니다. 중국에는 그런 상황이 거의 없지요. 중국 광고의 기표나 표상 체계의 복잡성, 내재된 기제의 다양성은 관객들의 관람 행위에 더욱 많은 문제와 도전을 가져다주었습니다.

다이진화 그 점에 동의합니다. 중국 관객들은 광고뿐 아니라 소비사회의 다양한 상투적인 수식에 대해 최소한의 경계심도 결여되어 있습니다. 텔레비전 매체가 국가에 소속되어 있고 관객은 여전히 국가에 대한 신뢰감을 갖고 있기 때문입니다.

다국적 자본과 광고의 표상

리튀 광고 기제에 대해서라면 「재롱 처녀」(開心果女郞)라는 글에서 다국적 자본을 이야기한 바 있습니다. 이는 중국의 광고 운용 중에서도 역시 중요한 요소로 소홀히 다룰 수 없을 것입니다. 중국 개혁·개방 과정에서 외자 유치는 기본적인 국가 정책이었습니다. 이후 다국적 기업이 중국에 들어와 합법화됐고 광고 제작에서도 다국적 기업, 정부, 국영기업, 그리고 광고 제작사, 대행사 등 사이에 복잡한 네트워크가 형성됐습니다. 보드리야르가 제기한 '시뮬라시옹' 이론은 그 점에서 상당한 깨달음을 줍니다. 광고는 '시뮬라시옹' 문화의 전형적인 일종입니다. 대량 생산되기 때문이지요. 광고의 기표 체계는 이중적인 의미를 갖고 있습니다. 광고는 자신이 팔려고 하는 상품과 연관되어 있지만, 더욱 중요한 점은 어떤 초월적인 가치를 지향한다는 것입니다. 초현실적인, 즉 쑹 선생이 이야기한 대로 환상적인 것이죠. 이러한 요소들이 구현하는 문화는 늘 근대성 담론의 한 분기를 이룹니다. 선남선녀들과 부르주아적인 멋들어진 외면으로 가득한 광고의 배후에는 그렇게 다국적 자본이 운용되고 있습니다.

다이진화 다국적 자본의 그와 같은 중국 침투는 광고의 재현에 여러 복잡한 요소가 생겨나게 했습니다. 예컨대 중앙1텔레비전(CCTV1), 2텔레비전(CCTV2)의 순외자기업, 즉 비합자기업의 광고 방영은 매우 제한적입니다. 따라서 매체의 경제 행위에 대한 국가의 간섭이 반드시 경제 현실에서 다국적 기업의 침투 상황을 그럴듯하게 반영하지는 않습니다. 예컨대 이름도 당당한 미국의 P&G는 기본적으로 완전히 중국의 생필품 시장을 점거했습니다. 그러나 광고는 상대적으로 훨씬 절제하고 있습니다. 또 맥도날드는 단 몇 년 만에 왕푸징(王府井)의 첫번째 점포를 시작으로 베이징에만 수십 곳이 생겨났고 전국적으로는 대도시에 수백 곳이 세워졌습니다. 그러나 세계 각 대도시 텔레비전에서 모두 볼 수 있었던 맥도날드 광고를 중앙텔레비전에서는 결코 볼 수 없었습니다. 물론 중국 대도시에는 다른 방식의 맥도날드 광고가 중요한 볼거리가 됐지요. 맥도날드의 표지인 '노란색 M자'는 여러 도시들에서 건물과 하늘이 맞닿은 선에서 가장 두드러진 감제고지(瞰制高地)

가 됐습니다. 초등학생들이 길을 건너려 서 있는 건널목 표지판에서 가장 이목을 끄는 것도 그 'M자'입니다.

저는 언젠가 전형적인 사회주의 행동 방식을 본 적이 있습니다. 초등학생들이 사회봉사로 토요일 의무노동 시간에 번잡한 도로에서 교통정리를 하고 있었습니다. 학생들은 공익활동을 할 때 입는 밝은 빨강 조끼를 입었는데 거기에도 맥도날드 'M자'가 있었습니다. 저와 같은 차에 타고 있던 한 아가씨가 학생들을 보더니 매우 재미있다는 듯 소리쳤습니다. "맥도날드!" 그녀는 맥도날드만을 알아보았을 뿐 "레이펑(雷鋒)을 배워 좋은 일을 하자"*는 뜻은 알아차리지 못했던 듯합니다. 중국적 풍경이겠지요. 하지만 또 다른 특수한 상황도 있습니다. 일부 다국적 기업들, 예컨대 일본 대기업의 광고는 결코 직접적으로 상품 구입을 종용하지 않습니다. 이른바 '21세기의 중국인'과 같은 것으로 일종의 심리적 투자만 하고 있습니다.

리퉈 지금은 볼 수 없지만, 1980년대에 유명한 광고가 생각납니다. "차가 산에 이르면 반드시 길이 있고, 길이 있으면 도요타가 있다"**는 내용이었습니다. 그러나 당시 도요타는 중국에 그다지 판로가 많지 않았습니다. 그 광고는 1990년대를 위한 것이었지요.

---

* 중국인민해방군에 입대하여 1962년 부대 내 사고로 순직한 레이펑을 따라 배우자는 뜻으로 정부가 내세운 슬로건. 3월 5일을 기념일로 정했는데, 이후 학생들이 공원이나 거리를 청소하는 날로 정착됐다. ─옮긴이
** "수레가 산에 가면 반드시 길이 있다"(車到山前必有路)라는 중국의 속담에 덧붙인 광고 문구.
 ─옮긴이

다이진화 그와 같은 광고는 문화적 필요를 구조화하고 있습니다. 일종의 심리적 투자인 동시에 알게 모르게 가치관과 생활 방식을 파는 것이지요.

허리 전지구화 과정에서 중국 광고의 발전은 매우 중요합니다. 거기에다 다국적 개념은 상당히 복잡합니다. 합자 및 외자 광고주, 독점자본 혹은 합자 전문 광고사 등이 모두 포함되어 있습니다. 또한 일부 특수한 상황들도 있습니다. 예컨대 합자 및 외자 광고주나 광고사가 국유 매체를 매수하거나 거기에 하청을 주는 것입니다. 따라서 구체적인 분석이 필요합니다. 예를 하나 들어 보겠습니다. 정대사(正大公司)가 1980년대 중국 일부 도시 방송국에서 「정대종예」(正大綜藝)라는 프로그램을 시작했습니다. 이 프로그램은 나중에 중앙텔레비전의 황금시간대에 방송됐습니다. 주제가에는 여러 외국어로 '사랑'이라는 단어가 나오는데 그 노래가 중국에서 한동안 유행했습니다. 그것은 브랜드 광고이지 구체적인 상품 광고는 아니었습니다. 다국적 기업의 다국적 경영과 국경을 뛰어넘는 '사랑', '사심 없는 봉사' 등과 같은 초월적인 주제와 연결되어 있었던 것입니다.

다이진화 1980년대 말 전국적으로 유행했던 본토 노래인 '사람들마다 조금씩 사랑을'이라든가 수많은 가수들이 함께 불렀던 '세상에 사랑 가득하도록' 등은 매우 재미있는 연구 주제가 될 것입니다. 어떤 의미에서 '사랑'이라는 담론은 1980년대 가장 징후적이었으며 다원 결정적인 담론입니다. '세상에 사랑 가득하도록'은 전형적으로 1980년대 중국 사회가 누리던 낙관주의적 격정, 상상 속의 전지구적 풍경과 중국의 위상을 보여 주었습니다. 그리고 '사람들마다 사랑을'에는 뜻밖에도 엘리트 담론──휴머니즘과 관변 담론인 '봉사 정신'이 중첩되어 있었습니다. 그 노래가 1989년 무대에서 했던 역할을 생각해 보면 더욱 분명할 것입니다. '정대'의 주제가 중에 이처럼 엘리트적이고 또 '세속적'인 '사랑'에 대한 외침은 오히려 다국적 자본이 이끄는 전지구적 이익의 참모습을 포장하고 있는 것입니다.

허리 그렇습니다. 사실 '정대'와 같은 광고는 그 밖에도 더 많습니다. 예컨대 IBM사는 '사해동포'를 주제로 한 평면 광고를 내보냈습니다.

다이진화 그리고 솽안(雙安)상가의 맞은편에 IBM 입간판 광고를 설치했지요. 우주를 나는 우주비행사 그림에 "큰 걸음이나 작은 걸음이나 모두 세계를 움직이는 걸음입니다"라는 카피가 걸렸습니다.

허리 또 다른 외국 기업의 광고는 적나라하게 자국 문화의 우월성을 선전합니다. 예를 들면 리츠(Ritz) 과자의 중국 광고는 "진정한 미국의 입맛, 나는 즐겨요"라고 했고 레드탭스(Redtaps) 청바지 전문점의 텔레비전은 계속 미국 서부의 풍경을 비추고 있습니다. 펩시는 가수 잭슨을 광고 모델로 삼아서 자신의 음료수와 옷을 사는 것이 "새로운 세대의 선택"이라고 부르짖었습니다.

다이진화 미국의 우월성에 대한 선전은 참으로 참기 힘든 예입니다. 미제 껌 텔레비전 광고를 보세요. 뜨거운 태양 아래 꽉 끼는 청바지를 입은 백인이 썬탠용 의자에 앉아 있죠. 그는 한쪽 다리는 흙담에 올려놓고 녹색으로 포장된 껌을 꺼내 놓습니다. 한 무리 흑인 아이들이 서로 집어먹으려고 벌떼처럼 달려들죠. 그런데 더욱 기막힌 사실은 껌을 집어서 느긋하게 즐기는 것은 한 마리 원숭이라는 점입니다. 시각적으로 원숭이는 흑인 아이들과 동급이 됐습니다.

허리 앞서 많은 국산품 브랜드 광고 속에 수많은 서양 이미지가 끼어들어 있다고 말했습니다. 광고들은 '서양 풍'이라는 표지로 혹은 스스로 '어느 어느 나라의 스타일', '유럽식 스타일'이라고 스스로를 명명하거나 광고 속에 외국의 풍경이나 인물 이미지를 집어넣습니다.

리튀 결국 광고도 이데올로기인 셈이죠.

허리 그러나 광고의 이데올로기가 늘 직접적이지는 않습니다. 상품의 특성과 결합하여 일정한 은폐성을 갖고 있지요. 광고는 영화와 마찬가지로 꿈을 만들어 냅니다.

다이진화 어떤 의미에서 광고는 영화보다 더욱 성공적으로 환상적인 장면을 만들어 냅니다. 광고와 MTV는 상당한 정도로 20세기 전반에 영화가 담당했던 공동의 환상을 제공하는 사회적 기능을 이어받았습니다. 그리하여 광고 속의 이데올로기 표현은 극단적으로 복잡하고 은폐되어 있습니다. 예컨대 중국을 겨냥한 코카콜라의 광고 가운데 흑·황·백의 세 피부색 운동선수가 얼음통에서 꺼낸 콜라를 들고 함께 노래 부르는 장면이 있습니다. 미국이 세계의 주인이라는 이데올로기가 올림픽 정신, 인류 박애라는 표현의 배후에 숨어 있습니다. 심지어 「인디펜던스 데이」라는 영화에는 미국이 인류를 구원한다는 이데올로기가 숨어 있습니다. 그리고 대부분의 광고는 모두 개인과 소시민의 행복, 사랑 등을 비슷하게 내포하고 있습니다. 마치 그 어떤 이데올로기와도 상관없다는 듯 말이죠. 저는 극단적으로 이렇게 말한 적이 있습니다. 성공하는 광고는 결코 "물건을 파는" 게 아니라 다만 대중의 상상 속에서 성적 만족과 매력을 사고 팔 따름이라고요. 당연히 그런 만족과 아름다움을 얻으려면 다만 정말로 그 상품을 사면 되겠죠. 그러나 그런 것들은 개인, 행복, 아름다움과 관련 있는 광고인 것처럼 보입니다. 사실상 서로 다른 맥락의 이데올로기에 붙어서 마치 저 유명한 말보로 광고와도 같이 남성의 매력, '양강지기'(陽剛之氣)를 선전합니다. 그러나 동시에 혹은 더욱 중요하게는 정형화된 미국 이미지, 신대륙이나 개척 정신 등을 보여 줍니다. 마치 미국의 서부영화와 같이 말이죠. 그러나 서부영화보다 더 성공적이고 더 지속적입니다. 전형적인 서부영화에서 고독한 영웅이 '사악한 인디언'에 대항하는 이야기의 영화 이데올로기가 기도하는 바는 이미 폭로됐으니까요.

리튁 영화는 20세기의 클래식 예술이라고 할 수도 있을 것입니다. 그렇다면 광고는 21세기의 클래식 예술이 될까요? 광고가 영화의 사회적 지위를 대신하고 있습니다.

다이진화 재미있는 발상입니다. 오늘날 광고가 예술인가 아닌가 하는 문제는 20세기 초에 영화가 예술인가 아닌가 하는 문제가 있었던 것처럼 회의적입니다. 1990년대 중국의 흥미로운 상황은 광고가 성공적이고 효과적으로 1980년대 엘리트 담론을 복제했다는 것입니다. 예를 들어 '남부 검은 깨 가루' 광고는 전체 표상 체계가 5세대 감독인 쑨저우(孫周)의 1992년 작품 「심향」(心香)과 매우 비슷합니다.

허리 갈색 배경과 할아버지와 손자가 사는 집이 아련한 어린 시절을 생각나게 했지요.

다이진화   그렇습니다. 시장화의 최종적인 결과는 바로 모든 것이 상품 혹은 준상품이 된다는 것입니다. 상품화로 가득한 사회에는 비매품이 없습니다. 광고에 대한 연구에서 문제는 특정한 역사적 시기마다 어떠한 문화가 '베스트셀러'로 표현되는가 하는 것입니다. 「심향」이 표현하는 바는 전통에 대한 5세대식 재사고이자 1980~90년대의 문화 정신에 대한 이후의 재정위였습니다. 그런데 광고의 복제는 아련한 회고적 정서를 만들었습니다. 또 다른 재미있는 예는 장이머우가 제작한 새해맞이 말보로 광고입니다. 그것은 의심할 바 없이 고전을 복제하는 5세대의 표상 체계입니다. 간결하고도 가득한 붉은색과 노란색의 기조에 정태적인 구도와 동태적인 촬영의 결합——물론 그것이 복제하는 '원본'은 천카이거의 「황토지」보다는 그 자신의 「붉은 수수밭」에 더욱 가까웠습니다. 다시 말하면 민족 정신의 앙양에 더 주목하고 드넓은 풍경에서 새해를 기대하고 있다가, 새해를 맞이하면 종과 북을 울리고 격정이 끓어오르게 됩니다. 그러나 그가 팔려고 하는 건 서양 담배 말보로입니다! 대단히 흥미로운 사실은 중국에 들어온 다국적 기업의 광고들이 중국 민족의 꿈, 강대국의 꿈, 공동의 꿈을 효과적으로 차용하고 있다는 사실입니다.

명명과 단절

다이진화 흥미로운 상황이 있습니다. 한쪽에서는 사회적 공간에서 광고가 풍부한 문화적 표상을 보여 주고 있는데, 다른 한쪽에서는 지식인들이 이러한 현상을 정리해서 '문화적 명명'을 하기 위해 노력하고 있습니다. '이름 짓기 열풍'이라고 할 수도 있겠습니다. 누군가 통계를 낸 바에 따르면 문학에 관한 논의에서 20여 개나 되는 '신~'라는 표현이 등장했다고 합니다. '신상태', '신체험', '신시민' 등과 같이 말이죠. 문화에 관한 논의에서는 '탈~'도 많이 등장했습니다. '탈근대', '탈식민' 처럼요. 서양에서 건너온 이론들의 행로는 저마다(물론 얼마간 오독되고 있겠습니다만) '탈엘리트', '탈지식인', '탈계몽' 등과 같이 훨씬 많은 창조를 일궈 내기도 했습니다.

그 중 꽤 흥미로운 현상은 '신' 혹은 '탈'이라는 명명이 모두 '단절'과 '단계'를 부각시킨다는 점입니다. 1990년대는 1980년대와 완전히 다르다는 사실을 부각하고 있습니다. 그러한 명명과 단절론을 합법화하기 위하여 그들은 1980년대를 비판하고 부정할 수밖에 없습니다. 그리고 그러한 비판은 주로 1980년대 '거대 서사'에 대한 폭로와 공격 위에 서 있습니다. 그러나 문제는 1980년대에 대한 그들의 공격은 오늘날 현실에 대한 해석을 수립하고자 함인데, 그러한 해석이 오히려 새로운 '거대 서사'를 보여 주었다는 점입니다. 즉, 새로운 대서사로써 중국의 풍부한 현실을 명명하고 정합하려는 것입니다. 그렇게 스스로 패권적 논의의 상황을 보여 주었고 깊은 문화적 간극을 드러냈습니다. 사실, 1990년대 문화적 현실은 여전히 1990년대에 관한 서술이기는 하지만 저마다 1980년대와 뿌리 깊은 계승 관계에 있습니다.

리퉈 '탈'과 '신'을 강조하면 할수록 1980년대 문화와의 깊은 관련을 보여 주는 것이죠.

다이진화 1990년대 문화 활동가들은 자각적이건 비자각적이건 늘 1980년대의 문화적 논리와 상황을 재현합니다. 그러면서 한편으로는 자각적인 방식으로 1980년대와 서로 분립합니다.

리퉈 분립할 뿐 아니라 1980년대 대서사에 대한 비판을 통해 자신의 지위를 세웁니다. 그것은 담론 전략의 일종입니다.

쑹웨이제 아일랜드의 민족주의에 관한 논의를 예로 들 수 있겠습니다. 명명 기제의 형성이라고 말하고 싶은데요. 테리 이글턴, 프레드릭 제임슨, 에드워드 사이드 등이 일찍이 아일랜드의 민족주의, 식민문화, 작가의 글쓰기, 명명과 독립 전략 등의 문제로 각자 논문을 써서는 『민족주의와 식민주의, 그리고 문학』(Nationalism, Colonialism, and Literature)이라는 책을 묶어 냈습니다. 시머스 딘(Seamus Deane)은 이 문집을 위해 대단히 꼼꼼하고 통찰력 있는 서문을 써 주었습니다. 그는 서문에서 억압된 지역 문화를 언급하고 작가들이 본토 문화를 새롭게 명명하는 문제를 다뤘습니다. 아일랜드는 작은 지역이지만 상대적으로 독립성을 지니고 있습니다. 아일랜드의 지식인들이 바로 명명을 통해서 상상적으로 이 지역을 점유했습니다. 따라서 그들은 잉글랜드와는 완전히 다른 이름 짓기가 필요했습니다. 1980~90년대 중국 문화의 명명 기제를 보면, 명명자는 새로운 명명 방식을 수립하려 하고 그 새로운 명명을 통해 현실을 점유하고 현실에 대해 발언권을 얻으려 했습니다. 그러나 그것은 동시에 1980년대에 형성된 명명 기제의 복제이기도 했습니다. 1990년대 '탈'과 '신'이라는 명명은 마치 1980년대와 다른 듯하지만 사실상 기제는 서로 같습니다. 우리는 그 속에서 1980~90년대 문화의 계승을 볼 수 있습니다. '안이한 비판'이 있었으므로 '안이한 명명'도 있었습니다.

허리 1980~90년대를 통틀어 지식인들의 명명과 해석에는 늘 이원대립적 사유가 적용됐습니다. 이른바 1980년대의 총체화/1990년대의 파편화, 1980년대의 정치 중심/1990년대의 상업화 중심 등과 같은 표현입니다. 1980년대가 큰소리로 노래 부르며 돌진하는 시대였다면 1990년대는 물욕이 횡행하는 시대였고, 1980년대가 구조의 시대라면 1990년대는 해체의 시대, 1980년대가 신성한 시대였다면 1990년대는 세속의 시대였다는 것입니다. 문제는 그러한 표현이 정확한가가 아니라 다양한 이원대립 구조가 나열되어 있다는 점입니다. 그러한 문화 수립의 방식은 1980~90년대에 대한 묘사에서 두 가지 측면을 과장합니다. 하나는 1980~90년대 문화의 답보성, 투명성, 동질성 등이고 또 다른 하나는 연속적인 의미에서 그들 사이의 단절성을 강조하는 것입니다. 여러분이 방금 말씀하셨듯이 사람들은 1980년대 '계몽주의'라는 거대 담론과 대서사에 대한 해체를 진행하면서 동시에 새로운 거대 담론과 대서사를 만들어 냈습니다. 예컨대 오늘날 '세기말', '탈냉전 시대', '상품화 시대' 등과 같은 말들을 저마다 사용하고 있듯이 말입니다. '탈냉전 시대'라는 말을 사용하는 많은 논자들은 이데올로기 싸움이 완전히 해소됐으며 마치 전지구화 과정 속에서 이데올로기는 더 이상 문화연구의 문제가 되지 않는 듯 말합니다. 그러나 우리가 방금 이야기했던 광고에서처럼 사실은 수많은 이데올로기 기제가 작동하고 있습니다. 쑹웨이제 선생이 언급한 명명의 문제는 사실 1980~90년대의 문화적 계승을 보여 주었습니다. 지식인들의 문화적 명명이 서양의 견해를 직접 빌려 오건 스스로 창조하건 그 이면에는 근대성 담론 체계가 역할을 하고 있다고 하겠습니다.

리퉈 제가 몇 말씀 드리겠습니다. 그 지점에서 저는 '실어증'이라는 단어가 생각납니다. 곳곳에서 '지식인들의 실어'를 말하고 있습니다. 저는 그것이 일종의 신화라고 생각합니다. 사실 지식인들은 언제나 수많은 말들을 하고 있습니다.

다이진화 그래서 저는 그것을 '말이 넘쳐 나는 실어', '섬망성 실어'라고 부릅니다.

리퉈 지식인들의 현실 해석이 아무 의미가 없다는 뜻이라면 그런 표현도 괜찮은 듯합니다. 그런 '실어'들이 특정한 이론적 입장을 보여 주고 그 구체적인 입장에서 시작하여 특정한 현실의 해석에 대해 비판과 불만을 표명하는 일은 당연한 것입니다. 그런 점에서 보면 지식인들이 정말로 할 말이 없다고 할 수는 없습니다. 신문과 잡지를 보면 지식인들은 매일 수많은 발언을 합니다. 소리 높여 '소통'을 외치지 않으면 '진보'를 노래하고, 상품화의 물결을 감싸 안고, 과학기술의 새로운 시대를 환호하고, 전지구화를 위해 갈채를 보냅니다. 어디에 '실어'가 있습니까? 아이러니하게도 근대성 담론은 지식계 곳곳에 범람하고 있습니다. 다만 모두들 자각하지 못할 뿐입니다. '실어설'은 '이름 붙이기'

에 합법성을 부여하기 위한 것입니다.

    1980~90년대의 수많은 문화적 묘사는 다종다기한 현실을 드러낸 것이 아니라 일종의 가설적인 묘사이며 특정한 의식의 산물입니다. 그것은 판이하게 다른 이원대립을 꾸며 냅니다. 우리는 1980년대와 90년대의 문화적 차이가 매우 크다는 사실을 부인하지는 못합니다. 그러나 양자가 완전히 상반되거나 대립되지는 않습니다.

다이진화 이원대립의 원용은 이미 문화적 논리의 계승과 유사성을 보여 주었습니다. 1980년대의 전통과 근대, 개혁과 보수, 문명과 미개, 농촌과 도시에 대한 재판일 따름입니다.

리퉈 기본적으로는 역시 근대성 담론의 연속이지요.

다이진화 기본적으로는 여전히 직선적 발전관의 구조를 갖고 있습니다. 역사적 목적론이 풍경입니다.

쑹웨이제 1980년대에 '서학열'이 들끓었다면 1990년대에는 '국학열'이 일었습니다. 그렇다면 그러한 견해를 분석해야 합니다. 1980년대에 '문혁'이 근대화 과정의 시작이라는 점을 강조하고 전통과 근대 사이의 단절을 강조했지만 1990년대 국학은 전통과 근대를 정합하려 했지요. 그러나 사실은 그처럼 단순하지 않습니다. 1980년대에도 1990년대에 제기됐던 견해와 매우 유사하게 이미 전통문화 연구를 강조한 사람이 있었습니다.

리퉈 예컨대 『문화와 중국』 편집위원회의 총서에 이름 붙이는 방식이 이미 그러한 지향을 보여 주었습니다. 1990년대가 아니었는데도요.

쑹웨이제 1980년대 중·후반에 이미 급진주의에 대한 회의가 나타났습니다. 비록 상대적으로 주변에 놓여 있긴 했지만요. 그 사이에 다양한 물밑 흐름들이 있었지만 판이하게 다르지는 않았습니다.

리퉈 그건 물밑 흐름의 문제가 아닙니다. 근대성 담론이 언제나 그 문제를 관통하고 있습니다.

다이진화 단지 어디에 치중하느냐가 다를 뿐입니다. 전통을 세기의 전쟁이라는 노름판에 판돈으로 걸어서 중국이 세계를 향해 나갈 수 있는 역사적 기회로서 삼았느냐, 그렇지 않으면 중국 자신의 문화 논리를 계승하여 근대화 과정을 실현하고자 했느냐 하는 점입니다. 전략이 다를 뿐이었습니다.

쑹웨이제 예컨대 오늘날 천인커(陳寅恪) 등을 이야기하는 많은 이들이 훨씬 더 주목하고 있는 문제는 그들의 학술이 아니라 일종의 문화 보수주의적 심리 상태와 현실에 개입하는 방식입니다. 왜냐하면 1980~90년대의 명제는 전통과 근대, 그리고 어떻게 그 패러다임의 전환을 완성할 것인가 하는 한 가지로 귀결되기 때문입니다.

다이진화 그런 표현의 이면에는 근대성 담론이 유효하게 그것 ── 말하지 않아도 자명한 전제이자 공통의 인식이 되어 버린 ── 을 지탱하고 있습니다. 근대성 명제가 바깥으로 직접 드러나 있지는 않지만, 오늘날 말하지 않아도 자명한 전제가 된 것입니다. 1980년대 대서사에서는 1979년 이전의 역사가 문명의 선사시대, 반드시 결별해야 할 역사로 묘사됐습니다. 그와의 결별을 통해 개혁·개방이라는 전혀 새로운 과정을 시작할 수 있었기 때문입니다.

근대성 담론과 이원대립

리퉈 근대성 담론이 매우 복잡하기는 하지만 모두들 공인하는 핵심 명제는 근대와 전통이라는 이분법입니다. 그것이 없으면 근대성 의식과 이론도 성립하지 못합니다. 전통과 근대의 대립은 사실상 한 모델이 됐습니다. 1979년 이전의 역사가 몽매했다는 말은 대부분 '문혁'에 대해서만 적용됩니다. 그렇다면 더 이전은 어떻습니까? 문제는 '문혁'을 부정하느냐 여부가 아니라 '문혁'이 사용했던 문화 모델을 부정했다는 데 있습니다. 예를 들면 봉건, 우매, 동방 전제주의와 같은 것들이지요. 특히 상흔문학과 당시 주류 이데올로기가 '문혁'에 대해 취했던 전반적인 부정은 근대와 전통이라는 이분법을 더욱 공고히 했습니다.

허리 전통과 근대라는 그러한 이분법은 중국에서는 구체적으로 동·서양의 대립과 이분으로 쉽게 전환됐습니다.

다이진화 1990년대 중국의 '이름 짓기 열풍' 속에서 '탈근대'는 매우 중요한 기표가 됐습니다. 서양에서 그 개념이 제기된 데는 근대성에 대한 깊은 반성과 성찰이 있었습니다. 그러나 중국으로 이 의식이 유입될 때는 마치 한 가지 측면의 개념처럼 들어왔습니다. 사람들은 공교롭게도 그 중 가장 의미 있는 부분을 일치단결하여 거부했습니다. '포스트모던'의 원용과 더불어 어떤 단절된, 전혀 새로운 문화·역사적 풍경이 그려졌고 그 탓에 그것은 "위대한 여정의 첫걸음은 오늘부터"라는 1980년대 근대화와 매우 가까워졌습니다. 근·현대 중국을 뒤돌아보면, '문혁'에 이르기까지 근대성이 시종을 관통하고 있는 명제라는 사실을 어렵지 않게 발견할 수 있습니다.

리퉈 단지 명제일 뿐 아니라 줄곧 중국 지식인의 전체 사유를 유효하게 통제하는 주도적 담론입니다. 그러나 그것은 어떤 때는 표면으로 부상하고 어떤 때는 또 잠복해 들어갑니다.

다이진화 1980년대에는 '전통과 근대'가 더욱 분명하게 부각됐고 1990년대에는 '본토와 서구'가 그러했습니다.

허리 우리는 1840년 이후에야 비로소 이른바 본토의 개념을 갖게 됐습니다. 그 이전에는 근본적으로 있을 수 없던 개념이었는데 말입니다. 서학을 강조하건 국학을 강조하건 모두 근대성 담론의 통제 아래 놓여 있습니다. 서로 치중하는 면이 다를 뿐입니다. 1840년 이후 근·현대 중국 지식인들의 노력은 매우 달랐습니다. 갈등과 차이로 가득했습니다. 그러나 목표는 같았습니다. 중국 문화의 주체성을 찾자는 것이었지요. 다만 수단이 달랐습니다. 유학(儒學)을 빌리느냐 서학을 빌리느냐 하는 문제였습니다. 표상에 의지해서만 판단할 수는 없습니다. 근대성 담론의 등장은 모두 일련의 이원대립을 설정하고······.

다이진화 계급과 국가, 민족에 관한 것이지요.

허리 지금 우리가 지난 백 년간 중국을 정리한다면 언제나 근대성 담론이 지배했다는 특징이 드러날 것입니다. 예를 들면 20세기 초 동서 문화관 논쟁이 한바탕 벌어졌을 때 관점은 매우 달랐습니다. 어떤 사람들은 전반서화를 주장했지요. 그 사이에 양무운동은 방어적인 자세를 취하고 '서학위체(西學爲體)·중학위용(中學爲用)'을 주장했지요. 그리고 도(道)와 기(器), 본(本)과 말(末) 등과 같은 여러 표현은 마치 전통인 듯하지만, 사실 모두 근대성 이원대립 담론에 함몰되어 버렸습니다. 또 예를 들어 유신파나 혁명파, 쑨중산(孫中山) 등의 민족혁명은 국민 국가를 수립한다는 의미에서 근대성 담론을 차용했습니다. 또 5·4 문화혁명 당시 천두슈(陳獨秀)가 「청년에게 고함」(敬告靑年)이라는 글에서 여섯 가지 선택을 제기했는데 사실 여섯 개의 이항대립이었지요. 이른바 '자주냐 노예냐, 진보냐 보수냐, 진취냐 퇴보냐, 세계냐 쇄국이냐, 과학이냐 상상이냐'를 선택하라고 했습니다. 전자를 택한다면 근대인이고 '신청년'이라는 논리였습니다.

리튀 리어우판(李歐梵)은 『학인』(學人)에 발표한 글에서 5·4시기에 등장한 많은 '신'(新)에 대해 열거한 바 있습니다. 사실 옌푸(嚴復)가 『천연론』을 번역하여 직선적 역사관과 진보적 의식을 끌어들인 이후 중국에는 수많은 '신'이 생겨났습니다. 신청년, 신사회 등과 같이요. 그리고 그것과 1990년대의 명명 방식은 서로 닮은 바가 없지 않습니다.

쑹웨이제 새로움이 있다면 반드시 낡음이 생기게 되죠. 낡음은 곧 국학입니다. 청말 민초 『국수학보』(國粹學報) 창간호는 국학을 제창하고 국수를 보존하자고 선언합니다. '새로움'을 명명하자는 열풍이 불 때마다 국학에 대한 제창이 뒤따랐습니다. 또 재미있는 예는 1930년대 후스(胡適)처럼 백화문을 주창한 5·4의 지도자가 "국고를 정리하자"며 『국고정리집』(國故整理集)을 펴냈습니다. 국학과 서화(西化)는 줄곧 이원 공생(共生)의 상태에 처해 있었습니다. 단지 시기마다 주도적이었느냐 부차적이었느냐 하는 문제가 있을 뿐, 언제나 전통과 근대라는 명제에 둘러싸여 있었습니다. 1990년대 문화 현실은 우리에게 두드러진 문제의식을 일깨워 줍니다. 즉 5·4가 제기했던 문제는 이미 청말에 제기되지 않았던가 하는 것입니다. 또 1990년대의 문제는 5·4 혹은 1930~40년대에 이미 제기되지 않았던가요? 문제의 상관성, 혹은 일관성이 근대라는 이 시대 전체를 관통하고 있습니다. 전통과 근대의 문제는 시종일관 오늘날까지도 여전히 문제가 되고 있습니다.

리튀 사실 근대성 담론은 여전히 역할을 하고 있습니다. 그러나 거기에는 문제가 하나 있습니다. 그 문제를 계속 고민하는 중이긴 한데, 설익긴 했습니다만 말씀을 드리자면 근대성이 안고 있는 다양성 문제입니다. 우리의 논의 중에 관심을 가져야 할 부분은 근대성 담론이 애초에는 매우 지역적이었으며, 태생적·선험적 보편성을 지니고 있지는 못했다는 점입니다. 근대성은 유럽에서 태어난 매우 지역적인 의식이었습니다. 그러다 자본주의를 따라 전 세계를 향해 확장됐고 제국주의의 침략과 더불어 전 세계에 만연하게 됐습니다. 그 과정에서 여러 국가의 문화적 배경과 역사적 경험이 보여 준 근대성은 담론이 처음에 태어났던 나라와는 상당히 달라졌습니다. 예를 들면 침략과 식민, 자본주의의 확장에 의해 억압된 국가, 그들의 근대성과 서구 국가의 근대성은 필연적으로 차이가 있습니다. 식민지·반식민지 국가의 근대성은 분명히 제국주의에 저항하는 역사를 수반했습니다. 서구의 근대성 논의와 반성에 있어서 그 누구도—푸코까지도—식민지 역사에 주목하지 않았습니다. 그들은 다만 유럽의 근대성 문제를 논의했고 기껏해야 미국이 한 자리를 차지했을 뿐입니다.

그렇다면, 후진국의 근대성 문제는 어떻게 표현돼야 할까요? 서구 학자들은 이에 대해 결코 관심이 없습니다. 역시 동질적 공간이라는 전제가 깔려 있습니다. 그러나 공간은 이질적입니다. 근대성에 대한 그들의 탐구는 시간의 발전 순서에 따른 근대성에 대한 다양한 묘사를 보여 줄 뿐입니다. 중세, 계몽기, 17~18세기 산업사회의 급속한 발전기까지 시간을 끌어올려 근대성 의식의 발전을 단계화했던 것입니다. 우리의 방금 논의는 단순화 경향이 있습니다. 마치 근대성은 줄곧 하나였던 것처럼요. 사실 직선적 진화론도 '진화'의 과정을 갖고 있습니다. 예컨대 대니얼 벨(Daniel Bell)을 거론한다면 이미 수정 근대성의 의식은 분명해집니다. 그것은 그들 스스로 수행한 시간적 반성과 소급입니다. 탈식민 이론의 중요한 공헌 가운데 하나는 우리가 근대성을 논의하면서 식민지·반식민지 국가의 문화·역사적 경험으로 들어갈 때 공간의 혼종성과 비동일성을 갖고 있어야 한다는 사실을 알려 주었다는 점입니다. 그렇게 하면 근대성의 다양성이 드러날 것입니다. 각 나라들은 모두 저마다의 역사가 있습니다. 더욱이 침략당하고 식민의 역사를 갖고 있는 나라들은 자신만의 근대화 역사, 자신만의 근대성 형성사를 갖고 있습니다. 서구의 근대성 담론과 겹치는 부분도 있겠습니다만 또 질적으로 구별되기도 합니다.

다이진화 제가 한 말씀드리겠습니다. 중국의 문제를 논의하면서 풍부한 현실적인 층위에 주의해야 합니다. 중국의 근대화 과정은 제국주의적 침략에 의해 수반됐던 한편, 그 역사는 분명히 다양한 근대성 문제와 그 표현을 직조하기도 했습니다. 또 그런 표현은 일련의 '이원'에 의하여 지탱되고 있습니다. 특정한 역사적 시기에 그렇게 직조된 문제들은 말하지 않아도 자명한 문화적 전제로 사용되기 시작했습니다. 그런 담론을 운용하는 사람들은 더 이상 그러한 전제 자체에 대하여 회의를 품지 않기 때문에 그 담론이 태어난 역사적 맥락을 소홀히 합니다. 그러나 우리는 그러한 역사의 과정을 발견했고 다양한 주류 담론 이면에 있는 근대성이라는 '만능 담론' 혹은 '원담론'(original discourse)을 발견했습니다. 물론 그렇다고 우리가 그 담론을 이용하여 또 다른 거대 서사를 만들어 내야 한다는 사실을 뜻하지는 않습니다.

리튀 거기에는 정말 조심해야 할 함정이 있습니다. 우리는 다양한 '원담론'과 거리를 유지해야 합니다.

다이진화 근대부터 지금까지 중국의 역사가 풍부하고 복잡하므로 지금으로서는 전면적인 해석을 도출해 낼 도리가 없음을 인정해야 합니다. 우리가 하고자 하는 바는 더욱 충분한 역사화·맥락화입니다. 왜냐하면 우리 역시 마찬가지로 그러한 담론이 형성되는 바깥이 아닌 한가운데 자리 잡고 있기 때문입니다.

허리 저는 리튀 선생님의 생각에 동의하지 않습니다. 저는 근대성에는 다만 양태의 다름만이 존재하지 본질적인 다름이 존재한다고 생각하지는 않습니다. 각 국가의 근대화·산업화 과정에서, 그리고 각 국가가 수립되는 과정에서 서로 다른 양태가 존재했고, 바로 그 점을 주목해야 합니다. 저도 이전의 연구에서 그와 같은 '다름'이 늘 소홀히 다루어졌다는 사실을 인정합니다. 특히 서구 학자들이 소홀했습니다. 그들은 근대성을 논의하는 과정에서 식민지 문화 경험에 주목하지 못했습니다. 그렇다고 중국의 근대성 사유에 질적 차이가 존재한다고 생각하지는 않습니다. 예컨대 계몽주의, 이원대립, 주체성, 역사적 진보관은 동일합니다. 서구적 의미에서의 역사적 논리, 문화적 논리, 그리고 정치 체제 논리가 근대 지식인들의 사유를 결정했습니다. 정치 체제 수립자를 포함한 중국의 지식인들은 자신의 위치를 찾고자, 서구와 대치되는 위치라도 선택할 수밖에 없었습니다. 또한 그에 의존해서 이루고자 하는 목적은 모두 강대한 국민 국가와 민족 주체 건설이라는 희망에서 벗어나 있지 않았습니다. 예를 들면 우리는 늘 17년 문학, 사회주의 리얼리즘, 모범극의 근대적 양식이 어떻게 전통예술을 근대 사회로 긴니오게 했느냐 히는 문제를 제기하곤 합니다. 그 양시들은 모두 충분한 근대성을 갖고 있습니다. 비록 서구 문화나 부르주아 문학예술과는 구별될지라도 말입니다. 그러나 제가 보기에는 반근대성은 곧 근대성의 한 부분이며 근대성에 대한 패러독스입니다. 그 또한 근대성의 이원대립 모델 사이에 한정되어 있을 뿐입니다.

'타인'과 '자기'의 이야기

리퉈 저는 그 말씀에 한 가지 문제가 있다고 생각합니다. 선생님은 먼저 근대성이라는 문제를 규정하고, 그런 다음 다시 우리와 서구 근대성 담론의 같은 점을 찾아내고 그렇기에 본질이 같다는 결론을 내렸습니다. 그러나 그렇게 문제를 논의하는 데에는 결점이 있습니다. 바로 근대성 담론이 형성되어 온 역사성을 소홀히 한다는 점입니다. 역사적 과정이라 함은 서구의 지식인들이 세대를 이어 다양한 논쟁과 갈등, 변혁을 통해서 이성, 주체성, 근대와 전통이라는 이분법을 수립해 왔음을 뜻합니다(그 과정이 복잡한 사회·역사와 밀접한 상호 관계를 맺고 있음은 물론입니다). 그들은 그러한 이분법적 의식으로 자신의 '발전' 과 '진보'의 이야기를 서술했습니다. 그러나 그건 그들의 이야기입니다. 그러한 '이야기'의 역사성을 부각하려면 반드시 '타인'의 '이야기'와 그 역사성도 다루어야만 합니다(이른바 제3세계 국가가 겪어 온 근대화의 역사적 경험을 예로 들 수 있겠지요). 문제의 복잡성은 바로 이렇습니다. 근대화의 역사적 과정에서 형성된 불평등한 형세로 인하여 제3세계 지식인들은 비자각적으로 서구 '계몽주의'의 여러 다양한 논제에 따라 자신의 '이야기'를 풀어냈고, 그런 방식으로 '이야기'를 풀어냈기에 필연적으로 자신의 역사적 경험을 말살했던 것입니다. 그 지점에서 서구의 문화적 패권은 또 다시 극적으로 드러나게 됐습니다.

허리 그러나 저는 여전히 이렇게 생각합니다. 100년 전 중국부터 마오쩌둥의 주권국가 수립, 1980년대 제3기 유학의 부흥, 1990년대 국학 부흥에 이르기까지 격렬한 보수주의자, 근본주의적 민족론자, 위대한 애국주의자들이 모두 사실은 여전히 서구 계몽정신의 세례 아래에서 주체성을 추구했던 것입니다.

리퉈 문제는 우리가 논의를 하면서 다름을 발견해야 하는가, 그렇지 않으면 같음을 발견해야 하는가 하는 것입니다. 게다가 가장 중요한 문제는 결국 중국과 서양이 겪어 온 불균등한 발전의 형세를 직시하고 있느냐는 것입니다. 그 불균등이란 부인할 수 없는 사실, 동질성에 대해선 어디서부터 이야기해야 할까요? 맞습니다. 서구 지식인들이 '계몽'을 말할 때 중국 지식인도 '계몽'을 말했습니다. 그러나 거기서 문제는 둘 사이의 동질 여부가 아니라 도대체 누가 누구의 언어를 사용하느냐 하는 점입니다.

다이진화 특정한 이론들을 구체적으로 중국의 문제와 연관시켜 논의하게 되면 우리는 단지 기본적인 입장의 차이만이 아니라 어떤 혼란에 맞닥뜨리게 됩니다. 그 속에는 이론들의 서로 다른 '행로'가 포함되어 있기 때문입니다. 영미에서 온 것, 다른 유럽 언어에서 온 것, 특히 일본어를 통한 중역은 근대 중국이 서구 이론을 받아들이는 중요한 길목 가운데 하나였습니다. 서로 다른 시기에 일부 이론이 여러 차례 중국에 상륙했고, 그때마다 서로 다른 역사적 맥락과 연계되어 있었습니다. 예컨대 휴머니즘(humanism)은 '인도주의', '인문주의', '인본주의' 등으로 번역됐습니다. 또 베이컨의 "지식은 힘이다"라는 구호와 푸코의 '지식권력'은 아무 관계도 없는 표현이 되고 말았습니다. 저는 늘 페미니즘(feminism)의 두 가지 번역어인 '여성주의'와 '여권주의' 사이의 논쟁에 맞닥뜨리곤 합니다. 니체와 프로이트는 근·현대 중국에서 적어도 두어 차례 중복 번역되어 소개됐습니다. 그 가운데 가장 낮은 층위의 문제는 번역 용어의 혼란입니다. 인용자들의 낯선 번역 혹은 깊은 이해가 없는 오용 때문이었습니다. 물론 그 중에는 의식적인 저항과 창조적인 오독도 있습니다. 그보다 더 심각한 문제는 서양의 특정한 역사적 맥락에서 태어난 일부 이론과 담론이 '보편 진리'로 받아들여진다는 점입니다. 그리고 중국의 역사적 상황에서도 이미 있었음에도 불구하고 그 과정은 잊혀지고 무시당하게 되고 새롭게 다시 시작합니다. '자아'와 '타자', 혹은 '나'와 '나 아님', 혹은 '자기'와 '타인'을 언급하면 더욱 첨예한 문제가 발생합니다. 즉 제3세계 지식인이 근대화를 겪어 낸 본토 문화의 현실을 다루면서 '자신의 언어'를 사용할 수 있는가 하는 점입니다. 그 대답이 부정적이라면 우리는 많은 경우 타자의 언어로 자신의 '사실'을 묘사하고 있는 것 아니겠습니까? 그렇지 않으면 많은 경우 타자의 역사와 다른 사실인 것일까요? 다시 말하면, 우리는 성찰에 대한 보편적 거부, 자신의 지식 계보를 검토하는 데 대한 거부, 자신의 기억의 명세서를 열어 보는 일에 대한 거부라는 문제에 늘 직면해 있습니다.

오늘 우리의 논의와 밀접한 관련을 맺고 있는 것은 한 묶음의 용어들입니다. 바로 '근대화', '근대성' 등과 같은 용어들이지요. '근대화'는 매우 광범위하고 빈번하게 사용되고 있습니다. '근대성'은 1990년대 이래 더욱 많은 이론가들에 의해 언급됐습니다. '모더니즘'도 있습니다. 물론 '현대파'도 있고요. 1980년대부터 지금까지 이 개념은 사람들에 의해 자주 사용되면서 말하지 않아도 자명한 '상식'이 됐습니다. 혹은 피차 동등하게 치환 가능한 용어가 됐습니다. 그러한 개념들은 분명히 서로 관련되어 있지만 각자 서로 다른 기의를 갖고 있기도 합니다. 그 개념들을 사용하면서 혼란과 혼돈이 있었습니다. 그리고 많은 경우 당시 이론계에 영향을 끼치기도 했습니다. 또 우리가 1980~90년대 중국 문화를 평가함에 있어서도, 그리고 무엇에 의지하여 어떠한 방식으로 1990년대 문화의 지형도를 그려 내는가 하는 문제에 대해서도 영향을 끼쳤습니다. 따라서 우리는 그와 같은 개념들에 대해 모종의 이론적 정리를 시도해야 합니다. 그 일은 아무래도 세 가지 층위에서 이뤄져야 할 것 같습니다. 우선, 할 수 있는 한 그것이 태어난 서양의 이론적 맥락 속으로 소급해 들어가야 합니다. 그리고 중국의 역사적 맥락에서 그것이 어떻게 수용되고 오독됐으며 다시 쓰여졌는지를 살펴보아야 합니다. 이어서 가장 중요한 점은 오늘날 문화 현실이 우리를 향해, 서구에서 온 그러한 이론적 표현을 향해 어떠한 도전과 질문을 제기했느냐 하는 것입니다.

허리 근대화, 근대성, 모더니즘이라는 세 개념이 서구에서 태어나고 발전한 데에는 분명히 자신만의 구체적인 역사적 배경이 있습니다. 예컨대 모두가 공인하는 대로 '모더니즘'은 주로 1890~1930년의 문학예술 운동이었습니다. 물론 여기저기 흩어져 있던 문학예술 모임을 폭넓게 가리키기도 합니다. 그 운동과 단체들을 기초로 여타의 개념들을 아울러 가리킬 수 있게 됐지요. 예를 들면 특수한 창작 원칙과 창작 방법, 비판적인 미학 정신들입니다. 창작 주체의 의미에서는 일종의 창작 태도로 볼 수도 있습니다. '근대화' 개념은 주로 인류 사회가 전통적인 농업사회에서 산업사회로 변화했음을 가리킵니다. 서구 역사의 근대화 과정은 근대화의 원시 형태이고 내재적인 사회·경제도 자연히 진화한 결과입니다. 아시아, 아프리카, 라틴아메리카의 근대화 과정은 근대화가 유발된 형태이고 외부의 자극/내부의 호응이 상호 작용한 결과입니다. '근대성'은, 제가 이해한 대로라면 주요하게는 그와 상응하는 이데올로기이며 전지구의 동질적 발전 과정을 강조합니다. 그 과정이 전지구에서 동질적이며 부단히 복제된 과정이라고 가정합니다.

리퉈 근대화를 두고 유럽 국가의 내재적 사회·경제가 자발적으로 변화한 결과라고 말하는 데는 좀 문제가 있는 듯합니다. 서구의 수많은 이론과 연구들조차도 근대화와 서구 식민의 역사가 분리될 수 없는 일체 관계라는 사실을 강조하여 지적하고 있습니다. 이른바 자본주의의 원시적 축적이 식민지를 떠나서 어떻게 진행될 수 있습니까? 근대성 의식은 중국에 상당히 일찍 들어왔습니다. 옌푸가 『천연론』을 번역하면서 바로 시작됐지요. 1980년대에 그러한 화두가 다시 떠올랐지만 완전히 다른 문제로 제기됐습니다.

허리 1980년대에는 사실상 자유주의 입장의 지식인들이 다시금 모더니즘을 제기하면서 문학예술 영역에서 근대성 명제가 부각됐습니다.

쑹웨이제 그들은 '선봉'이나 '전위' 등과 같은 단어로 자신을 표현하며 주류에 저항했습니다. 그것은 일상생활에 대한 묘사가 아니라 일종의 대서사, 원서사(다이진화: "타이완에서는 흥미롭게도 '그랜드 내러티브' grand narrative를 '대화' 大話라고 번역하더군요.")를 강조하고, 계몽과 이성, 정의, 주체성, 인본주의 등을 강조했습니다. 어떤 의미에서, 우리는 1980년대 문학예술의 수많은 영역에서 그런 표현을 찾을 수 있습니다.

리퉈 서구 이론계에서는 이른바 '근대성의 이중성' 문제가 유행하고 있습니다. 그들은 이렇게 말합니다. 미학적 근대성 ─ 모더니즘은 부르주아적 속물주의와 산업주의에 반대하고 이들을 비판하기 때문에 반근대적 일면을 갖게 되는 한편, 다른 측면에서는 근대화 역사 과정에서 상관된 일련의 가치관과 규범, 즉 주로 도구적 이성과 과학기술에 대한 숭배, 주체성과 자유에 대한 확신, 직선적 발전과 진보 관념에 대한 신앙 등을 주로 표현하지요. 바로 이 두 측면에서 근대성은 분열됐고 근대성의 모순론이 생겨났습니다. 이러한 구분은 물론 그 나름대로 쓸모가 있긴 하지만 그것을 어떻게 쓸 것인가가 문제입니다. 고민을 통해서 그런 견해를 받아들여야만 합니다. 모더니즘이 반부르주아적이며 반산업주의, 반속물주의라고 말하게 되면 마치 그것이 자본주의 이데올로기로서의 근대성과 확연히 대립되는 것 같습니다. 꼭 그렇지는 않은데도 말입니다. 예컨대 근대성의 핵심 명제는 주체성이고, 우리는 모더니즘 문학예술을 통해 주체성에 대한 무한한 과장을 보았습니다. 그렇지 않습니까?

허리 모더니즘 운동이 자본주의 사회의 문화적 패러다임의 전환으로서 결국에는 완전히 수용되리라는 말씀이신가요?

리퉈 그런 의미도 있습니다. 그러나 제가 더욱 강조하고자 하는 바는 서구 근대성 내부에 투쟁이 있고 그 투쟁은 진실하기도 하다는 점입니다. 그러나 자본주의 사회, 부르주아 체제에 대한, 이른바 미학적 근대성의 그토록 철저한 비판이 과연 확연히 대립적인 저항이었을까요? 저항성, 비판성은 물론 존재합니다만, 그러나 그 한계는 그것이 시종 부르주아 내부, 부르주아 이데올로기 내부에서의 저항과 비판이며 근대성 내부의 대립이라는 점입니다.

쑹웨이제 저는 1980년대 '현대파'가 등장하고 근대성 담론이 다시 제기된 데에는 특수한 역사적 맥락이 있다고 생각합니다. 주요하게는 '문혁' 기억의 회복과 역사적 기억에 대한 회복…….

다이진화 저는 동의하지 않습니다.

쑹웨이제 …… 자신의 트라우마, 역사적 기억을 재구성하는 것입니다. 시를 예로 들면 좀더 분명합니다. 예컨대 '솟아오르는 시인들' 말입니다. 그들의 모더니즘 경향은 매우 분명했습니다. 소설의 상황은 훨씬 복잡하겠지만요. 5세대 영화는 계몽의 색깔로 가득했고요.

다이진화 '계몽'은 4세대 영화가 더욱 두드러졌습니다. 물론 계몽이라는 측면에서 4세대나 5세대 모두 분명히 이전 세대를 습용한 것은 분명했습니다. 그러나 5세대는 형식적인 면에서 더욱 모더니즘의 특징을 갖고 있습니다.

쑹웨이제 제가 말씀드리고 싶은 문제는 1980년대에 근대성 명제가 새롭게 제기된 것이 본토의 트라우마가 끌어낸 것인가, 아니면 외래 담론의 충격에 따라 새로운 국면이 조성된 것인가 하는 점입니다. 적어도 당시 시인들의 창작에는 결코 구체적인 기획이 없었습니다. 그래서 그런 모양으로 시가 쓰여진 것입니다. 한 언어를 찾기 위하여, 새로운 언어를 찾기 위하여, '문혁'의 주류 담론과는 다른 언어를 찾기 위하여, 이전의 시어와는 다른 언어를 찾기 위하여 말이죠. 무단(穆旦) 같은 사람들의 시와는 더욱 유사성이 있어 보입니다.

다이진화 잠깐만요. 그런 생각에는, 제가 보기에는 함정이 있습니다. 1980년대 이후 지금까지 문화 서사의 '단절설'입니다. 1980년대에는 근대성에 관한 어떠한 명제나 토론도 결코 자각적으로 제기되지 않았습니다. 그리고 '근대화 과정'이라는 말로 묘사하고 표현했습니다. 하지만 그 중 많은 논의와 담론들이 근대성 명제와 깊이 연관돼 있었습니다. 1990년대에 들어와서 1980년대를 돌아보니까 1980년대가 상대적으로 분명하고 투명했으며 1990년대는 혼돈스러웠다고들 했지요. 사실 그건 결코 사회 현상 자체를 가리키는 것이 아니라 1980년대 공통된 인식과 동일성을 획득했던 문화 서사로서 효과적인 대서사가 존재했음을, 그러한 서사를 일찍이 1980년대 '진보적 지식인'들이 함께 누리고 승인했음을 가리킵니다. 그 서사는 바로 이른바 어두움과 우매한 역사에 종지부를 찍고 새로운 개혁·개방, 근대화 역사의 과정을 시작하자는 것입니다. 그 와중에 '문혁' 이전의 역사, 전지구적 근대성의 확장과 제국주의 침략에 수반되어 중국에 만연하게 됐던 근대화 역사를 분절하려는 서사기 잠재되어 있었습니다.

리퉈 신해혁명과 5·4 문화혁명, 중일전쟁, 1950년대 산업화 과정이 모두 단절됐습니다. 그 중 1950년대 산업화는 특히 중요합니다.

다이진화 그러한 분절은 1980년대 서사를 "역사상 전례가 없는" 근대화 과정으로 서술케 했습니다. 그 이전의 역사는 어둡고 우매한 전근대 역사가 됐습니다. 오늘날까지도 수많은 엘리트 지식인들이 그 서사를 함께 누리며 확신하고 있음은 놀라운 일입니다. 마치 근대, 근대성, 모더니즘 논의가 일단 1980년대부터 시작돼야 하고, 그럴 수밖에 없다는 듯 말입니다. 그래서 쑹선생의 논의는 그런 함정을, 그런 문제를 안고 있습니다. 예컨대 1970~80년대 문학에서 가장 모더니즘적 특징을 띤 현상은 '새로운 시의 물결'이었습니다. 그러나 지금까지도 그 시기 모더니즘을 다룬 책으로는 단지 그다지 만족스럽지는 않지만 『문혁 중의 지하문학』("文革"中的地下文學)이라는 한 권만이 나왔을 뿐입니다. 그 책은 몽롱시의 중요한 작품들은 모두 문혁의 와중에 쓰여졌다는 사실을 분명히 지적하고 있습니다. 그렇다면 그것들은 우리들만의 역사적 기억과 트라우마 속에서 태어났다고 설명할 수 있습니까? 좋습니다. 그러나 그러한 역사적 기억, 트라우마 자체는 바로 근대적 기억이고 근대적 트라우마입니다. 근대화의 역사는 중국에서 시종 지속됐습니다. '문혁' 자체도 그 역사의 한 단락일 뿐입니다. 봉건시대의 수많은 형식과 표징이 있더라도 '문혁'은 분명히 근대 사회의 한 기형아일 뿐, 이른바 "봉건시대, 봉건의 역사로 되돌아간" 것은 아니었습니다. 저를 포함한 거의 모든 사람들이 '문혁'에 대해 내리는 가장 고전적인 결론이 '봉건 파시스트 독재'라는 사실은 흥미롭습니다. 1980년대를 통틀어 그 중 중요한 수식어가 소홀히 여겨졌습니다. 바로 '파시즘'입니다. 모두들 알고 있듯이 파시즘은 전제주의입니다. 그러나 그것은 가장 전형적인 근대의 악몽이기도 합니다.

저는 1980년대 문화와 문학을 논하면서 "19세기와 결별할 수 없다"는 표현을 자주 쓰길 좋아합니다. 상흔문학 작가들이건 몽롱시인이건 모두 19세기 구미 문학을 읽고 자라났다는 점은 분명한 사실입니다. 1950년대 주류 문학의 교과서가 러시아 문학이었던 것은 충분히 합법성을 지니고 있습니다. 그리고 러시아 문학은 19세기 문학 중 가장 중요한 부분이었습니다. 이른바 모더니즘 시인들, 예컨대 보들레

르, 카프카는 비판의 대상으로서도 전혀 만나볼 수 없었습니다.

더 중요한 점은 1980년대의 역사 단절이라는 서사를 통해 다양한 근대성 담론이 자명한 진리가 됐고 유일한 구원이 됐습니다. 아울러 근대 사회 체제에 관한 담론 체계 혹은 회의해 봄 직한 이론적 명제로 드러나지는 못했습니다.

리퉈 그렇습니다. 좀더 분명하게 구분해 보아야 합니다. 근대성 담론은 줄곧 중단되지 않았고 근대화 과정도 중지되지 않았습니다. 더욱이 우리는 근대성 담론의 다양성을 승인하고 근대화 과정의 다양성을 승인해야만 합니다. 그러나 근대성 명제는 여러 해 동안 두드러지지 못했습니다. 서양에서 근대성은 중요한 논제로 반복적으로 논의됐습니다. 그러나 여기, 우리에게는 그 명제 자체가 은폐됐습니다. 그러나 그 사이에 근대성 담론은 각 학문 분야, 각 영역 속으로 침투됐고 반복적으로 재생산됐습니다.

다이진화 우리의 일상생활에도 침투했습니다. 예컨대 "중국은 세계 민족의 숲에서 자립할 수 있다"라거나, "자력갱생, 근검건국", "전통 관념과의 철저한 결별" 등과 같은 표현들에서 알 수 있습니다. 모두 근대성 담론이지요. 그러나 진리로 표현되는…….

리퉈 "문학은 인간학이다", "주체성 이론" 같은 표현도 그렇지요.

다이진화 다시 예를 들면, 더 전형적일 뿐 아니라 완전히 상식이 된 표현도 있습니다. "낙후는 때려 부숴야 한다", 회의가 허락되지 않았던 예증인 "핏자국으로 얼룩진 백 년의 기억" 등과 같은 표현도 있습니다. 분명 중국 근대화의 역사는 제국주의의 대포로 인해 대문이 열렸습니다. 그러나 중국이 얻어맞은 것이 낙후됐기 때문입니까? 어떤 일본 학자가 이미 그의 연구서에서 매우 상세하게 지적한 바 있습니다. 군함과 대포를 보면 중국의 군수산업은 분명 낙후돼 있었습니다. 그러나 당시 중국 경제는 세계적으로 상당히 앞서 있었습니다. 중국은 당시 세계에서 가장 큰 국제무역 수출국 가운데 하나였습니다. 그 일본 학자는 영국 문서관의 수많은 자료를 통해 이렇게 논증했습니다. 아편전쟁의 진정한 동인은 영국 정부가 중국과의 거대한 무역 역조를 인정할 수 없었기 때문입니다. 하지만 그들은 중국에 팔 만한 상품이 없었습니다. 그 때문에 그들은 군함이 열어젖힌 길을 따라 중국인에게 독약을 사도록 강요했습니다. 이러한 사실은 바로 '상식'에 의해 은폐됐습니다. 서양인의 '이야기'를 받아들이면서, 그들의 이야기를 풀어내는 과정을 참고하면서, '근대화'는 진리와 그 진리를 은폐하려는 어두운 세력과의 싸움이 됐습니다. 인성, 인도주의, 인류 진보, '세계를 향하여' 등이 모두 근대 역사를 넘어서고 근대성 담론의 표현을 넘어서는 지고의 가치가 됐습니다. 그러한 의식의 진입과 수용의 역사가 어디에 있었습니까? 근대는 근본적으로 제국주의 침략, 민족의 위기와 백년의 기억과 함께 살아왔습니다. 20세기 전환기 중국의 억압된 근대화 과정, 국민 국가 건설, 제국주의 침략 확장의 역사적 과정 속에서 근대가 차차 형성됐습니다. 그러나 그 역사는 의심할 바 없이 1980년대 서사에 의해 단절됐습니다.

허리 그런 개념이 태어난 유럽의 역사도 마찬가지로 무시당했습니다.

예컨대 부르주아의 등장, 자유 노동력에 대한 시장의 수요와 계몽과 인도주의의 관계가 모두 무시당했죠.

1980년대 문화에 대한 검토

허리 1980년대를 돌아보면, 가장 먼저 상흔문학과 성찰(反思)문학이 '문혁'(과거)에 대한 전면적인 부정을 통해서 새로운 서사(현재와 미래)를 위한 길을 열었다고 할 수 있습니다. '문혁'은 재론의 여지없이 봉건으로 여겨졌습니다. 그 뒤 '개혁' 문학에서는 인물 형상이 세 종류의 전형으로 나뉘었습니다. 개혁적 인물, 보수적 인물, 방관적 인물이 바로 그것입니다. 그러나 이런 분류가 당시 복잡한 사회 구성에 비추어 보면 적절하지 못했음은 물론입니다. 그런 상황은 푸코의 인터뷰를 생각나게 합니다. "사회에는 광범위하게 유행하는 경향이 있습니다. 주요한 적을 설정하고 마치 그것이 억압의 기본 형식인 듯 여기고 사람들은 거기서 반드시 벗어나야 한다는 데 익숙해 있습니다." 1980년대 후반 기록문학과 보고문학의 열기는 초조한 근대성 담론을 만들어 내기도 했습니다. 제가 당시의 보고문학을 찾아보았더니 그 내용은 인재의 이동, 인구 문제, 초·중등 교육, 개체호(個體戶; 자영업자), 출국 러시, 물가 문제, 하이난(海南), 성(性) 및 성범죄 등을 다루고 있었습니다. 그런 사회 문제 자체가 허구는 아니지만 관건은 작가의 서사 태도입니다. 그런 작품들의 제목에는 많은 경우 '큰 대(大)' 자가 들어가 있습니다. 「음양대열변」(陰陽大裂變), 「인공대유산」(人工大流産) 등이 그 예입니다. 또 수많은 글들이 직접적으로 "관문을 돌파한다"느니 "지구적(籍)"이라느니 하는 내용을 다루고 있습니다. 1980년대 근대화와 민족 국가 주체를 향한 지향에 대해서도 우리는 더 깊이 성찰해야만 합니다.

리퉈 그 말씀에는 문제가 있습니다. 1980년대 문화는 사실 '문혁'에 대한 비판을 통해 새롭게 근대성 담론 체계를 세우고자 했습니다. 각각의 문화 분야와 학술 분야에서 나름대로의 방식으로 그러한 시도가 이루어졌습니다. 예컨대 선생님께서 제기하신 그런 문학 양식들이나 '새물결(新潮)소설' 들도 모두 그렇습니다. 물론 더 구체적으로 분석해 봐야겠지만요. 예컨대 학술 분야에서 리쩌허우(李澤厚)의 사상사 연구라든가 문학비평에서 선보였던 '삼론'(체계론, 정보론, 통제론) 등은 모두 전형적인 근대성 담론입니다. 다만 각각 철학적 층위 혹은 학술적 층위에서 전개됐을 뿐입니다. '미래를 향한 총서'(走向未來叢書)는 '보급'이라는 층위에서 근대성 담론을 세우고자 했습니다. 또 역사학계에서는 당시 "중국에 봉건제가 있는가? 있다면 서구 봉건제와는 어떤 관계인가?"에 대한 논의가 있었습니다. 하지만 주체성 이론을 넘어서지 못하고, 모두 근대성 담론을 재구성했을 뿐이었습니다. 1980년대 '모더니즘 문학'을 특별히 언급하고 싶습니다. '모더니즘 문학'이라는 표현이 등장하자 1980년대 '개혁문학', 특히 '뿌리 찾기 문학' 이후에 나타난 문학 유파들이 모두 '선봉파'나 '모더니즘' 등으로 불렸습니다. 그 당시에는 수많은 글들이 끊임없이 쏟아져 나와 그러한 문학이 모더니즘임을 논증했고 많은 작가들도 "나는 현대파"임을 자랑스러워하거나 자신과 모더니즘 작가들(예를 들면 카프카 등)과의 관계를 증명했습니다. 그로 인해 중국에는 이미 모더니즘 문학의 문화적 풍경이 그려졌습니다. 저는 그 당시 여러 글들(「꿈결과의 이별」告別夢境, 「이미지의 격류」意象激流, 그리고 모옌莫言과 자핑와賈平凹에게 써 준 서문 등)을 써서 중국 문학이 반드시 '모더니즘'을 빌려서 묘사돼야 하는가 하고 말했습니다만 반향이 없더군요. 왜냐하면 그런 생각은 당시 대서사 속으로 끼어들 수 없었기 때문에 아무런 효과가 없었지요. "중국에 모더니즘 문학이 생겼다"는 생각이 당시 서사 속으로 들어가 그 요구를 만족시킴으로써 중국이 마침내 서구 문학의 발걸음을 따라잡았음을 증명했습니다. 그것도 꽤 짧은 시간 안에 말입니다. 그런 서사는 심지어 타이완 학자들에게서도 호응을 받았습니다. 문학에 관한 '모더니즘' 서사는 근대화 과정의 풍경으로 가득 채워졌습니다.

다이진화 1980년대 '근대화'라는 단어는 고도로 이데올로기화, 유토피아화됐습니다. 근대화, 개혁·개방의 과정은 "실천은 진리를 검증하는 유일한 기준이다"라느니 "혼란을 되돌려 제자리에"(撥亂反正), "'문혁'을 매장하자"는 등의 정치적 수요와 연계되면서 정말로 전 중국 인민들에 의하여 공인되고 공유됐습니다. 따라서 '근대화' 혹은 '세계를 향한 중국'은 무한히 아름다운 유토피아가 됐습니다. 근대화는 우선적으로 더욱 아름답고 합리적이고 부유한 사회를 의미했을 뿐 시장화 혹은 자본주의와는 그 어떤 관계도 없었습니다.

리퉈 충분히 일리가 있습니다.

다이진화 1980년대 근대성 담론이 드러낸 것들도 있지만 동시에 수많은 것들을 은폐하기도 했습니다. 오늘날 보기에는 후자가 더욱 중요합니다. 사실 당시 사람들은 근대화가 우리에게 무엇을 가져다줄지 몰랐습니다. 다만 앞으로 근대화를 통해서 정치적 억압을 끝내고 가난한 역사를 끝내야 한다고 생각했습니다. 그러나 더욱 중요한 사실은 그와 동시에 어떤 전략이 있었다는 점입니다. 그러한 근대화의 꿈은 그 과정의 중요한 내용, 즉 서구화를 은폐했습니다. 그래서 모두들 전적으로 '근대화'를 끌어안고 있으면서도 '현대파 문학'에 대해서는 애매하고 복잡한 태도를 보였습니다. 사실상 이른바 '현대파'니 '거짓 현대파'니 하는 문학들이 복잡한 역할을 했습니다. 일부 엘리트 지식인들은 심지어 '포스트모던'이라는 명명까지도 열정적으로 포용했습니다. 왜냐하면 직선적 역사 발전의 풍경으로 가득했기 때문이었지요. 그러나 한편으로 '현대파'는 진퇴양난의 공격을 받으면서 끊임없이 욕을 얻어먹었습니다. '몽롱시'의 지위는 언제나 애매했고 『서구 모더니즘 문학작품선』(西方現代派文學作品選)은 큰 파문을 일으켰습니다. 제가 보기에 그 까닭은 모더니즘 수법과 그 작품 형태가 '서구화'의 내함을 두드러지게 한…….

쑹웨이제 그런 말로 모든 걸 개괄해 버린 거죠.

다이진화 …… 그래서 끊임없이 "몰락한 서구 문화를 따라간다"고 배척 당했죠.

리퉈 제가 한 말씀드리겠습니다. 그렇기 때문에 바로 우리가 이야기한 문제가 추상화되거나 모호해져서는 안 됩니다. 자세히 말씀드리면 1980년대 근대성 담론이 각각의 유형을 갖고 있었고 각자 다른 이익에 의해 추진됐기에 늘 서로 갈등을 일으키는 특징을 갖고 있었음을 알기란 어렵지 않은 일입니다. 예를 들어 현대파를 욕하는 사람들은 늘 특정한 국가 민족주의적 입장에 서 있었습니다. 그러나 국가 민족주의도 역시 근대성 담론의 주요한 부분 가운데 하나입니다. 우리가 어떤 담론을 사회학적 혹은 경제학적으로 분석한다면 그 이면에 놓인 이익 추구를 발견할 수 있을 것입니다.

다이진화 어떠한 텍스트나 중요한 문화 인물을 자세히 읽거나 혹은 뒤따라가다 보면 그들의 근대성 담론에는 잡다한 성분이 가득하다는 사실을 깨닫게 될 것입니다. 흥미롭게도 1980년대 엘리트 지식인은 지속적으로 급격한 붕괴를 경험하고 수많은 신념이 끊임없이 무너져 내리는 과정을 겪었습니다. 그것은 결코 1990년대가 돼서야 비로소 맞닥뜨린 정신적 현실이 아니었습니다. 1979~82년 사이 근대화 풍경에 대한 환호와 동경은 4세대 영화 속에서 이미 산업문명에 대한 회의, 그러나 철저하지 못했던 회의에 의해 대체됐습니다. 그들은 자신들 주변의 불완전한 산업화라는 현실, 그리고 막 시작된 상업화·도시화 과정에 직면할 수도 없었고, 그렇게 되기도 원치 않았습니다. 그때 그들은 이미 고향으로 눈을 돌리며 연연하고 있었습니다. 우리는 분명 대단히 복잡하고도 급격한 변화의 역사적 과정을 거쳐 온 한편 이데올로기라는 환상의 파멸을 부단히 겪어 왔기 때문입니다.

허리 제가 리퉈 선생님의 의견을 좀 보충하겠습니다. 방금 '선봉파', '현대파' 문학을 말씀하셨는데 저는 다른 측면에서 생각해 보고 싶습니다. 유학과 전통문화에 대한 태도 또한 근대성 담론의 수립을 보여주었다는 점을 말씀드리고 싶습니다. 한 가지 태도는 이들을 전통과 근대라는 이항대립으로 놓고 비판하는 것입니다. 또 다른 태도는 전통 문화에 대한 지속적인 강조입니다. 결론적으로 말씀드리면 그 중 대표적인 관점들은 이렇습니다. 우선 민족문화 심리를 통해 전통을 지키자는 의식을 축적하는 관점이 있습니다. 또 2천 년 동안 이어 온 봉건 전통과 피동적인 국민성이 개혁·개방에 불리하다는 생각도 있습니다. 역시 대표적인 견해 중 하나는 이른바 유학의 제3기 부흥입니다. 그러나 후자도 전통을 연구하면서 마찬가지로 유학 자체를 전통과 근대의 대립 속에서 고찰하지요.

다이진화 이른바 전통의 근대화 문제이지요.

허리 그렇습니다. 예컨대 유학의 기본정신을 인도주의로 해석하고 유학이 인간관계를 중시하며 인간과 자연의 화해를 중시하기 때문에 민족 본위 문화와 근대 과학의 성과를 결합하기에 충분하다고 여깁니다. 그 진의는 '전통' 자체에 있는 게 아니라, 전통과 근대인의 의식, 선택, 해석, 관점의 결합에 있습니다. 역시 근대성 담론의 일부가 된 거지요.

쑹웨이제 '문혁' 담론 역시 근대성 담론에 포함시킬 수 있다면, 문혁이 억압했던 바는 바로 개인에 관한 부분입니다. 그래서 '문혁' 이후에는 인도주의 담론, 인간 본위, 주체성이 한 차례 저항 담론이 되기도 했습니다. 그러나 그러한 담론은 어떻게 효과적으로 사회 담론 공간으로 들어왔습니까? 저는 한 가지 지엽적인 이유를 들고 싶습니다. 바로 홍콩과 타이완 통속소설의 유입입니다. 충야오(瓊瑤) 현상과 애정소설 신드롬이 기본적으로 개인에게 따스한 공간과 감정의 좌표를 제공했습니다. 사람-개인이 자신의 감정을 쏟아 내는 일이 문혁 시대에는 금지됐던 것입니다.

다이진화 쌘마오(三毛)의 작품이 보여 준 개성적 표현과 개성의 실현도 그렇지요.

쑹웨이제 그렇습니다. '쌘마오의 유랑'이지요.

허리 당시 그런 작품들은 학교에서 매우 유행했습니다. 선생님과 부모들은 극단적으로 반대했지만 학생들은 목숨을 걸고 읽었습니다. 개인의 권리에 관한 논쟁이 일어났지요.

쑹웨이제 그렇습니다. 바로 그런 작품들이 대중의 층위에서 개인 공간, 감정 공간, 개인의 권리 등과 같은 화두를 만들어 냈습니다. 무협은 또 다른 예입니다. 1980년대 초·중반 무협의 유행은 사실 실존주의 철학과 더불어 개인의 선택을 강조하고, 선종과 더불어 개인의 체험과 묵상을 강조했습니다. 상호 관련을 맺었던 어떤 문화적 유행이었지요. 무협이 표현하는 바는 드넓고도 험난한 강호에 놓인 개인의 '소요유'(逍遙遊) 상태입니다. 즉 개인 담론이자 개인에 관한 명제입니다. 근대성 담론에 따르면 상식적인 견해라고도 할 수 있습니다. 개인에 관한 표현은 크고 드넓은 공간을 필요로 합니다. 북적대는 도시와 소가족 공간에서 개인주의 담론이 확립된 것이 아닙니다. 무협에는 강호가 있고 낭만화된 상징 공간이 있습니다. 그리고 사람──협객도 오욕칠정이 있고, 숱한 어려움을 겪습니다. 그러나 그는 고립된 개인으로 드러납니다. 근대성에서 사람이라는 명제가 낭만적 표현을 얻게 된 것입니다.

허리 '문혁'을 무협 현상과 연관 지어 이야기하셨는데, 그렇다면 1930년대 무협소설은 어떻게 해석하시겠습니까?

쑹웨이제 1930년대에는 이미 도시화 과정이 시작됐습니다. 그 과정 속에서 개인은 나아갈 바를 모르고 자신의 위치를 어떻게 확립해야 할지도 몰랐습니다. 그래서 무협으로 어떤 선택을 보여 준 것입니다. 현실 속에서 자신의 위치를 찾을 수 없으니 무협이라는 허구의 세계에서 상징적으로 자신의 위치, 개인을 확립하는 방식을 찾아야 했던 것이지요. 비록 상처로 누더기가 되어도 결국에는 그것이 아름다운 방식이었습니다.

리퉈 말씀을 듣다 보니 재미있는 점이 있네요. 지금 말씀하신 문제와 우리가 앞서 논의했던 [7장] 텔레비전 드라마에서의 개인 문제가 매우 비슷합니다. 그와 같이 통속문화 속에서 드러난 개인의 표현은 1990년대 시장화 과정을 위해 충분한 문화적 준비를 해주었습니다. 시장화를 위해 '자유인'을 준비해 준 것입니다. 지금 비록 '자유인'이 충분하지는 않지만 급속히 늘어나고 있습니다. 1980년대에 이미 '자유인'에 대한 문화적 구조화를 이루었고요. 지금 말씀하신 그런 경로는 물론 다양한 층위의 문화 행위(주체성 논의, 엘리트 글쓰기 등)를 포함해서요.

다이진화 저는 1980년대 초 장신신(張辛欣)의 「같은 지평선에서」(在同一地平線上)가 개인의 노력을 드높였다가 무지막지한 '포위 공격'을 만났던 사실에 흥미를 갖고 있습니다. 그러나 1990년대 텔레비전 드라마에서는 흔한 인물이 됐고 자연스레 1990년대 문화 영웅이 됐음을 쉽게 알 수 있습니다.

리퉈 그 점이 바로 우리에게 1980년대와 1990년대 사이에 결코 어떠한 문화적 단절도 없다는 사실을 보여 줍니다. 매우 강한 계승이 이뤄지고 있습니다. 그래서 1980년대 이른바 '계몽적 담론'은 '근대성 담론'이라 칭하는 게 더욱 합당합니다. 1980년대 근대성 담론은 1990년대 경제적 패러다임, 시장화, 문화적 패러다임을 충분히 준비해 주었습니다.

다이진화 1980년대 문화를 '계몽주의'라 명명한 것은 당시 은폐성, 즉 특정한 담론의 전략을 갖고 있음을 보여 줍니다. 근·현대 중국의 역사를 조금이나마 소급해 본다면 유구한 계몽의 역사, 계몽주의가 근·현대 중국의 역사를 수립했음을 쉽게 알 수 있습니다.

허리 지훙전(季紅眞)의 글이 생각납니다. 그녀는 1980년대 문학을 '문명과 우매의 충돌'이라고 명명했습니다. 담론적 요소가 매우 분명하지요. 1980년대 영화에서 도시는 일종의 결핍으로 표현되고…….

다이진화 다중적인 기의를 갖고 있는 '텅 빈 기표'로서요.

허리 …… 그러나 동시에 도시영화 속에는 수많은 '도입부'으로서 대도시의 이미지들이 있습니다. 예를 들면 「커피에 설탕을 넣어주세요」

(給咖啡加點糖)에서는 쉼 없이 흘러 다니는 사람들의 물결과 고속도로, 입체교차로, 대형 광고판이 등장합니다. 직업 정신이 풍부한 많은 사람들이 등장하여 서구 문화와 현실 중국의 만남을 보여 줍니다. 도시 속에서 '탐색'을 주제로 서구 사회의 전형적인 도시의 명제를 보여 주기도 합니다. 또 「흑포 사건」(黑炮事件)에서는 지식인에 대한 존중, 사람에 대한 존중이라는 명제가 모두 근대성 담론의 구조와 부상을 보여 줍니다.

다이진화 1980년대 문화 구조가 중국 역사에 대한 모종의 성찰을 명분으로 하는 거부의 반성이라는 기초 위에 수립됐다면, 흥미롭게도 1990년대의 일부 지식인들은 또 매우 풍부하고도 번잡한 1980년대 문화 현상 속에서 한 지류를 취해 다시 반성을 거부하는 단절설과 대서사를 수립했습니다.

리튀 근대성 담론의 수립과 확장에 관한 화두를 제기했으면서도 우리가 그에 대해 분명히 알게 되지는 못했습니다. 오히려 우리는 다원적 사회 공간에서 이미 주류적 지위를 차지한 담론에 대해서, 충분히 합법화된 이데올로기와 지식에 대해서 질문했다고 생각합니다. 물론 이제 시작일 뿐이겠지요.

옮긴이의 말_ 다이진화 읽기 혹은 '벗어나기'

1.

우리가 중국의 학자들을 소구하는 방식은 어떤 학습과도 같은 과정이었다. 특히 1990년대 이후, 정치적 해빙의 물결을 타고 이뤄지기 시작한 대륙 학자들의 한국 '여행'은, 당시만 해도 빈곤했던 중국에 대한 상상력을 매개해 주는 구실로서 의미가 있었다. 대학 안에 중국 관련 학과들이 속속 자리를 잡기 시작했고, 더불어 중국을 설명해 주기를 바라는 사회적 필요도 커져만 갔다. 하지만 중국이라는 분명한 연구 대상을 앞에 놓고서도 그 속을 어떤 관점과 방법으로 채워 가야 할지 뭉그적거리던 시절이었다. 20년 가까운 시간이 흘렀고 그동안 많은 '대가'와 '선생'들이 저마다의 여정으로 한국을 다녀갔다. 물론 여행은 '답방'의 일정을 편성했다. 그 상호 간의 여정을 통해서 서로 다른 관습과 제도와 이념과 정서 속에서 학문을 연마해 온 이들이 중국이라는 공통된 화제를 놓고 토론하고 논쟁할 수 있게 되었다. 중국 연구의 종주국 지위로서 중국을 부정할 수는 없지만, 우리는 이제 중국을 그 자체로 목적으로 수렴하지 않을 수도 있다는 자신감을 갖게 됐다. 아니, 중국의 문제는 더 이상 그 자체만의 문제가 아닌, 우리의 삶과 깊이 관련되어 있음을 깨닫고 있다.

2.

다이진화(戴錦華)와 그의 책 『거울 속에 있는 듯』(猶在鏡中)을 만난 것은 벌써 대여섯 해 전의 일이었다. 이 책을 옮긴 우리 네 사람은 그때, 앞서거니 뒤서거니 박사학위를 받고 난 직후였다. 학위논문을 쓰느라 심신은 피로했으나, 여러 해 동안 삶을 옥죄던 구속에서 풀려났다는 해방감도 함께 찾아왔다. 박사학위란 모름지기 "이제 네 맘대로 공부를 해도 된다"는 면허증 같은 것이라 들어오던 터였다. 모교에서 겨우 두어 강좌씩을 맡아 도생(圖生)을 하고 있던 우리는, 교정을 오가며 서로의 얼굴 속에서 모종의 결여를 읽었다. 아무런 속박도 없이 함께 만나 글을 읽기로 했다. 서른 남짓한 이들의 무모한 의기투합은 젊은 힘으로 가능했다. 이런 저런 공부를 하던 중, 다이진화라는 이름이 다가왔다. 당시 베이징대학을 중심으로 이름을 날리고 있던 소장 학자라는 소식이었다. 중국 현대 소설과 여성 문제를 다룬 그의 논문들을 여러 편 읽고 토론했다. 그리고 본격적으로 그의 저서들을 검색했다. 『거울 속에 있는 듯』은 그의 첫번째 저서이기도 했지만, 무엇보다 '대담'이라는 형식이 이목을 끌었다. 우리는 그의 사유 전체를 조망할 수 있지 않을까 하는 기대감과 다른 전문서에 비하면 읽어 내기에 그나마 쉽지 않을까 하는 구실을 붙였다. 책을 윤독했다. 내용을 대강 개괄하고 서로 논점을 잡아 이야기를 풀어 나가는 방식을 굳이 마다했다. 처음부터 한 글자, 한 문장을 우리말로 옮기고, 거기서부터 토론을 시작했다.

우리 넷은 관심 분야와 전공 영역이 달랐다. 대만 문학(주재희), 여성 문제(김순진), 현대 소설(박정원), 영화(임대근)의 분할은 다이진화가 여러 차례 밝힌 대로 여성과 영화, 대중문화 연구로 테두리를 긋는 그 자신의 학문 영역과도 근사하게 겹쳤다. 각자 흥미를 갖는 부분을 맡아 우리말로 옮기고 함께 쟁점을 토론하는 방식으로 이어진 윤독 모임은 꽤 오랜 시간을 요구했다. 책을 모두 읽는 데만도 2년이 넘는 시간이 훌쩍 지나갔다. 무엇보다 우리의 게으름 탓이 가장 컸지만, 대담이라는 형식 때문에 '쉽게' 읽히리라는 기대가 무산된 점도 다른 까닭 중 하나였다.

다이진화의 '글'은 대화를 풀어놓은 구어체 문장임에도 문득 정확히 이해되지 않는 대목들이 있었다. 우선, 그의 화법 자체가 쉽지만은 않았다. 독특하게 말을 붙이며 이어 가는 그만의 방식과, 수식과 설명으로 이어지는 중국어의 특성을 제대로 파악하지 못하면 그 의미를 알기 힘든 대목들이 있었다. 어떤 날은 부시어 히니가 술이를 아우르는지, 그렇지 않으면 주어를 아우르는지를 놓고 긴 토론을 벌이기도 했다. 사실 대강의 요약과 쟁점만을 추출하는 공부였다면 그리 필요치 않은 일일 수도 있었다. 하지만 글로 '옮기는' 일에 대한 우리의 태도는 다를 수밖에 없었고, 또 달라야 했다.

다이진화가 중국의 영화와 여성, 문학, 그리고 대중문화를 거론하면서 끌어오고 있는 무수한 사례들도 난관이었다. 사실 문학작품이나 영화의 경우, 우리는 가능하면 논의하고 있는 사례들을 모두 섭렵해 보고자 했다. 그러나 특정한 시기에 방영됐던 광고와 같은 사례들을 만나면, 역부족이었다. 앞뒤의 맥락으로 이해하고, 또 가능한 대로 인터넷 자료들을 찾아보며 위안을 삼을 수밖에 없었다.

그러나 무엇보다 우리가 다이진화에게 다가가는 일이 어려웠던 까닭은, 당시만 해도 '문화연구'에 대한 우리의 인식이 보잘것없었기 때문이다. 이미 1990년대 중반 이후 한국 학계에도 문화연구에 관한 풍부한 논의들이 이어져 오고 있었음에도, '제도'로서의 중국 문학은 그에 별다른 관심을 갖지 못했던 탓이다. '문화연구'에 관한 훈련이 전무했던 우리는 그저 다이진화와 '근사한' 연구 영역을 확보하고 있다는 자신감만으로 충만했다가, 간혹 어쩔 수 없는 낭패감을 맛보기도 했다. 문화연구의 다양한 전통들을 신체화하면서 쏟아 내는 그의 언설의 맥락을 이해하기 위해서 한 마디 한 마디를 소홀히 넘기지 못하고 관련 자료들을 찾아 확인해야 했기 때문이다. 다이진화가 말하는 자신의 연구 영역들은 결국 '문화연구'라는 태도와 관점으로 수렴된다. 그렇게, 중국 문학 연구가 여전히 '문학'의 정수와 텍스트 내부의 풍경들에 여전히 매료되어 있을 무렵, 다이진화는 우리에게 '문화연구'의 매력을 본격적으로 접할 수 있게 해주었다.

3.

1959년 베이징에서 태어난 다이진화는 흔히 통칭하는 대로 '라오싼제'(老三屆; 문화대혁명이 발발한 1966년 이후 3년 동안 중·고등학교를 졸업한 세대)도 아니고, 그 직후 세대인 '신싼제'(新三屆; 1969년에 중학을 입학한 세대)도 아니다. 1978년 베이징대학에 입학하기는 했으나, 그의 경우는 당시 문화대혁명 기간에 사라졌던 대학 입시가 부활하면서 새롭게 몰려들었던 '선배'들과는 달리 '정상적'인 학제를 밟은 결과였다. 사전적 의미에서 그에게 이런 명명을 부여하기는 어려울지 모르지만, 실제로 그는 문화대혁명을 초·중·고등학생으로 보냈다. '문혁'의 기억은 그에게 있어 어떤 트라우마처럼 보인다. 난해하다고까지 여겨지는 이 책의 「책머리에」에서 그는 "피비린내와 공포와 고난"의 기억을 잊고 있었노라고 고백한다. 트라우마를 스스로 '치유'하는 가장 빠른 방법은 '망각'이다. 하지만 '망각'은 거울 속을 들여다보는 것 같은, 거짓 치유다. 어느 날 문득, 망각된 기억이 다른 충격에 의해 되살아날 때, 그 현실을 직면하는 일을 통해서 트라우마의 공포는 되살아난다. 그러므로 트라우마를 명징하게 기억하고 대면하는 일이야말로, 더디지만, 치유를 완성할 수 있는 길이다. 과감하게 거울을 깨고 밖으로 나와야 하는 것이다.

꼭 스무 살이 되었을 때 다이진화는 중국 현대사의 거대한 전환, 개혁·개방을 맞이한다. 지식인으로서 그가 훈련받고 성장하던 시절이었다. 베이징대학 중문과 시절에 관한 기억들은 자주 찾아볼 수 없으나, 훈련을 마치고 베이징영화대학 교수로 부임한 것은 그에게 있어 매우 중요한 개인사적 전환점이 된 듯하다. 중국 영화사에 대한 연구를 시작했고 서양 이론들을 독파하면서 그는 자신의 이론적 기반을 닦아 나가는 계기가 마련됐다. 지식인으로서, 여성으로서, 엘리트로서, 대중문화 연구자로서 살아가기 위한 준비의 시기였던 것이다.

다이진화는 오늘날 중국의 다양한 사회·문화 현상들을 설명하기 위한 이론적 연원들을 서구 학자들로부터 수혈받는다. 1980년대에는 주로 구조주의와 기호학, 해체주의, 페미니즘 등에서 이론적 기반을 축적하고 1990년대에 이르면 푸코와 후기 구조주의자들, 프랑크푸르트 학파 등의 사유를 원용한다. 마르크스주의와 알튀세르, 그람시로 대표되는 그에 대한 새로운 해석도 그의 사상적 연원을 이룬다. 물론 '문화연구' 그룹인 버밍엄의 성과들도 중요한 한 축이 된다. (특히 1990년대에 이르러서는 지식인의 역할이나 문제를 바라보는 사유 방식 등에 대해 새로운 변화를 보인다. 세계를 단순하게 설명하는 방식으로부터 벗어나기 시작하는 것이다.) 그렇다고 하여 그의 사유가 전적으로 이들 담론을 수용하는 방식으로 이뤄지는 것은 아니다. 여전히 그는 중국적 특수성에 대한 고민을 늦추지 않는다. 서구의 담론을 무분별하게 끌어들이는 방식이 아니라 그 사유의 원리들을 어떻게 중국적으로 적용할 것인지에 대한 고민이 곳곳에서 묻어난다. 이 책에서 직접적으로 그런 용어를 쓰고 있지는 않지만, 그가 지속적으로 강조하고 있는 '주체 위치'에 대한 고민은 이와 같은 사유의 직접적인 표현으로 보인다. "오늘날 사회의 문제를 논의하기 전에 먼저 자신의 신분을 표명해야 합니다. 나는 누구인가? 나는 왜 어느 곳에 서 있으며 무슨 말을 하는가?"라는 말 속에서 우리는 그의 사유가 탈식민주의적임을 어렵지 않게 발견할 수 있다. 이는 학문 연구가 객관적이어야 한다는 신화에 대한 도전이다. 주체 위치에 대한 분명한 사고는 성실하고 진지한 자기 고백으로 이어진다. 특히 5장에서 페미니즘을 다루면서 자신의 여러 경험들을 솔직하게 고백하고 있는 대목들은 돋보인다. '삶과 분리되지 않는 학문'을 하는 지식인의 태도를 지켜 내려고 하는 그의 노력은 치열하다. 그래서 개인적 경험에 근거하여 서양인에 대한 중국인, 남성에 대한 여성이라는 '소수자'적 주체 위치의 발견은 그의 지적 작업에 매우 소중한 자산이 된다.

그가 다루고 있는 주제들은 우리 시대를 말하기 위한 다양한 범주들을 넘나든다. 앞서 말한 이론적 사유 방식, 서구 담론의 원용 문제뿐 아니라, 학문의 경계, 지식인의 역할, 텍스트와 컨텍스트, 다국적 자본, 근대성(근대화), 중국의 소비주의 등 오늘날의 세계와 중국에 관한 담론들이 펼쳐진다. 그런 담론들은 어느 하나도 독립적으로 존재하지 않으며, 세계 자체가 그런 것처럼 매우 복잡한 '다중 네트워크'로 뒤얽혀 있다. 다만 주된 이야기를 끌고 가기 위해 이들 담론을 학술적 입장과, 중국 영화, 도시문학, 이데올로기와 문화연구, 페미니즘, 여성문학, 문화비평, 문화연구와 근대성 등과 같은 몇 개의 주제들로 응축한 것일 뿐이다.

다이진화의 대담 속에는 치열한 글쓰기와 말하기, 논쟁과 설명, 반박과 주장이 공존한다. 그 과정을 집약할 수 있는 하나의 단어를 찾으라면 '탈', 즉 '벗어남'이라고 말하고 싶다. 비록 그 자신이 '탈'로 시작되는 신조어들이 지나치게 범람하는 상황을 우려하기도 했지만, 그의 사유가 오늘날 우리에게 새로운 방법으로 전환된다면, 그것은 기왕의 관습으로부터의 '벗어남'일 것이다. 식민주의로부터 벗어나고, 엘리트주의로부터 벗어나고, 이원대립적 사유로부터 벗어나고, 객관성의 신화로부터 벗어나고, 세계에 대한 단절론적 인식으로부터 벗어나고, 무력한 지식인의 태도로부터 벗어나고, 그리하여 결국 우리를 감싸고 있는 수많은 '거울'로부터 벗어나는 일!

4.

외국어로 된 사유를 모아로 옮기는 일은 수많은 좌절과 환희로 점철된 과정이다. 오랜 시간을 끙끙대면서도 여전히 해결되지 않은 문제들을 남긴 채, 이제 세상의 비판과 마주하고자 한다. 다만, 우리 내부에서도 완전히 토론이 끝나지 않은 몇 가지 용어의 번역에 대해서는 미리 알리고 싶다.

중국어의 '시안다이'(現代)와 '당다이'(當代)를 이 책에서는 대체로 '근대'와 '현대'로 옮겼다. 이들을 우리말 한자어 독음인 '현대'와 '당대'로 옮겨 온 관습의 바탕에는 무엇보다 중국어를 외국어로 인식하지 않겠다는 비자각적 태도마저 엿보이기 때문이다. 이미 곳곳에서 그런 징후들이 발견되듯이(예컨대, '동북공정' 東北工程은 '둥베이사업'이라고 옮기는 게 더욱 적절하다) 이런 일이 반복된다면, 중국과의 현대적 교류가 빈번해질수록, 우리말로서는 새로운 중국어 어휘의 범람을 막을 수 없게 될 것이다. 이렇게 쓰고자 하는 데에는 중국어에서는 '시안다이'가 한국어에서의 '근대'와 같이 일정한 가치를 내포하고 있는 개념이고, '당다이'는 '현대'와 같이 단순한 시간 개념이라는 근거를 두고 있기 때문이기도 하다. 그렇다고 문맥을 무시한 채, 모든 '시안다이'와 '당다이'를 그렇게 옮긴 것은 아니다. 이들이 각각 한국어의 '현대'와 '당대'에 조응하는 경우도 전혀 없지는 않기 때문이다. 또, 중국의 경우 '민족' 개념이 달리 쓰이고 있는 상황에서 오해를 피하기 위하여 '민족 국가'라는 개념은 주로 '국민 국가'로 옮겼다. 더불어 자주 등장하지는 않지만 '민족 영화'(national cinema)라는 말은 다른 곳에서 내가 주장한 바에 근거하여 '국적 영화'로 옮겼다. 용어뿐 아니라 우리말 번역에 관하여, 나아가 다이진화의 사유에 이르기까지 여러 토론을 기대한다.

출판을 준비하는 과정에서 이미 다이진화의 두 저서(『숨겨진 서사』와 『무중풍경』)가 우리에게 번역, 소개됐으니 한국에서의 출판에 동의해 주고 나서도 소식조차 전하지 않은 역자들을 여러 해 동안 묵묵히 기다려 준 저자에 대한 미안함은 말로 다 할 수가 없다. 오랜 가뭄 속에서 싹조차 틔우지 못하던 상황에서 도서출판 그린비는 반갑고 고마운 '희우'(喜雨)가 되어 주었다. 우리 시대 소중한 출판사와 인연을 맺게 해준 인하대의 민정기 선생님, 서울대의 김월회 선생님께 특별히 감사드린다. 편집부와 주승일 차장님께도 고마운 마음을 전해 드린다. 그분들의 수고로운 작업이 아니었다면 이렇게 아름다운 책이 만들어지기 어려웠을 것이다.

    우리 네 사람은 이제, 동시대의 게으른 '지식인'이라 불려도 저항할 수 없는 지경에서 다이진화를 벗어나고자 한다. 다이진화의 한국 '여행'에 대한 가이더로서의 우리의 역할은 여기까지인 것 같다. 그렇다. 이제 우리의 과제는 다이진화를 벗어나는 일, 바로 그것이다.

2009년 3월

임대근

찾아보기

【ㄱ】

「갈망」(渴望) 321, 330~342, 345~346
「같은 지평선에서」(在同一地平線上) 414
『격동』(來勁) 129
「결혼 10년」(結婚十年) 212, 289
고다르(Godard, Jean-Luc) 166~169, 193
『고양이 요람』(Cat's Cradle) 39
공공 공간 324~325
「공화국의 사랑」(共和國之戀) 326
구룽(古龍) 93
『구름이 부서진 자리』(雲破處) 129
구조주의 27~29, 52, 137, 187~188, 366
『구조주의 : 모스크바, 프라하, 파리』(Structuralism : Moscow, Prague, Paris) 28
『국고정리집』(國故整理集) 392
국민 국가 이미지 180~183
『국수학보』(國粹學報) 392
국제적인 자매애(international sisterhood) 233~234
국학열(國學熱) 221~222, 387, 396
「그때부터 점점 밝아지고」(從此越來越明亮) 230

그람시(Gramsci, Antonio) 137, 166, 206
근대성(담론) 43, 78~81, 182~184, 249, 353~355, 360, 362, 376, 386~416
　~과 영화 81
근대화(과정) 43, 68, 78~80, 83, 97~98, 106, 182~183, 197~198, 315, 354, 357, 364, 388, 390, 394, 399, 403~406, 409
『글 쓰는 디아스포라』(Writing Diaspora) 126, 234
「금수곡지련」(錦繡穀之戀) 282
「깨뜨려라」(破開) 264
「꾀로 웨이후산을 얻다」(智取威虎山) 356
『꿈은 좋은 곳에 이르러 사라지고』(夢到好處成烏有) 128

【ㄴ】

나르시시즘적 개인주의 159~160, 177
『나를 위한 탄식』(Hélas Pour Moi) 168
『나의 연인들』(我的情人們) 298
「내일의 제국」(明日帝國, 007—Tomorrow Never Dies) 235
「네 멋대로 해라」(大撒把) 186

426 거울 속에 있는 듯

『노는 것만큼 신나는 것도 없다』(頑主) 346
누벨바그(Nouvelle Vague, 新浪潮) 170
「뉴욕의 베이징 사람」(北京人在紐約) 344
「늦피는 계수나무」(遲桂花) 107
니체(Nietzsche, Friedrich) 397

【ㄷ】

『다락방의 미친 여자』(The Madwoman in the Attic) 224
다이진화(戴錦華)
　~의 근대성 연구 78
　~의 문학관 59, 254~255
　~의 문화연구 31~32, 76~78
　~의 여성주의 44~48, 85, 88, 227, 265~273
　~의 연구 이력 25~30
　~의 영화연구 27, 58~59, 72, 85, 88
다이허우잉(戴厚英) 211, 223, 284
「단절」(隔絶) 289
단절설(론) 61, 68~69, 104, 383, 403, 405, 416
낭똥(Danton, Georges Jacques) 161
대중문화(mass culture) 26~27, 30, 37, 44, 46, 50, 57~58, 73, 79, 89, 93, 100~107, 114~118, 135~139, 199~201, 253, 309, 311, 317, 320~322, 329, 335, 343, 351
데리다(Derrida, Jacques) 108, 164
『도깨비 세상』(魍魎世界) 211
『도시를 뒤엎는 사랑』(傾城之戀) 243
「동녘 일출 서쪽 비」(東邊日出西邊雨) 346~347, 349
「동방시공」(東方時空) 323~324
뒤라스(Duras, Marguerite) 243
딘(Deane, Seamus) 384
딩링(丁玲) 287, 290

【ㄹ】

라캉(Lacan, Jacques) 15, 52, 159~160
레닌(Lenin, Nikolai) 53
레이 초우(Rey Chow, 周蕾) 126, 234
로레티스(Lauretis, Teresa de) 90, 225
루쉰(魯迅) 147, 159, 248, 288
류나어우(劉吶鷗) 104
류쒀라(劉索拉) 284
류허(劉禾) 233
리브고슈(Rive Gauche, 左岸派) 170
리비스(Leavis, Frank Raymond) 315, 331
리샤오장(李小江) 203
리어우판(李歐梵) 391
리퉈(李陀) 121
리펑(李馮) 120
리후이신(李惠薪) 223
린바이(林白) 241~244, 282~283, 297
린위탕(林語堂) 105
린충(林沖) 174

【ㅁ】

「마귀와 거래한 사람」(與魔鬼打交道的人) 173
마라(Marat, Jean Paul) 161
마르케스(Márquez, Gabriel García) 125
마르쿠제(Marcuse, Herbert) 156, 159
마르크스(Marx, Karl) 52~53, 157
마르크스주의 28, 31, 76, 82, 137~138, 157, 161, 366
마오둔(茅盾) 63, 247
마오쩌둥(毛澤東) 53, 396
「만리장성을 바라보다」(望長城) 326
멀비(Mulvey, Laura) 225, 239
멍웨(孟悅) 218

메츠(Metz, Christian) 28
모더니즘(문학) 398~404, 408~411
『목란사』(木蘭辭) 209
몽롱시(朦朧詩) 223, 404, 410
무단(穆旦) 402
「무산운우」(巫山雲雨) 184
『문혁 중의 지하문학』("文革"中的地下文學) 404
문화대혁명 67, 109~110, 134, 152, 158, 209~210, 213, 281, 288, 337, 366~367, 387, 389~390, 402, 404, 407~409, 412
문화열(文化熱) 319, 333
문화자본 165, 253, 320~321
문화적 명명 383
『미지와의 조우』(Close Encounters : Film, Feminism, and Science Fiction) 199~200
미학적 근대성 400~401

【ㅂ】

바르트(Barthes, Roland) 41, 141, 153, 162~164, 176, 246, 372
바바(Bhabha, Homi) 237
바이시펑(白溪峰) 210
바이화(白樺) 281
바진(巴金) 296
「방주」(方舟) 281
『백사전』(白蛇傳) 174
버밍엄(Birmingham) 학파 137, 313~314, 331
버틀러(Butler, Judith) 32
베르사체(Versace, Gianni) 168
베를링구에르(Berlinguer, Enrico) 166
베버(Weber, Max) 364~365
벤야민(Benjamin, Walter) 63, 140, 163, 194

벨(Bell, Daniel) 393
벨로(Bellow, Saul) 189
「변신 인형」(活動變人形) 129
보네거트(Vonnegut Jr., Kurt) 39
보드리야르(Baudrillard, Jean) 246, 376
보부아르(Beauvoir, Simone de) 215~216, 224, 239, 243
「보안국의 총성」(保密局的槍聲) 173
부르디외(Bourdieu, Pierre) 52, 94, 136, 144, 164~165, 246
「북극광」(北極光) 280~281
『불산문예』(佛山文藝) 133
「붉은 수수밭」(紅高梁) 382
「붉은 앵두」(紅櫻桃) 340
「붉은 양귀비」(紅罌粟) 294, 297
「비극 10년」(悲劇十年) 289
「비, 주르륵」(雨, 沙沙沙) 282
비페이위(畢飛宇) 121

【ㅅ】

「사나운 동물」(動物凶猛) 288
『사람아 아, 사람아!』(人啊, 人!) 211
「사람의 말은 무섭다」(人言可畏) 296
「사랑은 잊을 수 없는 것」(愛, 是不能忘記的) 280
「사랑의 권리」(愛的權利) 280
「사랑 이야기」(談情說愛) 184
사르트르(Sartre, Jean Paul) 48~50, 153, 167
『사실과 허구』(紀實與虛構) 128, 229
4·12정변 154
사이드(Said, Edward W.) 149, 384
사자방(沙家浜) 357
산군동정(陝軍東征) 120
『삶과 죽음의 장』(生死場) 233

삼련(三戀) 282, 292
상흔문학(傷痕文學) 223, 337, 404, 407
「생활 공간」(生活空間) 323, 327
샤오훙(蕭紅) 233, 239
서구중심주의 70, 144, 146, 214
선충원(沈從文) 63, 105
섬망성(譫妄性) 실어증 38, 386
성찰문학(反射文學) 407
세계여성대회 44, 60, 226~228, 296
셰진(謝晋) 61
소쉬르(Saussure, Ferdinand de) 52
『소토』(騷土) 105
「소피 여사의 일기」(沙菲女士的日記) 289~290
수팅(舒婷) 223
순수문학 비평 252~253
「숲에서 온 아이」(森林里來的孩子) 280
쉐미리(雪米莉) 239
쉬란(須蘭) 229, 298
쉬쉬(徐訏) 104
쉬츠(徐遲) 93
쉬칭(許晴) 348~349
쉬커(徐克) 173
쉬쿤(徐坤) 129~130, 229~230
스클라(Sklar, Robert) 180
스톄성(史鐵生) 127
스피박(Spivak, Gayatri) 149
「시각적 쾌감과 서사적 영화」(Visual Pleasure and Narrative Cinema) 225
「시련이 다시 찾아오고」(風雨故人來) 210
시뮬라크르(simulacre) 189, 191
식수(Cixous, Hélène) 237
신감각파(新感覺派) 101, 105
「신녀」(神女) 64
신상태(新狀態) 문학 121, 127, 283
신생대(新生代) 문학 106, 117, 119~120

신시기 여성문학 279, 291
신해혁명(辛亥革命) 403
「심향」(心香) 382
12월 당원(Dekabrist) 161
싼마오(三毛) 413
쌍후(桑弧) 171
쑤칭(蘇青) 104, 212
쑨저우(孫周) 382
쑨중산(孫中山, 쑨원) 391
쑹춘리(宋春麗) 340

【ㅇ】

「아, 샹쉐」(哦, 香雪) 282
「아이들의 왕」(孩子王) 245
알튀세르(Althsser, Louis) 15, 137, 159, 170, 326, 372
앤더슨(Anderson, Benedict) 180
앨런(Allen, Woody) 194~196
『앨리스는 하지 않는다』(Alice Doesn't : Feminism, Semiotics, Cinema) 90, 225
『앨리스에게』(致愛麗斯) 129
앵거(Anger, Kenneth) 194
「야반도주」(夜奔) 174
양메이후이(楊美惠) 259
「어른이 되어」(長大成人) 184
「언덕 위 세기」(崗上的世紀) 282
언어학 패러다임 28~29, 51, 53
「엄마 다시 한번 사랑해 주세요」(媽媽再愛我 一次) 335
에코(Eco, Umberto) 161, 168
엘리엇(Eliot, George) 239
엥겔스(Engels, Friedrich) 53, 157
여권주의(女權主義) 47, 204, 217~220, 222, 231, 397
여성 글쓰기 127, 208, 237, 253~257

여성문학
  ~에서의 개인화 288, 297
  ~의 정의 237~241
여성연구 203~204, 215, 226, 258
여성주의(女性主義) 47, 204~205, 210, 212~214, 217~220, 222~226, 235, 240~242, 254, 258~259, 264, 272~273, 277
  ~의 중국 전파 과정 224~226, 228
「여협 백장미」(女俠白玫瑰) 86
역산(逆算)의 방식 61
「영웅본색」(英雄本色) 174
「영원히 잃어버린 내 사랑」(永失我愛) 186, 346
『영원히 잃어버린 내 사랑』 345~346
『영화가 만드는 미국』(Movie-made America) 180
『영화 언어』(Film Language) 28
영화와 문학의 관계 89~90, 92
『영화와 세속신화』(電影與世俗神話) 95
영화 작가론 170~177
옌푸(嚴復) 391, 400
『옛 일과의 건배』(與往事乾杯) 283
5·4 문화혁명(신문화운동) 147, 176, 348, 391~392, 403
5세대(영화) 27, 30, 61, 91, 177, 185, 382
5월혁명 149, 151~153, 155, 157~164, 166~169
『완사집』(浣紗集) 212
왕멍(王蒙) 127, 129, 131, 279~280
왕샤오보(王小波) 19, 39, 120, 188
왕쉬(王朔) 138, 185, 288, 334, 341, 345~346
왕안이(王安憶) 92, 120, 127~128, 130, 229, 239, 243, 268~269, 281~282, 287, 292, 299
왕즈원(王志文) 342, 348~349

왕한룬(王漢倫) 85
우량(吳亮) 37
우샤오리(吳曉黎) 276
우원광(吳文光) 16
우위쥐안(伍宇娟) 348
울렌(Wollen, Peter) 177~178
울프(Woolf, Virginia) 212, 224, 331
원앙호접파(鴛鴦胡蝶派) 99, 101~102
원화(原畵)의 복원 17, 66, 69, 356
위다푸(郁達夫) 107
위화(余華) 179, 245
윌리엄스(Williams, Raymond) 75, 313, 331, 370
「유감없이」(過把癮) 186, 340~346, 349
이글턴(Eagleton, Terry) 187, 361, 384
이데올로기적 국가기구 159, 164, 325
이름 짓기 열풍 383, 389
이수(亦舒) 93
이원대립 구조(사유방식) 35, 385, 387, 391, 412
이청조(李淸照) 306
『이혼지침서』(離婚指南) 343
「인공대유산」(人工大流産) 407
인도주의(人道主義) 55, 397, 406, 412
「인디펜던스 데이」(Independence Day) 181, 380

【ㅈ】

자오메이(趙玫) 298
「자오위루」(焦裕祿) 335
자이융밍(翟永明) 253, 262, 264
「작은 도시의 사랑」(小城之戀) 282
「작은 마을의 봄」(小城之春) 246~247
「장미 미스터리」(玫瑰奇案) 334
「장미의 눈」(玫瑰門) 282

장산(江珊) 342
장셴량(張賢亮) 292
장신신(張辛欣) 284, 414
장아이링(張愛玲) 63, 104, 239, 243
장원(姜文) 13, 288
장이머우(張藝謀) 61, 92, 382
장제(張潔) 128, 223, 280~281, 287, 296
장징위안(張京媛) 217
장쯔단(蔣子丹) 229
장청즈(張承志) 92
장캉캉(張抗抗) 280~281, 287
『장한가』(長恨歌) 128, 229, 243, 299
장헌수이(張恨水) 211, 248
저우싱츠(周星馳) 173
저우언라이(周恩來) 109
「적진 18년」(敵營十八年) 334
전반서화(全般西化) 80, 391
정정추(鄭正秋) 86
『제2의 성』(Le deuxième sexe) 215
제임슨(Jameson, Fredric) 171, 178~180, 384
젠더(gender) 218, 258, 261
　-연구 85, 226, 257~260
　~의식 220~222
『종산』(鍾山) 13, 133
「좋게 말로 하자고」(有話好好說) 184
「주말 애인」(週末情人) 184~185
주원(朱文) 121
『중국 무성영화사』(中國無聲電影史) 72~74
『중국 영화발전사』(中國電影發展史) 72, 74
「중년이 되어」(人到中年) 280
지식인의 역할 48~50, 134, 165, 179, 199, 201, 321
지훙전(季紅眞) 110, 415
진융(金庸) 63, 93~94
쭝푸(宗璞) 223, 284, 287

【ㅊ】

차이추성(蔡楚生) 171
찬쉐(殘雪) 281~282, 287
채문희(蔡文姬) 306
천두슈(陳獨秀) 391
천란(陳染) 129~131, 229, 264, 282, 299
천룽(諶容) 223, 280, 287
『천연론』(天演論) 391, 400
『천엽』(天籟) 105
천인커(陳寅恪) 388
「천자 제1호」(天字第一號) 173~174
천카이거(陳凱歌) 61, 245, 382
「청사」(青蛇) 174
청지화(程季華) 72~73
『청춘만세』(青春萬歲) 129
첸중수(錢鍾書) 105
추이젠(崔健) 343
추화둥(邱華棟) 129~130
충야오(瓊瑤) 93, 412
취추바이(瞿秋白) 165
츠리(池莉) 128, 229, 284

【ㅋ·ㅌ·ㅍ】

「카이로의 붉은 장미」(Purple Rose of Cairo) 194~195
「커피에 설탕을 넣어주세요」(給咖啡加點糖) 415
쿤데라(Kundera, Milan) 125
크리스테바(Kristeva, Julia) 194, 208~209
탄선(潭深) 266
탈식민주의 30, 82, 84
『태양은 쌍간하를 비추고』(太陽照在桑乾河上) 290
「태자촌의 비밀」(太子村的秘密) 280

텔레비전 광고 368~369
톄닝(鐵凝) 281~282, 287, 299
트뤼포(Truffaut, François) 167, 177
파솔리니(Pasolini, Pier Paolo) 160
팡팡(方方) 284
퍼트넘(Putnam, Hilary) 190, 194
페미니즘(Feminism) 44~47, 85, 217~219
~의 번역어 47, 217, 397
페이무(費穆) 64, 171
페트리(Petri, Elio) 166
펜리(Penley, Constance) 199~200
「편집부 이야기」(編輯部的故事) 321, 344
포(Fo, Dario) 166~169
「포커스 타임」(焦點時刻) 323
푸코(Foucault, Michel) 38~40, 48, 50, 52, 136, 153, 165, 246, 318, 320, 344, 351
「풍우가인」(風雨麗人) 340
풍원군(馮沅君) 287
「풍월」(風月) 92
프로이트(Freud, Sigmund) 32, 52, 159
플라스(Plath, Sylvia) 253

【ㅎ】

하이난(海男) 282, 298
한둥(韓冬) 121
한아이리(韓藹麗) 223
『한 여자의 전쟁』(一個人的戰爭) 241, 243, 283, 297
「할아버지를 구한 고아이야기」(孤兒救祖記) 81, 85
「햇빛 쏟아지던 날들」(陽光燦爛的日子) 13, 184, 288
헤어초크(Herzog, Werner) 180
호가트(Hogart, Richard) 313, 331
『호스 위스퍼러』(Horse Whisperer) 90
「홍등기」(紅燈記) 357
「홍색 낭자군」(紅色娘子軍) 357
『홍콩의 정과 사랑』(香港的情與愛) 128
「홍협」(紅俠) 86
화목란(花木蘭) 87, 208~209, 256, 275, 296, 299~300
『화성』(花城) 133
『환호하는 사람은 없다』(無人喝彩) 345
「황산의 사랑」(荒山之戀) 282
「황토지」(黃土地) 245, 382
후기 구조주의 28, 52, 77, 82~83, 153, 161, 164, 188, 245~247, 313
후진취안(胡金銓) 175
훠즈바오(獲支宝) 321
「흑준마」(黑駿馬) 92
히치콕(Hitchcock, Alfred) 170, 175~176